Dia a dia
nos passos de Jesus

Ano B

Jaldemir Vitório, SJ

Dia a dia
nos passos de Jesus

Ano B

Ser discípulo no diálogo com o Mestre

Dados Internacionais de Catalogação na Publicação (CIP)
(Câmara Brasileira do Livro, SP, Brasil)

Vitório, Jaldemir
    Dia a dia nos passos de Jesus - ano B : ser discípulo no diálogo com o Mestre / Jaldemir Vitório. – São Paulo : Paulinas, 2011. – (Coleção Evangelho diário)

    ISBN 978-85-356-2847-0

    1. Bíblia. N.T. - Evangelho - Leitura   2. Jesus Cristo - Conhecimento   3. Jesus Cristo - Ensinamentos   4. Jesus Cristo - Pessoa e missão   I. Título.   II. Série.

11-06939   CDD-242.3

Índice para catálogo sistemático:
1. Evangelhos : Textos : Liturgia diária : Meditações :
Cristianismo   242.3

Direção-geral: Bernadete Boff

Editora responsável: Vera Ivanise Bombonatto

Coordenação de revisão: Marina Mendonça

Copidesque: Mônica Elaine G. S. da Costa

Revisão: Ruth Mitzuie Kluska

Assistente de arte: Sandra Braga

Gerente de produção: Felício Calegaro Neto

Capa e diagramação: Manuel Rebelato Miramontes

Imagem de capa: ReproLit GmbH

1ª edição 2011
8ª reimpressão 2019

Nenhuma parte desta obra pode ser reproduzida ou transmitida por qualquer forma e/ou quaisquer meios (eletrônico ou mecânico, incluindo fotocópia e gravação) ou arquivada em qualquer sistema ou banco de dados sem permissão escrita da Editora. Direitos reservados.

Paulinas
Rua Dona Inácia Uchoa, 62
04110-020 – São Paulo – SP (Brasil)
Tel.: (11) 2125-3500
http://www.paulinas.com.br– editora@paulinas.com.br
Telemarketing: 0800-7010081

© Pia Sociedade Filhas de São Paulo, São Paulo, 2011

Apresentação

O verdadeiro discípulo de Jesus está em contínuo diálogo com o Mestre. São muitas as maneiras de intensificar essa relação interpessoal. A meditação do evangelho da liturgia diária é um caminho privilegiado para manter vivo o diálogo. O discípulo coloca-se à escuta do Mestre, com a intenção sincera de se deixar guiar, em meio às vozes vindas de todos os lados. E, assim, tem uma orientação segura no caminho do amor misericordioso, do perdão reconciliador e do serviço generoso aos irmãos e irmãs que clamam por justiça.

Esta obra foi escrita para cristãos e cristãs desejosos de crescerem na fé e se tornarem discípulos adultos, conscientes da missão de ser sal da terra, luz do mundo e fermento na massa, numa realidade contaminada pelo egoísmo e pela violência. Quanto mais o discípulo contempla o Mestre, tanto mais estará em condições de se deixar modelar por ele. "Aprendei de mim que sou manso e humilde de coração" (Mt 11,29) é a admoestação a ressoar nos ouvidos de quem, no Batismo, se colocou a serviço do Reino de Deus, nos passos do Mestre Jesus. Nas entrelinhas deste livro, encontram-se as grandes vertentes da ética cristã, pela qual os discípulos deverão ser reconhecidos.

O texto poderá ser utilizado individual e comunitariamente. Para ambas as possibilidades, sugiro os seguintes passos:

a) Ler, pausadamente, o texto evangélico transcrito, buscando saborear as palavras e as frases, para captar-lhes o sentido. Deixar-se guiar pelo Espírito Santo, de quem procede a luz para penetrar o sentido do texto. Trata-se de uma leitura espiritual.

b) Mergulhar na mensagem do evangelho, completando as reflexões pessoais do primeiro passo com a que é proposta para cada dia. O pensamento deverá centrar-se num só ponto, a fim de evitar a dispersão. Importa que o leitor tenha os pés bem fincados na sua história pessoal, bem como na realidade da Igreja e do Mundo. Sejam evitadas as considerações abstratas e teóricas. Antes, estejam bem ligadas com a vida.

c) Falar com o Pai, como um amigo fala a outro amigo. É a oração-diálogo, cume da contemplação da cena evangélica. A pergunta de fundo será: Que resposta darei ao Pai, enquanto discípulo fiel? Para cada dia, é sugerida uma pequena oração, em conformidade com o evangelho. É só uma pista! Importantes mesmo serão as palavras que brotarem espontâneas e fortes de cada coração. Estas, sim, terão o poder de transformar a existência do discípulo orante.

Os textos evangélicos são tirados do Lecionário Dominical e do Lecionário Semanal. Os demais Lecionários, como é o caso do Lecionário Santoral, não são contemplados. Os textos apresentados para a leitura-meditação diária seguem a dinâmica dos evangelhos sem interrupção. Portanto, o leitor deverá estar atento em relação ao período litúrgico em que se encontra. As exceções ficam por conta das "Principais festas e solenidades", para as quais são oferecidas reflexões próprias no final do livro. Quem se serve dos opúsculos conhecidos como "Liturgia Diária" deverá estar atento, pois, neles, os textos evangélicos são indicados segundo os dias e os meses do ano civil. Aqui, a sequência é a do ano litúrgico.

Este livro atingirá seu objetivo se colaborar para o amadurecimento na fé dos leitores e leitoras. A catequese evangélica, como pequeninas gotas caídas, cada dia, em seus corações, pretende ajudá-los a ser instrumentos cada vez mais aptos nas mãos do Pai para o serviço da humanidade, a exemplo do Mestre Jesus.

Jaldemir Vitório, SJ
Faculdade Jesuíta de Filosofia e Teologia – FAJE
Belo Horizonte-MG
jvitoriosj@faculdadejesuita.edu.br

Advento
Natal
Epifania

Domingo | # 1ª Semana do Advento

"Cuidado! Ficai atentos, pois não sabeis quando chegará o momento. É como um homem que, ao viajar, deixou sua casa e confiou a responsabilidade a seus servos, a cada um sua tarefa, mandando que o porteiro ficasse vigiando. Vigiai, portanto, pois não sabeis quando o senhor da casa volta: à tarde, à meia-noite, de madrugada ou ao amanhecer. Não aconteça que, vindo de repente, vos encontre dormindo. O que vos digo, digo a todos: vigiai!" (**Mc 13,33-37**).

A responsabilidade dos servos

A metáfora do senhor e dos servos estabelece os marcos da espiritualidade do Advento. Este tempo litúrgico centra-se todo no tema da espera do Senhor. Se, por um lado, o Senhor já veio no evento histórico de Jesus de Nazaré, por outro, vem constantemente na vida de cada discípulo do Reino, interpelando-o à solidariedade e ao amor fraterno. Além disso, na fé, a comunidade cristã clama sem cessar "Vem, Senhor Jesus", Maranathá. E se coloca em situação de espera para acolher o Senhor.

Uma tentação consiste em desenraizar essa dimensão da fé e projetá-la para o além, sem assumir a missão que compete aos discípulos, na história. A ausência física de Jesus e a incorreta compreensão da Ressurreição podem estar na raiz do equívoco. Estando Jesus junto do Pai, só restaria aos discípulos ansiarem pelo momento de estarem junto dele, sem as tribulações da vida presente.

A inatividade da fé corresponde à situação dos servos adormecidos, enquanto o patrão está de viagem. Como o patrão está fora, embora sob a vigilância de alguém, pensam poder dar-se o direito de se entregarem à ociosidade. É como se comporta quem se considera discípulo de Jesus sem, contudo, se empenhar em fazer o bem ao próximo, deixando de lado o exemplo do Mestre. Correrá o risco de, chegada a hora da morte e de se apresentar a ele, encontrar-se na situação do empregado irresponsável.

> Senhor Jesus, que eu aprenda de ti a ser responsável na vivência da fé, como serviço a quem precisa de mim e, assim, me preparar para o encontro definitivo contigo.

1ª Semana do Advento — Segunda

Quando Jesus entrou em Cafarnaum, um centurião aproximou-se dele, suplicando: "Senhor, o meu criado está de cama, lá em casa, paralisado e sofrendo demais". Ele respondeu: "Vou curá-lo". O centurião disse: "Senhor, eu não sou digno de que entres em minha casa. Dize uma só palavra e o meu criado ficará curado. Pois eu, mesmo sendo subalterno, tenho soldados sob as minhas ordens; e se ordeno a um: 'Vai!', ele vai, e a outro: 'Vem!', ele vem; e se digo ao meu escravo: 'Faze isto!', ele faz". Ao ouvir isso, Jesus ficou admirado e disse aos que o estavam seguindo: "Em verdade, vos digo: em ninguém em Israel encontrei tanta fé. Ora, eu vos digo: muitos virão do oriente e do ocidente e tomarão lugar à mesa no Reino dos Céus, junto com Abraão, Isaac e Jacó, enquanto os filhos do Reino serão lançados fora, nas trevas, onde haverá choro e ranger de dentes!" Então, Jesus disse ao centurião: "Vai! Conforme acreditaste te seja feito". E, naquela mesma hora, o criado ficou curado (**Mt 8,5-11**).

Fé exemplar

A ação do oficial romano foi interpretada por Jesus como exemplo de fé. Aliás, fé não encontrada por ele em nenhum israelita. A constatação do Mestre é admirável sob dois aspectos. O oficial era pagão, portanto, não formado na escola da lei mosaica, nem preocupado em se submeter aos ditames da religião judaica. Além disso, aparentemente, o gesto nada tinha de religioso. Tratava-se, apenas, de preocupação com o sofrimento do empregado paralítico. Gesto de solidariedade. Só isto!

Jesus entendeu que só a fé profunda foi capaz de mover alguém a se compadecer pelo outro, sem a contaminação de segundas intenções. Mais ainda, sendo alguém atrelado à rígida hierarquia militar, onde é impensável o superior dar-se ao trabalho de se preocupar com o inferior, com a bondade demonstrada pelo oficial romano.

A lição para os discípulos foi clara: a fé verdadeira mostra-se com gestos de compaixão.

> Senhor Jesus, faze-me compreender, sempre mais, que o caminho da fé passa pela compaixão e pelo serviço desinteressado pelo próximo sofredor.

Terça — 1ª Semana do Advento

Naquela mesma hora, ele exultou no Espírito Santo e disse: "Eu te louvo, Pai, Senhor do céu e da terra, porque escondeste essas coisas aos sábios e entendidos e as revelaste aos pequeninos. Sim, Pai, assim foi do teu agrado. Tudo me foi entregue por meu Pai, e ninguém conhece o Filho, a não ser o Pai; e ninguém conhece o Pai, a não ser o Filho e aquele a quem o Filho o quiser revelar". E voltando-se para os discípulos em particular, disse-lhes: "Felizes os olhos que veem o que vós estais vendo! Pois eu vos digo: muitos profetas e reis quiseram ver o que vós estais vendo, e não viram; quiseram ouvir o que estais ouvindo, e não ouviram" (**Lc 10,21-24**).

Coisas escondidas e reveladas

No contexto religioso da época, Jesus identificava certo tipo de postura religiosa equivocada. Era o procedimento dos "sábios e entendidos", conhecedores da religião e preparados para ensiná-la aos outros. Entretanto, incapazes de pôr em prática os ensinamentos, fervorosamente, transmitidos. O palavreado cheio de autoridade valia para os outros. Enquanto se sentiam dispensados de torná-lo pauta de ação.

Jesus percebeu a superficialidade desse tipo de consciência religiosa. De certo modo, Deus era dispensado de se revelar, pois os "sábios e entendidos" julgavam poder, pelo esforço pessoal, conhecer o querer divino. Julgavam dispensável pôr-se à escuta da Palavra de Deus e acolhê-la, sem contaminá-la com ideias alheias ao projeto divino.

Era temerário deixar-se guiar por esses líderes. Afinal, o Pai revela-se aos "pequeninos" e a quem, despindo-se de seus esquemas, coloca-se, com humildade, diante dele com a disposição de escutá-lo e acolher-lhe a Palavra.

O discípulo do Reino é chamado a se fazer "pequenino", com abertura de coração para ter acesso às coisas reveladas pelo Pai por meio do Filho Jesus. É tolice passar por "sábio" e querer chegar sozinho ao conhecimento de Deus.

> Senhor Jesus, como discípulo "pequenino", quero ser instruído por ti e acolher a revelação do Pai que tens para mim.

1ª Semana do Advento — Quarta

Partindo dali, Jesus foi para as margens do mar da Galileia, subiu a montanha e sentou-se. Grandes multidões iam até ele, levando consigo coxos, aleijados, cegos, mudos, e muitos outros doentes. Eles os trouxeram aos pés de Jesus, e ele os curou. A multidão ficou admirada, quando viu mudos falando, aleijados sendo curados, coxos andando e cegos enxergando. E glorificaram o Deus de Israel. Jesus chamou seus discípulos e disse: "Sinto compaixão dessa multidão. Já faz três dias que estão comigo, e não têm nada para comer. Não quero mandá-los embora sem comer, para que não desfaleçam pelo caminho". Os discípulos disseram: "De onde vamos conseguir, num lugar deserto, tantos pães que possamos saciar tão grande multidão?" Jesus perguntou: "Quantos pães tendes?" Eles responderam: "Sete, e alguns peixinhos". Jesus mandou que a multidão se sentasse pelo chão. Depois tomou os sete pães e os peixes, deu graças, partiu-os e os deu aos discípulos, e os discípulos os distribuíram às multidões. Todos comeram e ficaram saciados; e encheram sete cestos com os pedaços que sobraram (**Mt 15,29-37**).

A multidão admirada

O evangelho refere-se à multidão de sofredores em busca de Jesus. Sua bondade atraía os carentes de cura, ansiosos por serem libertados das limitações físicas, de modo a poderem viver com autonomia.

A cena pode ser lida como metáfora. A cura física apontava para a libertação interior. Os mudos foram capacitados para anunciar as maravilhas de Deus. Os aleijados e coxos estavam em condições de se colocar a serviço do próximo. A visão conquistada pelos cegos dava-lhes discernimento e lhes permitia acertar na escolha do bem.

A leitura metafórica dos milagres de Jesus leva os discípulos a caírem na conta de deverem agir como o Mestre. Como no passado, também hoje, as multidões ficarão admiradas com tal manifestação de bondade.

> Senhor Jesus, dá-me a graça de ser bondoso como tu
> e de me entregar ao serviço dos sofredores,
> carentes de libertação.

Quinta — 1ª Semana do Advento

"Nem todo aquele que me diz: 'Senhor! Senhor!', entrará no Reino dos Céus, mas só aquele que põe em prática a vontade de meu Pai que está nos céus. Portanto, quem ouve estas minhas palavras e as põe em prática é como um homem sensato, que construiu sua casa sobre a rocha. Caiu a chuva, vieram as enchentes, os ventos deram contra a casa, mas a casa não desabou, porque estava construída sobre a rocha. Por outro lado, quem ouve estas minhas palavras e não as põe em prática é como um homem sem juízo, que construiu sua casa sobre a areia. Caiu a chuva, vieram as enchentes, os ventos sopraram e deram contra a casa, e ela desabou, e grande foi a sua ruína!" (**Mt 7,21.24-27**).

Praticar a Palavra

Jesus estava atento ao perigo de os discípulos se contentarem com a pura confissão exterior da fé, sem se darem ao trabalho de testemunhá-la com a vida. É o risco da religião limitada ao palavreado vazio e inconsistente, desprovida do compromisso com a prática do bem. O Mestre tinha diante de si muitos exemplos de religião desse calibre. Por isso, alertou os discípulos para evitarem cair no mesmo erro.

A metáfora das casas aponta para a sensatez de se praticar a palavra e a insensatez de se contentar com a mera confissão verbal da fé. Os embates da vida servirão para testar a solidez de ambas as opções. Quem pratica a palavra será capaz de enfrentar as maiores adversidades e manter a fé inabalada, por estar, corretamente, alicerçada. Na situação contrária está quem rompe com os compromissos de discípulo já na primeira dificuldade, quando sente na pele o preço a ser pago por seguir o Mestre. É quando a fragilidade se torna patente.

O discípulo verdadeiro, por ter a fé alicerçada na rocha firme, superará impávido os reveses da vida, tendo aprendido com o Mestre. Nenhuma pressão será suficientemente forte para demovê-lo do caminho da fidelidade.

> Senhor Jesus, reforça sempre mais minha fé e me prepara para enfrentar, sem medo, os reveses da vida, mantendo inabalado o compromisso contigo.

1ª Semana do Advento

Sexta

Partindo Jesus dali, dois cegos o seguiram, gritando: "Tem compaixão de nós, filho de Davi!" Quando entrou em casa, os cegos se aproximaram dele, e Jesus lhes perguntou: "Acreditais que eu posso fazer isso?" Eles responderam: "Sim, Senhor". Então tocou nos olhos deles, dizendo: "Faça-se conforme a vossa fé". E os olhos deles se abriram. Jesus os advertiu: "Tomai cuidado para que ninguém fique sabendo". Mas eles saíram e espalharam sua fama por toda aquela região (**Mt 9,27-31**).

A cegueira superada

O grito dos cegos – "Tem compaixão de nós, filho de Davi!" – já era experiência de visão. Aquela fundamental: a visão da fé! Esta lhes proporcionou reconhecerem a identidade de Jesus e o poder de sua compaixão. Enquanto Filho de Davi, tinha a tarefa de libertar das escravidões o ser humano e, assim, criar o reino querido por Deus, onde todos pudessem ser felizes e viver com autonomia. É o sentido dos milagres de cura nos evangelhos. Os cegos perceberam em Jesus a disposição para se mostrar compassivo diante do sofrimento deles. Por isso, contaram com ele para se verem livres da deficiência física.

O Mestre chamou a atenção para a fé como motora do apelo pungente dos cegos – "Faça-se conforme a vossa fé!". A força da fé abriu-lhes os olhos e permitiu-lhes ver. E os moveu a se tornarem anunciadores de Jesus, como autênticos evangelizadores. A transformação de suas vidas foi espetacular: de dependentes, tornaram-se autônomos; de marginalizados, passaram a tomar parte ativa no ministério de Jesus como propagadores de sua "fama" e do mundo novo querido por Deus.

O discípulo do Reino experimenta processo semelhante ao dos cegos. Com os olhos abertos por obra do Senhor, cabe-lhe anunciá-lo com toda convicção. É impossível ficar de braços cruzados. Antes, será ardoroso proclamador dos grandes feitos do Mestre.

> Senhor Jesus, cura-me da cegueira que me impede de seguir-te com ardor e torna-me anunciador corajoso de teu Reino.

Sábado | 1ª Semana do Advento

Jesus começou a percorrer todas as cidades e povoados, ensinando em suas sinagogas, proclamando a Boa-Nova do Reino e curando todo tipo de doença e de enfermidade. Chamando os doze discípulos, Jesus deu-lhes poder para expulsar os espíritos impuros e curar todo tipo de doença e de enfermidade. "Ide, antes, às ovelhas perdidas da casa de Israel! No vosso caminho, proclamai: 'O Reino dos Céus está próximo'. Curai doentes, ressuscitai mortos, purificai leprosos, expulsai demônios. De graça recebestes, de graça deveis dar!" (**Mt 9,35–10,1.6-8**).

O poder de fazer o bem

Os discípulos foram colaboradores da missão de Jesus, desde o início. O Mestre era consciente da necessidade de ser ajudado, em vista da maior propagação possível do bem a ser realizado. Assim, capacitou-os para serem anunciadores do Reino e realizadores dos sinais do Reino em meio à humanidade sofredora.

A cura das doenças e enfermidades era indicador seguro da misericórdia do Pai atuando na história, pela ação do Filho Jesus e seus discípulos. A restauração da vida, pela superação da opressão representada pela morte, pelas forças do mal e de tudo quanto minava a vitalidade do ser humano, apontava para a irrupção do Reino de Deus. Curar significava proclamar o amor do Pai pelos filhos sofredores e seu interesse por vê-los realizados e felizes. Era tarefa dos discípulos, juntamente com o Mestre, levar a cabo esta missão.

A gratuidade distingue a ação dos discípulos do Reino. Nenhum traço de ganância ou de atitude interesseira pode contaminar o bem a ser realizado em favor dos carentes de misericórdia. Basta inspirar--se no Mestre, com sua capacidade de fazer o bem sem esperar recompensa ou agradecimento. O testemunho de gratuidade tem grande força de evangelização.

Senhor Jesus, dá-me um coração cheio de misericórdia, capaz de se compadecer pelos sofredores e ajudá-los a recuperar a alegria de viver, como tu fizeste.

2ª Semana do Advento — Domingo

Início do Evangelho de Jesus Cristo, Filho de Deus. Está escrito no profeta Isaías: "Eis que envio à tua frente o meu mensageiro, e ele preparará teu caminho. Voz de quem clama no deserto: Preparai o caminho do Senhor, endireitai as veredas para ele". Assim veio João, batizando no deserto e pregando um batismo de conversão, para o perdão dos pecados. A Judeia inteira e todos os habitantes de Jerusalém saíam ao seu encontro, e eram batizados no rio Jordão, confessando os seus pecados. João se vestia de pelos de camelo, usava um cinto de couro à cintura e alimentava-se de gafanhotos e mel silvestre. Ele proclamava: "Depois de mim vem aquele que é mais forte do que eu. Eu nem sou digno de, abaixando-me, desatar a correia de suas sandálias. Eu vos batizei com água. Ele vos batizará com o Espírito Santo" (**Mc 1,1-8**).

O caminho do Senhor

O tema do caminho é frequente na Bíblia. Na tradição histórica, é o caminho que levava da terra da opressão – o Egito – à terra da fraternidade – a Terra Prometida. A tradição sapiencial fala de caminho da vida, referindo-o à escolha do bem e da verdade; na direção contrária, está o caminho da morte, o dos ímpios e perversos. Na tradição legal, corresponde à prática da Lei. No profeta Isaías, diz respeito ao coração do povo exilado na Babilônia, convocado à conversão.

A tradição evangélica aplica a Jesus a metáfora do caminho. Ele é o caminho! Por ele, os discípulos têm acesso ao Pai. É insensatez querer chegar ao Pai trilhando outros caminhos. Fora dele, só existem falsos atalhos!

Quando João Batista pôs-se a preparar os caminhos do Senhor, não tinha, ainda, consciência suficiente para chamar Jesus de "caminho". O convite dirigido ao povo em busca de conversão tinha o objetivo de sensibilizá-lo para a proximidade da vinda do Messias e a necessidade de mudança de vida. Este é um passo importante. Importa, sim, reconhecer em Jesus a via para a comunhão com o Pai.

> Senhor Jesus, tu és o caminho por onde devo trilhar.
> Dá-me a graça de jamais me desviar de ti,
> para poder chegar à comunhão plena com o Pai.

Segunda | # 2ª Semana do Advento

Num desses dias, ele estava ensinando na presença de fariseus e mestres da Lei, que tinham vindo de todos os povoados da Galileia, da Judeia e de Jerusalém. O poder do Senhor estava nele para fazer curas. Vieram alguns homens carregando um paralítico sobre uma maca. Eles tentavam introduzi-lo e colocá-lo diante dele. Como não encontrassem um modo de introduzi-lo, por causa da multidão, subiram ao telhado e, pelas telhas, desceram o paralítico, com a maca, no meio, diante de Jesus. Vendo a fé que tinham, ele disse: "Homem, teus pecados são perdoados". Os escribas e os fariseus começaram a pensar: "Quem é este que fala blasfêmias? Quem pode perdoar pecados, a não ser Deus?" Jesus, penetrando-lhes os pensamentos, perguntou: "Que estais pensando no vosso íntimo? O que é mais fácil, dizer: 'Teus pecados são perdoados', ou: 'Levanta-te e anda?' Ora, para que saibais que o Filho do Homem tem poder de perdoar pecados na terra... eu te ordeno – disse ao paralítico –, levanta-te, pega tua maca e vai para casa". No mesmo instante, levantando-se diante de todos, pegou a maca e foi para casa, glorificando a Deus. Todos ficaram admirados e glorificavam a Deus, cheios de temor, dizendo: "Vimos hoje coisas maravilhosas" (**Lc 5,17-26**).

Coisas maravilhosas!

A exclamação do povo – "Vimos, hoje, coisas maravilhosas" – aponta, em primeiro lugar, para a compaixão de Jesus ao curar o paralítico. Porém, a cena comporta outras maravilhas. É admirável a fé do doente e dos colaboradores que o puseram diante do Mestre, baixando-o pelo telhado. Igualmente, é de se admirar a coragem de Jesus de enfrentar os escribas e fariseus mesquinhos. E, também, a atitude do homem, no gesto de glorificar a Deus pela graça da cura.

A atitude do povo contrasta com a dos escribas e fariseus. Como o povo de outrora, os discípulos de Jesus são capazes de perceber coisas maravilhosas acontecendo, por causa da fé.

> Senhor Jesus, que eu saiba perceber as maravilhas acontecendo por causa da fé e de tua bondade ao se fazer solidário com os sofredores.

2ª Semana do Advento

Terça

"Que vos parece? Se alguém tiver cem ovelhas, e uma delas se extraviar, não deixará as noventa e nove nos morros, para ir à procura daquela que se perdeu? E se ele a encontrar, em verdade vos digo, terá mais alegria por esta do que pelas noventa e nove que não se extraviaram. Do mesmo modo, o Pai que está nos céus não deseja que se perca nenhum desses pequenos" (**Mt 18,12-14**).

O desejo do Pai

A parábola evangélica ilustra o modo de proceder do Pai, para falar do modo de proceder de Jesus e, por consequência, de seus discípulos. A atitude do pastor de ir à busca da ovelha extraviada chama a atenção para o modo como devem ser considerados os membros da comunidade cristã. Jamais serão tratados como número, pois cada um é revestido de grande dignidade. Na eventualidade de alguém se extraviar, longe de ser largado à própria sorte, deverá ser procurado, diligentemente, até ser encontrado e reconduzido ao convívio comunitário. E, mais, longe de se pôr a incriminá-lo e a ameaçá-lo, a atitude correta será a de acolhê-lo e de mostrar-lhe a importância de tê-lo na comunidade de irmãos.

Esse gesto de bondade está motivado pelo querer do Pai. Logo, tem raízes teológicas. O irmão extraviado deve ser buscado, pois o Pai "não deseja que se perca nenhum desses pequenos". O motivo é evidente: sendo Pai, quer todos os filhos junto de si, mesmo os que têm dificuldade de entender, por si sós, a vontade do Pai.

Toda a vida de Jesus definiu-se como serviço à humanidade extraviada, para conduzir todos os seres humanos para Deus, sem se limitar a quem já está no bom caminho e compreende o que está no coração do Pai. O que parece ser imprudência do pastor da parábola, afinal, revela-se como sabedoria. Da mesma forma, a aparente perda de tempo de quem se dedica a reconduzir os pecadores à casa paterna.

Senhor Jesus, faze de mim um discípulo sábio que, conhecendo a vontade do Pai, entrega-se à tarefa de reconduzir os irmãos transviados ao bom caminho.

Quarta | 2ª Semana do Advento

"Vinde a mim, todos vós que estais cansados e carregados de fardos, e eu vos darei descanso. Tomai sobre vós o meu jugo e sede discípulos meus, porque sou manso e humilde de coração, e encontrareis descanso para vós. Pois o meu jugo é suave e o meu fardo é leve" (**Mt 11,28-30**).

Cansaço e descanso

Jesus alertou os discípulos para o tipo de religião implementada por certa ala dos escribas e fariseus. O legalismo desalmado exigia das pessoas cumprirem preceitos sobre preceitos, mesmo sem lhes compreender o sentido ou intuir que benefício espiritual poderiam tirar deles. O controle rigoroso exercido sobre os fiéis permitia aos líderes religiosos excluir da comunidade quem insistisse em descumprir os ditames da Lei.

Esse modo de compreender e praticar a religião foi posto em xeque por Jesus. Assemelhava-se aos fardos pesados colocados nas costas dos escravos e levados com grande esforço e fadiga. Era como se Deus fosse tirano e opressor, sem entranhas de misericórdia. Um ser perverso, incapaz de olhar para as pessoas com benevolência.

A proposta religiosa de Jesus seguia noutra direção. A metáfora usada para ilustrá-la tem um quê de contraditória. Existe, deveras, jugo suave e fardo leve? Os vocábulos jugo e fardo têm conotação negativa. Na perspectiva de Jesus, porém, as exigências da religião não são pesadas por serem humanizadoras e, sempre, pressuporem a liberdade e o amor. Nada de imposição!

Os discípulos de Jesus devem estar sempre alertas em relação aos líderes cristãos, tendentes ao autoritarismo. Sem sintonizarem o modo de pensar do Mestre, transformam a fé cristã em instrumento de opressão. Agem à revelia de Jesus, com a mesma postura dos "sábios e entendidos" a que ele, severamente, questionou. O autêntico líder cristão, seguindo o exemplo do Mestre, é "manso e humilde de coração".

> Senhor Jesus, ajuda-me a viver o discipulado como jugo suave e peso leve, consciente de agir sempre com liberdade e por amor.

2ª Semana do Advento

Quinta

"Em verdade, eu vos digo, entre todos os nascidos de mulher não surgiu quem fosse maior que João Batista. No entanto, o menor no Reino dos Céus é maior do que ele. A partir dos dias de João Batista até agora, o Reino dos Céus sofre violência, e violentos procuram arrebatá-lo. Pois até João foi o tempo das profecias – de todos os Profetas e da Lei. E, se quereis aceitar, ele é o Elias que há de vir. Quem tem ouvidos, ouça" (**Mt 11,11-15**).

Os violentos e o Reino

O texto evangélico comporta uma frase enigmática: "Os violentos procuram arrebatar o Reino". Qual o sentido da palavra violência? Como coaduná-lo com a palavra Reino, quando o vocábulo conota paz, perdão e reconciliação?

As interpretações não são consensuais. Para uns, o Reino de Deus se impõe no confronto com as forças do antirreino. Ou seja, o mal só é vencido pelos discípulos corajosos, capazes de enfrentá-lo sem dar-lhe trégua. Outros seguem numa direção diversa e pensam o Reino sendo objeto de violência. Nesse caso, violentos seriam os inimigos do Reino, prontos a submeter os discípulos de Jesus às provas mais cruéis, com o intuito de demovê-los do projeto de vida abraçado. Esses seriam, na verdade, as vítimas da violência perpetrada contra o Reino. No contexto do século I, na Palestina, os zelotas, movidos pelo zelo religioso, pensavam poder implantar o Reino de Deus pela força das armas. Daí o combate sem trégua ao poder opressor romano, do qual queriam ver-se livres.

O desafio consiste em interpretar a declaração evangélica em consonância com o anúncio do Reino feito por Jesus, de forma a torná-la sensata para o discípulo de hoje. Com essa preocupação, a violência empregada para conquistar o Reino poderia ser entendida como apelo aos discípulos para abraçarem escolhas radicais e exigentes, em que se empenhem de corpo e alma para ser fiéis ao projeto de Jesus, a começar pelo esforço em arrancar, do próprio coração, o egoísmo.

> Senhor Jesus, como discípulo do Reino, quero estar sempre disposto a fazer violência para arrancar do coração o egoísmo, que me impede de ser-te.

Sexta — 2ª Semana do Advento

"Com quem vou comparar esta geração? É parecida com crianças sentadas nas praças, gritando umas para as outras: 'Tocamos flauta para vós, e não dançastes. Entoamos cantos de luto e não chorastes!' Veio João, que não come nem bebe, e dizem: 'Tem um demônio'. Veio o Filho do Homem, que come e bebe, e dizem: 'É um comilão e beberrão, amigo de publicanos e de pecadores'. Mas a sabedoria foi reconhecida em virtude de suas obras" (**Mt 11,16-19**)

A humanidade do Messias

Os adversários de Jesus sempre encontravam motivos para criticá-lo. Nada escapava da crítica maldosa, por se recusarem a abrir mão dos esquemas religiosos, postos em xeque pela pregação e pelo testemunho de vida do Mestre.

Um comportamento de Jesus que estava na mira deles era a proximidade e a benevolência em relação aos pecadores e às pessoas excluídas do esquema religioso. O olhar maldoso levava-os a colocar Jesus no mesmo nível moral de suas companhias. O raciocínio era simplista: como se mistura com gente desta categoria, só pode ser da mesma laia! Se tivesse um pouquinho de grandeza moral e religiosa, haveria de denunciá-los e se manter afastado deles. Esse modo de pensar decorria do moralismo religioso, em que se enredaram, seguros de estar no caminho certo. Como Jesus seguia noutra direção, nenhuma dificuldade tinham de chamá-lo de "comilão e beberrão, amigo de cobradores de impostos e de pecadores".

Entretanto, Jesus bem sabia estar na companhia certa. Sua missão consistia em resgatar a humanidade para Deus. O modo mais conveniente de fazê-lo seria aproximar-se dos pecadores e dos marginalizados pela religião para lhes mostrar o quanto valiam aos olhos do Pai. A marginalização imposta pelos líderes religiosos não era reconhecida pelo Pai. Antes, tratava-se de uso indevido do nome de Deus.

O trato bondoso com as companhias prediletas revelava a profunda humanidade de Jesus. É nela que os discípulos deverão se inspirar.

> Senhor Jesus, que eu seja profundamente humano, como tu foste, para escolher as mesmas companhias que tu escolheste, para resgatá-las para Deus.

2ª Semana do Advento — Sábado

Os discípulos perguntaram a Jesus: "Por que os escribas dizem que primeiro deve vir Elias?" Ele respondeu: "Sim, Elias vem; e porá tudo em ordem. E eu vos digo mais: Elias já veio, e não o reconheceram. Pelo contrário, fizeram com ele tudo o que quiseram. Assim também o Filho do Homem será maltratado por eles". Então os discípulos compreenderam que ele lhes havia falado de João Batista (**Mt 17,10-13**).

Quem é Elias?

As esperanças messiânicas estavam muito vivas no tempo de Jesus. Esperava-se a intervenção divina na história, para pôr fim à injustiça e à maldade e instaurar os tempos novos da justiça e da paz. A opressão romana, carregada de violência, produzia no coração do povo o anseio pelo apressamento do Dia de Javé. A situação era insuportável. Só Deus tinha o poder de pôr-lhe fim.

As expectativas comportavam a convicção de que Deus haveria de enviar seu Messias, antes dos tempos finais. Eram muitas as especulações em torno da identidade do enviado de Deus. Uma delas identificava-o com o profeta Elias. A tradição referia-se ao profeta arrebatado para junto de Deus, num carro de fogo puxado por cavalos de fogo, em meio a um redemoinho. Quem fora arrebatado para os céus, um dia, haveria de retornar.

A afirmação de Jesus, segundo a qual Elias já tinha vindo, deixava os discípulos desconcertados. Afinal, ninguém tinha notícia de carro de fogo puxado por cavalos de fogo com o profeta, vindo do céu. A incapacidade de perceber o caráter simbólico da pregação do Mestre estava na raiz do mal-entendido.

Aos poucos, foram entendendo que João Batista havia cumprido o papel de Elias. Logo, o tempo de Deus havia chegado e Jesus, mais que Messias, era a presença de Deus na história humana para instaurar o ansiado tempo de justiça e de paz. Os discípulos haveriam de ser parceiros seus nessa tarefa.

Senhor Jesus, faze-me compreender que, como discípulo, estou comprometido contigo na tarefa de instaurar o tempo de justiça e paz, querido pelo Pai.

| Domingo | 3ª Semana do Advento |

Veio um homem, enviado por Deus; seu nome era João. Ele veio como testemunha, a fim de dar testemunho da luz, para que todos pudessem crer, por meio dele. Não era ele a luz, mas veio para dar testemunho da luz. Este é o testemunho de João, quando os judeus enviaram, de Jerusalém, sacerdotes e levitas para lhe perguntar: "Quem és tu?" Ele confessou e não negou; ele confessou: "Eu não sou o Cristo". Perguntaram: "Quem és, então? Tu és Elias?" Respondeu: "Não sou". – "Tu és o profeta?" – "Não", respondeu ele. Perguntaram-lhe: "Quem és, afinal? Precisamos dar uma resposta àqueles que nos enviaram. Que dizes de ti mesmo?" Ele declarou: "Eu sou a voz de quem grita no deserto: 'Endireitai o caminho para o Senhor!'", conforme disse o profeta Isaías. Eles tinham sido enviados da parte dos fariseus, e perguntaram a João: "Por que, então, batizas, se não és o Cristo, nem Elias, nem o profeta?" João lhes respondeu: "Eu batizo com água. Mas entre vós está alguém que vós não conheceis: aquele que vem depois de mim, e do qual eu não sou digno de desatar as correias da sandália!" Isso aconteceu em Betânia, do outro lado do Jordão, onde João estava batizando (**Jo 1,6-8.19-28**).

A identidade do Batista

A identidade de João Batista foi sendo compreendida, pouco a pouco, pelos discípulos de Jesus. Seu modo de pregar e o conteúdo da pregação, somados à austeridade de vida, tinham tudo a ver com a figura austera de Elias, cultivada na tradição religiosa de Israel.

Afinal, entenderam-no a partir de uma tradição profética do tempo do exílio da Babilônia, referida ao profeta consciente da missão de preparar o povo para a volta à Terra Prometida. O Batista assemelhava-se ao profeta cuja voz se levantava no deserto, conclamando o povo a "endireitar o caminho para o Senhor". E, mais, entenderam a pregação dele como preparatória para a vinda do Messias Jesus.

> Senhor Jesus, como João Batista, que eu me coloque a serviço da preparação de teus caminhos no coração da humanidade necessitada de salvação.

3ª Semana do Advento — Segunda

Jesus voltou ao templo. Enquanto ensinava, os sumos sacerdotes e os anciãos do povo aproximaram-se dele, perguntando: "Com que autoridade fazes essas coisas? Quem te deu essa autoridade?" Jesus respondeu-lhes: "Eu também vou fazer-vos uma só pergunta. Se me responderdes, também eu vos direi com que autoridade faço isso. De onde era o batismo de João, do céu ou dos homens?" Eles pondera-vam entre si: "Se respondermos: 'Do céu', ele nos dirá: 'Por que não acreditastes nele?' Se respondermos: 'Dos homens', ficamos com medo do povo, pois todos têm João em conta de profeta". Então lhe responderam: "Não sabemos". Ao que ele retrucou: "Pois eu também não vos digo com que autoridade faço essas coisas" (**Mt 21,23-27**).

Pergunta sem resposta

As autoridades religiosas ficavam intrigadas com Jesus. O con-teúdo da pregação, a liberdade no falar e o trato inusitado com as pessoas, mormente, os pecadores e os marginalizados pela religião criavam-lhes confusão mental. Ninguém, até então, havia se referido a Deus com tamanha intimidade. Ninguém havia se mostrado tão livre em relação à antiquíssima tradição religiosa de Israel. Ninguém, com pretensões religiosas elevadas, havia se misturado com pessoas de má fama, parecendo sentir-se à vontade no meio delas. Algo de estranho estava acontecendo! A pergunta — "Com que autoridade fa-zes estas coisas?" — tinha a finalidade de pôr fim às dúvidas. Só Jesus estava em condições de esclarecê-las.

Por que o Mestre se recusou a lhes dizer, com todas as letras, o porquê de seu modo de proceder? A resposta é: os inquisidores nutriam tal má vontade em relação a ele que, qualquer que fosse a explicação, haveriam de recusá-la. Só poderia entendê-lo quem se dispusesse a pensar como ele e a se entregar nas mãos do Pai, para fazer-lhe a vontade, como ele havia feito.

> Senhor Jesus, como discípulo, quero imitar-te no modo de falar e de agir, por ser esta a forma correta de se colocar nas mãos do Pai.

| Terça | 3ª Semana do Advento |

"Que vos parece? Um homem tinha dois filhos. Dirigindo-se ao primeiro, disse: 'Filho, vai trabalhar hoje na vinha!' O filho respondeu: 'Não quero'. Mas depois mudou de atitude e foi. O pai dirigiu-se ao outro filho e disse a mesma coisa. Este respondeu: 'Sim, senhor, eu vou'. Mas não foi. Qual dos dois fez a vontade do pai?" Os sumos sacerdotes e os anciãos responderam: "O primeiro". Então Jesus lhes disse: "Em verdade vos digo que os publicanos e as prostitutas vos precedem no Reino de Deus. Pois João veio até vós, caminhando na justiça, e não acreditastes nele. Mas os publicanos e as prostitutas creram nele. Vós, porém, mesmo vendo isso, não vos arrependestes, para crer nele" (**Mt 21,28-32**).

A precedência no Reino

Por que os publicanos e as prostitutas precederão no Reino os sumos sacerdotes e os anciãos do povo? Jesus mesmo respondeu: pela disposição para se deixarem tocar pela Palavra de Deus e se converterem. A consciência de estarem no caminho errado pode torná-los sensíveis aos apelos à conversão. E o resultado será o desejo de conformar seu modo de proceder com o querer divino.

Quanto aos líderes religiosos, era grande o risco de se tornarem soberbos e arrogantes, a ponto de não se darem conta da necessidade de conversão. Alçados à condição de juízes dos outros, se esqueciam de tomar para si o que valia para os demais. Essa atitude equivocada levava-os a se afastarem do projeto de Deus, como o filho que diz "sim" à ordem do pai, porém, se esquece de praticá-la. O "sim", da boca para fora, não é transformado em vida. Reduz-se a palavreado vazio.

O discípulo do Reino é chamado a ser filho que ouve a palavra do Pai e a coloca em prática. O testemunho de Jesus servir-lhe-á de inspiração. Daí a importância de, continuamente, esforçar-se para assimilar o modo de proceder do Mestre.

> Senhor Jesus, ajuda-me a ser filho obediente,
> sempre pronto a cumprir a vontade do Pai, seguindo
> o teu exemplo.

3ª Semana do Advento — Quarta

[João] os enviou ao Senhor, para perguntar: "És tu aquele que há de vir ou devemos esperar outro?" Eles foram ter com Jesus e disseram: "João Batista nos mandou a ti para perguntar se tu és aquele que há de vir ou se devemos esperar outro". Naquela ocasião, Jesus havia curado a muitos de suas doenças, moléstias e espíritos malignos, e proporcionado a vista a muitos cegos. Respondeu, pois: "Ide contar a João o que vistes e ouvistes: cegos recuperam a vista, paralíticos andam, leprosos são purificados e surdos ouvem, mortos ressuscitam e a pobres se anuncia a Boa-Nova. E feliz de quem não se escandaliza a meu respeito" (**Lc 7,19-23**).

O que há de vir

Era grande, no tempo de Jesus, a expectativa pela chegada do Messias. O povo de Israel nutria a esperança de que Deus pusesse fim à insuportável opressão romana. Caberia ao Messias anunciar a reviravolta da história.

Entretanto, o problema da identificação do Messias permanecia sem resposta. Quem seria? Como identificá-lo? As antigas profecias de Israel ofereciam algumas pistas para reconhecer os tempos messiânicos, nos quais reis justos haveriam de implantar a justiça e a paz, queridas por Deus. A injustiça seria banida e o direito dos pobres, respeitado.

A questão levantada por João Batista – "És tu aquele que há de vir ou devemos esperar outro?" – não recebeu a resposta esperada. Jesus recusou-se a, simplesmente, dizer "sim" ou "não". Antes chamou a atenção para o resultado de seu ministério, pelo qual muitos dos sinais apontados pelos profetas de outrora estavam sendo realizados. Caberia a João Batista fazer o devido discernimento e, por si, encontrar resposta para a dúvida.

O discernimento da vida de Jesus é, para o discípulo, a maneira mais consistente de reconhecer a identidade do Mestre. Qualquer outro caminho levará a conclusões incorretas.

> Senhor Jesus, que a contemplação de teu testemunho de vida leve-me a conhecer tua identidade de Messias, enviado pelo Pai.

Quinta # 3ª Semana do Advento

Depois que os mensageiros de João partiram, Jesus começou a falar às multidões sobre João: "Que fostes ver no deserto? Um caniço agitado pelo vento? Que fostes ver? Um homem vestido com roupas finas? Os que vestem roupas finas e vivem no luxo estão nos palácios dos reis. Que fostes ver então? Um profeta? Sim, eu vos digo, e mais que um profeta. Este é de quem está escrito: 'Eu envio meu mensageiro à tua frente, para preparar o teu caminho diante de ti'. Eu vos digo: entre todos os nascidos de mulher não há ninguém maior do que João. No entanto, o menor no Reino de Deus é maior do que ele. Todo o povo que o escutava e até os publicanos reconheceram a justiça de Deus e deixaram-se batizar com o batismo de João. Mas os fariseus e os doutores da Lei recusaram ser batizados por João e desprezaram os planos de Deus a respeito deles" (**Lc 7,24-30**).

O menor no Reino de Deus

Desde o início, a importância de João Batista foi reconhecida nos ambientes cristãos. Os conflitos aconteciam no âmbito das relações entre as comunidades dos discípulos de Jesus e as comunidades dos discípulos de João Batista. Os cristãos julgavam insensato continuar a ser discípulo do Batista depois da vinda de Jesus, a quem o próprio Batista havia reconhecido como Messias.

Os cristãos tinham consciência da provisoriedade do ministério de João, cuja finalidade consistiu em preparar a vinda de Jesus. Portanto, seria sensato os discípulos de João seguirem aquele a quem o mestre apontara ser o Messias.

Por mais relevante que João tenha sido, afinal, não chegou a se tornar discípulo do Reino, inaugurado por Jesus. Donde o menor no Reino de Deus ser maior que ele. O núcleo da comparação gira em torno da acolhida do projeto de Deus, anunciado por Jesus. João anunciou o Messias Jesus, mas não teve a graça de tornar-se discípulo dele.

> Senhor Jesus, como discípulo do Reino, disponho-me a acolher o projeto de vida anunciado por ti, seguro de que és o Messias enviado pelo Pai.

3ª Semana do Advento

Sexta

"Vós mandastes perguntar a João, e ele deu testemunho da verdade. Ora, eu não recebo testemunho da parte de um ser humano, mas digo isso para a vossa salvação. João era a lâmpada que iluminava com sua chama ardente, e vós gostastes, por um tempo, de alegrar-vos com a sua luz. Mas eu tenho um testemunho maior que o de João: as obras que o Pai me concedeu realizar. As obras que eu faço dão testemunho de mim, pois mostram que o Pai me enviou" (**Jo 5,33-36**).

João, a lâmpada provisória

Jesus reconheceu o valor de João Batista. Porém, como lâmpada provisória, à espera da verdadeira luz. A missão do Batista foi importante, na função de preparar a vinda do Messias. Tinha clara consciência da iminente intervenção divina na história e da necessidade de as pessoas se prepararem para aquele momento. A pregação contundente, às margens do Jordão, tinha como foco o chamado à conversão. Quem quisesse ser acolhido pelo Messias, deveria deixar de lado as condutas contrárias ao querer de Deus. Só os justos participariam das alegrias messiânicas. Por outro lado, o testemunho de vida de João era irrepreensível. Levava vida, extremamente, austera, sem concessão alguma à mundanidade. Isto dava credibilidade a suas palavras.

As pessoas gostavam de ouvi-lo pela capacidade de indicar-lhes o ponto exato a ser corrigido. Sua mensagem era clara, sem margem para dúvidas. A disposição para escutá-lo era sinal da disposição para acolher-lhe as exortações. A recepção do batismo ministrado por ele selava o processo de conversão, no qual os ouvintes estavam envolvidos.

Apesar da grandeza humana e espiritual, João Batista era simples anunciador da luz definitiva. E, como tal, deveria ser reconhecido. A presença de Jesus correspondia à realização da esperança anunciadas por ele. Doravante, o desafio consistia em acolher o Filho enviado pelo Pai.

> Senhor Jesus, que eu saiba acolher-te como Messias enviado pelo Pai, luz para iluminar minha caminhada.

Domingo | # 4ª Semana do Advento

Quando Isabel estava no sexto mês, o anjo Gabriel foi enviado por Deus a uma cidade da Galileia, chamada Nazaré, a uma virgem prometida em casamento a um homem de nome José, da casa de Davi. A virgem se chamava Maria. O anjo entrou onde ela estava e disse: "Alegra-te, cheia de graça! O Senhor está contigo". Ela perturbou-se com estas palavras e começou a pensar qual seria o significado da saudação. O anjo, então, disse: "Não tenhas medo, Maria! Encontraste graça junto a Deus. Conceberás e darás à luz um filho, e lhe porás o nome de Jesus. Ele será grande; será chamado Filho do Altíssimo, e o Senhor Deus lhe dará o trono de Davi, seu pai. Ele reinará para sempre sobre a descendência de Jacó, e o seu reino não terá fim". Maria, então, perguntou ao anjo: "Como acontecerá isso, se eu não conheço homem?" O anjo respondeu: "O Espírito Santo descerá sobre ti, e o poder do Altíssimo te cobrirá com a sua sombra. Por isso, aquele que vai nascer será chamado santo, Filho de Deus. Também Isabel, tua parenta, concebeu um filho na sua velhice. Este já é o sexto mês daquela que era chamada estéril, pois para Deus nada é impossível". Maria disse: "Eis aqui a serva do Senhor! Faça-se em mim segundo a tua palavra". E o anjo retirou-se de junto dela (**Lc 1,26-38**).

Maria, a agraciada

A saudação do anjo sublinha um aspecto fundamental da figura de Maria. Ela está cheia da graça de Deus. A condição de agraciada tem importância se relacionada com a missão que lhe seria confiada. O Pai contava com ela para a tarefa de ser mãe do santo, Filho de Deus. Só um coração repleto de Deus estaria em condições de dizer "sim" e levar a missão até o fim, sem medo.

A resposta decidida de Maria — "Eis aqui a serva do Senhor!" — explica-se pela ação da graça. Movida pela força divina, estava em condições de se colocar, inteiramente, nas mãos do Pai, disposta a fazer, em tudo, sua santa vontade.

> Senhor Jesus, como teu discípulo, quero seguir o exemplo de Maria, na disponibilidade para me deixar guiar pela vontade do Pai.

17 de dezembro

Livro da origem de Jesus Cristo, filho de Davi, filho de Abraão: Abraão gerou Isaac, Isaac gerou Jacó, Jacó gerou Judá e seus irmãos, Judá gerou Farés e Zara, de Tamar. Farés gerou Esrom; Esrom gerou Aram; Aram gerou Aminadab; Aminadab gerou Naasson; Naasson gerou Salmon; Salmon gerou Booz, de Raab. Booz gerou Obed, de Rute. Obed gerou Jessé. Jessé gerou o rei Davi. Davi gerou Salomão, da mulher de Urias. Salomão gerou Roboão; Roboão gerou Abias; Abias gerou Asa; Asa gerou Josafá; Josafá gerou Jorão; Jorão gerou Ozias; Ozias gerou Jotão; Jotão gerou Acaz; Acaz gerou Ezequias; Ezequias gerou Manassés; Manassés gerou Amon; Amon gerou Josias. Josias gerou Jeconias e seus irmãos, no tempo do exílio na Babilônia. Depois do exílio na Babilônia, Jeconias gerou Salatiel; Salatiel gerou Zorobabel; Zorobabel gerou Abiud; Abiud gerou Eliaquim; Eliaquim gerou Azor; Azor gerou Sadoc; Sadoc gerou Aquim; Aquim gerou Eliud; Eliud gerou Eleazar; Eleazar gerou Matã; Matã gerou Jacó. Jacó gerou José, o esposo de Maria, da qual nasceu Jesus, que é chamado o Cristo. No total, pois, as gerações desde Abraão até Davi são quatorze; de Davi até o exílio na Babilônia, quatorze; e do exílio na Babilônia até o Cristo, quatorze (**Mt 1,1-17**).

Jesus, filho de Davi

A genealogia, em Mateus, apresenta Jesus como Filho de Davi, título importante para identificá-lo. Já na primeira linha, ele é declarado como tal. Porém, de especial relevância é a construção da genealogia em torno do número quatorze. Na simbologia numérica dos judeus, era o número de Davi, pela atribuição de números às letras do alfabeto. A soma do nome hebraico Davi era quatorze.

Por que falar de Jesus como Filho de Davi? Porque assim era pensado o Messias na tradição religiosa de Israel. Nessa condição, haveria de restaurar o reino davídico e construir a justiça e a paz, tão almejadas. Jesus acolheu o título, mas dando-lhe conotação bem particular de servidor dos pobres e excluídos, sem poder.

> Senhor Jesus, filho de Davi, quero ser teu fiel colaborador na tarefa de construir a justiça e a paz na terra.

18 de dezembro

Ora, a origem de Jesus Cristo foi assim: Maria, sua mãe, estava prometida em casamento a José e, antes de passarem a conviver, ela encontrou-se grávida pela ação do Espírito Santo. José, seu esposo, sendo justo e não querendo denunciá-la publicamente, pensou em despedi-la secretamente. Mas, no que lhe veio esse pensamento, apareceu-lhe em sonho um anjo do Senhor, que lhe disse: "José, Filho de Davi, não tenhas receio de receber Maria, tua esposa; o que nela foi gerado vem do Espírito Santo. Ela dará à luz um filho, e tu lhe porás o nome de Jesus, pois ele vai salvar o seu povo dos seus pecados". Tudo isso aconteceu para se cumprir o que o Senhor tinha dito pelo profeta: "Eis que a virgem ficará grávida e dará à luz um filho. Ele será chamado pelo nome de Emanuel, que significa: Deus conosco". Quando acordou, José fez conforme o anjo do Senhor tinha mandado e acolheu sua esposa (**Mt 1,18-24**).

Gerado pelo Espírito

Falar da geração de Jesus por obra do Espírito Santo é a maneira de relacioná-lo, estreitamente, com Deus. Dado indispensável para a consciência de ser Filho de Deus.

A novidade consistiu em pensar a geração divina sem, contudo, privá-lo da condição humana. Os cristãos pensavam a identidade de Jesus de forma correta, recusando-se a considerá-lo super-homem ou igualá-lo aos heróis da mitologia, cuja origem era atribuída à ação dos deuses.

O contexto da declaração do anjo estava carregado de humanidade. José, homem justo e bom, recusava-se a submeter Maria aos rigores da lei, no tocante ao adultério. Maria, na simplicidade de mulher do povo, acolhia a ação de Deus sem interpor dificuldades. Nada havia de grandioso, a ponto de transformar o filho que nasceria em ser humano especial, aos olhos dos concidadãos.

A fé dos discípulos, sim, descobriu na humanidade de Jesus os traços da condição divina de quem foi gerado pelo Espírito.

> Senhor Jesus, como discípulo fiel, reconheço
> a ação do Espírito, força geradora que está na origem
> de tua existência.

19 de dezembro

No tempo de Herodes, rei da Judeia, havia um sacerdote, chamado Zacarias, da classe de Abias. Sua esposa era descendente de Aarão e chamava-se Isabel. Ambos eram justos diante de Deus e [...] não tinham filhos, pois Isabel era estéril, e os dois eram de idade avançada. Ao exercer as funções sacerdotais diante de Deus, [...] apareceu-lhe o anjo do Senhor, de pé, à direita do altar do incenso. [...] O anjo lhe disse: "Não tenhas medo, Zacarias, porque o Senhor ouviu o teu pedido. Isabel, tua esposa, vai te dar um filho, e tu lhe porás o nome de João. [...] Ele será grande diante do Senhor. [...] e, cheio do Espírito Santo. [...] Zacarias disse ao anjo: "Como posso ter certeza disso? Estou velho e minha esposa já tem uma idade avançada". O anjo respondeu-lhe: "Eu sou Gabriel, e [...] fui enviado para falar contigo e anunciar-te esta Boa-Nova. Ficarás mudo, sem poder falar até o dia em que estas coisas acontecerem, já que não acreditaste nas minhas palavras, que se cumprirão no tempo certo". O povo estava esperando Zacarias e se admirava com sua demora no Santuário. Quando saiu, não podia falar, e perceberam que ele tivera uma visão no Santuário. Zacarias se comunicava com eles por meio de gestos e permanecia mudo. Passados os dias do seu ofício, ele voltou para casa. Algum tempo depois, sua esposa Isabel ficou grávida e permaneceu escondida durante cinco meses; ela dizia: "Assim o Senhor fez comigo nestes dias: ele dignou-se tirar a vergonha que pesava sobre mim" (**Lc 1,5-25**).

Esterilidade fecunda

Várias cenas bíblicas referem-se à esterilidade fecunda, no contexto do projeto de Deus. De onde não se espera, ele faz a vida brotar. A pessoa daí nascida é consagrada, inteiramente, ao seu serviço. João Batista foi fruto da esterilidade. Seus pais, embora justos, estavam privados de um dos sinais da bênção: a prole. Numa leitura superficial, eram vítimas da maldição divina. Entretanto, coube-lhes gerar um filho, com a missão de criar as condições para que o Messias fosse acolhido.

Senhor Jesus, como João Batista, quero me comprometer sempre mais com a missão de preparar tua chegada.

20 de dezembro

Quando Isabel estava no sexto mês, o anjo Gabriel foi enviado por Deus a uma cidade da Galileia, chamada Nazaré, a uma virgem prometida em casamento a um homem de nome José, da casa de Davi. A virgem se chamava Maria. O anjo entrou onde ela estava e disse: "Alegra-te, cheia de graça! O Senhor está contigo". Ela perturbou-se com estas palavras e começou a pensar qual seria o significado da saudação. O anjo, então, disse: "Não tenhas medo, Maria! Encontraste graça junto a Deus. Conceberás e darás à luz um filho, e lhe porás o nome de Jesus. Ele será grande; será chamado Filho do Altíssimo, e o Senhor Deus lhe dará o trono de Davi, seu pai. Ele reinará para sempre sobre a descendência de Jacó, e o seu reino não terá fim". Maria, então, perguntou ao anjo: "Como acontecerá isso, se eu não conheço homem?" O anjo respondeu: "O Espírito Santo descerá sobre ti, e o poder do Altíssimo te cobrirá com a sua sombra. Por isso, aquele que vai nascer será chamado santo, Filho de Deus. Também Isabel, tua parenta, concebeu um filho na sua velhice. Este já é o sexto mês daquela que era chamada estéril, pois para Deus nada é impossível". Maria disse: "Eis aqui a serva do Senhor! Faça-se em mim segundo a tua palavra". E o anjo retirou-se de junto dela (**Lc 1,26-38**).

Não tenhas medo!

A advertência do anjo estava ligada à reação de Maria ao se defrontar com o mensageiro de Deus. A tradição bíblica refere-se às pessoas temerosas de morrer, em contexto de teofania, manifestação do sagrado. O medo, portanto, foi reação espontânea pela proximidade de Deus.

As palavras do anjo revelam-lhe o motivo para confiar: cabia-lhe a tarefa de dar à luz o "Filho do Altíssimo". Fora escolhida para colaborar na obra da salvação, como mãe do "Filho de Deus". Por conseguinte, podia estar certa de ter Deus a seu favor. Quem a escolheu, haveria de dar-lhe força para levar a cabo a missão.

> Senhor Jesus, consciente da missão de anunciar-te ao mundo, dá-me fortaleza de ânimo para jamais ser levado pelo medo.

21 de dezembro

Naqueles dias, Maria partiu apressadamente dirigindo-se a uma cidade de Judá. Ela entrou na casa de Zacarias e saudou Isabel. Quando Isabel ouviu a saudação de Maria, a criança pulou de alegria em seu ventre, e Isabel ficou repleta do Espírito Santo. Com voz forte, ela exclamou: "Bendita és tu entre as mulheres e bendito é o fruto do teu ventre! Como mereço que a mãe do meu Senhor venha me visitar? Logo que a tua saudação ressoou nos meus ouvidos, o menino pulou de alegria no meu ventre. Feliz aquela que acreditou, pois o que lhe foi dito da parte do Senhor será cumprido!" (**Lc 1,39-45**).

A bem-aventurada Maria

Isabel proclama a bem-aventurança de Maria, ao ser visitada por ela. E tinha muitos motivos para isto! Bastava considerar a visita sob o aspecto da solidariedade. A prima viera de muito longe, sozinha, sem considerar o cansaço da viagem, feita a pé, e o perigo de ser assaltada, num caminho onde os ladrões proliferavam. Nem mesmo as responsabilidades domésticas foram suficientemente fortes para detê-la. A urgência de se colocar a serviço de Isabel, cujo parto estava prestes a acontecer, era premente.

Portanto, Maria é bem-aventurada por se fazer solidária e servidora. A necessidade de Isabel despontou no horizonte como apelo inescusável. Daí ter-se lançado numa viagem cheia de percalços, com o objetivo único de servir.

A grandeza de Maria decorria de sua humanidade. Engana-se quem pretende exaltá-la, chamando-a de rainha e desvinculando-a da história das pessoas comuns. O evangelho fala de Maria movida pelo amor solidário. Este é o exemplo que oferece aos discípulos do Filho, chamados a alcançar a bem-aventurança pelo caminho trilhado por ela. Se a excelência de Maria a distanciasse da humanidade, quiçá, pouco teria a ensinar aos discípulos de Jesus. Bastaria ser contemplada e admirada, porém, sem força de inspiração.

> Senhor Jesus, desejando inspirar-me no exemplo de tua mãe, ajuda-me a trilhar o caminho da bem-aventurança, como servidor solidário dos necessitados.

22 de dezembro

Maria então disse: "A minha alma engrandece o Senhor, e meu espírito se alegra em Deus, meu Salvador, porque ele olhou para a humildade de sua serva. Todas as gerações, de agora em diante, me chamarão feliz, porque o Poderoso fez para mim coisas grandiosas. O seu nome é santo, e sua misericórdia se estende de geração em geração sobre aqueles que o temem. Ele mostrou a força de seu braço: dispersou os que têm planos orgulhosos no coração. Derrubou os poderosos de seus tronos e exaltou os humildes. Encheu de bens os famintos, e mandou embora os ricos de mãos vazias. Acolheu Israel, seu servo, lembrando-se de sua misericórdia, conforme prometera a nossos pais, em favor de Abraão e de sua descendência, para sempre". Maria ficou três meses com Isabel. Depois, voltou para sua casa (**Lc 1,46–56**).

O Deus dos pobres

O canto de Maria, no encontro com Isabel, evoca a fé do povo de Israel, centrada na imagem do Deus libertador. Ela se coloca diante dele, com a mesma consciência de ser pequena e impotente, como era o povo oprimido no Egito. Se Deus se digna a olhar para ela, jamais será por causa de títulos humanos de grandeza. Antes, reconhece-lhe a condição de serva humilde, toda dependente da bondade divina.

O modo divino de agir em relação a Maria em nada se difere do que Deus fez "de geração em geração para aqueles que o temem". Ele sempre foi o Deus dos pobres e dos pequenos. E rejeitou os orgulhosos, os ricos e os poderosos, por serem incapazes de deixar a misericórdia ter vez em seus corações. Ao reconhecer que o Poderoso fez coisas grandiosas para ela, de modo algum Maria tem a pretensão de se exaltar e abrir mão da pequenez. Grande por se saber agraciada, tem consciência de continuar a ser pequena e humilde.

A consciência de Maria motiva os discípulos de Jesus a escolherem a humildade como postura correta diante de Deus. Como Maria, são chamados a confiar-se ao Deus dos pobres.

> Senhor Jesus, ajuda-me a compreender que a humildade é a postura correta diante do Pai, o Deus dos pobres.

23 de dezembro

Quando se completou o tempo da gravidez, Isabel deu à luz um filho. Os vizinhos e os parentes ouviram quanta misericórdia o Senhor lhe tinha demonstrado, e alegravam-se com ela. No oitavo dia, foram circuncidar o menino e queriam dar-lhe o nome de seu pai, Zacarias. A mãe, porém, disse: "Não. Ele vai se chamar João". Disseram-lhe: "Ninguém entre os teus parentes é chamado com este nome!" Por meio de sinais, então, perguntaram ao pai como ele queria que o menino se chamasse. Zacarias pediu uma tabuinha e escreveu: "João é o seu nome!" E todos ficaram admirados. No mesmo instante, sua boca se abriu, a língua se soltou, e ele começou a louvar a Deus. Todos os vizinhos se encheram de temor, e a notícia se espalhou por toda a região montanhosa da Judeia. Todos os que ouviram a notícia ficavam pensando: "Que vai ser este menino?" De fato, a mão do Senhor estava com ele (**Lc 1,57-66**).

Que menino é este?

As circunstâncias da concepção e do nascimento de João Batista comportaram várias intervenções divinas. A mudez de Zacarias e a posterior recuperação da fala, quando se decidiu o nome do menino, foram sinais indicadores da ação de Deus na vida do Batista, desde a tenra idade. "A mão do Senhor estava com ele!"

A pergunta pelo significado de tudo aquilo tinha razão de ser. Algo de muito especial estava-lhe reservado. Teria como missão anunciar a chegada iminente do Messias e a consequente necessidade de se preparar para acolhê-lo. Missão difícil, quando se pensa no alvoroço escatológico do momento e na existência de pessoas que se apresentavam como messias. João seria desafiado a pregar com credibilidade, de modo a tocar no coração dos ouvintes e movê-los à conversão.

Os familiares e os conhecidos do Batista, por ocasião do nascimento, nem de longe poderiam suspeitar da missão que lhe estava reservada. O tempo haveria de responder a questão levantada por eles.

> Senhor Jesus, ajuda-me a tomar consciência da missão de anunciar tua presença em nossa história e sensibilizar as pessoas para acolher-te.

24 de dezembro

Zacarias, seu pai, cheio do Espírito Santo, profetizou dizendo: "Bendito seja o Senhor, Deus de Israel, porque visitou e libertou o seu povo. Ele fez surgir para nós um poderoso salvador na casa de Davi, seu servo, assim como tinha prometido desde os tempos antigos, pela boca dos seus santos profetas: de salvar-nos dos nossos inimigos e da mão de quantos nos odeiam. Ele foi misericordioso com nossos pais: recordou-se de sua santa aliança, e do juramento que fez a nosso pai Abraão, de nos conceder que, sem medo e livres dos inimigos, nós o sirvamos, com santidade e justiça, em sua presença, todos os dias de nossa vida. E tu, menino, serás chamado profeta do Altíssimo, porque irás à frente do Senhor, preparando os seus caminhos, dando a conhecer a seu povo a salvação, com o perdão dos pecados, graças ao coração misericordioso de nosso Deus, que envia o sol nascente do alto para nos visitar, para iluminar os que estão nas trevas, na sombra da morte, e dirigir nossos passos no caminho da paz" (**Lc 1,67-79**).

Anúncio da salvação

As palavras proféticas de Zacarias, além de comportar sublime louvor a Deus, discorrem sobre a identidade e a missão do Batista. Ele é "profeta do Altíssimo", com a tarefa de proclamar a Palavra de Deus ao povo, nos passos dos antigos profetas de Israel. Dar-lhe ouvido significaria escutar o próprio Deus.

A missão do profeta João consistiria em preparar o povo para acolher a salvação divina oferecida à humanidade. Como? Convocando-o à conversão, expressa como volta para Deus, cujo coração misericordioso faz a luz brilhar para quem vive nas sombras da morte.

Caberia a João proclamar o amor divino derramado sobre os pecadores, de modo a lhes mostrar o caminho da paz. Deus não estava interessado em castigá-los e, sim, salvá-los. Afinal, ele não deseja a morte do pecador, mas sua conversão para que tenha vida.

Senhor Jesus, faze de mim anunciador da misericórdia divina derramada sobre a humanidade carente de luz, de modo a trilhar o caminho da paz.

25 de dezembro (missa da noite)

Naqueles dias, saiu um decreto do imperador Augusto mandando fazer o recenseamento de toda a terra – o primeiro recenseamento, feito quando Quirino era governador da Síria. Todos iam registrar-se, cada um na sua cidade. Também José, que era da família e da descendência de Davi, subiu da cidade de Nazaré, na Galileia, à cidade de Davi, chamada Belém, na Judeia, para registrar-se com Maria, sua esposa, que estava grávida. Quando estavam ali, chegou o tempo do parto. Ela deu à luz o seu filho primogênito, envolveu-o em faixas e deitou-o numa manjedoura, porque não havia lugar para eles na hospedaria. Havia naquela região pastores que passavam a noite nos campos, tomando conta do rebanho. Um anjo do Senhor lhes apareceu, e a glória do Senhor os envolveu de luz. Os pastores ficaram com muito medo. O anjo então lhes disse: "Não tenhais medo! Eu vos anuncio uma grande alegria, que será também a de todo o povo: hoje, na cidade de Davi, nasceu para vós o Salvador, que é o Cristo Senhor! E isto vos servirá de sinal: encontrareis um recém-nascido, envolto em faixas e deitado numa manjedoura". De repente, juntou-se ao anjo uma multidão do exército celeste cantando a Deus: "Glória a Deus no mais alto dos céus, e na terra, paz aos que são do seu agrado!" (**Lc 2,1-14**).

Nasceu o Salvador

Os primeiros a acolher o Messias Jesus foram os pastores da periferia de Belém. Constituíam uma classe socialmente excluída. A presença dos rebanhos punha em risco as lavouras. Daí a hostilidade dos citadinos. Devendo José e Maria buscar abrigo junto a eles, por não encontrar lugar na hospedaria, afinal, coube-lhes a tarefa de reconhecer no Menino Jesus a presença da salvação para a humanidade.

O "sinal" para garantir a veracidade das palavras do anjo do Senhor nada tinha de grandioso. Simplesmente, um pobre menino recém-nascido, colocado num coxo onde comiam os animais. A simplicidade do sinal, porém, encerrava o grande amor de Deus pela humanidade.

Senhor Jesus, dá-me a graça de reconhecer, na pobreza
e na simplicidade que revestiram teu nascimento,
o sinal da salvação oferecida pelo Pai.

26 de dezembro

"Cuidado com as pessoas, pois vos entregarão aos tribunais e vos açoitarão nas suas sinagogas. Por minha causa, sereis levados diante de governadores e reis, de modo que dareis testemunho diante deles e diante dos pagãos. Quando vos entregarem, não vos preocupeis em como ou o que falar. Naquele momento vos será dado o que falar, pois não sereis vós que falareis, mas o Espírito do vosso Pai falará em vós. O irmão entregará à morte o próprio irmão; o pai entregará o filho; os filhos se levantarão contra seus pais e os matarão. Sereis odiados por todos, por causa do meu nome. Mas quem perseverar até o fim, esse será salvo" (**Mt 10,17-22**).

Salvos na perseverança

O discipulado cristão é vivido em meio a tribulações e sofrimentos. Quando o discípulo é bajulado e recebe o reconhecimento público, com grande probabilidade, já deixou de lado o projeto do Mestre Jesus.

As perseguições são ocasiões para reforçar a fé. Tempo de reforçar a consciência da proteção divina e se saber acompanhado pelo Espírito, donde advém a força para seguir adiante, sem capitular.

Jesus instruiu os discípulos para, nos momentos de dificuldade, ficarem firmes porque lhes seria dada do alto a sabedoria necessária para enfrentar os acusadores. Portanto, teriam as palavras convenientes para se defender, de modo a desmascarar a falsidade do que se lhes imputava.

Os mártires de todos os tempos confirmam as palavras do Mestre. A firmeza face aos perseguidores, por causa da fé, só se explica recorrendo-se à assistência do Espírito. Dele vem a força para permanecer de cabeça erguida, mesmo submetidos a toda sorte de maldade. Nada é suficientemente forte para dobrá-los. A virtude da perseverança é penhor de salvação.

> Senhor Jesus, em meio às tribulações por causa da fé, reforça em mim a perseverança, de modo a jamais negar minha condição de discípulo.

27 de dezembro

Ela saiu correndo e foi se encontrar com Simão Pedro e com o outro discípulo, aquele que Jesus mais amava. Disse-lhes: "Tiraram o Senhor do túmulo e não sabemos onde o colocaram". Pedro e o outro discípulo saíram e foram ao túmulo. Os dois corriam juntos, e o outro discípulo correu mais depressa, chegando primeiro ao túmulo. Inclinando-se, viu as faixas de linho no chão, mas não entrou. Simão Pedro, que vinha seguindo, chegou também e entrou no túmulo. Ele observou as faixas de linho no chão, e o pano que tinha coberto a cabeça de Jesus: este pano não estava com as faixas, mas enrolado num lugar à parte. O outro discípulo, que tinha chegado primeiro ao túmulo, entrou também, viu e creu (**Jo 20,2-8**).

A caminho da fé

Os primeiros discípulos, a duras penas, começaram a trilhar os caminhos da fé. A passagem da experiência de conviver com Jesus de Nazaré, ouvir-lhe os ensinamentos e se deixar guiar por ele, à convicção de ter sido ressuscitado pelo Pai exigiu deles alargamento de horizontes. A fixação saudosista no amigo morto deveria dar lugar à compreensão de sua existência na perspectiva de Deus.

Maria Madalena, tendo ido visitar o túmulo e não encontrando o corpo de Jesus, levantou a suspeita de ter sido levado para local desconhecido. Desesperada, saiu correndo para avisar os discípulos. Pedro correu em direção ao túmulo, verificou tudo atentamente, detendo-se nos detalhes, mas sem a capacidade de ir além da materialidade dos fatos.

O discípulo amado, sim, teve a capacidade de superar as aparências e detectar um sentido para tudo aquilo. Por isso, "viu e creu"! A fé não brotou por ter visto as faixas de linho e o pano que cobrira a cabeça de Jesus; começou a despontar-lhe no coração ao se dar conta de que o Mestre estava vivo. O Pai, em quem confiara, chamou o Filho para a vida.

> Senhor Jesus, coloca-me no caminho da fé, como o discípulo amado, que foi capaz de reconhecer-te vencedor da morte e da maldade dos inimigos.

28 de dezembro

Depois que os magos se retiraram, o anjo do Senhor apareceu em sonho a José e lhe disse: "Levanta-te, toma o menino e sua mãe e foge para o Egito! Fica lá até que eu te avise, porque Herodes vai procurar o menino para matá-lo". José levantou-se, de noite, com o menino e a mãe, e retirou-se para o Egito; e lá ficou até a morte de Herodes. Assim se cumpriu o que o Senhor tinha dito pelo profeta: "Do Egito chamei o meu filho". Quando Herodes percebeu que os magos o tinham enganado, ficou furioso. Mandou matar todos os meninos de Belém e de todo o território vizinho, de dois anos para baixo, de acordo com o tempo indicado pelos magos. Assim se cumpriu o que foi dito pelo profeta Jeremias: "Ouviu-se um grito em Ramá, choro e grande lamento: é Raquel que chora seus filhos e não quer ser consolada, pois não existem mais" (**Mt 2,13-18**).

Os inocentes de Belém

A existência de Jesus, desde o nascimento, transcorreu em contexto de perseguição e morte. O episódio da matança dos inocentes de Belém prenuncia o final da caminhada, com a morte de cruz.

Dois personagens chamam a atenção: os magos e Herodes. Os primeiros são guiados por Deus, por isso são poupados de cair na armadilha do malvado e se tornar colaboradores de sua crueldade. Herodes, pelo contrário, é guiado por um coração apegado ao poder, exercido com tirania, disposto a eliminar quem tenha a pretensão de fazer-lhe sombra.

A insegurança do tirano era sem fundamento. Que mal lhe poderia fazer um pobre recém-nascido? Haveria possibilidade de perder o trono, destronado por alguém sem nenhum poder?

O inocente menino Jesus foi salvo pela intervenção divina, que orientou José a fugir para o Egito. Este foi o início das perseguições. O futuro lhe reservava muitas outras.

> Senhor Jesus, ajuda-me a manter a fé nos momentos de perseguição, por causa da fé, inspirado na tua capacidade de permanecer firme até o fim.

29 de dezembro

E quando se completaram os dias da purificação, segundo a lei de Moisés, levaram o menino a Jerusalém para apresentá-lo ao Senhor, conforme está escrito na Lei do Senhor: "Todo primogênito do sexo masculino será consagrado ao Senhor". Para tanto, deviam oferecer em sacrifício um par de rolas ou dois pombinhos, como está escrito na Lei do Senhor. Ora, em Jerusalém vivia um homem piedoso e justo, chamado Simeão, que esperava a consolação de Israel. O Espírito do Senhor estava com ele. Pelo próprio Espírito Santo, ele teve uma revelação divina de que não morreria sem ver o Ungido do Senhor. Movido pelo Espírito, foi ao templo. Quando os pais levaram o menino Jesus ao templo para cumprirem as disposições da Lei, Simeão tomou-o nos braços e louvou a Deus, dizendo: "Agora, Senhor, segundo a tua promessa, deixas teu servo ir em paz, porque meus olhos viram a tua salvação, que preparaste diante de todos os povos: luz para iluminar as nações e glória de Israel, teu povo". O pai e a mãe ficavam admirados com aquilo que diziam do menino. Simeão os abençoou e disse a Maria, a mãe: "Este menino será causa de queda e de reerguimento para muitos em Israel. Ele será um sinal de contradição – uma espada traspassará a tua alma! – e assim serão revelados os pensamentos de muitos corações" (**Lc 2,22-35**).

A oferenda dos pobres

A pobreza foi traço marcante da identidade de Jesus, desde o nascimento, da mesma forma que seus pais. Quando, no final do resguardo de Maria, a família foi a Jerusalém cumprir os preceitos referentes aos primogênitos, os pais de Jesus ofereceram a Deus o prescrito para pessoas de poucos recursos financeiros: duas rolinhas ou dois pombinhos. Os ricos ofereciam ovelhas e outros dons valiosos.

O velho Simeão teve a grandeza de identificar o pobrezinho de Nazaré com a "luz para iluminar as nações" e a "glória de Israel". Foi capaz de perceber a maneira como Deus age na história, servindo-se dos pequenos e dos humildes.

> Senhor Jesus, dá-me a capacidade do velho Simeão de reconhecer tua identidade de Messias envolto na pobreza em que te contemplamos no Natal.

30 de dezembro

Havia também uma profetisa, chamada Ana, filha de Fanuel, da tribo de Aser. Ela era de idade avançada. Quando jovem, tinha sido casada e vivera sete anos com o marido. Depois ficara viúva e agora já estava com oitenta e quatro anos. Não saía do templo; dia e noite servia a Deus com jejuns e orações. Naquela hora, Ana chegou e se pôs a louvar Deus e a falar do menino a todos os que esperavam a libertação de Jerusalém. Depois de cumprirem tudo conforme a Lei do Senhor, eles voltaram para Nazaré, sua cidade, na Galileia. O menino foi crescendo, ficando forte e cheio de sabedoria. A graça de Deus estava com ele (**Lc 2,36-40**).

A sensibilidade dos justos

A presença da sagrada família de Nazaré, no Templo de Jerusalém, nada possuía que pudesse atrair as atenções. Que interesse poderia despertar, não se tratando de ricos, pessoas de famílias distintas, nem identificados com grupos detentores do poder? Entretanto, a profetisa Ana teve a capacidade de identificar o menino Jesus com o Messias esperado e falar dele "a todos os que esperavam a libertação de Jerusalém".

Ana possuía a sensibilidade dos justos. Daí a capacidade de compreender a pedagogia divina, na qual os pequenos e os marginalizados são as mediações escolhidas por Deus para realizar grandes coisas em favor da humanidade. A fé permitiu-lhe superar o preconceito contra os pobres, que leva a desdenhá-los e a não lhes reconhecer o valor.

A velha profetisa serve de inspiração para os discípulos de Jesus. Também estes são chamados a ter a sensibilidade dos justos, sendo capazes de se fazerem pobres, como Jesus, e, também, de reconhecerem o valor e a dignidade dos pobres. Afinal, Deus conta com eles para fazer sua misericórdia chegar à humanidade sofredora, carente de amor. Ele não pode contar com os grandes e poderosos por estarem, demasiadamente, centrados em si.

Senhor Jesus, que eu tenha a sensibilidade dos justos, a exemplo da profetisa Ana, que soube proclamar-te como enviado do Pai para a libertação da humanidade.

31 de dezembro

No princípio era a Palavra, e a Palavra estava junto de Deus, e a Palavra era Deus. Ela existia, no princípio, junto de Deus. Tudo foi feito por meio dela, e sem ela nada foi feito de tudo o que existe. Nela estava a vida, e a vida era a luz dos homens. E a luz brilha nas trevas, e as trevas não conseguiram dominá-la. Veio um homem, enviado por Deus; seu nome era João. Ele veio como testemunha, a fim de dar testemunho da luz, para que todos pudessem crer, por meio dele. Não era ele a luz, mas veio para dar testemunho da luz. Esta era a luz verdadeira, que vindo ao mundo a todos ilumina. Ela estava no mundo, e o mundo foi feito por meio dela, mas o mundo não a reconheceu. Ela veio para o que era seu, mas os seus não a acolheram. A quantos, porém, a acolheram, deu-lhes poder de se tornarem filhos de Deus: são os que creem no seu nome. Estes foram gerados não do sangue, nem da vontade da carne, nem da vontade do homem, mas de Deus. E a Palavra se fez carne e veio morar entre nós. Nós vimos a sua glória, glória que recebe do seu Pai como filho único, cheio de graça e de verdade. João dá testemunho dele e proclama: "Foi dele que eu disse: 'Aquele que vem depois de mim passou à minha frente, porque antes de mim ele já existia'". De sua plenitude todos nós recebemos, graça por graça. Pois a Lei foi dada por meio de Moisés, a graça e a verdade vieram por meio de Jesus Cristo. Ninguém jamais viu a Deus; o Filho único, que é Deus e está na intimidade do Pai, foi quem o deu a conhecer (**Jo 1,1-18**).

Nós vimos sua glória!

Os cristãos aplicaram a Jesus tradições do Antigo Testamento referentes a Deus. A evocação da teologia do *kabod* (glória) reportava a Javé, cheio de grandeza, força, majestade e santidade.

Todavia, a ideia de glória aplicava-se ao pobrezinho de Belém, sem nenhuma grandeza. Quem lhe atribuía grandeza e força tinha diante de si alguém extremamente humilde e sem a pretensão de se impor.

Os discípulos foram capazes de olhar para além das aparências e cair na conta do que, realmente, acontecia no Mestre, cheio de humanidade.

> Senhor Jesus, ajuda-me a contemplar tua glória,
> sendo capaz de superar as aparências e reconhecer
> em ti a santidade do Pai.

1º de janeiro

Foram, pois, às pressas a Belém e encontraram Maria e José, e o recém-nascido deitado na manjedoura. Quando o viram, contaram as palavras que lhes tinham sido ditas a respeito do menino. Todos os que ouviram os pastores ficavam admirados com aquilo que contavam. Maria, porém, guardava todas estas coisas, meditando-as no seu coração. Os pastores retiraram-se, louvando e glorificando a Deus por tudo o que tinham visto e ouvido, de acordo com o que lhes tinha sido dito. No oitavo dia, quando o menino devia ser circuncidado, deram-lhe o nome de Jesus, como fora chamado pelo anjo antes de ser concebido no ventre da mãe (**Lc 2,16-21**).

Seu nome é Jesus!

O ambiente bíblico dá grande importância ao nome recebido por alguém. Nele está embutida uma missão de origem divina. Desde o nascimento, a pessoa é encarregada de algo em benefício dos demais. Essa mentalidade comporta a convicção de que cada ser humano existe para fazer o bem aos demais de acordo com o querer de Deus.

O filho de Maria e de José recebeu o nome hebraico Jesus. Este nome é a conjunção de dois outros. O primeiro é o nome de Deus; o segundo corresponde à raiz do verbo salvar. Resultam daí duas possibilidades de sentido: "Javé é salvação" ou "Javé dá salvação". Jesus estava destinado a ser, em primeiro lugar, presença da salvação na história da humanidade, afastada de Deus. E, por outro lado, realizador da salvação, nas suas palavras e ações.

O complemento "Cristo" – Jesus Cristo – corresponde a um acréscimo da comunidade cristã, como profissão de fé. Essa palavra grega significa ungido; em hebraico, messias. Portanto, dizer Jesus Cristo significa reconhecer em Jesus de Nazaré o Messias enviado pelo Pai, como salvador.

A confissão de fé do discípulo comporta a exigência de levar adiante a missão do Mestre. E, como ele, apontar o caminho da salvação.

> Senhor Jesus, que, ao professar minha fé em ti como salvador da humanidade, eu me conscientize da tarefa que me cabe de levar adiante a tua missão.

2 de janeiro

Este é o testemunho de João, quando os judeus enviaram, de Jerusalém, sacerdotes e levitas para lhe perguntar: "Quem és tu?" Ele confessou e não negou; ele confessou: "Eu não sou o Cristo". Perguntaram: "Quem és, então? Tu és Elias?" Respondeu: "Não sou". – "Tu és o profeta?" – "Não", respondeu ele. Perguntaram-lhe: "Quem és, afinal? Precisamos dar uma resposta àqueles que nos enviaram. Que dizes de ti mesmo?" Ele declarou: "Eu sou a voz de quem grita no deserto: 'Endireitai o caminho para o Senhor!'", conforme disse o profeta Isaías. Eles tinham sido enviados da parte dos fariseus, e perguntaram a João: "Por que, então, batizas, se não és o Cristo, nem Elias, nem o profeta?" João lhes respondeu: "Eu batizo com água. Mas entre vós está alguém que vós não conheceis: aquele que vem depois de mim, e do qual eu não sou digno de desatar as correias da sandália!" Isso aconteceu em Betânia, do outro lado do Jordão, onde João estava batizando (**Jo 1,19-28**).

Quem és tu?

João Batista tinha consciência de sua identidade e missão. E soube se manter nos limites do que se esperava dele. Ele se compreendia em relação estreita com o Messias esperado, cujos caminhos teria a missão de preparar. E se recusou, terminantemente, a confundir os papéis, apresentando-se como quem, de fato, não era.

A atitude de João Batista serve de inspiração para os discípulos de Jesus. Como João, devem se colocar a serviço do Mestre, preparando-lhe os caminhos pela sensibilização dos corações para acolhê-lo. E sempre dispostos a assumir o lugar que lhes compete, ou seja, o lugar do humilde servidor, na posição secundária de quem reconhece a primazia do Mestre.

É grande a tentação de os discípulos de Jesus quererem assumir um lugar que não lhes corresponde. Os líderes das igrejas cristãs são, mormente, tentados. O testemunho de João pode lhes servir de alerta.

Senhor Jesus, seguindo o exemplo de João Batista, quero reconhecer meu lugar de humilde servidor, com a tarefa de preparar os teus caminhos.

3 de janeiro

No dia seguinte, João viu que Jesus vinha a seu encontro e disse: "Eis o Cordeiro de Deus, aquele que tira o pecado do mundo. É dele que eu falei: 'Depois de mim vem um homem que passou à minha frente, porque antes de mim ele já existia'! Eu também não o conhecia, mas vim batizar com água para que ele fosse manifestado a Israel". João ainda testemunhou: "Eu vi o Espírito descer do céu, como pomba, e permanecer sobre ele. Pois eu não o conhecia, mas aquele que me enviou a batizar com água disse-me: 'Aquele sobre quem vires o Espírito descer e permanecer, é ele quem batiza com o Espírito Santo'. Eu vi, e por isso dou testemunho: ele é o Filho de Deus!" (**Jo 1,29-34**).

O Filho de Deus

João Batista foi suficientemente atento para perceber quem era Jesus. Ao dar testemunho dele como "Filho de Deus", descortinou o horizonte de sua existência. A vida de Jesus estava toda alicerçada em Deus, a ponto de só poder ser entendida a partir de Deus. Uma existência teologicamente fundada! Na condição de Filho, Jesus se dispunha a fazer, em tudo, a vontade do Pai, por cujo querer haveria de se pautar. Enquanto Filho obediente e fiel, estava disposto a abrir mão do querer próprio para abraçar, sem impor condições, o querer do Pai.

A percepção do Batista em relação a Jesus vale, sem nada tirar, para os discípulos de Jesus. Também eles são filhos, como o Mestre lhes ensinou. Só pode dizer "Pai Nosso" quem se dispuser a assumir postura filial. O desdobramento é previsível: só tem sentido ser filho obediente, como Jesus. Chamar Deus de Pai e não lhe dar ouvidos é a atitude contraditória de muitos discípulos. Recusar-se a escutar a voz do Pai e deixar-se guiar por ela é a forma mais peremptória de negar a vocação de discípulo. Ser discípulo só da boca para fora, sem nenhuma ressonância na vida, é desserviço à causa de Jesus.

> Senhor Jesus, como tu, quero ser sempre consciente da minha condição de filho, chamado a obedecer, em tudo, o querer do Pai.

4 de janeiro

No dia seguinte, João estava lá, de novo, com dois dos seus discípulos. Vendo Jesus caminhando, disse: "Eis o Cordeiro de Deus!" Os dois discípulos ouviram esta declaração de João e passaram a seguir Jesus. Jesus voltou-se para trás e, vendo que eles o seguiam, perguntou-lhes: "Que procurais?" Eles responderam: "Rabi (que quer dizer Mestre), onde moras?" Ele respondeu: "Vinde e vede!" Foram, viram onde morava e permaneceram com ele aquele dia. Era por volta das quatro horas da tarde. André, irmão de Simão Pedro, era um dos dois que tinham ouvido a declaração de João e seguido Jesus. Ele encontrou primeiro o próprio irmão, Simão, e lhe falou: "Encontramos o Cristo!" (que quer dizer Messias). Então, conduziu-o até Jesus, que lhe disse, olhando para ele: "Tu és Simão, filho de João. Tu te chamarás Cefas!" (que quer dizer Pedro) (**Jo 1,35-42**).

Que procurais?

Os dois discípulos de João Batista, a quem o mestre apontou Jesus como o "Cordeiro de Deus", buscavam um sentido para a vida. O encontro com João foi uma etapa importante do itinerário. Entretanto, etapa provisória! Coube ao mestre apontar-lhes a etapa definitiva, Jesus de Nazaré.

A permanência de um dia com Jesus permitiu-lhes penetrar um pouco na intimidade de quem haveria de ser para eles o verdadeiro Mestre. Quando Jesus lhes disse "Vinde e vede", estava interessado em dar-lhes a conhecer quem ele era. O lugar físico da moradia ficava em segundo plano. Afinal, Jesus dava pouca importância a tal pormenor. Tratava-se, sim, de ver quem ele era e tomar a decisão de se colocar no seguimento do novo Mestre.

O caminho aberto pelos discípulos de Jesus é o mesmo a ser trilhado pelos discípulos de todos os tempos. A decisão autêntica para se tornar discípulo exige a permanência prévia com o Mestre para "ver" quem ele é. Só então será possível segui-lo com consciência.

> Senhor Jesus, acolhe-me junto de ti e me permite estar junto de ti, para te conhecer melhor e, assim, poder seguir-te com firme decisão.

5 de janeiro

No dia seguinte, ele decidiu partir para a Galileia e encontrou Filipe. Jesus disse a este: "Segue-me!" (Filipe era de Betsaida, a cidade de André e de Pedro.) Filipe encontrou-se com Natanael e disse-lhe: "Encontramos Jesus, o filho de José, de Nazaré, aquele sobre quem escreveram Moisés, na Lei, bem como os Profetas". Natanael perguntou: "De Nazaré pode sair algo de bom?" Filipe respondeu: "Vem e vê!" Jesus viu Natanael que vinha ao seu encontro e declarou a respeito dele: "Este é um verdadeiro israelita, no qual não há falsidade!" Natanael disse-lhe: "De onde me conheces?" Jesus respondeu: "Antes que Filipe te chamasse, quando estavas debaixo da figueira, eu te vi". Natanael exclamou: "Rabi, tu és o Filho de Deus, tu és o Rei de Israel!" Jesus lhe respondeu: "Estás crendo só porque falei que te vi debaixo da figueira? Verás coisas maiores que estas". E disse-lhe ainda: "Em verdade, em verdade, vos digo: vereis o céu aberto e os anjos de Deus subindo e descendo sobre o Filho do Homem!" (**Jo 1,43-51**).

Experiência compartilhada

Os primeiros discípulos, contagiados pelo encontro com Jesus, compartilham com outros a experiência. Pode-se imaginar quão profundamente foram marcados! Jesus causou-lhes tal impressão, a ponto de produzir neles uma explosão de entusiasmo. Daí a iniciativa de chamar outros para se tornarem discípulos como eles.

Essa é a dinâmica do discipulado cristão: quem conhece Jesus e se torna discípulo sente-se impelido a trazer outros para o mesmo caminho. Não se trata de proselitismo barato, como o encontrado nos ambientes cristãos de todos os tempos. E, sim, de uma espécie de contágio, pela transformação de vida, experimentada no encontro com Jesus. O ponto de partida é, por conseguinte, o encontro com uma pessoa e não com uma igreja. A dimensão comunitária da fé decorre da dimensão pessoal. Sem a experiência de encontro pessoal com Jesus, tudo mais se torna inconsistente.

> Senhor Jesus, que minha experiência de encontro contigo possa contagiar a muitos, levando-os a se tornarem, também, discípulos teus.

6 de janeiro

Ele proclamava: "Depois de mim vem aquele que é mais forte do que eu. Eu nem sou digno de, abaixando-me, desatar a correia de suas sandálias. Eu vos batizei com água. Ele vos batizará com o Espírito Santo". Naqueles dias, Jesus veio de Nazaré da Galileia e foi batizado por João, no rio Jordão. Logo que saiu da água, viu o céu rasgar-se e o Espírito, como pomba, descer sobre ele. E do céu veio uma voz: "Tu és o meu Filho amado; em ti está o meu agrado" (**Mc 1,7-11**).

O batismo do Messias

O batismo de Jesus é carregado de simbolismos. O Espírito em forma de pomba e a voz do céu, ligados ao tema da criação, estão entre eles. O Espírito evoca o ato criador de Deus, quando "a terra estava deserta e vazia... e o Espírito pairava sobre as águas" (Gn 1,2). É o caos a ser transformado em cosmos. A desordem a exigir a ordem querida por Deus. O vazio a ser preenchido pelas criaturas de Deus. O batismo de Jesus situa-se, pois, no momento em que a nova criação está para ser realizada. Com ele, algo novo terá início.

A voz do céu, dirigida ao Filho amado, evoca a decisão divina: "Façamos o ser humano à nossa imagem e segundo nossa semelhança" (Gn 1,26). Deus decide criar alguém, destinado a trazer em si os traços da divindade. No batismo, Jesus é apresentado como o ser humano, saído do Pai, para ser o Filho obediente, na contramão de Adão, símbolo da humanidade incapaz de se submeter ao querer de Deus. Por conseguinte, com Jesus, tudo tem um novo começo.

O discípulo de Jesus é chamado, pelo batismo, a encarnar a humanidade querida por Deus, da qual Jesus é exemplo consumado. A contemplação do testemunho do Mestre e o esforço para segui-lo colocam o discípulo no caminho certo. Esta será a preocupação constante de quem, deveras, tem consciência do que é chamado a ser, quando recebeu o batismo cristão.

Senhor Jesus, faze-me consciente das exigências do meu batismo, pelo qual sou chamado a ser nova criatura, seguindo os teus passos.

7 de janeiro

No terceiro dia, houve um casamento em Caná da Galileia, e a mãe de Jesus estava lá. Também Jesus e seus discípulos foram convidados para o casamento. Faltando o vinho, a mãe de Jesus lhe disse: "Eles não têm vinho!" Jesus lhe respondeu: "Mulher, para que me dizes isso? A minha hora ainda não chegou". Sua mãe disse aos que estavam servindo: "Fazei tudo o que ele vos disser!" Estavam ali seis talhas de pedra, de quase cem litros cada, destinadas às purificações rituais dos judeus. Jesus disse aos que estavam servindo: "Enchei as talhas de água!" E eles as encheram até a borda. Então disse: "Agora, tirai e levai ao encarregado da festa". E eles levaram. O encarregado da festa provou da água mudada em vinho, sem saber de onde viesse, embora os serventes que tiraram a água o soubessem. Então chamou o noivo e disse-lhe: "Todo mundo serve primeiro o vinho bom e, quando os convidados já beberam bastante, serve o menos bom. Tu guardaste o vinho bom até agora". Este início dos sinais, Jesus o realizou em Caná da Galileia. Manifestou sua glória, e os seus discípulos creram nele (**Jo 2,1-11**).

A hora antecipada

Apesar de ter respondido a sua mãe – "A minha hora ainda não chegou!" –, Jesus atende-lhe o pedido. Assim, antecipa a hora de oferecer à humanidade os sinais da presença da salvação. E o faz no contexto de uma festa, garantindo vinho de boa qualidade para todos.

Esse primeiro sinal comporta elementos da missão messiânica de Jesus. Sua presença haveria de trazer alegria e felicidade. Nada de tristeza e frustração. Os benefícios de sua presença seriam destinados a toda a humanidade. Os beneficiários do milagre foram os convidados, e não apenas os noivos. Sua ação traz a marca da gratuidade e da generosidade. O evangelho não se refere a eventuais agradecimentos de quem experimentou o vinho de excelente qualidade; por outro lado, o vinho foi oferecido em abundância.

Senhor Jesus, que meu agir de discípulo tenha as marcas de tua ação em favor da humanidade, e traga alegria, favoreça muita gente e seja gratuito e generoso.

Domingo da Epifania do Senhor

Depois que Jesus nasceu na cidade de Belém da Judeia, na época do rei Herodes, alguns magos do Oriente chegaram a Jerusalém, perguntando: "Onde está o rei dos judeus que acaba de nascer? Vimos a sua estrela no Oriente e viemos adorá-lo". Ao saber disso, o rei Herodes ficou alarmado, assim como toda a cidade de Jerusalém. Ele reuniu todos os sumos sacerdotes e os escribas do povo, para perguntar-lhes onde o Cristo deveria nascer. Responderam: "Em Belém da Judeia, pois assim escreveu o profeta: 'E tu, Belém, terra de Judá, de modo algum és a menor entre as principais cidades de Judá, porque de ti sairá um príncipe que será o pastor do meu povo, Israel'". Então Herodes chamou, em segredo, os magos e procurou saber deles a data exata em que a estrela tinha aparecido. Depois, enviou-os a Belém, dizendo: "Ide e procurai obter informações exatas sobre o menino. E, quando o encontrardes, avisai-me, para que também eu vá adorá-lo". Depois que ouviram o rei, partiram. E a estrela que tinham visto no Oriente ia à frente deles, até parar sobre o lugar onde estava o menino. Ao observarem a estrela, os magos sentiram uma alegria muito grande. Quando entraram na casa, viram o menino com Maria, sua mãe. Ajoelharam-se diante dele e o adoraram. Depois abriram seus cofres e lhe ofereceram presentes: ouro, incenso e mirra. Avisados em sonho para não voltarem a Herodes, retornaram para a sua terra, passando por outro caminho (**Mt 2,1-12**).

Em busca do Salvador

A festa da Epifania corresponde à contemplação da humanidade em busca de salvação. Os magos, vindos de longe e buscando informações aqui e acolá, simbolizam quem, às apalpadelas, quer encontrar um sentido para a vida. E se esforçam para atingir a meta. E, mais, o reconhecem na pessoa de Jesus, pobre e humilde, sem nenhum sinal exterior de grandeza que possa levar alguém a aderir a ele com segundas intenções.

Esse é o percurso dos discípulos. O caminho do discipulado é feito de busca e de encontro com Jesus, o Salvador.

> Senhor Jesus, como os Magos, quero buscar-te, embora passando por caminhos difíceis, e te encontrar no rosto dos pequeninos e marginalizados.

Segunda-feira depois da Epifania (ou 7 de janeiro)

Quando soube que João tinha sido preso, Jesus retirou-se para a Galileia. Deixou Nazaré e foi morar em Cafarnaum, às margens do mar da Galileia, no território de Zabulon e de Neftali, para cumprir-se o que foi dito pelo profeta Isaías: "Terra de Zabulon, terra de Neftali, caminho do mar, região além do Jordão, Galileia, entregue às nações pagãs! O povo que estava nas trevas viu uma grande luz, para os habitantes da região sombria da morte uma luz surgiu". A partir de então, Jesus começou a anunciar: "Convertei-vos, pois o Reino dos Céus está próximo".

Jesus percorria toda a Galileia, ensinando nas sinagogas deles, anunciando a Boa-Nova do Reino e curando toda espécie de doença e enfermidade do povo. Sua fama também se espalhou por toda a Síria. Levaram-lhe todos os doentes, sofrendo de diversas enfermidades e tormentos: possessos, epiléticos e paralíticos. E ele os curava. Grandes multidões o acompanhavam, vindas da Galileia, da Decápole, de Jerusalém, da Judeia e da região do outro lado do Jordão (**Mt 4,12-17.23-25**).

Vimos uma grande luz

Os cristãos encontraram na profecia de Isaías uma chave para entender Jesus. No passado distante, o profeta anunciou a intervenção divina, portadora de luz para o reino de Israel, mergulhado nas trevas pelo opressor assírio, que deportou o povo para uma terra distante, até hoje, desconhecida.

A escuridão de outrora foi, finalmente, superada com a presença do Messias Jesus. Recuperou-se a esperança no coração da humanidade. Doravante, vale a pena viver, pois a misericórdia de Deus expressou-se grandiosa em Jesus. Portanto, urge olhar para frente e caminhar seguro da solidariedade divina, da qual Jesus é expressão consumada.

Esta é uma certeza inquestionável na vida dos discípulos. Iluminados pela luz do Mestre Jesus estão sempre dispostos a seguir adiante, impávidos.

> Senhor Jesus, iluminado por tua luz, seguirei adiante sem temer as trevas que insistem em dificultar minha caminhada.

Terça-feira depois da Epifania (ou 8 de janeiro)

Ao sair do barco, Jesus viu uma grande multidão e encheu-se de compaixão por eles, porque eram como ovelhas que não têm pastor. E começou, então, a ensinar-lhes muitas coisas. Já estava ficando tarde, quando os discípulos se aproximaram de Jesus e disseram: "Este lugar é deserto e já é tarde. Despede-os, para que possam ir aos sítios e povoados vizinhos e comprar algo para comer". Mas ele respondeu: "Vós mesmos, dai-lhes de comer!" Os discípulos perguntaram: "Queres que gastemos duzentos denários para comprar pão e dar de comer a toda essa gente?" Jesus perguntou: "Quantos pães tendes? Ide ver". Eles foram ver e disseram: "Cinco pães e dois peixes". Então, Jesus mandou que todos se sentassem, na relva verde, em grupos para a refeição. Todos se sentaram, em grupos de cem e de cinquenta. Em seguida, Jesus tomou os cinco pães e os dois peixes, ergueu os olhos ao céu, pronunciou a bênção, partiu os pães e ia dando-os aos discípulos, para que os distribuíssem. Dividiu, também, entre todos, os dois peixes. Todos comeram e ficaram saciados, e ainda encheram doze cestos de pedaços dos pães e dos peixes. Os que comeram dos pães foram cinco mil homens (**Mc 6,34-44**).

Dai-lhes de comer!

Detalhe importante na multiplicação dos pães é Jesus ter implicado os discípulos no que estava para acontecer. A ordem – "Dai-lhes de comer!" – soa impraticável. O lugar é deserto. A multidão, enorme. A fome, grande. Como haveriam de cumprir a ordem do Mestre?

Os discípulos, de início, ficaram bloqueados. Mesmo que tivessem grande quantidade de dinheiro, seria insuficiente para saciar tanta gente! O Mestre, então, ensinou-lhes a solidariedade como via de solução para o problema com que se defrontavam.

Eles seguiram as orientações do Mestre. E possibilitaram a todos comer com fartura, sendo grande a quantidade de alimentos que sobraram.

> Senhor Jesus, que eu jamais me deixe bloquear diante da grandiosidade dos problemas a serem enfrentados e descubra na solidariedade o caminho de solução.

Quarta-feira depois da Epifania (ou 9 de janeiro)

Logo em seguida, Jesus mandou que os discípulos entrassem no barco e fossem na frente para Betsaida, na outra margem, enquanto ele mesmo despediria a multidão. Depois de os despedir, subiu a montanha para orar. Já era noite, o barco estava no meio do mar e Jesus, sozinho, em terra. Vendo-os com dificuldade no remar, porque o vento era contrário, nas últimas horas da noite, foi até eles, andando sobre as águas; e queria passar adiante. Quando os discípulos o viram andar sobre o mar, acharam que fosse um fantasma e começaram a gritar. Todos o tinham visto e ficaram apavorados. Mas ele logo falou: "Coragem! Sou eu. Não tenhais medo!" Ele subiu no barco, juntando-se a eles, e o vento cessou. Mas os discípulos ficaram ainda mais espantados. De fato, não tinham compreendido nada a respeito dos pães. O coração deles continuava endurecido (**Mc 6,45-52**).

Não tenham medo!

A cena dos discípulos num pequeno barco, em meio à tempestade de vento, aponta para a vida dos discípulos. É metáfora da existência dos seguidores de Jesus.

A opção pelo seguimento do Mestre e pelo Reino coloca os discípulos na contramão do mundo. As dificuldades acontecem na certa, porque os discípulos verdadeiros jamais aceitam pautar-se pelo egoísmo; antes, denunciam-no ao escolher o amor solidário.

Em contexto de perseguição, o discípulo é instado a tomar consciência da presença do Mestre junto de si. E a não temer! Sem a confiança absoluta no Mestre, não terá condições de seguir adiante. E será levado de roldão pelos valores do mundo, aos quais deveria se contrapor.

A coragem é virtude que não pode faltar na vida do discípulo. O Mestre ordena-lhe a não ter medo. Mas não é fácil dar-lhe ouvido, quando se pensa nos desafios da vivência cotidiana das exigências do discipulado. Só o discípulo fiel é capaz de ficar firme, quando as ondas do mar da vida querem tragá-lo.

> Senhor Jesus, nos momentos de dificuldade, ajuda-me a tomar consciência de que estás junto de mim, como amigo e protetor.

Quinta-feira depois da Epifania (ou 10 de janeiro)

Jesus voltou para a Galileia, com a força do Espírito, e sua fama se espalhou por toda a região. Ele ensinava nas sinagogas deles, e todos o elogiavam. Foi então a Nazaré, onde se tinha criado. Conforme seu costume, no dia de sábado, foi à sinagoga e levantou-se para fazer a leitura. Deram-lhe o livro do profeta Isaías. Abrindo o livro, encontrou o lugar onde está escrito: "O Espírito do Senhor está sobre mim, pois ele me ungiu, para anunciar a Boa-Nova aos pobres: enviou-me para proclamar a libertação aos presos e, aos cegos, a recuperação da vista; para dar liberdade aos oprimidos e proclamar um ano aceito da parte do Senhor". Depois, fechou o livro, entregou-o ao ajudante e sentou-se. Os olhos de todos, na sinagoga, estavam fixos nele. Então, começou a dizer-lhes: "Hoje se cumpriu esta passagem da Escritura que acabastes de ouvir". Todos testemunhavam a favor dele, maravilhados com as palavras cheias de graça que saíam de sua boca (**Lc 4,14-22a**).

A Escritura realizada

A leitura da profecia de Isaías permitiu a Jesus compreender sua identidade e missão. Era o Messias (ungido), enviado ao mundo com a tarefa profética de falar em nome de Deus. Cheio do Espírito, estava preparado para revelar ao mundo o querer do Pai. A relação com o Pai e a moção do Espírito foram marcas inconfundíveis de sua identidade.

A missão dizia respeito à ação libertadora em favor da humanidade carregada de dor e sofrimento. Estaria, totalmente, a serviço dos empobrecidos, prisioneiros, cegos, oprimidos e dos carentes de libertação. Portanto, o Pai esperava do Filho colocar-se todo a serviço de quem necessitava ouvir a boa notícia de que um tempo novo despontava.

Jesus era consciente de sua identidade e de sua missão. Da mesma forma, acontece com os discípulos. Nos passos do Mestre, sabem-se enviados pelo Pai com a missão de anunciar à humanidade o amor libertador oferecido a todos os sofredores.

> **Senhor Jesus, faze-me consciente de minha identidade e missão de discípulo, colocado pelo Espírito do Pai a serviço da humanidade sofredora.**

Sexta-feira depois da Epifania (ou 11 de janeiro)

Estando Jesus numa das cidades, apareceu um homem coberto de lepra. Ao ver Jesus, ele caiu com o rosto em terra e suplicou-lhe: "Senhor, se queres, tens o poder de purificar-me". Estendendo a mão, Jesus tocou nele e disse: "Quero, sejas purificado". E imediatamente a lepra desapareceu. E ordenou-lhe que não o contasse a ninguém. "Mas", disse, "vai mostrar-te ao sacerdote e apresenta por tua purificação a oferenda prescrita por Moisés. Isso lhes servirá de testemunho". Cada vez mais, sua fama se espalhava, e as multidões acorriam para ouvi-lo e para serem curadas de suas doenças. Ele, porém, se retirava para lugares desertos, onde se entregava à oração (**Lc 5,12-16**).

A fama de Jesus

Os evangelhos falam de Jesus insistindo para que os beneficiários de sua ação fossem discretos e não espalhassem a notícia do acontecido. Entre os muitos motivos, poderia haver a preocupação de ser confundido com um milagreiro qualquer, e, assim, o sentido de suas ações seria desvirtuado.

Mesmo proibidas, as pessoas insistiam em proclamar os feitos de Jesus. Sua fama atraía pessoas de longe, que acorriam "para serem curadas de suas doenças".

Os grandes feitos de Jesus tinham sentido bem determinado: estavam em função do Reino de Deus, mostrando como irrompia na vida das pessoas, em forma de libertação das opressões físicas, psicológicas, sociais, culturais e, até mesmo, religiosas. De tudo isso, ele veio libertar a humanidade. Quem o procurasse, deveria estar atento para esse elemento fundamental de sua ação. Caso contrário, estaria perdendo tempo.

Os discípulos são atraídos pela fama de Jesus. Todavia, urge estar atentos para não se equivocarem. Atração pelo Mestre tem como efeito dispô-los a ser como ele: sempre pronto a realizar os gestos de libertação, indicadores da presença do amor misericordioso do Pai.

> Senhor Jesus, atraído por tua fama, disponho-me a me colocar a serviço dos necessitados para fazer, em favor deles, as mesmas ações que tu fizeste.

Sábado depois da Epifania (ou 12 de janeiro)

Depois disso, Jesus e seus discípulos foram para a região da Judeia. Ele ficava lá com eles e batizava. João também estava batizando, em Enon, perto de Salim, onde havia muita água. As pessoas iam lá para serem batizadas. João ainda não tinha sido lançado na prisão. Surgiu então, da parte dos discípulos de João, uma discussão com um judeu, a respeito da purificação. Eles foram falar com João: "Mestre, aquele que estava contigo do outro lado do Jordão, e de quem tu deste testemunho, está batizando, e todos vão a ele". João respondeu: "Ninguém pode receber coisa alguma, se não lhe for dada do céu. Vós mesmos sois testemunhas daquilo que eu disse: 'Eu não sou o Cristo, mas fui enviado à sua frente'. Quem recebe a noiva é o noivo, mas o amigo do noivo, que está presente e o escuta, enche-se de alegria, quando ouve a voz do noivo. Esta é a minha alegria, e ela ficou completa. É necessário que ele cresça, e eu diminua" (**Jo 3,22-30**).

A humildade de João Batista

A figura de João Batista é de extremo realismo e humildade. De forma alguma, pretendeu assumir o papel do Messias, embora tivesse traços da figura idealizada do Messias, nem, tampouco, fazer o que não lhe competia.

Uma coisa era bem clara para ele: "É necessário que ele cresça, e eu diminua". A frase, posta na boca do Batista, revela consciência da missão cumprida, tendo chegado a hora de ficar na retaguarda, dando a Jesus o lugar de protagonista.

O gesto de João Batista é significativo para o discípulo de Jesus. Este corre sempre o risco de inverter os papéis e de se colocar num lugar que não lhe compete. E, dessa forma, inflar o próprio ego, esquecendo-se de que importa, apenas, que o Mestre cresça e seja reconhecido.

Infelizmente, com facilidade, podem-se encontrar discípulos exibidos, preocupados em crescer e fazer carreira, esquecendo de que estão a serviço do Reino.

Senhor Jesus, dá-me a humildade de João Batista, para jamais correr o risco de querer crescer e fazer carreira, esquecendo-me de que importa, apenas, que tu cresças.

QUARESMA

Quarta-feira de Cinzas

"Cuidado! Não pratiqueis vossa justiça na frente dos outros, só para serdes notados. De outra forma, não recebereis recompensa do vosso Pai que está nos céus. Por isso, quando deres esmola, não mandes tocar a trombeta diante de ti, como fazem os hipócritas nas sinagogas e nas ruas, para serem elogiados pelos outros. Em verdade vos digo: já receberam sua recompensa. Tu, porém, quando deres esmola, não saiba tua mão esquerda o que faz a direita, de modo que tua esmola fique escondida. E o teu Pai, que vê no escondido, te dará a recompensa. "Quando orardes, não sejais como os hipócritas, que gostam de orar nas sinagogas e nas esquinas das praças, em posição de serem vistos pelos outros. Em verdade vos digo: já receberam a sua recompensa. Tu, porém, quando orares, entra no teu quarto, fecha a porta e ora ao teu Pai que está no escondido. E o teu Pai, que vê no escondido, te dará a recompensa.

Quando jejuardes, não fiqueis de rosto triste como os hipócritas. Eles desfiguram o rosto, para figurar aos outros que estão jejuando. Em verdade vos digo: já receberam sua recompensa. Tu, porém, quando jejuares, perfuma a cabeça e lava o rosto, para que os outros não vejam que estás jejuando, mas somente teu Pai, que está no escondido. E o teu Pai, que vê no escondido, te dará a recompensa" (**Mt 6,1-6.16-18**).

A justiça oculta

A espiritualidade quaresmal convida os discípulos de Jesus à conversão, de modo que a Páscoa produza, já, frutos em sua vida. O Mestre ensina-lhes um modo de proceder compatível com o anseio de experimentar os frutos da Ressurreição. O vocábulo grego *dikaiousyne*, traduzido por *justiça*, resume o projeto de vida discipular.

Com o fito de prevenir os discípulos contra a tentação de optar pelo exibicionismo, Jesus propõe-lhes o caminho do escondimento. Esmola, oração e jejum serão feitos na mais total discrição, de modo a serem vistos, apenas, pelo Pai. Só ele pode dar a verdadeira recompensa.

> Senhor Jesus, livra-me da tentação de fazer o bem para ser aplaudido, porque ao Pai agrada, somente, o que se faz no escondimento.

Quinta-feira depois de Cinzas

E [Jesus] explicou: "É necessário o Filho do Homem sofrer muito e ser rejeitado pelos anciãos, sumos sacerdotes e escribas, ser morto e, no terceiro dia, ressuscitar". Depois, Jesus começou a dizer a todos: "Se alguém quer vir após mim, renuncie a si mesmo, tome sua cruz, cada dia, e siga-me. Pois quem quiser salvar sua vida a perderá, e quem perder sua vida por causa de mim a salvará. Com efeito, de que adianta a alguém ganhar o mundo inteiro, se vier a perder-se e a arruinar a si mesmo?" (**Lc 9,22-25**).

Seguimento e cruz

O discipulado proposto por Jesus divergia dos esquemas das escolas rabínicas. Longe de ser um Mestre de interpretação bíblica, centrando a preocupação em fazer os discípulos compreenderem, sempre mais profundamente, a Lei mosaica, interessava-lhe, antes, ensinar-lhes um modo de vida, cujo ponto de partida é o cotidiano.

Jesus recusava-se a ser um Mestre restrito à sala de aula. Sua "escola" eram as estradas poeirentas da Palestina, pelas quais transitava falando do Reino de Deus, tomando como pretexto os fatos da vida.

Por conseguinte, para ser discípulo se exigia renunciar ao conforto da família, à segurança dos amigos e do dinheiro auferido no trabalho. O discipulado define-se como seguimento, com os muitos imprevistos possíveis, inclusive, a possibilidade da morte.

Seguimento e cruz são vocábulos que se implicam mutuamente e fazem parte necessária do horizonte dos discípulos. Seguimento sem cruz significa que o discípulo tomou o caminho errado. Pode acontecer de algum discípulo pretender desviar-se da cruz. Porém, será impossível fazer tal opção mantendo-se fiel ao Mestre. Cruz sem seguimento, em se tratando do discipulado cristão, é insensatez, pois a cruz verdadeira é a que resulta da fidelidade no seguimento do Mestre Jesus.

> Senhor Jesus, no desejo de seguir-te com fidelidade, dá-me força para aceitar a cruz que brota do teu seguimento, consciente de estar no caminho certo.

Sexta-feira depois de Cinzas

Aproximaram-se de Jesus os discípulos de João e perguntaram: "Por que jejuamos, nós e os fariseus, ao passo que os teus discípulos não jejuam?" Jesus lhes respondeu: "Acaso os convidados do casamento podem estar de luto enquanto o noivo está com eles? Dias virão em que o noivo lhes será tirado. Então jejuarão" (**Mt 9,14-15**).

Não é hora de jejuar!

O jejum era prática recorrente na piedade judaica. Além do jejum prescrito pela Lei mosaica, quando o povo voltou do cativeiro na Babilônia, foram introduzidas outras quatro ocasiões para jejuar. Havia, também, a prática do jejum pela própria iniciativa. O fariseu da parábola contada por Jesus declara que jejua duas vezes por semana (Lc 18,12).

Os cristãos convertidos do judaísmo trouxeram consigo essa prática e quiseram impô-la aos membros da comunidade. Os conflitos não tardaram a aparecer! Muitos se recusavam a valorizar o jejum, pois Jesus se mostrara muito livre em relação à tradição judaica e havia ensinado aos discípulos agirem com liberdade. Donde a necessidade de explicar a prática do jejum por parte da comunidade cristã.

Um caminho consistiu em distinguir entre o tempo em que se tinha Jesus consigo, fisicamente, e o tempo posterior à sua morte. Entretanto, essa distinção é problemática, pois a fé na ressurreição criava a consciência de terem, sempre, o Mestre consigo, como ele mesmo havia prometido. Por outro lado, ele viera inaugurar um tempo novo, marcado pela alegria e pela certeza da salvação. Portanto, não havia por que ficar triste e se entregar a práticas penitenciais. O jejum ficava altamente relativizado.

O foco da vida cristã deveria incidir sobre a prática da caridade. Esta, sim, era importante e, com toda certeza, agradável a Deus. E o jejum? Só agrada a Deus quando se torna capaz de ordenar as paixões no coração do discípulo e torná-lo mais sensível aos irmãos.

> Senhor Jesus, ensina-me a praticar o jejum que me leva a ter mais sensibilidade com meus irmãos e irmãs necessitados.

Sábado depois de Cinzas

Depois disso, Jesus saiu e viu um publicano, chamado Levi, sentado na coletoria de impostos. Disse-lhe: "Segue-me". Deixando tudo, levantou-se e seguiu-o. Levi preparou-lhe um grande banquete na sua casa. Lá estava um grande número de publicanos e de outras pessoas, sentadas à mesa com eles. Os fariseus e os escribas dentre eles murmuravam, dizendo aos discípulos de Jesus: "Por que comeis e bebeis com os publicanos e com os pecadores?" Jesus respondeu: "Não são as pessoas com saúde que precisam de médico, mas as doentes. Não é a justos que vim chamar à conversão, mas a pecadores" (**Lc 5,27-32**).

Ele come com os pecadores!

A convivência de Jesus com os pecadores e pessoas mal afamadas deixava incomodados os inimigos. Seu gesto ia à contramão da tradição, em que os mestres eram tratados com reverência, sendo impensável vê-los se misturarem com pessoas excluídas – excomungadas! – pela religião. Ser marginalizado pela religião correspondia a sê-lo, também, por Deus. Quem estava a serviço de Deus, como Jesus, tinha a obrigação de, jamais, entrar em contato com quem a religião marginalizava.

Jesus recusou-se a dar crédito a essa mentalidade.Longe de marginalizar, a Deus interessa trazer para junto de si os pecadores. Na condição de Filho, só poderia seguir o exemplo do Pai. Daí se sentir perfeitamente bem na convivência com os pecadores.

Os discípulos de Jesus são desafiados a deixar de lado os preconceitos e seguirem o testemunho do Mestre. A intransigência deve dar lugar à benevolência. A acolhida será um imperativo. A disposição a mostrar aos pecadores o caminho da salvação será missão incontornável. Como o Mestre deverão pautar-se pelo princípio: "Não são as pessoas com saúde que precisam de médico, mas as doentes". E agir como o Mestre que veio chamar os pecadores à conversão.

> Senhor Jesus, tira do meu coração os preconceitos que me levam a marginalizar as pessoas e me ensina a ser como tu, solidário com os pecadores.

Domingo 1ª Semana da Quaresma

Logo depois, o Espírito o fez sair para o deserto. Lá, durante quarenta dias, foi posto à prova por Satanás. E ele convivia com as feras, e os anjos o serviam. Depois que João foi preso, Jesus veio para a Galileia, proclamando a Boa-Nova de Deus: "Completou-se o tempo, e o Reino de Deus está próximo. Convertei-vos e crede na Boa-Nova" (**Mc 1,12-15**).

O tentador vencido

A existência de Jesus foi permeada de tentações. O foco do tentador estava sempre voltado para sua condição de Filho, enviado pelo Pai, com a missão de fazer a humanidade retornar à comunhão com Deus. Em outras palavras, interessava ao tentador levá-lo a ser um filho desobediente, pronto a questionar as orientações do Pai e a seguir a própria cabeça. Era a forma de neutralizar sua ação, tornando-a ineficaz.

A comunidade cristã entendia Jesus à luz da experiência de Adão. Enquanto este se deixou levar pela sedução da serpente, o Filho de Deus manteve-se firme diante das sugestões do tentador. Adão era símbolo da desobediência a Deus. Jesus era exemplo de obediência e fidelidade, mesmo devendo pagar um alto preço.

Os discípulos encontram-se em situação semelhante à de Jesus. As tentações vêm de todos os lados, visando torná-los infiéis à opção pelo Reino. Correm o risco de descambar para o egoísmo, desvalorizar a misericórdia, dar razão aos poderosos e arrogantes, acreditar na força da injustiça. Esta é a direção para onde o tentador quer levá-los. Fazer frente a suas investidas e se manter firme no compromisso com Jesus serão desafios constantes.

O exemplo do Mestre será referência necessária. Como Jesus se manteve firme e venceu o tentador, da mesma forma os discípulos. Se se mantiverem unidos ao Mestre, poderão estar certos de vencer. Sozinhos, a derrota será certa.

> Senhor Jesus, olhando o teu exemplo e me mantendo unido a ti, estou certo de que vencerei a tentação de ser infiel ao compromisso contigo e com teu Reino.

1ª Semana da Quaresma

Segunda

"Quando o Filho do Homem vier em sua glória, [...] ele separará uns dos outros, como o pastor separa as ovelhas dos cabritos. Colocará as ovelhas à sua direita e os cabritos, à sua esquerda. Então o Rei dirá aos que estiverem à sua direita: 'Vinde, benditos de meu Pai! Recebei em herança o Reino que meu Pai vos preparou [...] Pois eu estava com fome, e me destes de comer; com sede, e me destes de beber; era forasteiro, e me recebestes em casa; estava nu e me vestistes; doente, e cuidastes de mim; na prisão, e fostes visitar-me'. Os justos perguntarão: 'Senhor, quando foi que te vimos com fome e te demos de comer? Com sede, e te demos de beber? Como forasteiro, e te recebemos em casa, sem roupa, e te vestimos? Doente ou preso, e fomos te visitar?' O Rei responderá: 'todas as vezes que fizestes isso a um destes pequenos, [...] foi a mim que o fizestes!' O Rei dirá aos que estiverem à sua esquerda: 'Afastai-vos de mim, malditos! Ide para o fogo eterno, [...]. Pois estava com fome e sede, e não me destes de comer e beber; era forasteiro e nu, e não me vestistes; doente e na prisão, e não fostes visitar-me'. E estes responderão: 'Senhor, quando foi que te vimos com fome ou com sede, forasteiro ou nu, doente ou preso, e não te servimos?' O Rei lhes responderá: 'Em verdade, vos digo, todas as vezes que não fizestes isso a um desses mais pequenos, foi a mim que o deixastes de fazer!' E estes irão para o castigo eterno, enquanto os justos irão para a vida eterna" (**Mt 25,31-46**).

A mim o fizestes!

Um ponto importante da instrução de Jesus aos discípulos consistiu em ensiná-los a reconhecê-lo na figura do próximo necessitado. O bem que se faz ao faminto, sedento, forasteiro, desnudo, doente e prisioneiro diz-lhe respeito pessoalmente. Na direção contrária, o bem que se lhes deixa de fazer corresponde a ser omisso em relação ao Mestre. A estreita relação entre o Mestre e os sofredores faz parte do compromisso do discípulo. Esquecê-la ou ser incapaz de concretizá-la aponta para a inconsistência do compromisso assumido.

> Senhor Jesus, que eu saiba reconhecer-te no rosto dos sofredores deste mundo, através dos quais tu, constantemente, fazes apelo à minha solidariedade.

Terça — # 1ª Semana da Quaresma

"Quando orardes, não useis de muitas palavras, como fazem os pagãos. Eles pensam que serão ouvidos por força das muitas palavras. Não sejais como eles, pois o vosso Pai sabe do que precisais, antes de vós o pedirdes. Vós, portanto, orai assim: Pai nosso que estás nos céus, santificado seja o teu nome; venha o teu Reino; seja feita a tua vontade, como no céu, assim também na terra. O pão nosso de cada dia dá-nos hoje. Perdoa as nossas dívidas, assim como nós perdoamos aos que nos devem. E não nos introduzas em tentação, mas livra-nos do Maligno. De fato, se vós perdoardes aos outros as suas faltas, vosso Pai que está nos céus também vos perdoará. Mas, se vós não perdoardes aos outros, vosso Pai também não perdoará as vossas faltas" (**Mt 6,7-15**).

Rezar em comunhão

Quando Jesus ensinou aos discípulos a rezar, nenhum espaço deu à oração egoísta, na qual o orante se põe diante de Deus, pensando em si mesmo e nas suas necessidades. O Mestre quer que os discípulos rezem de coração aberto, em comunhão com Deus e, também, com os irmãos e irmãs, preocupados em viver reconciliados.

O discípulo orante diz "Pai Nosso", "nosso pão", "nossas dívidas", "como nós perdoamos". A oração será verdadeira na medida de sua capacidade de abrir o coração e rezar unido com os irmãos e irmãs de fé, mas, também, com os irmãos necessitados e sofredores. Sobretudo, com quem deve viver reconciliado.

A oração do discípulo parte da experiência de comunhão solidária e terá como efeito produzir solidariedade. Por conseguinte, quem reza o "Pai-Nosso", mas insiste em se fechar no seu mundinho estreito, sem se preocupar com os demais, estará dizendo palavras vazias, incompatíveis com quem, de fato, quer ser discípulo fiel. É na vida que o discípulo verifica se sua oração é autêntica ou não.

> Senhor Jesus, ensina-me a rezar em comunhão com meus irmãos e irmãs de fé, mas, também, com a humanidade sofredora, com quem devo partilhar o pão que me dás.

1ª Semana da Quaresma — Quarta

Acorrendo as multidões em grande número, Jesus começou a dizer: "Esta geração é uma geração perversa. Busca um sinal, mas nenhum sinal lhe será dado, a não ser o sinal de Jonas. De fato, assim como Jonas foi um sinal para os ninivitas, assim também será o Filho do Homem para esta geração. No dia do juízo, a rainha do Sul se levantará juntamente com esta geração e a condenará, pois ela veio dos confins da terra para ouvir a sabedoria de Salomão, e aqui está quem é mais do que Salomão. No dia do juízo, os ninivitas se levantarão juntamente com esta geração e a condenarão; pois eles mostraram arrependimento com a pregação de Jonas, e aqui está quem é mais do que Jonas" (**Lc 11,29-32**).

Uma geração má

Jesus encontrou resistência por parte de muitos ouvintes. Os gestos de bondade e a solidariedade com os sofredores foram insuficientes para despertar benevolência em quem o escutava. Era sempre possível levantar suspeitas a respeito dele, mormente, por não seguir os padrões convencionais dos mestres da época.

Um fato do passado serviu-lhe para contrastar a dureza de coração das multidões. O profeta Jonas, outrora, pregara aos ninivitas, símbolo da maldade e da crueldade, pois foram eles que destruíram o reino de Israel e deportaram a população. Pois bem, ao ouvir a pregação de Jonas, todos se puseram a fazer penitência, desde o rei até o último dos animais. Deram ouvidos ao enviado de Deus e, assim, escaparam do castigo.

A geração perversa que Jesus tem diante de si não parece preocupada com o futuro. Seu comportamento insensato terá a devida consequência, quando for chamada a juízo. Se os ninivitas se converteram ao escutar a pregação de Jonas, quanto mais os contemporâneos de Jesus deveriam agir da mesma maneira, por terem diante de si alguém "maior do que Jonas".

Senhor Jesus, mova-me à conversão diante de tuas palavras, dando-me um coração capaz de te reconhecer como o enviado do Pai para nos salvar.

Quinta

1ª Semana da Quaresma

"Pedi e vos será dado! Procurai e encontrareis! Batei e a porta vos será aberta! Pois todo aquele que pede recebe, quem procura encontra, e a quem bate, a porta será aberta. Quem de vós dá ao filho uma pedra, quando ele pede um pão? Ou lhe dá uma cobra, quando ele pede um peixe? Ora, se vós, que sois maus, sabeis dar coisas boas aos vossos filhos, quanto mais vosso Pai que está nos céus dará coisas boas aos que lhe pedirem! Tudo, portanto, quanto desejais que os outros vos façam, fazei-o, vós também, a eles. Isto é a Lei e os Profetas" (**Mt 7,7-12**).

A bondade do Pai

A ideia de retribuição está muito presente na religião bíblica. Deus premia os bons e castiga os maus. Quem escolhe o caminho do bem será coroado de bênçãos; quem se lança no caminho da maldade terá as maldições merecidas.

Jesus rompeu este esquema ao falar da bondade de Deus para além dos méritos humanos. A Deus não interessa se o ser humano merece ou não receber dele "coisas boas". Simplesmente, espera das pessoas se disporem a procurá-lo, na certeza de receberem o que lhes convém.

O Deus de Jesus age como um pai incapaz de querer o mau para os filhos. Embora um pai humano possa fazer o mau a seus filhos, isto jamais acontecerá com o Pai dos céus.

Os discípulos são chamados a cultivar uma imagem positiva de Deus. Portanto, as imagens do deus castigador, pronto a punir a menor falta, estão muito longe do Deus de Jesus.

É importante voltar a este dado da fé cristã no tempo quaresmal. Caso contrário, corre-se o risco de interpretar a morte de Jesus como castigo que lhe foi infligido em vista de apagar os pecados da humanidade. O discípulo do Reino não cai nessa armadilha. Se o Pai não faz o mal a ninguém, muito menos o faria ao Filho amado. Jesus foi, sim, vítima da maldade humana. Na cruz, o Pai foi solidário com ele.

> Senhor Jesus, faze-me cultivar uma imagem positiva do Pai, cheio de amor e de bondade, pronto a dar coisas boas a quem lhe pedir.

1ª Semana da Quaresma — Sexta

"Eu vos digo: Se vossa justiça não for maior que a dos escribas e dos fariseus, não entrareis no Reino dos Céus. Ouvistes que foi dito aos antigos: 'Não cometerás homicídio! Quem cometer homicídio deverá responder no tribunal'. Ora, eu vos digo: todo aquele que tratar seu irmão com raiva deverá responder no tribunal; quem disser ao seu irmão 'imbecil' deverá responder perante o sinédrio; quem chamar seu irmão de 'louco' poderá ser condenado ao fogo do inferno. Portanto, quando estiveres levando a tua oferenda ao altar e ali te lembrares que teu irmão tem algo contra ti, deixa a tua oferenda diante do altar e vai primeiro reconciliar-te com teu irmão. Só então, vai apresentar a tua oferenda. Procura reconciliar-te com teu adversário, enquanto ele caminha contigo para o tribunal. Senão o adversário te entregará ao juiz, o juiz te entregará ao oficial de justiça, e tu serás jogado na prisão. Em verdade, te digo: dali não sairás, enquanto não pagares o último centavo" (**Mt 5,20-26**).

A reconciliação urgente

O modo de proceder cristão estabelece estreita relação entre comunhão com Deus e comunhão com o próximo. Uma não pode existir sem a outra. Se a comunhão com Deus é verdadeira, terá a correspondente comunhão com o próximo. Ao revés, se a comunhão com o próximo é autêntica, terá como suporte a comunhão com Deus.

Daí a importância de o discípulo estar muito atento às relações interpessoais. Se está de relações rompidas com alguém, a reconciliação será pré-requisito para a oração e para a Eucaristia. Rezar com ódio no coração é inútil, pois a ruptura com Deus é indubitável. Como dialogar com Deus em contexto de ruptura com ele? É necessária a reconciliação antes de se entregar à oração, para evitar a perda de tempo com uma oração ineficaz. Por conseguinte, a oração cristã começa com o esforço de viver reconciliado com o próximo.

> Senhor Jesus, faze-me viver reconciliado com meus irmãos e irmãs, pois quero estar sempre unido ao Pai, a teu exemplo.

Sábado 1ª Semana da Quaresma

Ouvistes que foi dito: "Amarás o teu próximo e odiarás o teu inimigo!" Ora, eu vos digo: Amai os vossos inimigos e orai por aqueles que vos perseguem! Assim vos tornareis filhos do vosso Pai que está nos céus; pois ele faz nascer o seu sol sobre maus e bons e faz cair a chuva sobre justos e injustos. Se amais somente aqueles que vos amam, que recompensa tereis? Os publicanos não fazem a mesma coisa? E se saudais somente os vossos irmãos, que fazeis de extraordinário? Os pagãos não fazem a mesma coisa? Sede, portanto, perfeitos como o vosso Pai celeste é perfeito (**Mt 5,43-48**).

Uma perfeição impossível?

A ordem de Jesus – "Sede perfeitos como o vosso Pai celeste é perfeito" – pode soar como exagerada. Quem pode ter a ousadia de pretender ser perfeito como Deus? Quem teria a pretensão de, um dia, galgar a perfeição própria de Deus?

Perguntas desse gênero partem de uma compreensão equivocada da exortação do Mestre. Aliás, a tradução do original grego para o português alimenta o mal-entendido. O texto original fala de Deus colocado como meta para o ser humano. Na busca da perfeição, urge-se ter os olhos fixos no Pai. Assim, o discípulo será motivado a dar sempre um passo a mais no caminho da perfeição. Se o ponto de referência fosse outro discípulo, poderia acontecer de alguém julgar ter ultrapassado o referencial de perfeição. Porém, sendo o Pai, ninguém jamais terá a ousadia de ter pretendido igualar-se com ele. Por outro lado, terá consciência de que poderá sempre dar novos passos, ir além, sem jamais alcançar a meta na caminhada desta vida.

A vida do discípulo, cujo olhar está voltado para o Pai, é extremamente dinâmica. Jamais cruzará os braços no caminho da perfeição. Quando atinge uma meta, sabe que muitas outras poderão ser colocadas. Cada momento da vida torna-se chance de se aproximar da perfeição do Pai.

> Senhor Jesus, faze-me colocar sempre a perfeição do Pai como meta da minha ação e da minha caminhada, de modo a ter sempre novos passos a serem dados.

2ª Semana da Quaresma

Domingo

Seis dias depois, Jesus levou consigo Pedro, Tiago e João e os fez subir a um lugar retirado, no alto de uma montanha, a sós. Lá, ele foi transfigurado diante deles. Sua roupa ficou muito brilhante, tão branca como nenhuma lavadeira na terra conseguiria torná-la assim. Apareceram-lhes Elias e Moisés, conversando com Jesus. Pedro então tomou a palavra e disse a Jesus: "Rabi, é bom ficarmos aqui. Vamos fazer três tendas: uma para ti, outra para Moisés e outra para Elias". Na realidade, não sabia o que devia falar, pois eles estavam tomados de medo. Desceu, então, uma nuvem, cobrindo-os com sua sombra. E da nuvem saiu uma voz: "Este é o meu Filho amado. Escutai-o!" E, de repente, olhando em volta, não viram mais ninguém: só Jesus estava com eles. Ao descerem da montanha, Jesus ordenou-lhes que não contassem a ninguém o que tinham visto, até que o Filho do Homem ressuscitasse dos mortos. Eles ficaram pensando nesta palavra e discutiam entre si o que significaria esse "ressuscitar dos mortos" (**Mc 9,2-10**).

O Filho transfigurado

A contemplação da transfiguração de Jesus, na caminhada quaresmal, tem um sentido bem preciso. É-nos dado contemplar o Filho que, em breve, haveremos de contemplar pendente da cruz. Um olhar desavisado poderá incorrer no erro de considerá-lo maldito do Pai, como o queriam os inimigos. Ou, então, um marginal desqualificado, como os romanos pensavam dos crucificados.

Transfigurado, Jesus deixa transparecer toda a beleza interior de um ser humano cheio de amor misericordioso, incapaz de fazer o mal. Por conseguinte, o crucificado não era o que pensavam seus carrascos e inimigos. Ele era, sim, o "Filho amado", muito querido do Pai, tirado deste muito pela maldade humana.

A beleza interior de Jesus era de tal modo fulgurante, a ponto de os discípulos quererem permanecer no alto do monte. Pretensão ingênua! Tanto o Mestre quanto eles tinham um caminho traçado pelo Pai, que lhes cabia trilhar.

Senhor Jesus, que a contemplação de tua transfiguração ajude-me a compreender o mistério de tua morte de cruz, fruto da maldade.

Segunda — 2ª Semana da Quaresma

"Sede misericordiosos como vosso Pai é misericordioso. Não julgueis e não sereis julgados; não condeneis e não sereis condenados; perdoai e sereis perdoados. Dai e vos será dado. Uma medida boa, socada, sacudida e transbordante será colocada na dobra da vossa veste, pois a medida que usardes para os outros, servirá também para vós" (**Lc 6,36-38**).

Benévolos como o Pai

Jesus jamais idealizou a comunidade dos discípulos, pensando tratar-se de seres muito diferentes dos demais seres humanos. Em outras palavras, tinha consciência de ser comunidade de pessoas limitadas, com todos os defeitos e virtudes que alguém possa ter.

Todavia, esforçou-se para lhes mostrar um caminho de perfeição, em que os elementos negativos da personalidade humana fossem burilados. Importava-lhe formar uma comunidade que pudesse ser referencial de humanidade.

Um dos pontos focados por Jesus dizia respeito à facilidade de julgar o comportamento alheio, em geral, com a tendência a ser malévolo. O julgamento visado pela exortação de Jesus — "Não julgueis!" — era mais radical do que se possa imaginar. Dizia respeito à salvação eterna. Correspondia à declaração de que alguém haveria ou não de se salvar. Com certeza, os primeiros visados pelo Mestre eram os líderes, tendentes à severidade na condenação dos membros da comunidade cristã.

As palavras de Jesus situam-se em dois planos: o terrestre e o celeste. O juízo e o perdão na terra terão o correspondente no céu. "Não julgueis" diz respeito à ação humana. "Não sereis perdoados" aponta para a ação do Pai, oculto na voz passiva.

A atitude conveniente dos cristãos, líderes ou simples membros da comunidade, deverá ser sempre a de grande benevolência. Só é possível agir assim quem se espelha na misericórdia do Pai. Como o Pai é misericordioso, da mesma forma os discípulos do Filho devem sê-lo.

> Senhor Jesus, dá-me a graça da benevolência em relação aos irmãos e irmãs, inspirando-me a me espelhar sempre na misericórdia do Pai.

2ª Semana da Quaresma — Terça

Depois, Jesus falou às multidões e aos discípulos: "Os escribas e os fariseus sentaram-se no lugar de Moisés para ensinar. Portanto, tudo o que eles vos disserem, fazei e observai, mas não imiteis suas ações! Pois eles falam e não praticam. Amarram fardos pesados e insuportáveis e os põem nos ombros dos outros, mas eles mesmos não querem movê-los, nem sequer com um dedo. Fazem todas as suas ações só para serem vistos pelos outros, usam faixas bem largas com trechos da Lei e põem no manto franjas bem longas. Gostam do lugar de honra nos banquetes e dos primeiros assentos nas sinagogas, de serem cumprimentados nas praças públicas e de serem chamados de 'rabi'. Quanto a vós, não vos façais chamar de 'rabi', pois um só é vosso Mestre e todos vós sois irmãos. Não chameis a ninguém na terra de 'pai', pois um só é vosso Pai, aquele que está nos céus. Não deixeis que vos chamem de 'guia', pois um só é o vosso Guia, o Cristo. Pelo contrário, o maior dentre vós deve ser aquele que vos serve. Quem se exaltar será humilhado, e quem se humilhar será exaltado" (**Mt 23,1-12**).

Cuidado com os maus exemplos

Sem nenhum espírito de arrogância, Jesus ensinava os discípulos a se comportarem de modo diferente dos líderes religiosos da época. Suas ações estavam bem longe de seus ensinamentos. Suas palavras não correspondiam a seu modo de proceder. Daí a orientação do Mestre: "Façam o que dizem, mas não imitem suas ações!" Eram muitos os desvios de comportamentos dos escribas e fariseus, denunciados por Jesus.

A preocupação de Jesus tinha razão de ser. É forte a tendência a imitar os maus exemplos, enquanto os bons exemplos passam despercebidos. Se os membros da comunidade cristã se deixassem levar pelo modo de proceder dos escribas e fariseus, poriam abaixo todo o trabalho do Mestre, centrado no serviço humilde e gratuito.

> Senhor Jesus, dá-me suficiente esperteza para reconhecer a força aliciadora dos maus exemplos e me manter firme no caminho da humildade que tu me apontas.

Quarta

2ª Semana da Quaresma

Subindo para Jerusalém, Jesus chamou os doze discípulos de lado e, pelo caminho, disse-lhes: "Eis que estamos subindo para Jerusalém, e o Filho do Homem será entregue aos sumos sacerdotes e aos escribas. Eles o condenarão à morte e o entregarão aos pagãos para zombarem dele, açoitá-lo e crucificá-lo. Mas no terceiro dia, ressuscitará". A mãe dos filhos de Zebedeu, com seus filhos, aproximou-se de Jesus e prostrou-se para lhe fazer um pedido. Ele perguntou: "Que queres?" Ela respondeu: "Manda que estes meus dois filhos se sentem, no teu Reino, um à tua direita e outro à tua esquerda". Jesus disse: "Não sabeis o que estais pedindo. Podeis beber o cálice que eu vou beber?" Eles responderam: "Podemos". "Sim", declarou Jesus, "do meu cálice bebereis, mas o sentar-se à minha direita e à minha esquerda não depende de mim. É para aqueles a quem meu Pai o preparou". Quando os outros dez ouviram isso, ficaram zangados com os dois irmãos. Jesus, porém, chamou-os e disse: "Sabeis que os chefes das nações as dominam e os grandes fazem sentir seu poder. Entre vós não deverá ser assim. Quem quiser ser o maior entre vós seja aquele que vos serve, e quem quiser ser o primeiro entre vós, seja vosso escravo. Pois o Filho do Homem não veio para ser servido, mas para servir e dar a vida em resgate por muitos" (**Mt 20,17-28**).

Um pedido equivocado

A mãe dos filhos de Zebedeu equivocou-se ao pedir para os filhos os primeiros lugares no Reino. Confundia o projeto de Jesus com uma ação política na linha da expulsão do opressor romano e na restauração do reino de Israel, em moldes davídicos. Por outro lado, parece não ter entendido as palavras do Mestre que falavam de sofrimento e morte. Logo, seu pedido foi equivocado e inoportuno.

A única grandeza buscada pelo discípulo do Reino consiste no serviço generoso e gratuito aos irmãos, a exemplo de Jesus. Jamais grandezas humanas!

> Senhor Jesus, ajuda-me a buscar sempre a verdadeira grandeza de um discípulo do Reino, que é o serviço desinteressado aos irmãos carentes.

2ª Semana da Quaresma — Quinta

"Havia um homem rico, que se vestia com roupas finas e elegantes e dava festas esplêndidas todos os dias. Um pobre, chamado Lázaro, cheio de feridas, ficava sentado no chão junto à porta do rico. Queria matar a fome com as sobras que caíam da mesa do rico, mas, em vez disso, os cães vinham lamber suas feridas. Quando o pobre morreu, os anjos o levaram para junto de Abraão. Morreu também o rico e foi enterrado. Na região dos mortos, no meio dos tormentos, o rico levantou os olhos e viu de longe Abraão, com Lázaro ao seu lado. Então gritou: 'Pai Abraão, tem compaixão de mim! Manda Lázaro molhar a ponta do dedo para me refrescar a língua, porque sofro muito nestas chamas'. Mas Abraão respondeu: 'Filho, lembra-te de que durante a vida recebeste teus bens e Lázaro, por sua vez, seus males. Agora, porém, ele encontra aqui consolo e tu és atormentado. Além disso, há um grande abismo entre nós: por mais que alguém desejasse, não poderia passar daqui para junto de vós, e nem os daí poderiam atravessar até nós'. O rico insistiu: 'Pai, eu te suplico, manda então Lázaro à casa de meu pai, porque eu tenho cinco irmãos. Que ele os avise, para que não venham também eles para este lugar de tormento'. Mas Abraão respondeu: 'Eles têm Moisés e os Profetas! Que os escutem!' O rico insistiu: 'Não, Pai Abraão. Mas se alguém dentre os mortos for até eles, certamente vão se converter'. Abraão, porém, lhe disse: 'Se não escutam a Moisés, nem aos Profetas, mesmo se alguém ressuscitar dos mortos, não acreditarão'" (**Lc 16,19-31**).

Duas vidas, dois destinos

O rico e o Lázaro são metáforas de dois tipos de vida com os respectivos destinos. A opção pelo egoísmo resulta num destino de frustração e de tristeza, em que se evidencia a insensatez de se fazer surdo aos apelos do irmão sofredor. O sofrimento de Lázaro, de fato, não correspondeu a uma escolha. Entretanto, a situação existencial, na qual estava privado da solidariedade dos irmãos, levou-o a ter na eternidade a verdadeira solidariedade.

> Senhor Jesus, dá-me a graça de optar por um projeto de vida sensato, feito de solidariedade para com meus irmãos sofredores, na contramão do rico egoísta.

| **Sexta** | 2ª Semana da Quaresma |

"Escutai esta outra parábola: Certo proprietário plantou uma vinha, pôs uma cerca em volta, cavou nela um lagar para pisar as uvas e construiu uma torre de guarda. Ele a alugou a uns agricultores e viajou para o estrangeiro. Quando chegou o tempo da colheita, ele mandou os seus servos aos agricultores para receber seus frutos. Os agricultores, porém, agarraram os servos, espancaram a um, mataram a outro, e a outro apedrejaram. Ele ainda mandou outros servos, em maior número que os primeiros. Mas eles os trataram do mesmo modo. Por fim, enviou-lhes o próprio filho, pensando: 'A meu filho respeitarão'. Os agricultores, porém, ao verem o filho, disseram entre si: 'Este é o herdeiro. Vamos matá-lo e tomemos posse de sua herança!' Então agarraram-no, lançaram-no fora da vinha e o mataram. Pois bem, quando o dono da vinha voltar, que fará com esses agricultores?" Eles responderam: "Dará triste fim a esses criminosos e arrendará a vinha a outros agricultores, que lhe entregarão os frutos no tempo certo". Então, Jesus lhes disse: "Nunca lestes nas Escrituras: A pedra que os construtores rejeitaram, esta é que se tornou a pedra angular. Isto foi feito pelo Senhor, e é admirável aos nossos olhos'? Por isso vos digo: o Reino de Deus vos será tirado e entregue a um povo que produza frutos". Os sumos sacerdotes e os fariseus ouviram as parábolas de Jesus e entenderam que estava falando deles. Procuraram prendê-lo, mas ficaram com medo das multidões, pois elas o tinham na conta de profeta (**Mt 21,33-43.45-46**).

A pedra rejeitada

A alegoria da vinha é chave de leitura para entender o destino de Jesus. Na condição de Filho, foi enviado pelo Pai ao povo de Israel, na tentativa de receber os frutos de justiça e de misericórdia. Os profetas que vieram antes dele foram todos rejeitados. Quiçá fosse acolhido na condição de Filho! Isto, porém, não aconteceu. Antes, foi vilmente assassinado por quem lhe devia dar ouvido.

O Israel que rejeitou o Filho de Deus enviado foi substituído pelo novo Israel, formado pelos discípulos do Reino e por quem se dispõe a produzir os frutos esperados por Deus.

> Senhor Jesus, que eu me disponha a produzir os frutos que o Pai espera de mim, pois faço parte do Israel que te acolheu como Filho enviado para salvar a humanidade.

2ª Semana da Quaresma — Sábado

Jesus contou esta parábola: "Um homem tinha dois filhos. O mais novo disse-lhe: 'Pai, dá-me a parte da herança que me cabe'. E ele dividiu os bens entre eles. [...] O filho mais novo [...] partiu [...] e esbanjou tudo numa vida desenfreada. Quando [...] chegou uma grande fome àquela região, começou a passar necessidade. Pediu trabalho a um homem, que o mandou cuidar dos porcos. Ele queria matar a fome com a comida dos porcos, mas nem isto lhe davam. Então disse: 'Quantos empregados do meu pai têm pão com fartura, e eu aqui, morrendo de fome. [...] E voltou para seu pai. [...] O pai [...] correu-lhe ao encontro, abraçou-o e o cobriu de beijos. O filho disse: 'Pai, pequei contra Deus e contra ti. Não mereço ser chamado teu filho'. O pai disse aos empregados: [...] Trazei um novilho gordo e matai-o, para comermos e festejarmos. Pois este meu filho estava morto e tornou a viver' [...]. E começaram a festa. O filho mais velho estava no campo. Ao voltar, [...], perguntou o que estava acontecendo. 'É teu irmão que voltou. [...] são e salvo'. Mas ele [...] não queria entrar. O pai insistiu e ele respondeu: 'Eu trabalho para ti há tantos anos, [...] nunca me deste um cabrito para eu festejar com meus amigos. Mas quando chegou esse teu filho, que esbanjou teus bens [...] matas o novilho gordo'. Então o Pai disse: 'Filho, tu estás sempre comigo, e tudo o que é meu é teu. Era preciso festejar, porque este teu irmão estava morto e tornou a viver, estava perdido e foi encontrado'" (**Lc 15,1-3.11-32**).

Acolhida aos pecadores

Enquanto Jesus acolhe e convive com os pecadores, vive às turras com a liderança religiosa. Os adversários não suportavam seu modo de proceder, tido na conta de inconveniente diante de Deus. Pensavam que Deus não podia concordar com um mestre da Lei misturado com gente mal afamada.

O pensamento de Jesus seguia a direção oposta. Convivia com os pecadores para lhes demonstrar o quanto eram amados pelo Pai e quanto o Pai desejava que se convertessem. Mas, mesmo sem conversão, o Pai os queria perto de si.

> Senhor Jesus, faze-me consciente do quanto sou amado pelo Pai, embora eu seja limitado e nem sempre aja de acordo com o querer paterno.

Domingo | # 3ª Semana da Quaresma

Estava próxima a Páscoa dos judeus; Jesus, então, subiu a Jerusalém. No templo, encontrou os que vendiam bois, ovelhas e pombas, e os cambistas nas suas bancas. Então fez um chicote com cordas e a todos expulsou do templo, juntamente com os bois e as ovelhas; jogou no chão o dinheiro dos cambistas e derrubou suas bancas, e aos vendedores de pombas disse: "Tirai daqui essas coisas. Não façais da casa de meu Pai um mercado!" Os discípulos se recordaram do que está escrito: "O zelo por tua casa me há de devorar". Então os judeus perguntaram a Jesus: "Que sinal nos mostras para agires assim?" Jesus respondeu: "Destruí vós este templo, e em três dias eu o reerguerei". Os judeus, então, disseram: "A construção deste templo levou quarenta e seis anos, e tu serias capaz de erguê-lo em três dias?" Ora, ele falava isso a respeito do templo que é seu corpo. Depois que Jesus fora reerguido dos mortos, os discípulos se recordaram de que ele tinha dito isso, e creram na Escritura e na palavra que Jesus havia falado. Estando em Jerusalém, na festa da Páscoa, muitos creram no seu nome, vendo os sinais que realizava. Jesus, no entanto, não lhes dava crédito, porque conhecia a todos e não precisava ser informado a respeito do ser humano. Ele bem sabia o que havia dentro do homem (**Jo 2,13-25**).

Casa do Pai, casa do amor

A profanação do Templo de Jerusalém com o comércio feito de exploração dos pobres esgotou a paciência de Jesus. O gesto inusitado de colocar para fora do recinto sagrado os comerciantes e os cambistas partia da compreensão do quanto a imagem de Deus se deturpara.

No entender de Jesus, a casa do Pai deve ser casa de amor e de acolhida, onde os filhos vêm escutar a Palavra paterna e se dispõem a praticá-la com sinceridade. Que outra prática o Pai queria, senão o amor? Isto é que faz a beleza de sua casa.

> Senhor Jesus, faze-me compreender que só o amor é agradável ao Pai e quanto ele rejeita a exploração, de modo especial, em sua casa.

3ª Semana da Quaresma

Segunda

"Em verdade, vos digo que nenhum profeta é aceito na sua própria terra. Ora, a verdade é esta que vos digo: no tempo do profeta Elias, quando não choveu durante três anos e seis meses e uma grande fome atingiu toda a região, havia muitas viúvas em Israel. No entanto, a nenhuma delas foi enviado o profeta Elias, senão a uma viúva em Sarepta, na Sidônia. E no tempo do profeta Eliseu, havia muitos leprosos em Israel, mas nenhum deles foi curado, senão Naamã, o sírio". Ao ouvirem estas palavras, na sinagoga, todos ficaram furiosos. Levantaram-se e o expulsaram da cidade. Levaram-no para o alto do morro sobre o qual a cidade estava construída, com a intenção de empurrá-lo para o precipício. Jesus, porém, passando pelo meio deles, continuou o seu caminho (**Lc 4,24-30**).

E continuou o seu caminho!

Jesus evocou o testemunho de dois profetas de outrora — Elias e Eliseu — para explicar a perseguição que sofria. Os milagres de ambos os profetas, inteiramente fiéis a Javé, beneficiaram pessoas estrangeiras, por não serem reconhecidos pela liderança política e religiosa de seu tempo. A viúva sidônia e o general sírio mereceram mais a atenção dos profetas que os próprios irmãos de fé.

Algo parecido passava-se com Jesus. Era rejeitado pelos conterrâneos, incapazes de aceitar suas palavras e ações, por destoarem da ação tradicional dos mestres conhecidos.

A decisão de matá-lo era um expediente extremo, para dar um basta à situação incômoda. "Jesus, porém, passando pelo meio deles, continuou o seu caminho", pois sua vida dependia do Pai e não seria os adversários que haveriam de pôr fim à sua missão. Daí não terem consumado o intento de lançá-lo do alto do precipício da cidade.

O caminho de Jesus se concluiria em Jerusalém, com a morte de cruz, no momento querido pelo Pai.

Senhor Jesus, que nenhuma ameaça seja suficientemente forte para me afastar do caminho traçado por ti, pois devo, como tu, alcançar a meta traçada pelo Pai.

Terça — 3ª Semana da Quaresma

Pedro dirigiu-se a Jesus: "Senhor, quantas vezes devo perdoar, se meu irmão pecar contra mim? Até sete vezes?" Jesus respondeu: "Digo-te, [...] setenta vezes sete vezes. O Reino dos Céus é como um rei que resolveu ajustar contas com seus servos. [...] Trouxeram-lhe um que lhe devia uma fortuna inimaginável. Como não tivesse com que pagar, o senhor mandou que fosse vendido como escravo, junto com a mulher, os filhos e tudo o que possuía [...]. O servo, porém, prostrou-se diante dele pedindo: 'Tem paciência comigo, e eu te pagarei tudo'. [...]. O senhor teve compaixão, soltou o servo e perdoou-lhe a dívida. Ao sair dali, aquele servo encontrou um dos seus companheiros que lhe devia uma quantia irrisória. Ele o agarrou e começou a sufocá-lo, dizendo: 'Paga o que me deves'. O companheiro suplicava: 'Tem paciência comigo, e eu te pagarei'. Mas o servo não quis saber. Mandou jogá-lo na prisão, até que pagasse tudo. Quando viram o que havia acontecido, os outros servos ficaram muito sentidos, procuraram o senhor e lhe contaram tudo. Então o senhor mandou chamar aquele servo e lhe disse: 'Servo malvado, eu te perdoei toda a tua dívida, porque me suplicaste. Não devias tu também ter compaixão do teu companheiro [...]?' O senhor se irritou e mandou entregar aquele servo aos carrascos, até que pagasse toda a sua dívida. É assim que o meu Pai que está nos céus fará convosco, se cada um não perdoar de coração ao seu irmão" (**Mt 18,21-35**).

Perdoar de todo coração

O perdão é um tópico inescusável do discipulado. Quem não se dispõe a perdoar jamais estará em condições de se colocar no seguimento de Jesus. Quem põe limites ao perdão não pode ser discípulo. O desafio consiste em "perdoar de coração", experiência que brota de dentro, e não se reduzindo a sentimentos superficiais. A orientação do Mestre a Pedro, de perdoar "setenta vezes sete vezes", aponta para o perdão ilimitado. Só quem está enraizado no Pai, como Jesus, terá condições de ter o coração, continuamente, aberto para o perdão.

> Senhor Jesus, tira de mim os empecilhos para
> o perdão e dá-me a capacidade de perdoar sempre,
> como tu perdoaste até o fim.

3ª Semana da Quaresma — Quarta

"Não penseis que vim abolir a Lei e os Profetas. Não vim para abolir, mas para cumprir. Em verdade, eu vos digo: antes que o céu e a terra deixem de existir, nem uma só letra ou vírgula serão tiradas da Lei, sem que tudo aconteça. Portanto, quem desobedecer a um só destes mandamentos, por menor que seja, e assim ensinar os outros, será considerado o menor no Reino dos Céus. Porém, quem os praticar e ensinar será considerado grande no Reino dos Céus" (**Mt 5,17-19**).

Praticar e ensinar a Lei

A liberdade de Jesus levava os inimigos a tê-lo na conta de anarquista, como se para ele a Lei mosaica perdesse o valor e ele se deixasse guiar pela própria cabeça. A suspeita, em última análise, acusava Jesus de impiedade, como se tivesse rompido com Deus.

Era preciso que o Mestre afirmasse com clareza a disposição de se submeter à Lei de Deus. Porém, seguindo uma direção distinta daquela de seus acusadores. Estes estreitaram a Lei num emaranhado de interpretações, a ponto de ficar difícil identificar, no meio de tudo aquilo, o que, de fato, correspondia à vontade de Deus.

Por sua parte, Jesus desejava cumprir até o último tracinho da Lei, no que tem de vontade legítima e autêntica do Pai. Este processo poderia ser feito no contato direto com o Pai, sem depender das interpretações dos mestres da Lei. Neste ponto, Jesus foi inteiramente fiel. Nem um só ponto da vontade do Pai ficou sem ser inteiramente cumprido. A morte de cruz foi o testemunho consumado da disposição de, em tudo, ser obediente ao Pai.

O discípulo do Reino jamais será anarquista nem, tampouco, legalista. Entre os dois extremos coloca-se o espaço para o cumprimento autêntico do querer do Pai. Como Jesus, o discípulo é capaz de superar a letra da Lei e alcançar-lhe o espírito. Aí é onde se situa a verdadeira pauta para seu agir.

> Senhor Jesus, livra-me do anarquismo e do legalismo, fazendo-me conhecer o autêntico querer do Pai para mim e ajudando-me a torná-lo pauta para meu agir.

Quinta | # 3ª Semana da Quaresma

Jesus estava expulsando um demônio que era mudo. Quando o demônio saiu, o mudo começou a falar, e as multidões ficaram admiradas. Alguns, porém, disseram: "É pelo poder de Beelzebu, o chefe dos demônios, que ele expulsa os demônios". Outros, para tentar Jesus, pediam-lhe um sinal do céu. Mas, conhecendo seus pensamentos, ele disse-lhes: "Todo reino dividido internamente será destruído; cairá uma casa sobre a outra. Ora, se até Satanás está dividido internamente, como poderá manter-se o seu reino? Pois dizeis que é pelo poder de Beelzebu que eu expulso os demônios. Se é pelo poder de Beelzebu que eu expulso os demônios, pelo poder de quem então vossos discípulos os expulsam? Por isso, eles mesmos serão vossos juízes. Mas, se é pelo dedo de Deus que eu expulso os demônios, é porque o Reino de Deus já chegou até vós. Quando um homem forte e bem armado guarda o próprio terreno, seus bens estão seguros. Mas, quando chega um mais forte do que ele e o vence, arranca-lhe a armadura em que confiava e distribui os despojos. Quem não está comigo é contra mim; e quem não recolhe comigo, espalha" (**Lc 11,14-23**).

Um grave mal-entendido

A acusação dos adversários de Jesus — conluio com Beelzebu, em vista da realização de milagres — era um grave mal-entendido. Como não se dispunham a olhar para o Mestre com benevolência, acusavam-no de forma gratuita.

A refutação parte de uma constatação evidente: se Jesus tem poder sobre Beelzebu para obrigá-lo a sair de alguém, é sinal evidente de não estar em conluio com o poder do mal. Antes, toma a defesa do ser humano oprimido e o liberta das forças demoníacas opressoras.

Os discípulos de Jesus podem ser vítimas de semelhante mal--entendido. Como o Mestre, têm a missão de libertar as pessoas de toda sorte de opressão. E podem ser acusados de conluio com Satanás. Todavia, como o Mestre, jamais se deixarão bloquear por acusações levianas.

> Senhor Jesus, que jamais me deixe enredar pelos mal-entendidos criados pelos inimigos da fé; antes, que eu continue a fazer o bem a quem precise de mim.

3ª Semana da Quaresma

Sexta

Um dos escribas aproximou-se de Jesus e perguntou: "Qual é o primeiro de todos os mandamentos?" Jesus respondeu: "O primeiro é este: 'Ouve, Israel! O Senhor nosso Deus é um só. Amarás o Senhor, teu Deus, de todo o teu coração, com toda a tua alma, com todo o teu entendimento e com toda a tua força!' E o segundo mandamento é: 'Amarás teu próximo como a ti mesmo!' Não existe outro mandamento maior do que estes". O escriba disse a Jesus: "Muito bem, Mestre! Na verdade, é como disseste: 'Ele é o único, e não existe outro além dele'. Amar a Deus de todo o coração, com toda a mente e com toda a força, e amar o próximo como a si mesmo, isto supera todos os holocaustos e sacrifícios". Percebendo Jesus que o escriba tinha respondido com inteligência, disse-lhe: "Tu não estás longe do Reino de Deus". E ninguém mais tinha coragem de fazer-lhe perguntas (**Mc 12,28b-34**).

O primeiro mandamento

É curioso que um mestre da Lei tenha procurado Jesus para resolver a questão do "primeiro de todos os mandamentos". Afinal, sua tarefa era a de ensinar a Lei. Portanto, deveria ter suficiente discernimento para intuir qual seria o mandamento basilar, do qual todos os outros dependiam.

A resposta de Jesus convenceu-o. Nenhum mandamento pode ser maior que a Lei do amor, com suas duas vertentes de amor a Deus e amor ao próximo. Qualquer mandamento só tem sentido se estiver fundado no amor. Sem amor, se tornará inconsistente.

Jesus falava de si mesmo ao responder. Sua vida foi inteiramente fundada no amor ao Pai e aos irmãos sofredores. O egoísmo jamais teve lugar em sua vida. Viver o amor era, para ele, a maneira mais convincente de se tornar agradável ao Pai. Os holocaustos e os sacrifícios podiam incorrer em erro. A exterioridade pomposa poderia encobrir o coração egoísta de quem os oferecia. Com o amor, isto seria impensável!

> Senhor Jesus, que eu saiba compreender a centralidade do amor em minha vida e, seguindo teu exemplo, seja capaz de amar até o fim!

Sábado 3ª Semana da Quaresma

Para alguns que confiavam na sua própria justiça e desprezavam os outros, Jesus contou esta parábola: "Dois homens subiram ao templo para orar. Um era fariseu, o outro publicano. O fariseu, de pé, orava assim em seu íntimo: 'Deus, eu te agradeço porque não sou como os outros, ladrões, desonestos, adúlteros, nem como este publicano. Jejuo duas vezes por semana e pago o dízimo de toda a minha renda'. O publicano, porém, ficou a distância e nem se atrevia a levantar os olhos para o céu; mas batia no peito, dizendo: 'Meu Deus, tem compaixão de mim, que sou pecador!' Eu vos digo: este último voltou para casa justificado, mas o outro não. Pois quem se exalta será humilhado, e quem se humilha será exaltado" (**Lc 18,9-14**).

Humilde diante de Deus

O cobrador de imposto, consciente de seus pecados e limitações, colocou-se todo humilde diante de Deus, sem se atrever a levantar os olhos para o céu. As palavras brotavam-lhe do mais íntimo, totalmente despretensiosas, por se saber indigno pecador.

O Mestre reconheceu a sinceridade de sua oração, tendo censurado a oração arrogante do fariseu, cheio de si, pensando poder falar com Deus como se fala a um igual. A autoexaltação distanciava-o de Deus, logo quem pretendia estar em diálogo.

O discípulo do Reino tem diante de si ambas as possibilidades de se posicionar diante do Pai, na sua oração. Jesus indicou a correção da atitude do cobrador de impostos. A humildade valeu-lhe ter a oração atendida. Da mesma forma, age o discípulo fiel. Reconhecendo-se carente da misericórdia do Pai, sabe como se dirigir a ele com palavras carregadas de humildade, sem nenhum resquício de arrogância.

A atitude correta em relação a Deus leva o discípulo a agir corretamente em relação aos irmãos. Humildade diante de Deus gera humildade diante do próximo.

Senhor Jesus, dá-me a graça da humildade diante do Pai, para que eu seja humilde, também, no trato com o meu semelhante.

4ª Semana da Quaresma — Domingo

Naquele tempo, disse Jesus a Nicodemos: "Como Moisés levantou a serpente no deserto, assim também será levantado o Filho do Homem, a fim de que todo o que nele crer tenha vida eterna. De fato, Deus amou tanto o mundo, que deu o seu Filho único, para que todo o que nele crer não pereça, mas tenha a vida eterna. Pois Deus enviou o seu Filho ao mundo, não para condenar o mundo, mas para que o mundo seja salvo por ele. Quem crê nele não será condenado, mas quem não crê já está condenado, porque não acreditou no nome do Filho único de Deus. Ora, o julgamento consiste nisto: a luz veio ao mundo, mas as pessoas amaram mais as trevas do que a luz, porque as suas obras eram más. Pois todo o que pratica o mal odeia a luz e não se aproxima da luz, para que suas ações não sejam denunciadas. Mas quem pratica a verdade se aproxima da luz, para que suas ações sejam manifestadas, já que são praticadas em Deus" (**Jo 3,14-21**).

Entre a Luz e as trevas

A conversa noturna com Nicodemos permitiu a Jesus abordar um tema importante, não só para os discípulos do Reino, mas também para toda a humanidade: a predisposição para deixar-se envolver pelas trevas, quando a Luz é oferecida. Ninguém está isento da possibilidade desse agir contraditório.

Jesus é a Luz oferecida pelo Pai à humanidade. Seu testemunho fulgurante de amor, até o extremo da entrega de si, foi insuficiente para tocar no coração das pessoas. Muitos se enveredam no egoísmo e preferem as trevas da injustiça e da maldade, sem nenhuma comiseração para com os irmãos sofredores.

Nicodemos representa quem, estando nas trevas, se defronta com a chance de escolher o caminho da Luz. E é desafiado a se decidir! Só a decisão firme da vontade, ajudada pela graça, permite passar das trevas para a Luz. O discipulado resulta desse passo. O discípulo sempre caminhará na Luz do amor.

> Senhor Jesus, dá-me fortaleza de ânimo para, a cada momento da vida, trilhar o caminho da Luz, que é o caminho do amor, bem longe das trevas do egoísmo.

Segunda — 4ª Semana da Quaresma

Passados os dois dias, Jesus foi para a Galileia. (Jesus mesmo tinha declarado, de fato, que um profeta não é reconhecido em sua própria terra.) Quando então chegou à Galileia, os galileus o receberam bem, porque tinham visto tudo o que fizera em Jerusalém, por ocasião da festa. Pois também eles tinham ido à festa. Jesus voltou a Caná da Galileia, onde tinha mudado a água em vinho. Havia um funcionário do rei, cujo filho se encontrava doente em Cafarnaum. Quando ouviu dizer que Jesus tinha vindo da Judeia para a Galileia, ele foi ao encontro dele e pediu-lhe que descesse até Cafarnaum para curar o seu filho, que estava à morte. Jesus lhe disse: "Se não virdes sinais e prodígios, nunca acreditareis". O funcionário do rei disse: "Senhor, desce, antes que meu filho morra!" Ele respondeu: "Podes ir, teu filho vive". O homem acreditou na palavra de Jesus e partiu. Enquanto descia para Cafarnaum, os empregados foram-lhe ao encontro para dizer que seu filho vivia. O funcionário do rei perguntou a que horas o menino tinha melhorado. Eles responderam: "Ontem, a uma da tarde, a febre passou". O pai verificou que era exatamente nessa hora que Jesus lhe tinha dito: "Teu filho vive". Ele, então, passou a crer, juntamente com toda a sua família. Também este segundo sinal, Jesus o fez depois de voltar da Judeia para a Galileia (**Jo 4,43-54**).

Teu filho vive!

A contemplação da cena evangélica, em contexto quaresmal, chama a atenção para a abrangência da salvação oferecida por Jesus. Todos podem se beneficiar. Ninguém está excluído.

A cura do funcionário romano mostra a sensibilidade de Jesus em relação aos não judeus e, mais ainda, com quem estava a serviço do poder opressor romano. Se esta categoria de gente, a primeira a ser deixada de lado numa visão segregativa, foi acolhida por Jesus, quanto mais os sofredores carentes da misericórdia de Jesus colherão os frutos da salvação.

> Senhor Jesus, faze-me perceber os frutos da salvação chegando a toda a humanidade, de modo especial, a quem está à margem da fé e da religião.

4ª Semana da Quaresma

Terça

Depois disso, houve uma festa dos judeus, e Jesus subiu a Jerusalém. Ora, existe em Jerusalém, perto da Porta das Ovelhas, uma piscina com cinco pórticos, chamada Bezata em hebraico. Muitos doentes, cegos, coxos e paralíticos ficavam ali deitados. Encontrava-se ali um homem enfermo havia trinta e oito anos. Jesus o viu ali deitado e, sabendo que estava assim desde muito tempo, perguntou-lhe: "Queres ficar curado?" O enfermo respondeu: "Senhor, não tenho ninguém que me leve à piscina, quando a água se movimenta. Quando estou chegando, outro entra na minha frente". Jesus lhe disse: "Levanta-te, pega a tua maca e anda". No mesmo instante, o homem ficou curado, pegou sua maca e começou a andar. Aquele dia, porém, era um sábado. Por isso, os judeus disseram ao homem que tinha sido curado: "É sábado. Não te é permitido carregar a tua maca". Ele respondeu: "Aquele que me curou disse: 'Pega tua maca e anda!'" Então lhe perguntaram: "Quem é que te disse: 'Pega a tua maca e anda'?" O homem que tinha sido curado não sabia quem era, pois Jesus se afastara da multidão que se tinha ajuntado ali. Mais tarde, Jesus encontrou o homem no templo e lhe disse: "Olha, estás curado. Não peques mais, para que não te aconteça coisa pior". O homem saiu e contou aos judeus que tinha sido Jesus quem o havia curado. Por isso, os judeus começaram a perseguir Jesus, porque fazia tais coisas em dia de sábado (**Jo 5,1-16**).

Com os marginalizados

A chegada de Jesus a Jerusalém foi inusitada. Poderia ter ido, diretamente, ao Templo, meta da viagem. Mas não! Dirigiu-se, antes, aonde estavam os marginalizados pela religião, por serem portadores de doenças. E, aí, curou o paralítico, cuja esperança de ser curado estava a ponto de se tornar desespero.

A atitude do Mestre foi exemplar. Parecia-lhe inconveniente estar no Templo, a casa do Pai, quando muitos doentes eram marginalizados. Urgia ir até eles, para que, juntos, fossem acolhidos pelo Pai.

> Senhor Jesus, seguindo os teus passos, ajuda-me
> sempre a me aproximar do Pai trazendo comigo
> os marginalizados e excluídos deste mundo.

| **Quarta** | # 4ª Semana da Quaresma |

Jesus, porém, deu-lhes esta resposta: "Meu Pai trabalha sempre, e eu também trabalho". Por isso, os judeus ainda mais procuravam matá-lo, pois, além de violar o sábado, chamava a Deus de Pai, fazendo-se igual a Deus. Jesus lhes deu esta resposta: [...] "o Filho não pode fazer nada por si mesmo; ele faz apenas o que vê o Pai fazer. [...]. O Pai ama o Filho e lhe mostra tudo o que ele mesmo faz. E lhe mostrará obras maiores ainda, de modo que ficareis admirados. . [...] O Pai não julga ninguém, mas deu ao Filho o poder de julgar, para que todos honrem o Filho assim como honram o Pai. Quem não honra o Filho, também não honra o Pai que o enviou. [...] Quem escuta a minha palavra e crê naquele que me enviou possui a vida eterna e não vai a julgamento, mas passou da morte para a vida. [...] Vem a hora, e é agora, em que os mortos ouvirão a voz do Filho de Deus e os que a ouvirem viverão. Assim como o Pai possui a vida em si mesmo, do mesmo modo concedeu ao Filho possuir a vida em si mesmo. Além disso, deu-lhe o poder de julgar, [...] Vem a hora em que todos os que estão nos túmulos ouvirão sua voz, e sairão. Aqueles que fizeram o bem ressuscitarão para a vida; e aqueles que praticaram o mal, ressuscitarão para a condenação. Eu não posso fazer nada por mim mesmo. Julgo segundo o que eu escuto, e o meu julgamento é justo, porque procuro fazer não a minha vontade, mas a vontade daquele que me enviou" (**Jo 5,17-30**).

Fazer-se igual a Deus

Quando se tratava de fazer o bem, Jesus se colocava acima de qualquer Lei ou tradição. O sofrimento humano tocava-o profundamente. Assim, era-lhe impossível cruzar os braços diante dos sofredores, por submissão aos preceitos sabáticos. Os inimigos de Jesus acusavam-no de blasfêmia, pois fazer milagres em dia de sábado, no imaginário religioso, correspondia a agir como Deus, para quem todo dia é dia de fazer o bem. Essa liberdade para fazer o bem seria um dos motivos de sua condenação à morte.

> Senhor Jesus, faze-me bastante livre para praticar o bem, de modo que nenhum preceito ou tradição possa me impedir de ajudar a quem precisa.

4ª Semana da Quaresma

Quinta

"Se eu dou testemunho de mim mesmo, o meu testemunho não é verdadeiro. Um outro é quem dá testemunho de mim, e eu sei que o testemunho que ele dá de mim é verdadeiro. Vós mandastes perguntar a João, e ele deu testemunho da verdade. Ora, eu não recebo testemunho da parte de um ser humano, mas digo isso para a vossa salvação. João era a lâmpada que iluminava com sua chama ardente, e vós gostastes, por um tempo, de alegrar-vos com a sua luz. Mas eu tenho um testemunho maior que o de João: as obras que o Pai me concedeu realizar. As obras que eu faço dão testemunho de mim, pois mostram que o Pai me enviou. Sim, o Pai que me enviou dá testemunho a meu favor. Mas vós nunca ouvistes a sua voz, nem vistes a sua face, e não tendes a sua palavra morando em vós, pois não acreditais naquele que ele enviou. Examinais as Escrituras, pensando ter nelas a vida eterna, e são elas que dão testemunho de mim. Vós, porém, não quereis vir a mim para terdes a vida! Eu não recebo glória que venha dos homens. Pelo contrário, eu vos conheço: não tendes em vós o amor de Deus. Eu vim em nome do meu Pai, e vós não me recebeis. Mas, se um outro viesse em seu próprio nome, a esse receberíeis. Como podereis acreditar, vós que recebeis glória uns dos outros e não buscais a glória que vem do Deus único? Não penseis que eu vos acusarei diante do Pai. Há alguém que vos acusa: Moisés, no qual colocais a vossa esperança. Se acreditásseis em Moisés, também acreditaríeis em mim, pois foi a meu respeito que ele escreveu. Mas, se não acreditais nos seus escritos, como podereis crer nas minhas palavras?" (**Jo 5,31-47**)

O testemunho das obras

Jesus foi, continuamente, questionado a respeito do sentido de suas ações. Os adversários exigiam dele uma comprovação inquestionável de sua comunhão com Deus, chamado de Pai. Como convencer a quem estava fechado para o diálogo? Argumento algum seria suficiente para sensibilizá-los.

Para Jesus, só havia um caminho: o testemunho das obras. Que os adversários vissem o que estava sendo feito e tirassem as conclusões. Não havia nada mais a fazer!

Senhor Jesus, dá-me sensibilidade para perceber em tuas obras a condição de Filho enviado do Pai, para conduzir a humanidade pelos caminhos do amor.

| Sexta | 4ª Semana da Quaresma |

Depois disso, Jesus percorria a Galileia; não queria andar pela Judeia, porque os judeus procuravam matá-lo. Estava próxima a festa dos judeus, chamada das Tendas. Depois que seus irmãos subiram para a festa, Jesus subiu também, não publicamente, mas em segredo. Alguns de Jerusalém diziam: "Não é este a quem procuram matar? Olha, ele fala publicamente e ninguém lhe diz nada. Será que os chefes reconheceram que realmente ele é o Cristo? Mas este, nós sabemos de onde é. O Cristo, quando vier, ninguém saberá de onde é". Enquanto, pois, ensinava no templo, Jesus exclamou: "Sim, vós me conheceis, e sabeis de onde eu sou. Ora, eu não vim por conta própria; aquele que me enviou é verdadeiro, mas vós não o conheceis. Eu o conheço, porque venho dele e foi ele quem me enviou!" Eles procuravam, então, prendê-lo, mas ninguém lhe pôs as mãos, porque ainda não tinha chegado a sua hora (**Jo 7,1-2.10.25-30**).

Vós me conheceis!

A má-fé dos adversários era bem conhecida de Jesus. Recusavam-se a reconhecê-lo como enviado de Deus, embora tivessem chance para isto. "Vós me conheceis e sabeis de onde eu sou", afirma Jesus. Entretanto, conhecer e saber têm sentido para além da relação interpessoal feita de contatos superficiais. Conhecer significa que sabiam muito bem quem ele era. Saber de onde era referia-se à origem divina de Jesus. A insistência em rejeitá-lo era indício de dureza de coração, pois tinham tudo para dar o passo da fé. Chegaram às portas da fé, sem, contudo, entrar.

O discípulo, pelo contrário, confrontando-se com Jesus e discernindo-lhe o testemunho de vida, adere ao Mestre, dando o passo da fé. Isto só é possível na medida em que conhecem o Mestre e sabem de onde é. Sem estes elementos fundamentais o discipulado fica inviabilizado. Foi o que aconteceu com os adversários do Mestre Jesus.

Senhor Jesus, na contramão de teus adversários, desejo conhecer-te sempre mais e confessar que vieste do Pai para nos conduzir a ele.

4ª Semana da Quaresma — Sábado

Ouvindo estas palavras, alguns da multidão afirmavam: "Verdadeiramente, ele é o profeta!" Outros diziam: "Ele é o Cristo!" Mas outros discordavam: "O Cristo pode vir da Galileia? Não está na Escritura que o Cristo será da descendência de Davi e virá de Belém, o povoado de Davi?" Surgiu, assim, uma divisão entre o povo por causa dele. Alguns queriam prendê-lo, mas ninguém lhe pôs as mãos. Os guardas então voltaram aos sumos sacerdotes e aos fariseus, que lhes perguntaram: "Por que não o trouxestes?" Responderam: "Ninguém jamais falou como este homem". Os fariseus disseram a eles: "Vós também vos deixastes iludir? Acaso algum dos chefes ou dos fariseus acreditou nele? Mas essa gente que não conhece a Lei são uns malditos!" Nicodemos, porém, um dos fariseus, aquele que tinha ido a Jesus anteriormente, disse: "Será que a nossa Lei julga alguém antes de ouvir ou saber o que ele fez?" Eles responderam: "Tu também és da Galileia? Examina as Escrituras, e verás que da Galileia não surge profeta" (**Jo 7,40-53**).

92 Da Galileia não surge profeta?

Uma das muitas dificuldades para que Jesus fosse aceito como Messias enviado de Deus deveu-se à sua origem. O preconceito contra os galileus impedia que reconhecessem nele algo de especial. Este ponto de partida criava resistências, também, contra quem reconhecia em Jesus a condição de Filho de Deus. O pré-requisito para reconhecer-lhe a identidade consistia em se despir das falsas imagens veiculadas pelos adversários e se aproximar dele de coração aberto, com a disposição de descobrir a transcendência de suas palavras e ações.

Preconceito e discipulado são palavras antagônicas. O discípulo preconceituoso será incapaz de conhecer a verdadeira identidade do Mestre, bem como de reconhecer nos excluídos e marginalizados o rosto do Mestre a quem se deve servir.

> Senhor Jesus, tira de mim todo resquício de preconceito que me impede de conhecer-te de verdade e de reconhecer-te no rosto sofrido do irmão necessitado.

Domingo — 5ª Semana da Quaresma

Havia alguns gregos entre os que tinham subido a Jerusalém para adorar durante a festa. Eles se aproximaram de Filipe, que era de Betsaida da Galileia, e disseram: "Senhor, queremos ver Jesus". Filipe conversou com André, e os dois foram falar com Jesus. Jesus respondeu-lhes: "Chegou a hora em que o Filho do Homem vai ser glorificado. Em verdade, em verdade, vos digo: se o grão de trigo que cai na terra não morre, fica só. Mas, se morre, produz muito fruto. Quem se apega à sua vida, perde-a; mas quem não faz conta de sua vida neste mundo, há de guardá-la para a vida eterna. Se alguém quer me servir, siga-me, e onde eu estiver, estará também aquele que me serve. Se alguém me serve, meu Pai o honrará. Minha alma está perturbada. E que direi? 'Pai, livra-me desta hora'? Mas foi precisamente para esta hora que eu vim. Pai, glorifica o teu nome!" Veio, então, uma voz do céu: "Eu já o glorifiquei, e o glorificarei de novo". A multidão que ali estava e ouviu, dizia que tinha sido um trovão. Outros afirmavam: "Foi um anjo que falou com ele". Jesus respondeu: "Esta voz que ouvistes não foi por causa de mim, mas por vossa causa. É agora o julgamento deste mundo. Agora o chefe deste mundo vai ser expulso, e quando eu for levantado da terra, atrairei todos a mim". Ele falava assim para indicar de que morte iria morrer (**Jo 12,20-33**).

Queremos ver Jesus

O interesse dos gregos – "Queremos ver Jesus" – carecia dos devidos esclarecimentos. Que Jesus queriam ver? O milagreiro? O líder das multidões? O mestre que fala coisas jamais ouvidas? Um recuperador da esperança no coração dos aflitos? Afinal, o que estava na mente e no coração daqueles estrangeiros?

Jesus apressa-se em revelar a própria identidade, de modo a prevenir possíveis frustrações. E passa a falar da morte que se aproxima, servindo-se da metáfora do grão de trigo caído na terra para produzir muito fruto. Só quem estiver disposto a ver o Mestre crucificado estará em condições de se tornar discípulo do Mestre ressuscitado.

> Senhor Jesus, põe no meu coração o desejo ardente de ver-te crucificado, de modo a poder, também, ser iluminado pela tua ressurreição.

5ª Semana da Quaresma — Segunda

Jesus foi para o Monte das Oliveiras. De madrugada, voltou ao templo, e todo o povo se reuniu ao redor dele. Sentando-se, começou a ensiná-los. Os escribas e os fariseus trouxeram uma mulher apanhada em adultério. Colocando-a no meio, disseram a Jesus: "Mestre, esta mulher foi flagrada cometendo adultério. Moisés, na Lei, nos mandou apedrejar tais mulheres. E tu, que dizes?" Eles perguntavam isso para experimentá-lo e ter motivo para acusá-lo. Mas Jesus, inclinando-se, começou a escrever no chão, com o dedo. Como insistissem em perguntar, Jesus ergueu-se e disse: "Quem dentre vós não tiver pecado, atire a primeira pedra!" Inclinando-se de novo, continuou a escrever no chão. Ouvindo isso, foram saindo um por um, a começar pelos mais velhos. Jesus ficou sozinho com a mulher que estava no meio, em pé. Ele levantou-se e disse: "Mulher, onde estão eles? Ninguém te condenou?" Ela respondeu: "Ninguém, Senhor!" Jesus, então, lhe disse: "Eu também não te condeno. Vai, e de agora em diante não peques mais" (**Jo 8,1-11**).

Não peques mais!

A atitude de Jesus em relação à mulher flagrada em adultério foi exemplar. A petulância dos escribas e fariseus não lhe tirou a calma. Manteve-se sereno diante dos acusadores, cuja intenção de pegá-lo em alguma palavra em falso para acusá-lo não lhe passava despercebida. O apedrejamento previsto para a mulher haveria de ser, também, a sorte dele.

Jesus não se deixou enredar nas artimanhas dos inimigos. Antes, deixou os adversários sem chão ao desafiar quem fosse inimputável a começar o apedrejamento. "Quem não tiver pecado, atire a primeira pedra!" A carapuça coube-lhes perfeitamente!

Quanto à mulher, Jesus deu-lhe um voto de confiança, exortando-a a não pecar mais. Quiçá, fosse menos pecadora que os acusadores. Jesus lhe abriu nova perspectiva de vida.

> Senhor Jesus, que tua exortação – "Não peques mais!" – seja acolhida por mim, como motivação para trilhar sempre a estrada do amor misericordioso.

| Terça | 5ª Semana da Quaresma |

De novo, Jesus lhes disse: "Eu me vou, e vós me procurareis; mas morrereis no vosso pecado. Para onde eu vou, vós não podeis ir". Os judeus, então, comentavam: "Acaso ele irá se matar? Pois ele diz: 'Para onde eu vou, vós não podeis ir'". Ele continuou a falar: "Vós sois daqui de baixo; eu sou do alto. Vós sois deste mundo; eu não sou deste mundo. Eu vos disse que morrereis nos vossos pecados. De fato, se não acreditais que 'eu sou', morrereis nos vossos pecados". Eles lhe perguntaram: "Quem és tu, então?". Jesus respondeu: "De início, isto mesmo que vos estou falando. Tenho muitas coisas a dizer a vosso respeito, e a julgar também. Mas aquele que me enviou é verdadeiro, e o que ouvi dele é o que eu falo ao mundo". Eles, porém, não compreenderam que estava lhes falando do Pai. Por isso, Jesus continuou: "Quando tiverdes elevado o Filho do Homem, então sabereis que 'eu sou', e que nada faço por mim mesmo, mas falo apenas aquilo que o Pai me ensinou. Aquele que me enviou está comigo. Ele não me deixou sozinho, porque eu sempre faço o que é do seu agrado". Como falasse estas coisas, muitos passaram a crer nele (**Jo 8,21-30**).

Eu sou do alto!

A declaração de Jesus – "Eu sou do alto" – deve ser bem entendida, para se evitar o equívoco de pensá-lo como um ser caído do céu, sem vinculação com a história da humanidade. Ser do alto, neste caso, diz respeito à vinculação estreita com o Pai, na contramão dos inimigos, a quem acusava de serem mundanos. Em tudo estava preocupado em fazer a vontade do Pai, pela qual sempre se pautava. Nenhum apelo egoísta tinha eco em seu coração.

Os discípulos, também, devem "ser do alto", nos passos do Mestre Jesus. Nada que é de baixo terá importância para eles, por não corresponder ao querer do Pai. Do alto, são o amor misericordioso, a solidariedade e a justiça praticados em favor do próximo necessitado.

Senhor Jesus, como tu, quero ser do alto pela prática do amor e da misericórdia, em favor dos irmãos carentes.

5ª Semana da Quaresma

Quarta

Jesus, então, disse aos judeus que acreditaram nele: "Se permanecerdes em minha palavra, sereis verdadeiramente meus discípulos, e conhecereis a verdade, e a verdade vos tornará livres". Eles responderam: "Nós somos descendentes de Abraão e nunca fomos escravos de ninguém. Como podes dizer: 'Vós vos tornareis livres'?" Jesus respondeu: "Em verdade, em verdade, vos digo: todo aquele que comete o pecado é escravo do pecado. O escravo não permanece para sempre na casa, o filho nela permanece para sempre. Se, pois, o Filho vos libertar, sereis verdadeiramente livres. Bem sei que sois descendentes de Abraão. No entanto, procurais matar-me, porque minha palavra não encontra espaço em vós. Eu falo do que vi junto do Pai; e vós fazeis o que ouvistes do vosso pai". Eles responderam: "Nosso pai é Abraão". Jesus, então, lhes disse: "Se fôsseis filhos de Abraão, praticaríeis as obras de Abraão! Agora, no entanto, procurais matar-me, porque vos falei a verdade que ouvi de Deus. Isto Abraão não fez. Vós fazeis as obras do vosso pai". Eles disseram então a Jesus: "Nós não nascemos da prostituição. Só temos um pai: Deus". Jesus respondeu: "Se Deus fosse vosso pai, certamente me amaríeis, pois é da parte de Deus que eu saí e vim. Eu não vim por conta própria; foi ele quem me enviou" (**Jo 8,31-42**).

A verdade libertadora

A palavra de Jesus tem força libertadora em variados sentidos. Liberta ao arrancar o discípulo do egoísmo e ao fazê-lo trilhar o caminho da misericórdia; ao tirá-lo das trevas do erro e da mentira e ao mostrar-lhe as veredas da verdade e da transparência; ao fazê-lo deixar de lado os vícios e as paixões desenfreadas por uma vida sóbria, na qual os instintos estão sob controle; ao ensinar-lhe o valor do perdão e da reconciliação, superando o ódio e o desejo de vingança.

A experiência de liberdade é fundamental na vida do discípulo. E não podia ser diferente! Afinal, é incompatível optar pelo Reino e se deixar levar pela maldade.

> Senhor Jesus, que a tua palavra me liberte da maldade e do egoísmo que me impedem de ser fraterno no trato com o semelhante.

Quinta — # 5ª Semana da Quaresma

"Em verdade, em verdade, vos digo: se alguém guardar a minha palavra, nunca verá a morte". Os judeus então disseram: "Agora estamos certos de que tens um demônio. Abraão morreu, e os profetas também, e tu dizes: 'Se alguém guardar a minha palavra, jamais provará a morte'. Porventura és maior do que nosso pai Abraão, que morreu? E também os profetas morreram. Quem tens a pretensão de ser?" Jesus respondeu: "Se eu me glorificasse a mim mesmo, minha glória não valeria nada. Meu Pai é quem me glorifica, aquele que dizeis ser vosso Deus. No entanto, vós não o conheceis. Mas eu o conheço; e se dissesse que não o conheço, eu seria um mentiroso como vós. Mas eu o conheço e guardo a sua palavra. Vosso pai Abraão exultou por ver o meu dia. Ele viu e se alegrou". Os judeus disseram-lhe então: "Ainda não tens cinquenta anos, e viste Abraão?!" Jesus respondeu: "Em verdade, em verdade, vos digo: antes que Abraão existisse, eu sou". Então, pegaram pedras para o apedrejar; mas Jesus escondeu-se e saiu do templo (**Jo 8,51-59**).

O discípulo não morre?

A declaração de Jesus – "Se alguém guardar a minha palavra, nunca verá a morte" – é surpreendente. Em que sentido o discípulo é imortal? De que vida Jesus está falando?

Qualquer pessoa de bom senso logo percebe que Jesus não está falando da vida física. A morte ceifa a vida dos discípulos, assim como acontece com qualquer ser humano. O Mestre está falando de outra vida, a que se refere à relação com Deus: a vida eterna.

A palavra de Jesus previne da morte eterna ao colocar no coração do discípulo a convicção de que vale a pena investir no amor e na misericórdia. A prática do amor gera comunhão com o Pai, fonte da vida. Na direção contrária, o egoísmo rompe os laços do ser humano com Deus, gerando morte. Por conseguinte, vida e morte dizem respeito a um modo de ser. O discípulo verdadeiro conhece bem a opção a ser feita.

Senhor Jesus, que tua palavra me coloque,
cada dia, no caminho da vida, em comunhão com o Pai,
o Deus de amor.

5ª Semana da Quaresma

Sexta

De novo, os judeus pegaram em pedras para apedrejar Jesus. E ele lhes disse: "Eu vos mostrei muitas obras boas da parte do Pai. Por qual delas me quereis apedrejar?" Os judeus responderam: "Não queremos te apedrejar por causa de uma obra boa, mas por causa da blasfêmia. Tu, sendo apenas um homem, pretendes ser Deus!" Jesus respondeu: "Acaso não está escrito na vossa Lei: 'Eu disse: sois deuses'? Ora, ninguém pode anular a Escritura. Se a Lei chama deuses as pessoas às quais se dirigiu a palavra de Deus, por que, então, acusais de blasfêmia àquele que o Pai consagrou e enviou ao mundo, só porque disse: 'Eu sou Filho de Deus'? Se não faço as obras do meu Pai, não acrediteis em mim. Mas, se eu as faço, mesmo que não queirais crer em mim, crede nas minhas obras, para que saibais e reconheçais que o Pai está em mim e eu no Pai". Mais uma vez, procuravam prendê-lo, mas ele escapou das suas mãos. Jesus se retirou de novo para o outro lado do Jordão, para o lugar onde, antes, João esteve batizando. Ele permaneceu lá, e muitos foram a ele. Diziam: "João não fez nenhum sinal, mas tudo o que ele falou a respeito deste homem é verdade". E muitos, ali, passaram a crer nele (**Jo 10,31-42**).

O Messias perseguido

A perseguição a Jesus foi se tornando sempre mais acirrada. Os adversários recusavam-se a acreditar nele e se sentiam perturbados com o que ensinava e fazia. Por isso, acusavam-no de blasfemo, como se estivesse ofendendo Deus mesmo. Daí o intento de eliminá-lo, de modo a pôr um fim naquela presença incômoda. Jesus enfrentava-os com coragem, sem se entregar ingenuamente nas mãos deles. E escapava, quando era possível!

Jesus tinha a clara consciência de estar a serviço do Pai e do Reino e nenhuma força, por mais ameaçadora que fosse, haveria de tirá-lo desse caminho. E, mais, era consciente do preço a ser pago. Como Filho obediente, jamais fugiu da missão que lhe fora confiada, só porque estava sendo perseguido.

> Senhor Jesus, sei que, como discípulo, a perseguição será uma realidade em minha vida; porém, que eu jamais fuja da missão a mim confiada.

Sábado   # 5ª Semana da Quaresma

Muitos judeus que tinham ido à casa de Maria e viram o que Jesus fizera, creram nele. Alguns, porém, foram contar aos fariseus o que Jesus tinha feito. Os sumos sacerdotes e os fariseus, então, reuniram o sinédrio e discutiam: "Que vamos fazer? Este homem faz muitos sinais. Se deixarmos que ele continue assim, todos vão acreditar nele; os romanos virão e destruirão o nosso Lugar Santo e a nossa nação". Um deles, chamado Caifás, sumo sacerdote naquele ano, disse: "Vós não entendeis nada! Não percebeis que é melhor um só morrer pelo povo do que perecer a nação inteira?" Caifás não falou isso por si mesmo. Sendo sumo sacerdote naquele ano, profetizou que Jesus iria morrer pela nação; e não só pela nação, mas também para reunir os filhos de Deus dispersos. A partir desse dia, decidiram matar Jesus. Por isso, Jesus não andava mais em público no meio dos judeus. Ele foi para uma região perto do deserto, para uma cidade chamada Efraim. Lá permaneceu com os seus discípulos. A Páscoa dos judeus estava próxima. Muita gente da região tinha subido a Jerusalém para se purificar antes da Páscoa. Eles procuravam Jesus e, reunidos no templo, comentavam: "Que vos parece? Será que ele não vem para a festa?" (**Jo 11,45-56**).

A decisão de matar Jesus

A decisão de matar Jesus aconteceu depois que os adversários foram informados dos acontecimentos em Betânia, como Lázaro fora trazido à vida, e muitos optaram pelo caminho da fé. A ressuscitação do amigo atraiu contra Jesus a fúria dos inimigos. Decidiram tirar-lhe a vida porque chamou à vida quem estivera morto.

A atitude dos adversários é contraditória. Se Jesus houvesse feito algum mal, até que se poderia compreender o ódio contra ele. Tendo feito o bem, e só o bem, tirar-lhe a vida haveria de ser uma injustiça grave e injustificável.

Assim deve ser entendida a condenação de Jesus à morte de cruz.

Senhor Jesus, que eu saiba compreender tua morte de cruz como fruto da maldade de quem foi incapaz de reconhecer teu infinito amor pela humanidade sofredora.

SEMANA SANTA

Domingo de Ramos

Jesus ainda falava, quando chegou Judas, um dos Doze, acompanhado de uma multidão com espadas e paus; eles vinham da parte dos sumos sacerdotes, escribas e anciãos. O traidor tinha combinado com eles um sinal: "É aquele que eu vou beijar. Prendei-o e levai-o com cautela!" Chegando, Judas se aproximou e disse: "Rabi!" E beijou-o. Então, eles [...] prenderam Jesus. [...] Os sumos sacerdotes e o sinédrio procuravam um testemunho contra ele para condená-lo à morte. [...] Pilatos costumava soltar um preso que eles pedissem. Havia ali o chamado Barrabás, preso com amotinados que, numa rebelião, cometeram um homicídio. [...] Pilatos perguntou-lhes: "Que quereis que eu faça com o Rei dos Judeus?" Eles gritaram: "Crucifica-o!" [...] Pilatos [...] soltou Barrabás, mandou açoitar Jesus e entregou-o para ser crucificado. Levaram Jesus para o lugar chamado Gólgota. [...] Eram nove horas da manhã quando o crucificaram. [...] Ao meio-dia, uma escuridão cobriu toda a terra até as três horas da tarde. Às três da tarde, Jesus gritou com voz forte: [...] "Meu Deus, meu Deus, por que me abandonaste?". Então Jesus deu um forte grito e expirou. Quando o centurião, que estava em frente dele, viu que Jesus assim tinha expirado, disse: "Na verdade, este homem era Filho de Deus!" [...] (**Mc 14,1–15,47**).

O Filho crucificado

O chefe dos soldados romanos, reconhecendo Jesus crucificado como Filho de Deus, fez a confissão de fé de um discípulo. Esta passa, necessariamente, pela contemplação do Mestre crucificado, em quem se reconhece a condição de Filho de Deus, confessado como Messias, o Cristo.

A paixão e a morte de cruz foram etapas incontornáveis na vida de Jesus e o são na vida dos discípulos. Não pela força de um destino implacável, e, sim, pela insistência em ser obediente ao Pai. Quem, como Jesus, quer ser obediente a Deus, seguirá em tudo os passos dele, passando pela cruz.

> Senhor Jesus, tua fidelidade ao Pai teve como resultado a morte de cruz; que eu siga teus passos, sem medo de enfrentar um destino igual ao teu.

Segunda-feira Santa

Seis dias antes da Páscoa, Jesus foi a Betânia, onde morava Lázaro, que ele tinha ressuscitado dos mortos. Lá, ofereceram-lhe um jantar. Marta servia, e Lázaro era um dos que estavam à mesa com ele. Maria, então, tomando meio litro de perfume de nardo puro e muito caro, ungiu os pés de Jesus e os enxugou com os cabelos. A casa inteira encheu-se do aroma do perfume. Judas Iscariotes, um dos discípulos, aquele que entregaria Jesus, falou assim: "Por que este perfume não foi vendido por trezentos denários para se dar aos pobres?" Falou assim, não porque se preocupasse com os pobres, mas porque era ladrão: ele guardava a bolsa e roubava o que nela se depositava. Jesus, porém, disse: "Deixa-a! Que ela o guarde em vista do meu sepultamento. Os pobres, sempre os tendes convosco. A mim, no entanto, nem sempre tereis". Muitos judeus souberam que ele estava em Betânia e foram para lá, não só por causa dele, mas também porque queriam ver Lázaro, que Jesus tinha ressuscitado dos mortos. Os sumos sacerdotes, então, decidiram matar também Lázaro, pois por causa dele muitos se afastavam dos judeus e começaram a crer em Jesus (**Jo 12,1-11**).

Um gesto incompreendido

O gesto de Maria, ao ungir os pés de Jesus e enxugá-los com os cabelos, foi incompreendido. A incompreensão mais evidente foi a de Judas Iscariotes, que o interpretou como desperdício: "meio litro de perfume de nardo puro e muito caro" jogado fora. Maria, por sua vez, entendeu estar fazendo um gesto de hospitalidade em relação ao amigo querido. Na cultura da época, os hóspedes tinham um quê de sagrado. No caso de Jesus, a amizade que o unia aos amigos em Betânia justificava a acolhida em grande estilo. Os outros discípulos, também, entenderam tudo aquilo como manifestação de amizade e de hospitalidade.

Só Jesus foi capaz de entender o que se passava. O gesto de Maria apontava para algo que aconteceria em breve. Era como se antecipasse o sepultamento do amigo.

> Senhor Jesus, dá-me a graça de compreender
> o sentido de tua morte de cruz, gesto de fidelidade filial
> ao Pai, cuja vontade realizaste inteiramente.

Terça-feira Santa

Jesus ficou interiormente perturbado e testemunhou: "Em verdade, em verdade, vos digo: um de vós me entregará". Os discípulos olhavam uns para os outros, pois não sabiam de quem estava falando. Ao lado de Jesus, estava reclinado um dos seus discípulos, aquele que Jesus mais amava. Simão Pedro acenou para que perguntasse de quem ele estava falando. O discípulo [...] perguntou: "Senhor, quem é?" Jesus respondeu: "É aquele a quem eu der um bocado passado no molho". Então, Jesus molhou um bocado e deu a Judas [...]. Depois do bocado, Satanás entrou em Judas. [...] e saiu imediatamente. Era noite. Depois que Judas saiu, Jesus disse: "Agora foi glorificado o Filho do Homem, e Deus foi glorificado nele. Se Deus foi glorificado nele, Deus também o glorificará em si mesmo, e o glorificará logo. Filhinhos, por pouco tempo eu ainda estou convosco. Vós me procurareis, e agora vos digo, como eu disse também aos judeus: 'Para onde eu vou, vós não podeis ir'". Simão Pedro perguntou: "Senhor, para onde vais?" Jesus respondeu-lhe: "Para onde eu vou, não podes seguir-me agora; mais tarde me seguirás". Pedro disse: "Senhor, por que não posso seguir-te agora? Eu darei minha vida por ti!" Jesus respondeu: "Darás tua vida por mim? Em verdade, em verdade, te digo: não cantará o galo antes que me tenhas negado três vezes" (**Jo 13,21-33.36-38**)

Senhor, quem é?

A pergunta do discípulo amado é muito mais ampla do que, à primeira vista, se pode pensar. Por ocasião da última ceia, dizia respeito ao discípulo traidor, a quem Jesus fez um gesto de deferência, dando o bocado passado no molho.

Todavia, traições ao Mestre continuam a ser perpetradas ao longo dos séculos. Daí a necessidade de identificar as novas atitudes de traição a Jesus. São muitos os Judas Iscariotes, infiéis à confiança do Mestre. Pessoas muito próximas da fé e da religião, porém, incapazes de acompanhar o Mestre no caminho da cruz.

> Senhor Jesus, que eu jamais traia o compromisso contigo; pelo contrário, como o discípulo amado quero ir contigo até a cruz.

Quarta-feira Santa

Um dos doze, chamado Judas Iscariotes, foi ter com os sumos sacerdotes e disse: "Que me dareis se eu vos entregar Jesus?" Combinaram trinta moedas de prata. E daí em diante, ele procurava uma oportunidade para entregá-lo. No primeiro dia dos Pães sem Fermento, os discípulos aproximaram-se de Jesus e perguntaram: "Onde queres que façamos os preparativos para comeres a páscoa?" Jesus respondeu: "Ide à cidade, procurai certo homem e dizei-lhe: 'O Mestre manda dizer: o meu tempo está próximo, vou celebrar a ceia pascal em tua casa, junto com meus discípulos'". Os discípulos fizeram como Jesus mandou e prepararam a ceia pascal. Ao anoitecer, Jesus se pôs à mesa com os Doze. Enquanto comiam, ele disse: "Em verdade vos digo, um de vós me vai entregar". Eles ficaram muito tristes e, um por um, começaram a perguntar-lhe: "Acaso sou eu, Senhor?" Ele respondeu: "Aquele que se serviu comigo do prato é que vai me entregar. O Filho do Homem se vai, conforme está escrito a seu respeito. Ai, porém, daquele por quem o Filho do Homem é entregue! Melhor seria que tal homem nunca tivesse nascido!" Então Judas, o traidor, perguntou: "Mestre, serei eu?" Jesus lhe respondeu: "Tu o dizes" (**Mt 26,14-25**).

O Mestre vendido

Os inimigos de Jesus tiveram a ajuda de um membro do grupo para levar a termo a decisão de eliminá-lo. Judas Iscariotes deixou-se corromper, a ponto de vender o Mestre por trinta moedas de prata, o preço de um escravo. O Mestre perdera o valor para ele. Daí se ter tornado objeto de transação comercial sórdida, em que os valores da amizade e da fidelidade foram atropelados.

É inútil culpabilizar Judas Iscariotes pela morte de Jesus, insistindo num fato do passado. A cena evangélica deve chamar a atenção dos discípulos de hoje que, como o traidor do passado, de muitas maneiras, vendem o Mestre. Às vezes, por menos de trinta moedas de prata.

Senhor Jesus, faze-me compreender
o grande amor que tens para comigo e reforça
minha amizade e fidelidade a ti.

Quinta-feira Santa

Antes da festa da Páscoa, sabendo Jesus que tinha chegado a sua hora de passar deste mundo para o Pai, tendo amado os seus que estavam no mundo, amou-os até o fim. Foi durante a ceia. O diabo já tinha seduzido Judas Iscariotes para entregar Jesus. [...] Ele levantou-se da ceia, tirou o manto, pegou uma toalha e amarrou-a à cintura. Derramou água numa bacia, pôs-se a lavar os pés dos discípulos e enxugava-os com a toalha que trazia à cintura. Chegou assim a Simão Pedro. Este disse: "Senhor, tu vais lavar-me os pés?" Jesus respondeu: "Agora não entendes o que estou fazendo; mais tarde compreenderás". Pedro disse: "Tu não me lavarás os pés nunca!" Mas Jesus respondeu: "Se eu não te lavar, não terás parte comigo". Simão Pedro disse: "Senhor, então me lava não só os pés, mas também as mãos e a cabeça". Jesus respondeu: "Quem tomou banho não precisa lavar senão os pés, pois está inteiramente limpo. Vós também estais limpos, mas não todos". Ele já sabia quem o iria entregar. [...] Depois de lavar os pés dos discípulos, Jesus vestiu o manto e voltou ao seu lugar. Disse aos discípulos: "Entendeis o que eu vos fiz? Vós me chamais de Mestre e Senhor; e dizeis bem, porque sou. Se eu, o Senhor e Mestre, vos lavei os pés, também vós deveis lavar os pés uns aos outros. Dei-vos o exemplo, para que façais assim como eu fiz para vós" (**Jo 13,1-15**).

Dei-vos o exemplo!

O lava-pés marcou, fortemente, a consciência dos discípulos de Jesus. Nenhum mestre da época se disporia a lavar os pés dos discípulos, indo na contramão da tradição que coloca o discípulo em condição de inferioridade. Cabia ao discípulo servir o mestre, não o contrário.

A recusa de Pedro em se deixar lavar é uma forma de repulsa ao gesto de Jesus. O Mestre, porém, questiona-o fortemente. Se não fosse capaz de mudar de mentalidade e pensar que um mestre pode lavar os pés dos discípulos sem se rebaixar e perder a autoridade, não estaria em condições de segui-lo.

Hoje, também, quem não for capaz de aprender com o gesto de Jesus não poderá ser discípulo.

> Senhor Jesus, muda minha mentalidade e faze-me compreender o significado de teu gesto de humildade, que me cabe fazer no trato com meu semelhante.

Sexta-feira Santa

Jesus saiu com seus discípulos para o outro lado da torrente do Cedron. Lá havia um jardim, [...] Também Judas, o traidor, conhecia o lugar, [...] pois, levou o batalhão romano e os guardas dos sumos sacerdotes e dos fariseus, [...] Jesus, sabendo tudo o que ia acontecer com ele, disse: "A quem procurais?" – "A Jesus de Nazaré!", responderam. Ele disse: "Sou eu". [...] eles recuaram e caíram por terra. [...] Jesus retomou: [...] "Se é a mim que procurais, deixai que estes aqui se retirem". [...] Conduziram Jesus a Anás, sogro de Caifás, o sumo sacerdote daquele ano. [...] Ele interrogou Jesus a respeito dos seus discípulos e do seu ensinamento. Jesus respondeu: "Eu falei abertamente ao mundo. Ensinei nas sinagogas e no templo, onde os judeus se reúnem. Nada falei às escondidas. Por que me interrogas? Pergunta aos que ouviram o que eu falei; [...] Anás mandou--o, amarrado, a Caifás. [...] De Caifás, levaram Jesus ao palácio do governador. [...] Pilatos saiu ao encontro deles e disse: "Que acusação apresentais contra este homem?" Eles responderam: "Se não fosse um malfeitor, não o teríamos entregue a ti!" [...] Pilatos entregou Jesus para ser crucificado. [...] Carregando a sua cruz, ele saiu para o lugar chamado Calvário [...]. Lá, eles o crucificaram com outros dois, [...] Jesus, ao ver sua mãe e, ao lado dela, o discípulo que ele amava, disse à mãe: "Mulher, eis o teu filho!" Depois disse ao discípulo: "Eis a tua mãe!" A partir daquela hora, o discípulo a acolheu no que era seu. Depois disso, sabendo Jesus que tudo estava consumado, [...] disse: "Tenho sede!" [...] E, inclinando a cabeça, entregou o espírito (**Jo 18,1–19,42**).

Entregou o espírito!

A morte de Jesus é referida na expressão "entregou o espírito". A frase evangélica é carregada de sentido. Morrer significava colocar nas mãos do Pai toda sua história, seus projetos e seus anseios. Todo o bem que fizera ao longo do ministério, em favor dos deserdados deste mundo, Jesus entregava ao Pai. Igualmente, o desejo de ver o Reino acontecer como justiça e paz para todos.

Por conseguinte, a morte de cruz é o ponto alto da fidelidade do Filho ao Pai. Filho obediente, Jesus fez tudo pela vontade do Pai. Filho fiel, jamais caiu na tentação de dar ouvidos a apelos contrários ao querer paterno.

Senhor Jesus, como tu, no final de minha caminhada, quero estar em condições de colocar nas mãos do Pai todo bem que tiver feito a meu próximo.

Sábado Santo

Depois do sábado, ao raiar o primeiro dia da semana, Maria Madalena e a outra Maria foram ver o sepulcro. De repente, houve um grande terremoto: o anjo do Senhor desceu do céu e, aproximando-se, removeu a pedra e sentou-se nela. Sua aparência era como um relâmpago, e suas vestes, brancas como a neve. Os guardas ficaram com tanto medo do anjo que tremeram e ficaram como mortos. Então o anjo falou às mulheres: "Vós não precisais ter medo! Sei que procurais Jesus, que foi crucificado. Ele não está aqui! Ressuscitou, como havia dito! Vinde ver o lugar em que ele estava. Ide depressa contar aos discípulos: 'Ele ressuscitou dos mortos e vai à vossa frente para a Galileia. Lá o vereis'. É o que tenho a vos dizer". E saindo às pressas do túmulo, com sentimentos de temor e de grande alegria, correram para dar a notícia aos discípulos. Nisso, o próprio Jesus veio-lhes ao encontro e disse: "Alegrai-vos!" Elas se aproximaram e abraçaram seus pés, em adoração. Jesus lhes disse: "Não tenhais medo; ide anunciar a meus irmãos que vão para a Galileia. Lá me verão" (**Mt 28,1-10**).

Temor e alegria

A ressurreição correspondeu à nova forma de relação dos discípulos com o Mestre. Doravante, cessadas as relações físicas, eram desafiados a tomar consciência da presença continuada do Mestre, a incentivar o exercício da missão de proclamar o Reino de Deus por toda a terra.

A experiência das mulheres desencadeia um movimento incontrolado. Os discípulos são tomados de temor e alegria. Temor por não compreenderem, num primeiro momento, o sentido do que se passava. Alegria por terem o Mestre consigo, como companheiro de caminhada.

As mulheres cumpriram a ordem do Ressuscitado e foram anunciar aos discípulos a alegria da ressurreição. Cada discípulo tem tarefa idêntica: dizer ao mundo, sem medo, que o Senhor ressuscitou.

> Senhor Jesus, como as mulheres no sepulcro, quero sair pelo mundo anunciando a tua ressurreição, penhor de alegria e de esperança para a humanidade.

PÁSCOA

Domingo de Páscoa

No primeiro dia da semana, bem de madrugada, quando ainda estava escuro, Maria Madalena foi ao túmulo e viu que a pedra tinha sido retirada do túmulo. Ela saiu correndo e foi se encontrar com Simão Pedro e com o outro discípulo, aquele que Jesus mais amava. Disse-lhes: "Tiraram o Senhor do túmulo e não sabemos onde o colocaram". Pedro e o outro discípulo saíram e foram ao túmulo. Os dois corriam juntos, e o outro discípulo correu mais depressa, chegando primeiro ao túmulo. Inclinando-se, viu as faixas de linho no chão, mas não entrou. Simão Pedro, que vinha seguindo, chegou também e entrou no túmulo. Ele observou as faixas de linho no chão, e o pano que tinha coberto a cabeça de Jesus: este pano não estava com as faixas, mas enrolado num lugar à parte. O outro discípulo, que tinha chegado primeiro ao túmulo, entrou também, viu e creu. De fato, eles ainda não tinham compreendido a Escritura, segundo a qual ele devia ressuscitar dos mortos (**Jo 20,1-9**).

Viu e creu!

O discípulo amado serve de modelo para a fé na ressurreição. Diferentemente de Pedro que entrou no sepulcro e se preocupou em analisar, atentamente, o ambiente, dando-se conta dos detalhes, o discípulo amado percebeu que algo muito importante se passara com o Mestre.

Ao entrar no sepulcro, "ele viu e creu". Ver, sem dúvida, não diz respeito às circunstâncias do lugar, pois Pedro viu e não creu. Ele viu a vida e o testemunho do Mestre e o bem que fez a tantas pessoas. Viu a fidelidade filial ao Pai. Viu o desejo de criar um mundo diferente. Tudo isto o levou a crer que o Pai não podia deixar se perder uma vida vivida com tal intensidade. Daí ter concluído que o destino de Jesus jamais poderia ser a sorte dos marginais e dos blasfemos. O Pai teve a última palavra, ressuscitando o Filho da morte. A vida vencera!

Senhor Jesus, como o discípulo amado, quero contemplar tua vida de entrega amorosa ao Pai e aos irmãos, e, como ele, quero renovar minha fé em ti.

Oitava da Páscoa

Segunda

E saindo às pressas do túmulo, com sentimentos de temor e de grande alegria, correram para dar a notícia aos discípulos. Nisso, o próprio Jesus veio-lhes ao encontro e disse: "Alegrai-vos!" Elas se aproximaram e abraçaram seus pés, em adoração. Jesus lhes disse: "Não tenhais medo; ide anunciar a meus irmãos que vão para a Galileia. Lá me verão". Quando foram embora, alguns da guarda entraram na cidade e comunicaram aos sumos sacerdotes o que tinha acontecido. Reunidos com os anciãos, deliberaram dar bastante dinheiro aos soldados; e instruíram-nos: "Contai o seguinte: 'Durante a noite vieram os discípulos dele e o roubaram, enquanto estávamos dormindo'. E se isso chegar aos ouvidos do governador, nós o tranquilizaremos, para que não vos castigue". Eles aceitaram o dinheiro e fizeram como lhes fora instruído. E essa versão ficou divulgada entre os judeus, até o presente dia (**Mt 28,8-15**).

Alegrai-vos!

Os relatos da ressurreição são permeados de alegria. O motivo é o reencontro com o Senhor vivo, para além da precariedade do tempo e do espaço. As mulheres que foram ao sepulcro, quiçá para dar ao Mestre sepultamento digno, encontraram o Anjo do Senhor, que lhes deu a notícia alvissareira de que não estava ali. Ao se retirarem, encontraram-se com o próprio Jesus, que lhes repetiu a mensagem do Anjo, com a ordem de avisarem os irmãos para irem à Galileia, onde haveriam de encontrar o Mestre ressuscitado. Foram, assim, as primeiras apóstolas, anunciadoras da alegria da Ressurreição.

O Mestre dá a mesma ordem — "Alegrai-vos!" — a cada discípulo e a cada comunidade cristã. Se os discípulos têm consigo o Senhor, não há por que se entristecer. A alegria que brota da fé é suficientemente forte para ajudá-los a superar as tristezas do cotidiano. Discípulo verdadeiro é discípulo alegre!

> Senhor Jesus, faze brotar no meu coração a alegria que vem de tua ressurreição, de modo a me tornar mensageiro da alegria onde reina a tristeza.

Terça | Oitava da Páscoa

Maria tinha ficado perto do túmulo, do lado de fora, chorando. Enquanto chorava, inclinou-se para olhar dentro do túmulo. Ela enxergou dois anjos, vestidos de branco, sentados onde tinha sido posto o corpo de Jesus, um à cabeceira e outro aos pés. Os anjos perguntaram: "Mulher, por que choras?" Ela respondeu: "Levaram o meu Senhor e não sei onde o colocaram". Dizendo isto, Maria virou-se para trás e enxergou Jesus em pé, mas ela não sabia que era Jesus. Jesus perguntou-lhe: "Mulher, por que choras? Quem procuras?" Pensando que fosse o jardineiro, ela disse: "Senhor, se foste tu que o levaste, dize-me onde o colocaste, e eu irei buscá-lo". Então, Jesus falou: "Maria!" Ela voltou-se e exclamou, em hebraico: "Rabûni!" (que quer dizer: Mestre). Jesus disse: "Não me segures, pois ainda não subi para junto do Pai. Mas vai dizer aos meus irmãos: subo para junto do meu Pai e vosso Pai, meu Deus e vosso Deus". Então, Maria Madalena foi anunciar aos discípulos: "Eu vi o Senhor", e contou o que ele lhe tinha dito (**Jo 20,11-18**).

Rabûni!

O encontro de Jesus com Maria Madalena é carregado de emoção. Pense-se na carga de sentimento colocada na exclamação "Rabûni", que significa "Meu Mestre", saída do fundo de um coração agradecido! Mesclam-se, aí, sentimentos de amizade, carregada de gratidão por tudo quanto o Mestre havia feito por ela. E, também, a surpresa de ter encontrado vivo, quem imaginara estar morto. A saudade com que chegara ao sepulcro dá lugar a uma explosão de entusiasmo, a ponto de querer segurá-lo e de ser advertida.

A ressurreição marca uma nova etapa na amizade que unia Jesus e Maria Madalena. Mas, também, na de todos os discípulos e discípulas que o seguiam nas longas jornadas de serviço ao Reino.

Os discípulos de todos os tempos são desafiados a fazer a mesma experiência de Maria Madalena. O encontro com o Mestre Ressuscitado está na origem do discipulado autêntico.

> Senhor Jesus, que o encontro contigo, vivo e ressuscitado, reavive a cada dia meu compromisso de te seguir, levando adiante a missão que me confias.

Oitava da Páscoa

Quarta

No primeiro dia da semana, dois dos discípulos iam para um povoado, chamado Emaús. [...] Jesus se aproximou e começou a caminhar com eles. Seus olhos estavam [...] incapazes de reconhecê-lo. Jesus perguntou: "O que andais conversando?" [...] Um deles, chamado Cléofas, lhe disse: "És tu o único peregrino em Jerusalém que não sabe o que aconteceu [...] com Jesus. [...] Os sumos sacerdotes e as autoridades o entregaram à morte e o crucificaram. Nós esperávamos que ele fosse libertar Israel; [...]. É verdade que algumas mulheres [...] foram ao túmulo e não encontraram o corpo dele. [...] Ele lhes disse: "Como sois sem inteligência e lentos para crer em tudo o que os profetas falaram! Não era necessário que o Cristo sofresse para entrar na sua glória?" E, [...] explicou-lhes, em todas as Escrituras, as passagens que se referiam a ele. Quando chegaram perto do povoado [...] ele fez de conta que ia adiante. Eles insistiram: "Fica conosco" [...] Ele entrou, [...] sentou à mesa, tomou o pão, pronunciou a bênção, partiu-o e deu a eles. Neste momento, seus olhos se abriram, e eles o reconheceram. Ele, porém, desapareceu [...]. Então um disse ao outro: "Não estava ardendo o nosso coração quando ele [...] nos explicava as Escrituras?" [...] Eles voltaram para Jerusalém, onde encontraram reunidos os Onze e os outros discípulos. E estes confirmaram: "O Senhor ressuscitou" [...] Então os dois contaram o que tinha acontecido no caminho, e como o tinham reconhecido ao partir o pão (**Lc 24,13-35**).

As Escrituras explicadas

A ressurreição de Jesus só foi entendida quando os discípulos foram capazes de captar o sentido escondido nas entrelinhas da Escrituras: "Era necessário que o Cristo sofresse para entrar na sua glória!". É equivocado pensar a morte de Jesus sem conexão com sua vida. Seu fim esteve estreitamente ligado à sua existência, desde a encarnação. As Escrituras ajudam a compreender que Jesus foi o Filho obediente até o extremo, recusando-se a ser infiel ao Pai. Isto foi necessário, mesmo devendo pagar com a vida o compromisso filial.

> Senhor Jesus, faze-me compreender as Escrituras que falam de ti como Filho obediente ao Pai, com radicalidade, a ponto de não temer a morte de cruz.

Quinta | # Oitava da Páscoa

Então os dois contaram o que tinha acontecido no caminho, e como o tinham reconhecido ao partir o pão. Ainda estavam falando, quando o próprio Jesus apareceu no meio deles e lhes disse: "A paz esteja convosco!" Eles ficaram assustados e cheios de medo, pensando que estavam vendo um espírito. Mas ele disse: "Por que estais preocupados, e por que tendes dúvidas no coração? Vede minhas mãos e meus pés: sou eu mesmo! Tocai em mim e vede! Um espírito não tem carne, nem ossos, como estais vendo que eu tenho". E dizendo isso, ele mostrou-lhes as mãos e os pés. Mas eles ainda não podiam acreditar, tanta era sua alegria e sua surpresa. Então Jesus disse: "Tendes aqui alguma coisa para comer?" Deram-lhe um pedaço de peixe assado. Ele o tomou e comeu diante deles. Depois lhes disse: "São estas as coisas que eu vos falei quando ainda estava convosco: era necessário que se cumprisse tudo o que está escrito sobre mim na Lei de Moisés, nos Profetas e nos Salmos". Então ele abriu a inteligência dos discípulos para entenderem as Escrituras, e disse-lhes: "Assim está escrito: o Cristo sofrerá e ressuscitará dos mortos ao terceiro dia, e no seu nome será anunciada a conversão, para o perdão dos pecados, a todas as nações, começando por Jerusalém. Vós sois as testemunhas destas coisas" (**Lc 24,35-48**).

Reconhecendo o Mestre

Os discípulos foram desafiados a reconhecer que o Ressuscitado era o Mestre que fora crucificado. Caminho difícil de ser trilhado, ontem e hoje. É grande a tentação de se desconectar morte e ressurreição, e pensar o Ressuscitado glorioso deixando de lado a cruz. As chamadas heresias cristológicas têm sempre algo a ver com isso.

Pensar a ressurreição à margem da cruz corresponde a esvaziar o evento fundamental da vida de Jesus. A ressurreição deve ser entendida como resposta do Pai à fidelidade radical do Filho, que não se intimidou diante dos inimigos.

> Senhor Jesus, ajuda-me a compreender tua ressurreição à luz do mistério da cruz, onde provaste, até o extremo, a fidelidade ao Pai.

Oitava da Páscoa

Sexta

Depois disso, Jesus apareceu de novo aos discípulos, à beira do mar de Tiberíades. A aparição foi assim: Estavam juntos Simão Pedro, Tomé, chamado Gêmeo, Natanael, de Caná da Galileia, os filhos de Zebedeu e outros dois discípulos dele. Simão Pedro disse a eles: "Eu vou pescar". Eles disseram: "Nós vamos contigo". Saíram, entraram no barco, mas não pescaram nada naquela noite. Já de manhã, Jesus estava aí na praia, mas os discípulos não sabiam que era Jesus. Ele perguntou: "Filhinhos, tendes alguma coisa para comer?" Responderam: "Não". Ele lhes disse: "Lançai a rede à direita do barco e achareis". Eles lançaram a rede e não conseguiam puxá-la para fora, por causa da quantidade de peixes. Então, o discípulo que Jesus mais amava disse a Pedro: "É o Senhor!" Simão Pedro, ouvindo dizer que era o Senhor, vestiu e arregaçou a túnica (pois estava nu) e lançou-se ao mar. Os outros discípulos vieram com o barco, arrastando as redes com os peixes. Na realidade, não estavam longe da terra, mas somente uns cem metros. Quando chegaram à terra, viram umas brasas preparadas, com peixe em cima e pão. Jesus disse-lhes: "Trazei alguns dos peixes que apanhastes". Então, Simão Pedro subiu e arrastou a rede para terra. Estava cheia de cento e cinquenta e três grandes peixes; e apesar de tantos peixes, a rede não se rasgou. Jesus disse-lhes: "Vinde comer". Nenhum dos discípulos se atrevia a perguntar quem era ele, pois sabiam que era o Senhor. Jesus aproximou-se, tomou o pão e deu a eles. E fez a mesma coisa com o peixe. Esta foi a terceira vez que Jesus, ressuscitado dos mortos, apareceu aos discípulos (**Jo 21,1-14**).

Com o Ressuscitado no trabalho

A cena evangélica ilustra uma das muitas formas de experimentar a ressurreição. No caso, trata-se do âmbito do trabalho. A ressurreição manifesta-se na ação em equipe, na perseverança, apesar de o trabalho ser infrutífero, na capacidade de se orientar pelos valores evangélicos, expressos na docilidade à ordem do Mestre. E, também, na partilha fraterna do fruto do trabalho conjunto.

Sejam quais forem as circunstâncias, o discípulo está sempre aberto para viver a ressurreição. O mundo do trabalho é uma delas.

> Senhor Jesus, que em todas as circunstâncias
> de minha vida eu saiba experimentar tua ressurreição
> acontecendo em minha vida.

| Sábado | Oitava da Páscoa |

Ressuscitado na madrugada do primeiro dia depois do sábado, Jesus apareceu primeiro a Maria Madalena, de quem tinha expulsado sete demônios. Ela foi anunciar o fato aos seguidores de Jesus, que estavam de luto e choravam. Quando ouviram que ele estava vivo e tinha sido visto por ela, não acreditaram. Depois disso, Jesus apareceu a dois deles, sob outra aparência, enquanto estavam indo para o campo. Eles contaram aos outros. Também não acreditaram nesses dois. Por fim, Jesus apareceu aos onze discípulos, enquanto estavam comendo. Ele os criticou pela falta de fé e pela dureza de coração, porque não tinham acreditado naqueles que o tinham visto ressuscitado. E disse-lhes: "Ide pelo mundo inteiro e anunciai a Boa-Nova a toda criatura!" (**Mc 16,9-15**).

Crítica à falta de fé

Jesus criticou a falta de fé dos discípulos, em acreditar na ressurreição, e a dureza de coração. O desafio de dar o passo da fé nem sempre foi, devidamente, enfrentado. Pensar o Mestre ressuscitado superava-lhes a capacidade de compreensão. Afinal, padecera a morte dos malditos, como acreditava a tradição religiosa da época. Como, pois, pensá-lo para além da maldição?

O acesso à fé acontecia na adesão ao testemunho de quem havia chegado a compreender que Jesus havia sido ressuscitado pelo Pai, a quem competia dizer a última palavra a respeito da vida do Filho. A fidelidade extrema do Filho jamais poderia acabar na experiência da maldição. Se os adversários o tacharam de maldito, o Pai chamava-o de bendito; se lhe decretaram a morte, o Pai, pelo contrário, chamava-o à vida; se o quiseram afastado de Deus, este o queria junto de si.

Este é o ponto de surgimento da fé de todo e qualquer discípulo. Sem a exata compreensão do mistério da ressurreição de Jesus, o discipulado correrá o risco de se frustrar. Cruz e ressurreição devem estar em perfeita sintonia.

Senhor Jesus, ajuda-me a compreender o mistério de tua morte e ressurreição, superando a dureza de coração que impede de acolher-te como Filho ressuscitado.

2ª Semana da Páscoa

Domingo

Ao anoitecer daquele dia, o primeiro da semana, os discípulos estavam reunidos, com as portas fechadas por medo dos judeus. Jesus entrou e pôs-se no meio deles. Disse: "A paz esteja convosco". Dito isso, mostrou-lhes as mãos e o lado. Os discípulos, então, se alegraram por verem o Senhor. Jesus disse, de novo: "A paz esteja convosco. Como o Pai me enviou também eu vos envio". Então, soprou sobre eles e falou: "Recebei o Espírito Santo. A quem perdoardes os pecados, serão perdoados; a quem os retiverdes, lhes serão retidos". Tomé, chamado Gêmeo, que era um dos Doze, não estava com eles quando Jesus veio. Os outros discípulos contaram-lhe: "Nós vimos o Senhor!" Mas Tomé disse: "Se eu não vir a marca dos pregos em suas mãos, se eu não puser o dedo nas marcas dos pregos, se eu não puser a mão no seu lado, não acreditarei". Oito dias depois, os discípulos encontravam-se reunidos na casa, e Tomé estava com eles. Estando as portas fechadas, Jesus entrou, pôs-se no meio deles e disse: "A paz esteja convosco". Depois disse a Tomé: "Põe o teu dedo aqui e olha as minhas mãos. Estende a tua mão e coloca-a no meu lado e não sejas incrédulo, mas crê!" Tomé respondeu: "Meu Senhor e meu Deus!" Jesus lhe disse: "Creste porque me viste? Bem-aventurados os que não viram, e creram!" Jesus fez diante dos discípulos muitos outros sinais, que não estão escritos neste livro. Estes, porém, foram escritos para que creiais que Jesus é o Cristo, o Filho de Deus, e para que, crendo, tenhais a vida em seu nome (**Jo 20,19-31**).

Da incredulidade à fé

Tomé simboliza os discípulos que chegam à fé pela superação da incredulidade radical. Ele colocou condições para crer, recusando-se a aceitar o testemunho dos irmãos, em quem a ressurreição produzia frutos. Seu coração foi contaminado por uma espécie de materialismo. Era preciso ver e tocar em Jesus, antes de dar o passo da fé.

O Ressuscitado encarregou-se de questionar-lhe a mentalidade estreita. Desafiou-o a tocar-lhe as chagas das mãos e do lado. E, mais, a passar da incredulidade à fé.

> **Senhor Jesus, livra-me da incredulidade
> e do materialismo que me impedem de confessar
> tua ressurreição e tua presença entre nós.**

Segunda — 2ª Semana da Páscoa

Havia alguém dentre os fariseus, chamado Nicodemos, um dos chefes dos judeus. À noite, ele foi se encontrar com Jesus e lhe disse: "Rabi, sabemos que vieste como mestre da parte de Deus, pois ninguém é capaz de fazer os sinais que tu fazes, se Deus não está com ele". Jesus respondeu: "Em verdade, em verdade, te digo: se alguém não nascer do alto, não poderá ver o Reino de Deus!" Nicodemos perguntou: "Como pode alguém nascer, se já é velho? Ele poderá entrar uma segunda vez no ventre de sua mãe para nascer?" Jesus respondeu: "Em verdade, em verdade, te digo: se alguém não nascer da água e do Espírito, não poderá entrar no Reino de Deus. O que nasceu da carne é carne; o que nasceu do Espírito é espírito. Não te admires do que eu te disse: É necessário para vós nascer do alto. O vento sopra onde quer e ouves a sua voz, mas não sabes de onde vem, nem para onde vai. Assim é também todo aquele que nasceu do Espírito" (**Jo 3,1-8**).

Carne e espírito

Carne e espírito, no texto evangélico, têm significados bem precisos. Carne é o ser humano enquanto fraco, perecível, limitado. É a dimensão terrena, passível de ser dominada pelas paixões e, por conseguinte, propensa ao pecado. Espírito é o ser humano enquanto revestido de força sobrenatural, que o impele à prática do amor e da misericórdia e o leva a encontrar Deus em todas as coisas.

Só quem nasce do Espírito está em condições de professar a fé no Ressuscitado. Deus mesmo move o ser humano à fé e possibilita que se torne discípulo. Quem, pelo contrário, não consegue superar a dimensão carnal, jamais dará o passo da fé.

Nicodemos foi desafiado a nascer do Espírito, como precondição para o discipulado. Como ele, cada discípulo defronta-se com igual desafio. Urge passar do carnal ao espiritual se quiser, de fato, acolher o chamado do Mestre Jesus.

> Senhor Jesus, faze desabrochar em mim o Espírito que me permite dar o passo do discipulado e confessar a tua ressurreição.

2ª Semana da Páscoa — Terça

Jesus respondeu: "Eu sou o caminho, a verdade e a vida. Ninguém vai ao Pai senão por mim. Se me conhecestes, conhecereis também o meu Pai. Desde já o conheceis e o tendes visto". Filipe disse: "Senhor, mostra-nos o Pai, isso nos basta". Jesus respondeu: "Filipe, há tanto tempo estou convosco, e não me conheces? Quem me viu, tem visto o Pai. Como é que tu dizes: 'Mostra-nos o Pai'? Não acreditas que eu estou no Pai e que o Pai está em mim? As palavras que eu vos digo, não as digo por mim mesmo; é o Pai que, permanecendo em mim, realiza as suas obras. Crede-me: eu estou no Pai e o Pai está em mim. Crede, ao menos, por causa destas obras. Em verdade, em verdade, vos digo: quem crê em mim fará as obras que eu faço, e fará ainda maiores do que estas. Pois eu vou para o Pai. E o que pedirdes em meu nome, eu o farei, a fim de que o Pai seja glorificado no Filho. Se pedirdes algo em meu nome, eu o farei" (**Jo 14,6-14**).

O Filho e o Pai

Jesus usou a metáfora familiar da relação pai-filho para falar de sua relação com Deus. Era a forma de expressar a consciência de ter nascido do alto, do Espírito. E, na direção contrária, de não ter nascido da carne, com a propensão ao mal e ao pecado.

A afirmação — "Estou no Pai e o Pai está em mim" — tinha consequências muito precisas para ele. Significava a total adesão ao projeto do Pai, que o tornava solidário com os marginalizados e sofredores. Possibilitava-o fazer sempre o bem e se preocupar com a injustiça cometida contra os indefesos. Tornava-o livre diante de toda e qualquer força que o pretendesse escravizar. Enfim, impedia-o de ser egoísta e de se despreocupar com os irmãos necessitados.

Como Jesus, os discípulos devem estar no Pai e no Filho, pois o Pai e o Filho querem estar neles. Só assim estarão em condições de seguir os passos do Mestre e, como ele, ser no mundo a presença do amor de Deus.

> Senhor Jesus, quero estar sempre em ti e no Pai, caminho seguro para a vivência do amor misericordioso para com os marginalizados deste mundo.

| Quarta | 2ª Semana da Páscoa |

De fato, Deus amou tanto o mundo, que deu o seu Filho único, para que todo o que nele crer não pereça, mas tenha a vida eterna. Pois Deus enviou o seu Filho ao mundo, não para condenar o mundo, mas para que o mundo seja salvo por ele. Quem crê nele não será condenado, mas quem não crê já está condenado, porque não acreditou no nome do Filho único de Deus. Ora, o julgamento consiste nisto: a luz veio ao mundo, mas as pessoas amaram mais as trevas do que a luz, porque as suas obras eram más. Pois todo o que pratica o mal odeia a luz e não se aproxima da luz, para que suas ações não sejam denunciadas. Mas quem pratica a verdade se aproxima da luz, para que suas ações sejam manifestadas, já que são praticadas em Deus (**Jo 3,16-21**).

O Filho doado

A presença de Jesus, na história da humanidade, tem significado bem preciso: veio trazer salvação e vida eterna. Nada de castigo e condenação. Só salvação! Quem nele crê e se entrega, inteiramente, a ele escolhe o caminho da vida.

Enquanto Filho doado, Jesus entregou-se todo ao serviço da salvação. Como? Em primeiro lugar, submetendo-se em tudo ao querer do Pai, por cuja vontade se pautava. Em seguida, ajudando a humanidade a caminhar na mesma direção. E, como ele, a se colocar a serviço dos irmãos necessitados.

Doação e serviço são palavras que se implicam mutuamente na vida de Jesus. Foi doado para servir. E se coloca ao serviço dos irmãos, porque reconhece que o Pai o enviou para isso. Doação divina sem serviço aos irmãos não tem sentido.

Os discípulos fazem experiência semelhante. São doados pelo Pai, como Jesus, para o serviço à humanidade sofredora. Sem esta consciência o discipulado cristão fica esvaziado, não passando de palavreado estéril. Pelo contrário, quando o discípulo é servidor tem consciência de ter recebido do Pai esta missão.

> Senhor Jesus, torna-me servidor autêntico dos irmãos necessitados, pois esta é a missão que o Pai me confiou ao me doar, como tu, à humanidade sofredora.

2ª Semana da Páscoa

Quinta

Aquele que vem do alto está acima de todos. Quem é da terra, pertence à terra e fala coisas da terra. Aquele que vem do céu está acima de todos. Ele dá testemunho do que viu e ouviu, mas ninguém aceita o seu testemunho. Quem aceita o seu testemunho atesta que Deus é verdadeiro. De fato, aquele que Deus enviou fala as palavras de Deus, pois ele dá o espírito sem medida. O Pai ama o Filho e entregou tudo em suas mãos. Aquele que crê no Filho tem a vida eterna. Aquele, porém, que se recusa a crer no Filho não verá a vida, mas a ira de Deus permanece sobre ele (**Jo 3,31-36**).

As palavras de Deus

Na condição de Filho, tudo quanto Jesus falava reportava-se ao Pai. A consciência de falar "as palavras de Deus" resultava da vivência continuada da comunhão com o Pai, a quem era totalmente fiel.

Os discípulos do tempo de Jesus viam-se diante da exigência de dar às palavras do Mestre o mesmo peso que este lhes dava. Supunha-se distingui-lo dos muitos mestres de então, cuja pretensão era a de descobrir a vontade divina escondida nas entrelinhas da Lei. Daí o empenho em encontrar sempre novos desdobramentos da Lei mosaica.

Jesus seguia numa direção diversa. Era consciente de falar as palavras de Deus aprendidas, diretamente, de Deus, sem a mediação das Escrituras. Este caminho distinto exigia dele colocar o querer do Pai em primeiro lugar, pois sua pregação tinha o objetivo de revelar o rosto misericordioso do Pai, sem a contaminação de esquemas forjados pela criatividade humana. Os outros mestres serviam-se da engenhosidade dos próprios raciocínios para descobrir o querer divino na Lei. Jesus, por sua vez, falava as palavras do Pai aprendidas diretamente do Pai.

Os discípulos de hoje dão às palavras de Jesus o peso que têm: são palavras de Deus, aprendidas com o Pai. Por conseguinte, devem dar um passo além do que têm de linguagem humana e descobrir nelas as palavras do Pai.

> Senhor Jesus, tu me falas as palavras do Pai,
> e como palavras do Pai quero acolhê-las
> no meu coração e colocá-las em prática.

| Sexta | 2ª Semana da Páscoa |

Depois disso, Jesus foi para o outro lado do mar da Galileia, ou seja, de Tiberíades. Uma grande multidão o seguia, vendo os sinais que ele fazia a favor dos doentes. Jesus subiu a montanha e sentou-se lá com os seus discípulos. Estava próxima a Páscoa, a festa dos judeus. Levantando os olhos e vendo uma grande multidão que vinha a ele, Jesus disse a Filipe: "Onde vamos comprar pão para que estes possam comer?" Disse isso para testar Filipe, pois ele sabia muito bem o que ia fazer. Filipe respondeu: "Nem duzentos denários de pão bastariam para dar um pouquinho a cada um". Um dos discípulos, André, irmão de Simão Pedro, disse: "Está aqui um menino com cinco pães de cevada e dois peixes. Mas que é isso para tanta gente?" Jesus disse: "Fazei as pessoas sentar-se". Naquele lugar havia muita relva, e lá se sentaram os homens em número de aproximadamente cinco mil. Jesus tomou os pães, deu graças e distribuiu aos que estavam sentados, tanto quanto queriam. E fez o mesmo com os peixes. Depois que se fartaram, disse aos discípulos: "Juntai os pedaços que sobraram, para que nada se perca!" Eles juntaram e encheram doze cestos, com os pedaços que sobraram dos cinco pães de cevada que comeram. À vista do sinal que Jesus tinha realizado, as pessoas exclamavam: "Este é verdadeiramente o profeta, aquele que deve vir ao mundo". Quando Jesus percebeu que queriam levá-lo para proclamá-lo rei, novamente se retirou sozinho para a montanha (**Jo 6,1-15**).

Queriam fazê-lo rei!

A multiplicação dos pães causou euforia, a ponto de quererem fazê-lo rei. Jesus, porém, cuidou de se retirar reconhecendo não ser aquela a vontade do Pai. Fora enviado como servidor e não como detentor de um poder, com o qual se imporia às pessoas, com o risco de oprimi-las.

O título de rei era inadequado para ele. O fato de saciar a multidão faminta, dando-lhe pão, devia-se ao poder concedido pelo Pai. Deixar-se encantar pelo maravilhoso do milagre e aceitar ser proclamado rei seria desvio de conduta, incompatível com a condição de Filho fiel.

Senhor Jesus, que jamais meu coração seja contaminado por pretensões mundanas, a ponto de sentir-me engrandecido pelo bem que faço a meu próximo.

2ª Semana da Páscoa

Sábado

Ao anoitecer, os discípulos desceram para a beira-mar. Entraram no barco e foram na direção de Cafarnaum, do outro lado do mar. Já estava escuro, e Jesus ainda não tinha vindo a eles. Soprava um vento forte, e o mar estava agitado. Os discípulos tinham remado uns cinco quilômetros, quando avistaram Jesus andando sobre as águas e aproximando-se do barco. E ficaram com medo. Jesus, porém, lhes disse: "Sou eu. Não tenhais medo!" Eles queriam receber Jesus no barco, mas logo o barco atingiu a terra para onde estavam indo (**Jo 6,16-21**).

Sou eu!

O reconhecimento da presença do Ressuscitado, nos momentos de tribulação, exige dos discípulos grande dose de fé. Quando o mar da vida está tranquilo, o vento é favorável e tudo colabora, o ato de fé é facilitado. Pelo contrário, como aparecem os reveses e as coisas parecem caminhar para trás, então, o caminho da fé torna-se exigente.

Como os discípulos de outrora, urge-se tomar consciência da presença de Jesus, em meio às ondas revoltas e à tempestade, sempre solidário e protetor. E, mais, ser capaz de ouvir-lhe as palavras encorajadoras: "Sou é. Não tenham medo!".

A experiência de professar a fé em meio a adversidades é muito frequente na caminhada do discípulo verdadeiro. Quando impera a bonança e o discípulo jamais é confrontado, com toda certeza, algo de equivocado está acontecendo. O normal é que, ao aderir ao projeto de Jesus, como ele, atraia a ira dos adversários e se torne sinal de contradição. O motivo é simples: dificilmente, um ambiente marcado pela injustiça acolherá, benevolamente, quem acredita na justiça. A tendência será a de se levantarem as forças contrárias ao Reino.

Então, mais do que nunca, deverão ecoar aos ouvidos do discípulo o encorajamento do Mestre. O resultado será a capacidade de seguir adiante, sem se deixar intimidar.

> Senhor Jesus, que ecoem sempre no meu ouvido
> e no meu coração tuas palavras encorajadoras,
> que me ajudam a enfrentar os reveses da vida.

Domingo | # 3ª Semana da Páscoa

Enquanto dois dos discípulos [...] conversavam e discutiam, Jesus se aproximou e [...] perguntou: "O que andais conversando?" Eles pararam, [...] e um deles, chamado Cléofas, lhe disse: "És tu o único peregrino em Jerusalém que não sabe [...] o que aconteceu com Jesus, [...] que foi um profeta poderoso em obras e palavras diante de Deus e do povo. Os sumos sacerdotes e as autoridades o entregaram à morte e o crucificaram. Nós esperávamos que ele fosse libertar Israel; mas, já faz três dias que todas essas coisas aconteceram! É verdade que algumas mulheres foram ao túmulo e não encontraram o corpo dele. [...] A ele, porém, ninguém viu". Então ele lhes disse: "Como sois sem inteligência e lentos para crer em tudo o que os profetas falaram! Não era necessário que o Cristo sofresse tudo isso para entrar na sua glória?" E [...] explicou-lhes, em todas as Escrituras, as passagens que se referiam a ele. Quando chegaram perto do povoado, ele fez de conta que ia adiante. Eles, porém, insistiram: "Fica conosco!" [...] Ele entrou, [...] sentou-se à mesa, tomou o pão, pronunciou a bênção, partiu-o e deu a eles. Seus olhos se abriram, e eles o reconheceram. Ele, porém, desapareceu . Então um disse ao outro: "Não estava ardendo o nosso coração quando ele [...] nos explicava as Escrituras?" [...] Voltaram para Jerusalém, onde encontraram reunidos os Onze e os outros discípulos. Eles confirmaram: "Realmente, o Senhor ressuscitou!" Então os dois contaram o que tinha acontecido no caminho, e como o tinham reconhecido ao partir o pão (**Lc 24,13-35**).

Explicava-lhes as Escrituras!

A cena dos discípulos de Emaús chama a atenção para um fato da vida dos discípulos de todos os tempos: o Mestre caminha com eles, explica-lhes as Escrituras, abre-lhes a inteligência para compreenderem a cruz como passagem obrigatória na vivência do compromisso com o Reino. Como os discípulos do passado, é grande a tentação de entregar os pontos, quando as dificuldades da vida se multiplicam. E, com elas, as frustrações e o impulso para abandonar tudo. Então, é hora de sentir a presença iluminadora do Mestre.

> Senhor Jesus, caminha sempre comigo e abre-me a inteligência para compreender o mistério de tua morte e ressurreição, como expressão de obediência ao Pai.

3ª Semana da Páscoa **Segunda**

No dia seguinte, a multidão que tinha ficado do outro lado do mar notou que antes havia aí um só barco e que Jesus não tinha entrado nele com os discípulos, os quais tinham partido sozinhos. Entretanto, outros barcos chegaram de Tiberíades, perto do lugar onde tinham comido o pão depois de o Senhor ter dado graças. Quando a multidão percebeu que Jesus não estava aí, nem os seus discípulos, entraram nos barcos e foram procurar Jesus em Cafarnaum. Encontrando-o do outro lado do mar, perguntaram-lhe: "Rabi, quando chegaste aqui?" Jesus respondeu: "Em verdade, em verdade, vos digo: estais me procurando não porque vistes sinais, mas porque comestes pão e ficastes saciados. Trabalhai não pelo alimento que perece, mas pelo alimento que permanece até a vida eterna, e que o Filho do Homem vos dará. Pois a este, Deus Pai o assinalou com seu selo". Perguntaram então: "Que devemos fazer para praticar as obras de Deus?" Jesus respondeu: "A obra de Deus é que acrediteis naquele que ele enviou" (**Jo 6,22-29**).

128 Praticar as obras de Deus

A multiplicação dos pães deixou a multidão alvoroçada. E não deixava Jesus em paz. Inclusive queria fazê-lo rei, pensando ter consigo quem haveria de lhe facilitar a vida. Com uma ordem, o rei poderia resolver-lhe os problemas, como havia feito com a fome da multidão.

Jesus, porém, não caiu na armadilha do poder político tão facilmente conquistado. Importava-lhe que as obras de Deus fossem praticadas, tanto por ele quanto pela multidão. O primeiro passo consistia em acolhê-lo como o Messias enviado por Deus e deixar-se guiar por ele, sem ilusões mundanas.

O caminho a seguir passava longe do poder político. Tratava-se, antes, do amor mútuo pelo qual muitos problemas podem ser resolvidos, até mesmo o da fome no mundo. Sem amor, não há poder capaz de enfrentar e solucionar as demandas da humanidade.

Senhor Jesus, faze-me compreender que o amor mútuo, ensinado por ti, é o primeiro passo para resolver os problemas da humanidade.

Terça ### 3ª Semana da Páscoa

Eles perguntaram: "Que sinais realizas para que possamos ver e acreditar em ti? Que obras fazes? Nossos pais comeram o maná no deserto, como está escrito: 'Deu-lhes a comer o pão do céu'". Jesus respondeu: "Em verdade, em verdade, vos digo: não foi Moisés quem vos deu o pão do céu. É meu Pai quem vos dá o verdadeiro pão do céu. Pois o pão de Deus é aquele que desce do céu e dá vida ao mundo". Eles então pediram: "Senhor, dá-nos sempre desse pão!" Jesus lhes disse: "Eu sou o pão da vida. Quem vem a mim não terá mais fome, e quem crê em mim nunca mais terá sede" (**Jo 6,30-35**).

Do passado ao presente

A multiplicação dos pães, realizada por Jesus, foi interpretada à luz da experiência do êxodo, onde o povo de Israel, fugindo do Egito, foi alimentado, no deserto, com o maná caído do céu. As pessoas percebiam haver o dedo de Deus em ambos os eventos, sem saber explicar como. Coube a Jesus dar os esclarecimentos.

Tanto no passado quanto no presente, houve intervenção divina no fato de a fome ser saciada. Daí a afirmação "Não foi Moisés quem vos deu o pão do céu". O verbo no presente identifica os ouvintes de Jesus com os israelitas de outrora, fugindo da escravidão egípcia. É como se, no momento, estivessem em situação semelhante. Agora, o Pai novamente alimentava a multidão, com uma diferença: oferecia-lhe "o verdadeiro pão do céu", que "dá vida ao mundo". Por conseguinte, trata-se de alimentar a humanidade inteira — o mundo —, e não apenas o povo escolhido.

Para surpresa de todos, Jesus se identifica com o "o pão da vida", capaz de saciar a fome e a sede da humanidade. Assim como os israelitas, saciados pelo Pai com o maná, foram capazes de chegar à Terra Prometida; Jesus, agora, era o alimento que daria forças para chegar à Terra da Fraternidade almejada por Deus para todos os seus filhos.

Senhor Jesus, creio que tu és o verdadeiro pão do céu e quero me alimentar de ti para alcançar a Terra da Fraternidade que o Pai preparou para toda a humanidade.

3ª Semana da Páscoa — Quarta

Jesus lhes disse: "Eu sou o pão da vida. Quem vem a mim não terá mais fome, e quem crê em mim nunca mais terá sede. Contudo, eu vos disse que me vistes, mas não credes. Todo aquele que o Pai me dá, virá a mim, e quem vem a mim eu não lançarei fora, porque eu desci do céu não para fazer a minha vontade, mas a vontade daquele que me enviou. E esta é a vontade daquele que me enviou: que eu não perca nenhum daqueles que ele me deu, mas os ressuscite no último dia. Esta é a vontade do meu Pai: quem vê o Filho e nele crê tenha a vida eterna. E eu o ressuscitarei no último dia" (**Jo 6,35-40**).

A vontade do Pai

A declaração de Jesus "Eu sou o pão da vida" deve ser bem entendida, para não causar mal-entendidos. Trata-se de uma metáfora, tirada do cotidiano. Pão é o primeiro alimento do dia, como se tivesse a função de produzir energias para todas as tarefas diárias. Ao se autodesignar "pão", Jesus explicita o modo como pretende se fazer presente na vida dos discípulos. Presença indispensável! Presença cotidiana e ao longo da jornada! Presença que dá força para a ação!

A presença de Jesus na vida do discípulo tem força vivificante na medida em que o move a fazer a vontade de Deus. Trata-se, pois, de dinamismo ético, que gera um modo de proceder característico dos filhos de Deus.

Praticar a vontade do Pai é o sinal mais autêntico de o discípulo ter sido alimentado por Jesus, o pão da vida. Quem identificar Jesus com o pão da vida, confundindo-o com a hóstia consagrada, sem a preocupação de se pautar pelo amor, está inteiramente equivocado. Alimentado pelo pão da vida está quem, de fato, no dia a dia, consagra-se à prática do amor misericordioso. Então, sim, estará fazendo a vontade do Pai, com a força que provém do próprio Pai.

O discípulo egoísta, pelo contrário, compara-se a alguém que morre de fome, tendo o pão diante de si.

> Senhor Jesus, no meu dia a dia, quero fazer em tudo a vontade do Pai, sinal de que estou sendo alimentado por ti, o pão da vida.

Quinta | # 3ª Semana da Páscoa

"Ninguém pode vir a mim, se o Pai que me enviou não o atrair. E eu o ressuscitarei no último dia. Está escrito nos Profetas: 'Todos serão discípulos de Deus'. Ora, todo aquele que escutou o ensinamento do Pai e o aprendeu vem a mim. Ninguém jamais viu o Pai, a não ser aquele que vem de junto de Deus: este viu o Pai. Em verdade, em verdade, vos digo: quem crê, tem a vida eterna. Eu sou o pão da vida. Os vossos pais comeram o maná no deserto e, no entanto, morreram. Aqui está o pão que desce do céu, para que não morra quem dele comer Eu sou o pão vivo que desceu do céu. Quem come deste pão viverá eternamente. E o pão que eu darei é a minha carne, entregue pela vida do mundo" (**Jo 6,44-51**).

Discípulos de Deus

A afirmação do profeta Isaías – "Todos serão discípulos de Deus" – foi retomada por Jesus num momento importante do seu ministério. Havia um impasse. A multiplicação dos pães revelara algo de especial nele e as pessoas se deram conta disso. Entretanto, eram incapazes de perceber-lhe a verdadeira identidade de Filho enviado pelo Pai, com a tarefa de salvar a humanidade do egoísmo e da maldade, que a impedem de fazer a vontade de Deus.

Jesus sabia que Deus haveria de iluminar a mente de todos os seres humanos, capacitando-os para acolher sua revelação. Porém, encontrava-se diante de pessoas incapazes de se abrirem para o ensinamento divino e, por isso, acabavam por rejeitá-lo e se fechar para o que o Pai queria lhes ensinar.

Quiçá estivessem despreparadas para decifrar a linguagem metafórica de Jesus, que falava de pão da vida enviado do céu para dar vida eterna ou, então, pão que é carne, entregue pela vida do mundo. Só quem estivesse totalmente sintonizado em Jesus estaria em condições de aprender o que o Pai ensinava por meio dele. Sem esta atitude fundamental, seria impossível tornar-se discípulo de Deus.

> Senhor Jesus, quero ser discípulo de Deus e,
> com ele, aprender que tu és o pão oferecido
> para que o mundo tenha vida.

3ª Semana da Páscoa

Sexta

Os judeus discutiam entre si: "Como é que ele pode dar a sua carne a comer?" Jesus disse: "Em verdade, em verdade, vos digo: se não comerdes a carne do Filho do Homem e não beberdes o seu sangue, não tereis a vida em vós. Quem se alimenta com a minha carne e bebe o meu sangue tem a vida eterna, e eu o ressuscitarei no último dia. Pois minha carne é verdadeira comida e meu sangue é verdadeira bebida. Quem se alimenta com a minha carne e bebe o meu sangue permanece em mim, e eu nele. Como o Pai, que vive, me enviou, e eu vivo por meio do Pai, assim aquele que de mim se alimenta viverá por meio de mim. Este é o pão que desceu do céu. Não é como aquele que os vossos pais comeram – e, no entanto, morreram. Quem se alimenta com este pão viverá para sempre". Jesus falou estas coisas ensinando na sinagoga, em Cafarnaum (**Jo 6,52-59**).

Uma incógnita!

As palavras de Jesus eram incógnitas para os ouvintes. Carne e sangue, comer e beber chocavam-lhes os ouvidos. Era como se aludissem a uma espécie de antropofagia. Algo repugnante!

O linguajar de Jesus não era, devidamente, percebido. Era tomado como linguagem real, enquanto se tratava de linguagem figurativa. Para entendê-la, urgia dar o salto do referencial – carne, sangue, comer, beber – ao referido – o evento Jesus –, estabelecendo a relação entre ambos. Este passo possibilitaria descartar o antropofagismo do ensinamento de Jesus e compreender-lhe o ensinamento num plano diferente.

Trata-se das relações entre o Mestre e os discípulos. Os vínculos que os unem podem ser comparados ao alimento ingerido que se perde no corpo humano e não pode ser mais identificado. Jesus faz parte da vida do discípulo a tal ponto que seus gestos de bondade expressam a comunhão com o Mestre, de quem se alimenta, sem que a ação deixe de ser sua. Como o alimento permite ao ser humano agir, da mesma forma, a presença do Mestre na vida do discípulo move-o a fazer sempre o bem.

> Senhor Jesus, ajuda-me a compreender tua presença em minha vida, como alimento que me sustenta e me move sempre a fazer o bem.

Sábado   # 3ª Semana da Páscoa

"Como meu Pai me ama, assim também eu vos amo. Permanecei no meu amor. Se observardes os meus mandamentos, permanecereis no meu amor, assim como eu observei o que mandou meu Pai e permaneço no seu amor. Eu vos disse isso, para que a minha alegria esteja em vós, e a vossa alegria seja completa. Este é o meu mandamento: amai-vos uns aos outros, assim como eu vos amei. Ninguém tem amor maior do que aquele que dá a vida por seus amigos. Vós sois meus amigos, se fizerdes o que eu vos mando. Já não vos chamo servos, porque o servo não sabe o que faz o seu Senhor. Eu vos chamo amigos, porque vos dei a conhecer tudo o que ouvi de meu Pai. Não fostes vós que me escolhestes; fui eu que vos escolhi e vos designei, para dardes fruto e para que o vosso fruto permaneça. Assim, tudo o que pedirdes ao Pai, em meu nome, ele vos dará. O que eu vos mando é que vos ameis uns aos outros" (**Jo 15,9-17**).

Escolhidos e enviados

O discipulado cristão parte da iniciativa do Mestre Jesus. Cabe aos discípulos a docilidade de se deixarem instruir e serem preparados para a missão. O primeiro pressuposto consiste em permanecer no amor do Mestre. O segundo corresponde a guardar o mandamento do amor mútuo, seguindo o exemplo do Mestre.

Essa postura básica prepara o discípulo para ser escolhido e enviado. Sem o amor ao Mestre e aos irmãos de fé, o envio missionário fica impossibilitado. Com grande probabilidade, o discípulo haveria de desencaminhar quem se predispusesse a optar pelo caminho do discipulado cristão. O risco seria o de atrair as pessoas para si e não para o Mestre Jesus e, também, o de não conscientizá-las da centralidade do amor mútuo. Por conseguinte, o discipulado ficaria inviabilizado, pois, no âmbito da comunidade cristã, o discipulado funda-se inteiramente no amor. Amor de qualidade, capaz de chegar ao extremo de doar a vida pelo próximo.

> Senhor Jesus, escolha-me e envia-me para, a teu exemplo, dar testemunho de amor de qualidade, dispondo-me a doar a vida pelo meu semelhante.

4ª Semana da Páscoa

Domingo

"Em verdade, em verdade, vos digo: quem não entra pela porta no redil onde estão as ovelhas, mas sobe por outro lugar, esse é ladrão e assaltante. Quem entra pela porta é o pastor das ovelhas. Para este o porteiro abre, as ovelhas escutam a sua voz, ele chama cada uma pelo nome e as leva para fora. E depois de fazer sair todas as que são suas, ele caminha à sua frente e as ovelhas o seguem, porque conhecem a sua voz. A um estranho, porém, não seguem, mas fogem dele, porque não conhecem a voz dos estranhos." Jesus contou-lhes esta parábola, mas eles não entenderam o que ele queria dizer. Jesus disse então: "Em verdade, em verdade, vos digo: eu sou a porta das ovelhas. Todos aqueles que vieram antes de mim são ladrões e assaltantes, mas as ovelhas não os escutaram. Eu sou a porta. Quem entrar por mim será salvo; poderá entrar e sair, e encontrará pastagem. O ladrão vem só para roubar, matar e destruir. Eu vim para que tenham vida, e a tenham em abundância" (**Jo 10,1-10**).

A voz do pastor

A parábola do pastor e das ovelhas ilustra a relação entre o Mestre Jesus e os discípulos. O escutar e reconhecer a voz, chamar cada uma pelo nome e levá-las para fora sublinha a profundidade dos laços que os unem. O discipulado só é verdadeiro quando atinge este nível. Isto não acontece com o discipulado superficial e aparente.

No tempo de Jesus, era comum os rebanhos de vários pastores passarem a noite no mesmo curral, ficando as ovelhas todas juntas. Pela manhã, bastava que ouvissem as vozes dos pastores para que as respectivas ovelhas os seguissem, sem possibilidade de se enganarem. Cada ovelha sabia, muito bem, a quem estava seguindo.

A relação do discípulo com o Mestre Jesus exige não se deixar enganar por falsos pastores, com o perigo de se extraviar. O discípulo sabe estar seguindo o pastor correto, se é conduzido pelos caminhos do amor e da misericórdia.

> Senhor Jesus, faze-me sempre mais pronto
> a ouvir a tua voz e a me deixar guiar por ti pelos
> caminhos do amor solidário.

| Segunda | 4ª Semana da Páscoa |

"Eu sou o bom pastor. O bom pastor dá a vida por suas ovelhas. O assalariado, que não é pastor e a quem as ovelhas não pertencem, vê o lobo chegar e foge; e o lobo as ataca e as dispersa. Por ser apenas um assalariado, ele não se importa com as ovelhas. Eu sou o bom pastor. Conheço as minhas ovelhas e elas me conhecem, assim como o Pai me conhece e eu conheço o Pai. Eu dou minha vida pelas ovelhas. (Tenho ainda outras ovelhas, que não são deste redil; também a essas devo conduzir, e elas escutarão a minha voz, e haverá um só rebanho e um só pastor.) É por isso que o Pai me ama: porque dou a minha vida. E assim, eu a recebo de novo. Ninguém me tira a vida, mas eu a dou por própria vontade. Eu tenho poder de dá-la, como tenho poder de recebê-la de novo. Tal é o encargo que recebi do meu Pai" (**Jo 10,11-18**).

Dar a vida pelas ovelhas

A função principal do pastor consiste em proteger o rebanho contra toda sorte de adversidade. Em situações extremas, caber-lhe--á colocar em risco a própria vida para salvar as ovelhas, seja das garras de animais ferozes, seja de bandos de malfeitores. É quando se conhecerá a veracidade do pastor. O bom pastor fica firme e dá a vida pelas ovelhas. O mau pastor, pelo contrário, foge e deixa o rebanho entregue à própria sorte.

Aplicada ao discipulado cristão, a parábola sublinha o profundo interesse de Jesus pelos discípulos, por quem entregou a vida. A morte na cruz consistiu no gesto supremo de defesa daqueles que o Pai lhe confiou. O discípulo, por sua vez, sabe reconhecer a bondade do Mestre e corresponder-lhe por uma vida de total fidelidade, deixando-se sempre guiar por ele.

O falso discípulo, que não se deixa guiar pelo Mestre, é ingrato. Apesar da imensa prova de amor, insiste em trilhar as veredas do egoísmo, embora se declare discípulo. Age como ovelha desgarrada!

> Senhor Jesus, faze-me sempre grato pelo imenso amor que tens para comigo, a ponto de entregar a vida para que o amor em mim seja abundante.

4ª Semana da Páscoa

Terça

Em Jerusalém celebrava-se a festa da Dedicação. Era inverno. Jesus andava pelo templo, no pórtico de Salomão. Os judeus, então, o rodearam e disseram-lhe: "Até quando nos deixarás em suspenso? Se tu és o Cristo, dize-nos abertamente!" Jesus respondeu: "Eu já vos disse, mas vós não acreditais. As obras que eu faço em nome do meu Pai dão testemunho de mim. Vós, porém, não acreditais, porque não sois das minhas ovelhas. As minhas ovelhas escutam a minha voz, eu as conheço e elas me seguem. Eu lhes dou a vida eterna. Por isso, elas nunca se perderão e ninguém vai arrancá-las da minha mão. Meu Pai, que me deu estas ovelhas, é maior do que todos, e ninguém pode arrancá-las da mão do Pai. Eu e o Pai somos um" (**Jo 10,22-30**).

Se tu és o Cristo...

A dúvida dos judeus a respeito de Jesus tinha razão de ser. Ele não se encaixava em nenhuma das muitas concepções de messias, em voga na sociedade da época. Pelo modo de agir, não dava a impressão de pretender ser messias político, preocupado em restaurar a realeza davídica. Igualmente não parecia interessado em ser o sacerdote fiel, esperado por muitos. Aliás, era bastante crítico do Templo e das coisas ligadas a ele. Havia quem o interpretasse na linha do profetismo, considerando-o como um dos antigos profetas, redivivo. Mesmo o modelo profético, como era entendido, estava longe do que pensava de si mesmo.

Só havia uma forma de superar a dúvida: tornando-se discípulo dele, como ovelha de um rebanho. Sem relação de estreita intimidade, seria impossível saber quem era o Mestre e lhe definir a identidade. Só mútuo conhecimento — "eu as conheço e elas me conhecem" —, para além dos contatos esporádicos e superficiais, pode levar alguém a saber quem é Jesus. E confessá-lo como Messias de Deus.

> Senhor Jesus, como ovelha do teu rebanho, quero te conhecer e dar-me a conhecer, a ponto de saber, com segurança, a quem estou seguindo.

Quarta — 4ª Semana da Páscoa

Jesus exclamou: "Quem crê em mim, não é em mim que crê, mas naquele que me enviou. Quem me vê, vê aquele que me enviou. Eu vim ao mundo como luz, para que todo aquele que crê em mim não permaneça nas trevas. Se alguém ouve as minhas palavras e não as observa, não sou eu que o julgo, porque vim não para julgar o mundo, mas para salvá-lo. Quem me rejeita e não acolhe as minhas palavras já tem quem o julgue: a palavra que eu falei o julgará no último dia. Porque eu não falei por conta própria, mas o Pai que me enviou, ele é quem me ordenou o que devo dizer e falar. E eu sei: o que ele ordena é vida eterna. Portanto, o que eu falo, eu o falo de acordo com o que o Pai me disse" (**Jo 12,44-50**).

Ver Jesus, ver o Pai

Jesus nutria tal união com o Pai a ponto de, ao vê-lo, o discípulo ver o Pai. Em que sentido é possível fazer tal afirmação, se ninguém jamais viu a Deus? Como alguém pode ver o Pai?

A declaração de Jesus deve ser devidamente entendida. Não se trata de ver o Pai, invisível aos olhos humanos, mas de perceber, nas ações e nas palavras de Jesus, os traços da presença do Pai. O amor de Jesus pelos pequeninos e excluídos era expressão do amor do Pai dando frutos nele. Da mesma forma, a solidariedade com os excluídos, o perdão oferecido aos pecadores, o enfrentamento dos espíritos que escravizam os seres humanos e todos os demais gestos de bondade de Jesus revelavam o modo como o Pai age em favor da humanidade. Assim, contemplar Jesus era caminho seguro para se contemplar o Pai. Jesus era expressão do Pai.

Fato semelhante ocorre com os discípulos. Quem vê um discípulo de Jesus, deveria ver o próprio Jesus. O modo de proceder do discípulo só é verdadeiro quando expressa o modo de proceder do Mestre. Caso contrário, será um discipulado estéril, no qual a palavra do Mestre não deu seus frutos.

> Senhor Jesus, que as pessoas possam ver-te nos meus gestos de bondade, sinais de tua palavra dando fruto em meu coração.

4ª Semana da Páscoa — Quinta

"Em verdade, em verdade, vos digo: o servo não é maior do que seu senhor, e o enviado não é maior do que aquele que o enviou. Já que sabeis disso, sereis felizes se o puserdes em prática. Eu não falo de todos vós. Eu conheço aqueles que escolhi. Mas é preciso que se cumpra o que está na Escritura: 'Aquele que come do meu pão levantou contra mim o calcanhar'. Desde já, antes que aconteça, eu vo-lo digo, para que, quando acontecer, acrediteis que eu sou. Em verdade, em verdade, vos digo: quem recebe aquele que eu enviar, a mim recebe; e quem me recebe, recebe aquele que me enviou" (**Jo 13,16–20**).

O servo e o senhor

Com a metáfora do servo e do senhor, Jesus ensinava aos discípulos, enviados em missão, a postura correta em relação a ele. O princípio era: "o enviado não é maior do que aquele que o enviou". Qual a necessidade deste ensinamento?

Era grande a possibilidade de os discípulos se desviarem do sentido da missão e se tornarem o centro dela. Corriam o risco de anunciar a si mesmos, esquecendo-se de estarem a serviço do Reino. Chamando a atenção para si, acabariam por deixar de lado o Mestre, a quem deveriam anunciar.

Muitos discípulos, ao longo dos tempos, caíram nessa tentação, com resultados desastrosos. Assim se explicam a intransigência de muitos líderes cristãos com os pequenos, o conluio com os ricos e poderosos, o apego ao dinheiro e às honrarias. Enfim, à mundanidade que os caracteriza.

O ensinamento de Jesus vai noutra direção. O discípulo autêntico esforça-se por seguir os passos do Mestre e, como ele, viver o amor e a justiça no trato com o semelhante. Só, então, o servo será como o senhor e o enviado, como quem o enviou, sem a tentação egoísta de se impor e querer ocupar um lugar que não lhe pertence. A bondade e a humildade do Mestre deverão se espelhar no modo de proceder do discípulo.

> Senhor Jesus, faze-me bondoso e humilde como tu foste, para que, no exercício da missão, eu possa me fazer semelhante a ti.

Sexta   # 4ª Semana da Páscoa

"Não se perturbe o vosso coração! Credes em Deus, crede também em mim. Na casa de meu Pai há muitas moradas. Não fosse assim, eu vos teria dito. Vou preparar um lugar para vós. E depois que eu tiver ido e preparado um lugar para vós, voltarei e vos levarei comigo, a fim de que, onde eu estiver, estejais vós também. E para onde eu vou, conheceis o caminho". Tomé disse: "Senhor, não sabemos para onde vais. Como podemos conhecer o caminho?" Jesus respondeu: "Eu sou o caminho, a verdade e a vida. Ninguém vai ao Pai senão por mim" (**Jo 14,1-6**).

Caminho, verdade e vida

Os discípulos, no seguimento de Jesus, nutriam dúvidas no coração. E se perturbavam! Haviam feito, de fato, uma opção correta? Não estariam se enganando, seguindo um messias igual aos falsos messias, do passado e do presente? Como superar a situação de insegurança, quando a perspectiva de morte despontava no horizonte?

Qualquer tentativa, da parte de Jesus, de convencê-los pela via da argumentação teórica estava fadada a não surtir efeito. A afirmação — "Eu sou o caminho, a verdade e a vida" — é uma maneira simbólica de responder as inquietações dos discípulos.

Ele era o caminho, pois, seguindo seus ensinamentos, os discípulos poderiam estar seguros de chegar à casa do Pai e suas muitas moradas. Tratava-se de um caminho confiável.

Ele era a verdade, no sentido de falar as palavras do Pai, sem a menor intenção de enganar os discípulos. Tudo quanto falava, brotava de um coração sem dolo, cuja única preocupação era a de ajudar os discípulos na caminhada para o Pai.

Ele era a vida, já que, dando-lhe ouvidos, era possível chegar à vida eterna, na comunhão com o Pai. Na direção contrária, não se deixar guiar por ele e não lhe dar ouvido correspondia a optar pela morte.

Havia um pressuposto: acreditar na veracidade das palavras do Mestre. Sem a fé como ponto de partida, o discipulado fica inviabilizado.

Senhor Jesus, só tu és meu caminho, verdade e vida, por quem posso chegar, com segurança, à casa do Pai; ajuda-me a nunca me separar de ti.

4ª Semana da Páscoa

Sábado

"Se me conhecestes, conhecereis também o meu Pai. Desde já o conheceis e o tendes visto." Filipe disse: "Senhor, mostra-nos o Pai, isso nos basta". Jesus respondeu: "Filipe, há tanto tempo estou convosco, e não me conheces? Quem me viu, tem visto o Pai. Como é que tu dizes: 'Mostra-nos o Pai'? Não acreditas que eu estou no Pai e que o Pai está em mim? As palavras que eu vos digo, não as digo por mim mesmo; é o Pai que, permanecendo em mim, realiza as suas obras. Crede-me: eu estou no Pai e o Pai está em mim. Crede, ao menos, por causa destas obras. Em verdade, em verdade, vos digo: quem crê em mim fará as obras que eu faço, e fará ainda maiores do que estas. Pois eu vou para o Pai. E o que pedirdes em meu nome, eu o farei, a fim de que o Pai seja glorificado no Filho. Se pedirdes algo em meu nome, eu o farei" (**Jo 14,7-14**).

Mostra-nos o Pai!

Jesus mostrou-se surpreso com a pergunta de Filipe – "Senhor, mostra-nos o Pai, isso nos basta!" –, por lhe parecer fora de propósito. Filipe e os demais discípulos deveriam já ter compreendido que tudo quanto o Mestre ensinava e realizava eram expressões do Pai. Essa era a trilha a ser seguida para chegar até ele.

As palavras do Mestre correspondiam, em tudo, ao que o Pai pretendia comunicar à humanidade. O Pai falava por meio dele. Escutá-lo, portanto, significava escutar o Pai.

As ações do Mestre, igualmente, correspondiam ao que o Pai desejava fazer em benefício da humanidade. O Pai amava a humanidade por meio do Filho. Todos os gestos de bondade do Filho expressavam a bondade divina.

O Filho tinha a missão de revelar o Pai e o fazia de maneira, facilmente, compreensível por qualquer pessoa. Servia-se da linguagem da ação. Em nada palavreado vazio sem a comprovação dos fatos. As ações davam credibilidade às palavras de Jesus. Elas falavam do Pai tanto quanto as palavras do Mestre.

> Senhor Jesus, ajuda-me a ver o Pai em tuas palavras
> e tuas ações, revelação da misericórdia do Pai em favor
> da humanidade sofredora.

| Domingo | 5ª Semana da Páscoa |

"Não se perturbe o vosso coração! Credes em Deus, crede também em mim. Na casa de meu Pai há muitas moradas. Não fosse assim, eu vos teria dito. Vou preparar um lugar para vós. E depois que eu tiver ido e preparado um lugar para vós, voltarei e vos levarei comigo, a fim de que, onde eu estiver, estejais vós também. E para onde eu vou, conheceis o caminho". Tomé disse: "Senhor, não sabemos para onde vais. Como podemos conhecer o caminho?" Jesus respondeu: "Eu sou o caminho, a verdade e a vida. Ninguém vai ao Pai senão por mim. Se me conhecestes, conhecereis também o meu Pai. Desde já o conheceis e o tendes visto". Filipe disse: "Senhor, mostra-nos o Pai, isso nos basta". Jesus respondeu: "Filipe, há tanto tempo estou convosco, e não me conheces? Quem me viu, tem visto o Pai. Como é que tu dizes: 'Mostra-nos o Pai'? Não acreditas que eu estou no Pai e que o Pai está em mim? As palavras que eu vos digo, não as digo por mim mesmo; é o Pai que, permanecendo em mim, realiza as suas obras. Crede-me: eu estou no Pai e o Pai está em mim. Crede, ao menos, por causa destas obras. Em verdade, em verdade, vos digo: quem crê em mim fará as obras que eu faço, e fará ainda maiores do que estas. Pois eu vou para o Pai" (**Jo 14,1-12**).

Vou para o Pai!

A existência de Jesus foi toda referida ao Pai. Ele veio do Pai na condição de enviado para salvar a humanidade e reconduzi-la ao Pai. Seu ministério consistiu em fazer a vontade do Pai, falando as palavras do Pai e realizando as obras do Pai. A caminhada terrena encerra-se com a volta para o Pai, uma vez concluída a missão que lhe fora confiada.

A existência do discípulo, também, será toda referida ao Pai, cujo querer será a pauta de sua ação. O ponto de referência é a vida do Mestre, cujo centramento no Pai concretizou-se na prática do amor. Quem acredita no amor, está preparado para voltar para o Pai, como o Mestre.

Senhor Jesus, que a prática diuturna do amor me prepare para voltar ao Pai, seguindo os teus passos.

5ª Semana da Páscoa — Segunda

"Quem acolhe e observa os meus mandamentos, esse me ama. Ora, quem me ama será amado por meu Pai, e eu o amarei e me manifestarei a ele." Judas (não o Iscariotes) perguntou-lhe: "Senhor, como se explica que tu te manifestarás a nós e não ao mundo?" Jesus respondeu-lhe: "Se alguém me ama, guardará a minha palavra; meu Pai o amará, e nós viremos e faremos nele a nossa morada. Quem não me ama, não guarda as minhas palavras. E a palavra que ouvis não é minha, mas do Pai que me enviou. Eu vos tenho dito estas coisas enquanto estou convosco. Mas o Defensor, o Espírito Santo que o Pai enviará em meu nome, ele vos ensinará tudo e vos recordará tudo o que eu vos tenho dito" (**Jo 14,21-26**).

A morada do Pai e do Filho

A metáfora da habitação serviu para Jesus falar da relação do discípulo com o Pai e o Filho. "Viremos e faremos nele a nossa morada" é a forma de se referir à profundidade da vinculação do discípulo com quem é a fonte da vida.

O amor ao próximo é o caminho da concretização desse inter-relacionamento. Deus é amor! À medida que alguém optar pelo amor e o fizer presente em cada gesto, mesmo o mais pequenino, aí Deus estará presente. O amor é algo que brota do íntimo do coração do discípulo e se expressa em gestos concretos de solidariedade e de misericórdia, especialmente, em favor dos pequenos e marginalizados. Essa capacidade de sair de si e se lançar no serviço ao próximo só se explica pela presença do Pai e do Filho no coração do discípulo. Sem essa presença dinamizadora, o coração humano se endurece e se torna inapto para a prática do bem. E o egoísmo se torna a pauta da conduta humana. Pelo contrário, tendo o Pai e o Filho feito morada no coração do discípulo, este se porá a serviço do próximo, como instrumento da misericórdia do Pai.

Senhor Jesus, juntamente com o Pai, vem fazer morada em mim e me dispor para fazer o bem, de modo especial, aos mais necessitados de misericórdia.

Terça | # 5ª Semana da Páscoa

"Deixo-vos a paz, dou-vos a minha paz. Não é à maneira do mundo que eu a dou. Não se perturbe, nem se atemorize o vosso coração. Ouvistes o que eu vos disse: 'Eu vou, mas voltarei a vós'. Se me amásseis, ficaríeis alegres porque vou para o Pai, pois o Pai é maior do que eu. Disse-vos isso agora, antes que aconteça, para que, quando acontecer, creiais. Já não falarei mais convosco, pois vem o chefe deste mundo. Ele não pode nada contra mim. Mas é preciso que o mundo saiba que eu amo o Pai e faço como o Pai mandou" (**Jo 14,27–31a**).

Amor e obediência

Amor e obediência definem a existência de Jesus. O amor ao Pai marcou sua vida. Jamais algo assumiu o lugar do Pai em seu coração. Nenhuma criatura foi suficientemente atraente para se tornar o absoluto em sua vida, a ponto de o Pai ser relegado ao segundo lugar. O Pai ocupava o lugar único e exclusivo na vida de Jesus.

A obediência decorria dessa atitude básica. Se o Pai era o centro de sua vida, só lhe competia ser-lhe, em tudo, fielmente obediente. A obediência do Filho foi extremada. Nem um só ponto do querer do Pai ficou sem ser realizado. Daí a capacidade de dar provas de amor, até o extremo de entregar a vida em favor dos irmãos.

O discípulo fiel segue as pegadas do Mestre. E, como ele, recusa-se a absolutizar as criaturas e dar-lhes o lugar devido a Deus. Age, sempre, na contramão das tentações idolátricas. Como desdobramento, pauta-se pela vontade do Pai, buscada em cada ação, em cada gesto e em cada palavra. Até mesmo a radicalidade da obediência do Mestre, que foi ao extremo de dar a própria vida, deverá ser seguida. Discípulo que se contenta com pouco não entendeu bem o que o Mestre espera dele. Resta-lhe colocar-se na escola do Mestre e, com ele, aprender o que significa amar e ser obediente.

Senhor Jesus, quero a cada dia colocar-me na tua escola para, contigo, aprender a amar e a ser obediente até o extremo de dar a vida pelo meu próximo.

·5ª Semana da Páscoa

Quarta

"Eu sou a videira verdadeira e meu Pai é o agricultor. Todo ramo que não dá fruto em mim, ele corta; e todo ramo que dá fruto, ele limpa, para que dê mais fruto ainda. Vós já estais limpos por causa da palavra que vos falei. Permanecei em mim, e eu permanecerei em vós. Como o ramo não pode dar fruto por si mesmo, se não permanecer na videira, assim também vós não podereis dar fruto se não permanecerdes em mim. Eu sou a videira e vós, os ramos. Aquele que permanece em mim, como eu nele, esse dá muito fruto; pois sem mim, nada podeis fazer. Quem não permanecer em mim será lançado fora, como um ramo, e secará. Tais ramos são apanhados, lançados ao fogo e queimados. Se permanecerdes em mim, e minhas palavras permanecerem em vós, pedi o que quiserdes, e vos será dado. Nisto meu Pai é glorificado: que deis muito fruto e vos torneis meus discípulos" (**Jo 15,1-8**).

Permanecei em mim!

A ordem de Jesus expressa a clara preocupação com a possibilidade de os discípulos se extraviarem ou estabelecerem com ele relações tão superficiais, a ponto de não se sentirem responsabilizados pela missão que lhes é confiada.

Permanecer significa sentir-se comprometido com o Mestre, a ponto de estar disposto a pôr em prática suas palavras. E, mais, dispor-se a lhe seguir o exemplo, de modo especial, no trato com os deserdados deste mundo. Buscar a radicalidade característica do Mestre, que não se contentou com opções superficiais nem, tampouco, ficou pela metade no cumprimento da missão confiada pelo Pai.

É possível saber se o discípulo permanece no Mestre pelo modo de proceder. Quanto mais permanecer, tanto mais se identificará com ele, a ponto de o Mestre poder ser reconhecido no seu testemunho de vida.

Sem esta experiência, o discipulado fica inviabilizado. Se o discípulo não permanece no Mestre, em quem permanecerá?

> **Senhor Jesus, quero permanecer sempre em ti, a ponto de me identificar contigo na prática do amor pelos empobrecidos e marginalizados.**

Quinta   5ª Semana da Páscoa

"Como meu Pai me ama, assim também eu vos amo. Permanecei no meu amor. Se observardes os meus mandamentos, permanecereis no meu amor, assim como eu observei o que mandou meu Pai e permaneço no seu amor. Eu vos disse isso, para que a minha alegria esteja em vós, e a vossa alegria seja completa" (**Jo 15,9-11**).

Alegria completa

O discipulado cristão é motivo de alegria para quem opta com consciência pelo seguimento de Jesus. Porém, a alegria cristã jamais exclui a cruz e o sofrimento, resultados do discipulado fiel. São realidades contrastantes, que podem ser devidamente compatibilizadas, ao serem consideradas na perspectiva correta.

A alegria do discípulo resulta da capacidade de cumprir a vontade do Pai, permanecendo no seu amor. Daqui brotará a alegria de poder servir o próximo necessitado, de ser capaz de perdoar e viver reconciliado, de ser livre diante das forças de opressão e de se dispor a lutar contra as injustiças.

Trata-se, portanto, da alegria que nasce do engajamento pela transformação do mundo, na contramão da maldade e do pecado. Quem segue essa trilha, com toda certeza, deverá pagar caro o preço de sua escolha. Não lhe faltarão perseguições, nem contrariedades e, em caso extremo, a morte violenta.

Nada disso será suficientemente forte para tirar a alegria e a serenidade do coração do discípulo do Reino. O Mestre Jesus foi exemplo consumado da capacidade de conservar a paz de espírito em meio a dores e tormentos. O discípulo forte, também, será capaz de se alegrar, embora em meio a sofrimentos. Essa é a alegria verdadeira! Essa é a alegria completa! Os mártires de todos os tempos são testemunhas inequívocas de que é possível experimentá-la. Os discípulos medrosos e inseguros jamais a experimentarão. Porém, vale a pena ser discípulo assim?

> Senhor Jesus, faze de mim discípulo forte e pronto para se alegrar, embora em meio a contradições, seguindo teu exemplo de filho fiel.

5ª Semana da Páscoa — Sexta

"Este é o meu mandamento: amai-vos uns aos outros, assim como eu vos amei. Ninguém tem amor maior do que aquele que dá a vida por seus amigos. Vós sois meus amigos, se fizerdes o que eu vos mando. Já não vos chamo servos, porque o servo não sabe o que faz o seu Senhor. Eu vos chamo amigos, porque vos dei a conhecer tudo o que ouvi de meu Pai. Não fostes vós que me escolhestes; fui eu que vos escolhi e vos designei, para dardes fruto e para que o vosso fruto permaneça. Assim, tudo o que pedirdes ao Pai, em meu nome, ele vos dará. O que eu vos mando é que vos ameis uns aos outros" (**Jo 15,12-17**).

Escolhidos e enviados

Vocação e missão são as vertentes fundamentais do discipulado cristão. Verdadeiro discípulo é quem tem clara consciência de ter sido escolhido pelo Mestre Jesus, que conta com a colaboração humana para fazer o bem à humanidade. A escolha não se deve a méritos pessoais. É impossível saber por que alguns são escolhidos e outros não, e são destinados a tarefas distintas. Por isso, a consciência de ser escolhido jamais será motivo de orgulho para o discípulo. Antes, será apelo para a responsabilidade generosa.

O envio tem a ver com missões variadas, a serem realizadas pelos apóstolos, a partir de suas aptidões e capacidades. Trata-se de tarefas bem concretas, em favor de quem carece de misericórdia e anseia por salvação. O discípulo verdadeiro abraça, com coragem e disponibilidade, a missão recebida. E, como Jesus, dispõe-se a levá-la a cabo, sem nenhuma concessão para o desânimo e o medo de fracassar.

Escolha e envio são realidades em constante atualização na vida do discípulo. Não se trata de algo do passado. O Mestre, continuamente, chama e envia. O discípulo, por sua vez, deve estar sempre pronto a dizer sim e a se lançar ao serviço do Reino.

> Senhor Jesus, escolhido e enviado por ti, faze de mim instrumento de tua ação misericordiosa em favor de tantos irmãos carentes de salvação.

Sábado — 5ª Semana da Páscoa

"Se o mundo vos odeia, sabei que primeiro odiou a mim. Se fôsseis do mundo, o mundo vos amaria como ama o que é seu; mas, porque não sois do mundo, e porque eu vos escolhi do meio do mundo, por isso o mundo vos odeia. Recordai-vos daquilo que eu vos disse: 'O servo não é maior do que o seu senhor'. Se me perseguiram, perseguirão a vós também. E se guardaram a minha palavra, guardarão também a vossa. Eles farão tudo isso por causa do meu nome, porque não conhecem aquele que me enviou" (**Jo 15,18-21**).

Do meio do mundo

A declaração de Jesus — "Eu vos escolhi do meio do mundo" — contém vários elementos da identidade do discípulo do Reino. O mundo, com tudo que tem de bom e de mau, é o lugar onde ele vive. Logo, nada de mentalidade de gueto e segregação. Nada de se considerar parte de um grupinho apartado da realidade, como se fosse preservado da maldade do mundo. Pelo contrário, o mundo é a "casa" do discípulo. É aí que o Mestre o encontra, escolhe-o e o envia.

O envio do discípulo tem como meta o mundo. É escolhido "do meio do mundo" para ser enviado ao mundo, com a tarefa de levar-lhe salvação. A presença do discípulo no mundo sofre uma mudança radical ao ser escolhido e enviado. Torna-se presença de transformação, presença salvadora. Não será um a mais no mundo. Pelo contrário, sua presença será qualitativamente consistente, pois sua ação incidirá sobre o que o mundo tem de mal e perverso em vista de fermentá-lo com os valores do Reino.

Nada mais contrário ao discipulado do Reino do que a presença insignificante do discípulo no mundo em que vive. Presença alienada, despreocupada, omissa, quando o discipulado é apelo à ação.

Portanto, ser chamado do meio do mundo jamais deverá ser identificado com despreocupação com as coisas do mundo. E, sim, como envio que se compromete com a tarefa de criar um mundo melhor.

> Senhor Jesus, tu me chamaste do meio do mundo e me enviaste para levar salvação ao mundo; ajuda-me a cumprir com coragem a tarefa de criar um mundo melhor.

6ª Semana da Páscoa

Domingo

"Se me amais, observareis os meus mandamentos. E eu pedirei ao Pai, e ele vos dará um outro Defensor, que ficará para sempre convosco: o Espírito da Verdade, que o mundo não é capaz de receber, porque não o vê, nem o conhece. Vós o conheceis, porque ele permanece junto de vós e está em vós. Não vos deixarei órfãos: eu voltarei a vós. Ainda um pouco de tempo e o mundo não mais me verá; mas vós me vereis, porque eu vivo, e vós vivereis. Naquele dia sabereis que eu estou no meu Pai, e vós em mim, e eu em vós. Quem acolhe e observa os meus mandamentos, esse me ama. Ora, quem me ama será amado por meu Pai, e eu o amarei e me manifestarei a ele" (**Jo 14,15-21**).

Orfandade superada

"Não vos deixarei órfãos" foi o compromisso de Jesus com os discípulos no discurso de despedida. A preocupação do Mestre relaciona-se com a maneira como vê o discipulado do Reino.

Diferentemente dos demais mestres, não era interesse dele formar novos mestres para o serviço da interpretação da Lei. E, sim, preparar discípulos aptos para levar adiante a missão de proclamar o Reino e fazê-la dar frutos.

Sua presença física junto deles, no início da caminhada, poderia ter como efeito a dependência. E, com isso, corriam o risco de ficar bloqueados, quando não mais tivessem o Mestre consigo. O sentimento de perda, com o componente de orfandade, poderia levar ao fracasso todo o empenho do Mestre no sentido de anunciar o Reino e mostrá-lo atuante no seio da humanidade.

Jesus prometeu enviar o "Espírito da Verdade" para estar com eles. O Espírito haveria de se manifestar como capacidade de contradizer as falsidades dos adversários, fortaleza de ânimo para não se deixar abater e compreensão do mistério do Reino, que se constrói em meio a perdas e fracassos. Cada vez que fossem capazes disso, poderiam estar seguros de ter o Espírito consigo.

> Senhor Jesus, que o Espírito da Verdade esteja comigo, dando-me força e coragem nos momentos em que for demasiado o peso de anunciar o Evangelho.

Segunda | # 6ª Semana da Páscoa

"Quando, porém, vier o Defensor que eu vos enviarei da parte do Pai, o Espírito da Verdade, que procede do Pai, ele dará testemunho de mim. E vós, também, dareis testemunho, porque estais comigo desde o começo. Eu vos disse estas coisas para que vossa fé não fique abalada. Sereis expulsos das sinagogas, e virá a hora em que todo aquele que vos matar, julgará estar prestando culto a Deus. Agirão assim por não terem conhecido nem ao Pai, nem a mim. Eu vos falei assim, para que vos recordeis do que eu disse, quando chegar a hora" (**Jo 15,26–16,4a**).

Fé inabalável

A preocupação de Jesus com a fé dos discípulos era pertinente. Seriam enviados a um mundo hostil e inclemente, onde sofreriam toda sorte de provações. Seriam confrontados com falsas acusações, com o perigo de não saberem como se defender. Veriam irmãos rompendo com a fé e, até mesmo, se bandeando para os adversários. Sobretudo, estariam sempre muito perto da morte violenta, impotentes diante da maldade dos inimigos.

O Mestre prometeu-lhes o Espírito da Verdade, para dar testemunho dele. O Espírito, portanto, haveria de reforçar a fé no coração dos discípulos, a ponto de permanecerem inabaláveis nos momentos em que fosse grande o perigo de sucumbir.

A experiência dos primeiros discípulos repete-se na vida dos discípulos de todos os tempos. Sem a ajuda do Espírito da Verdade, haverão de sucumbir quando a fé for provada. Com o Espírito, permanecem impávidos no testemunho do Reino. As próprias forças são insuficientes para sustentá-los nos tempos difíceis.

São muitos os testemunhos da veracidade do ensinamento de Jesus, ao longo dos tempos. Quantos cristãos e cristãs venceram, de cabeça erguida, os torturadores? Quantos foram mortos, sem se deixar dobrar? Quantos continuaram firmes na fé, apesar de aliciados para abandoná-la?

> Senhor Jesus, que o Espírito da Verdade torne inabalável minha fé, dando-me a fortaleza necessária para resistir às tentações.

6ª Semana da Páscoa — Terça

"Agora, eu vou para aquele que me enviou, e nenhum de vós me pergunta: 'Para onde vais?' Mas, porque vos falei assim, os vossos corações se encheram de tristeza. No entanto, eu vos digo a verdade: é bom para vós que eu vá. Se eu não for, o Defensor não virá a vós. Mas, se eu for, eu o enviarei a vós. Quando ele vier, acusará o mundo em relação ao pecado, à justiça e ao julgamento. Quanto ao pecado: eles não acreditaram em mim. Quanto à justiça: eu vou para o Pai, de modo que não mais me vereis. E quanto ao julgamento: o chefe deste mundo já está condenado" (**Jo 16,5-11**).

O mundo acusado

A palavra "mundo", no texto evangélico, tem variados sentidos. Aqui, diz respeito à realidade contrária a Jesus, o antirreino, as trevas que envolvem o ser humano no erro e no pecado. Este mundo da negatividade é que será julgado pelo Defensor, o Espírito dado por Jesus para protegê-los da maldade.

O mundo será julgado quanto ao pecado, que consiste na recusa em acolher a revelação divina oferecida por Jesus. O pecado é como trevas que refutam a luz. Essa recusa voluntária passará pelo crivo do julgamento do Espírito.

Será julgado quanto à justiça, pois o juízo do mundo a respeito de Jesus, considerando-o blasfemo e marginal e pregando-o na cruz, será desmentido por Deus. A ressurreição é a forma consumada de condenação da injustiça do mundo.

Será julgado quanto ao julgamento, na medida em que o mundo, pensando ter julgado Jesus, finalmente, será julgado pelo Pai que dará razão ao Filho. A cruz já é a vitória de Jesus, porque nela o Mestre não se dobrou à maldade de seus algozes. Permanecendo firme e não se deixando abater, proclamou que o mal não tem a última palavra na vida de quem é fiel ao Pai e se pauta, em tudo, pelo querer divino.

Senhor Jesus, que meu testemunho de fé inabalável seja
uma forma de desmascarar a maldade do mundo
e proclamar a soberania do Pai.

Quarta | 6ª Semana da Páscoa

"Tenho ainda muitas coisas a vos dizer, mas não sois capazes de compreender agora. Quando ele vier, o Espírito da Verdade, vos guiará em toda a verdade. Ele não falará por si mesmo, mas dirá tudo quanto tiver ouvido e vos anunciará o que há de vir. Ele me glorificará, porque receberá do que é meu para vos anunciar. Tudo que o Pai tem é meu. Por isso, eu vos disse que ele receberá do que é meu para vos anunciar" (**Jo 16,12-15**).

Guiados na verdade

O discípulo do Reino, na medida em que busca ser fiel ao Mestre Jesus, é continuamente desafiado. De todas as partes, vêm-lhe questionamentos a respeito da fé, cujos fundamentos devem ser explicitados. A abertura de coração para acolher e perdoar é interpretada pelos inimigos de forma malévola. A solidariedade com os empobrecidos e marginalizados é considerada opção política, sem conexão com a fé. O empenho para viver em comunidade é tomado como perda de tempo, pois nele existem práticas contrárias à fé.

Nestas e em muitas outras circunstâncias, o discípulo conta com a assistência do Espírito da Verdade, prometido pelo Mestre. Na força do Espírito, será capaz de responder a quem levanta suspeitas. Sobretudo, será capaz de se autoconvencer da validade de seguir adiante, embora por caminhos tortuosos. A certeza de ser assistido pelo Espírito dá tranquilidade e paz ao discípulo, permitindo-lhe não se preocupar em demasia, quando estiver na mira dos inimigos.

Poderá acontecer de o discípulo sentir-se inseguro nos momentos de crise, sem saber como dar razão de sua fé. Este poderá ser um sinal de fragilidade da fé, por desconhecer a presença do Espírito da Verdade junto de si. E será um alerta quanto à necessidade de confiar nas palavras do Mestre Jesus. Se ele prometeu enviar o Espírito para estar junto dos discípulos, com toda certeza, cumprirá a promessa. A única condição é a de o discípulo não titubear na fé.

> Senhor Jesus, nos momentos de provação, renova no meu coração a certeza de que o Espírito da Verdade está comigo e me guiará em toda a verdade.

6ª Semana da Páscoa

Quinta

"Um pouco de tempo, e não mais me vereis; e mais um pouco, e me vereis de novo." Alguns dos seus discípulos comentavam: "Que significa isto que ele está dizendo: 'Um pouco de tempo e não mais me vereis, e mais um pouco, e me vereis de novo' e 'Eu vou para junto do Pai'?" Diziam ainda: "O que é esse 'pouco'? Não entendemos o que ele quer dizer". Jesus entendeu que eles queriam fazer perguntas; então falou: "Estais discutindo porque eu disse: 'Um pouco de tempo, e não me vereis, e mais um pouco, e me vereis de novo'? Em verdade, em verdade, vos digo: chorareis e lamentareis, mas o mundo se alegrará. Ficareis tristes, mas a vossa tristeza se transformará em alegria" (**Jo 16,16-20**).

Ver-me-eis de novo!

No final da caminhada terrena, Jesus falou aos discípulos que haveriam de vê-lo de novo. As palavras do Mestre supunham a morte e a ressurreição a serem consumadas em breve. Então, os discípulos poderiam vê-lo novamente, agora, sob novo olhar.

A nova visão suporia o olhar da fé, pelo qual os discípulos se tornam capazes de contemplar a vida do Mestre com o olhar do Pai. E, nela, perceberem a exigente fidelidade, vivida no dia a dia como provação da obediência radical. Trata-se, pois, de ver o evento Jesus na radical relação com o Pai. Este mostraria o amor pelo Filho, ressuscitando-o.

Muitos foram incapazes de ver Jesus de novo, porque incapazes de dar o passo da fé. Fixaram-se no Jesus terreno, vitimado pela maldade dos inimigos e suspenso na cruz, qual blasfemo e marginal. A fixação equivocada na morte de cruz não permite chegar à totalidade do que foi Jesus e da forma como o Pai atuou na existência dele.

O discípulo verdadeiro, pelo contrário, dá conta de ir além da cruz. A fé permite-o contemplar o Ressuscitado e deixar que a ressurreição dê frutos em sua vida. Os frutos queridos pelo Pai!

Senhor Jesus, permite-me ver-te de novo, com o olhar da fé, vivo e ressuscitado no meio de nós, ensinando-nos a ser fiéis e obedientes ao Pai.

Sexta — # 6ª Semana da Páscoa

"Em verdade, em verdade, vos digo: chorareis e lamentareis, mas o mundo se alegrará. Ficareis tristes, mas a vossa tristeza se transformará em alegria. A mulher, quando vai dar à luz, fica angustiada, porque chegou a sua hora. Mas depois que a criança nasceu, já não se lembra mais das dores, na alegria de um ser humano ter vindo ao mundo. Também vós agora sentis tristeza. Mas eu vos verei novamente, e o vosso coração se alegrará, e ninguém poderá tirar a vossa alegria. Naquele dia, não me perguntareis mais nada" (**Jo 16,20-23a**).

Com o coração alegre

A metáfora da mulher a ponto de dar à luz ilustra a situação dos discípulos por ocasião da partida de Jesus para a casa do Pai. Aí se misturam tristeza e alegria, choro e contentamento, angústia e felicidade. Os discípulos haviam de lastimar-lhe a perda, mormente, pelo modo como se dera sua morte. A cruz fora golpe enorme para os que nutriam a mais alta estima pelo Mestre, vendo os sinais que operava e o empenho em ser perfeito na realização da vontade do Pai. A crucifixão fora algo incompreensível. Como Deus pôde permitir que fizessem tanta maldade ao Filho querido? Como entender a morte dos blasfemos infligida a quem fora sempre fiel a Deus? Tudo isso seria motivo de tristeza, de choro e de angústia.

A fé na ressurreição possibilitaria a superação desse estado de ânimo, suplantado pela alegria, pelo contentamento e pela angústia. Porém, sem apagar a tragicidade da morte do Mestre! Quem fora declarado maldito pelos inimigos, seria ressuscitado pelo Pai, a quem competia dizer a palavra final na vida do Filho. O Pai não podia deixar que se perdesse uma vida de inteira fidelidade e obediência. Os discípulos, com isso, teriam muitos motivos para se alegrar.

Os discípulos de todos os tempos experimentam os sentimentos contrastantes dos primeiros discípulos. A eles estão reservadas, também, alegrias sem fim.

> Senhor Jesus, que a certeza de tua ressurreição seja motivo de alegria sem fim e que nos momentos de fracasso eu conte sempre com a tua consolação.

6ª Semana da Páscoa — Sábado

"Em verdade, em verdade, vos digo: se pedirdes ao Pai alguma coisa em meu nome, ele vos dará. Até agora, não pedistes nada em meu nome. Pedi e recebereis, para que a vossa alegria seja completa. Eu vos falei estas coisas por meio de figuras. Vem a hora em que não mais vos falarei em figuras, mas vos falarei claramente do Pai. Naquele dia pedireis em meu nome. E não digo que eu rogarei ao Pai por vós. Pois o próprio Pai vos ama, porque vós me amastes e acreditastes que saí de junto de Deus. Eu saí do Pai e vim ao mundo. De novo, deixo o mundo e vou para o Pai" (**Jo 16,23b-28**).

Do Pai e para o Pai

A partida de Jesus para o Pai completa o ciclo do evento cristão, iniciado com o mistério da encarnação. Vindo ao mundo, na condição de enviado do Pai, a vida de Jesus consistiu em fazer a vontade do Pai concretizar-se no seio da humanidade, como revelação do que o Pai espera do ser humano. A vivência do amor misericordioso, até o extremo de dar a vida pelos amigos, correspondeu ao projeto de vida de Jesus. Uma vez concluída a missão terrena, coube-lhe voltar para o Pai, porém, sem abandonar os discípulos à própria sorte. A condição de Ressuscitado possibilita-lhe estar para sempre com eles, na comunidade de fé e de missão.

A dinâmica do evento cristão repete-se na vida de cada discípulo. Este, também, tem consciência de estar no Pai, a raiz de sua existência, e, como Jesus, sente-se enviado para fazer a vontade do Pai. Nisto consiste o discipulado cristão! O discípulo sabe que sua vida terrena caminha para um fim, quando partirá para junto do Pai. E, cada dia, se prepara para isso.

A consciência desse movimento de vinda do Pai e partida para o Pai deu consistência à vida de Jesus e, também, o dá à vida do discípulo. Este vive de modo a estar sempre preparado para o encontro e a comunhão com o Pai, meta de sua existência.

> Senhor Jesus, como tu, sou consciente de ser enviado pelo Pai e sei qual é meu destino; dá-me forças para alcançar contigo a comunhão com o Pai.

Domingo   # 7ª Semana da Páscoa

Assim Jesus falou, e elevando os olhos ao céu, disse: "Pai, chegou a hora. Glorifica teu filho, para que teu filho te glorifique, assim como deste a ele poder sobre todos, a fim de que dê vida eterna a todos os que lhe deste. (Esta é a vida eterna: que conheçam a ti, o Deus único e verdadeiro, e a Jesus Cristo, aquele que enviaste.) Eu te glorifiquei na terra, realizando a obra que me deste para fazer. E agora Pai, glorifica-me junto de ti mesmo, com a glória que eu tinha, junto de ti, antes que o mundo existisse. Manifestei o teu nome aos homens que, do mundo, me deste. Eles eram teus e tu os deste a mim; e eles guardaram a tua palavra. Agora, eles sabem que tudo quanto me deste vem de ti, porque eu lhes dei as palavras que tu me deste, e eles as acolheram; e reconheceram verdadeiramente que eu saí de junto de ti e creram que tu me enviaste. Eu rogo por eles. Não te rogo pelo mundo, mas por aqueles que me deste, porque são teus. Tudo o que é meu é teu, e tudo o que é teu é meu. E eu sou glorificado neles. Eu já não estou no mundo; mas eles estão no mundo, enquanto eu vou para junto de ti" (**Jo 17,1-11a**).

Missão cumprida

A oração de Jesus resume todo seu projeto de vida. O primeiro objetivo consistiu em manifestar o nome do Pai, fazendo-o conhecido. Tratava-se de levar à plenitude a revelação divina.

O passo seguinte consistiu em formar a comunidade dos discípulos, os que "guardaram a tua palavra". É a comunidade dos que acolheram Jesus, sabendo que viera do Pai e ao Pai retornaria. Esses haveriam de ser continuadores da sua missão, colocando-se, também, a serviço do Pai.

A plenificação da obra do Filho consistirá na glorificação junto do Pai. Glória conseguida pela entrega generosa da própria vida a serviço da humanidade, em vista de salvá-la. Glória que é fruto da fidelidade e da obediência ao Pai, na contramão das solicitações do mundo.

> Senhor Jesus, dá-me forças para levar a bom termo
> a missão que me confiaste, seguindo teus passos
> de Filho glorificado pelo Pai.

7ª Semana da Páscoa

Segunda

Os seus discípulos disseram: "Agora, sim, falas abertamente, e não em figuras. Agora vemos que conheces tudo e não precisas que ninguém te faça perguntas. Por isso acreditamos que saíste de junto de Deus!" Jesus respondeu: "Credes agora? Eis que vem a hora, e já chegou, em que vos dispersareis, cada um para seu lado, e me deixareis sozinho. Mas eu não estou só. O Pai está sempre comigo. Eu vos disse estas coisas para que, em mim, tenhais a paz. No mundo tereis aflições. Mas tende coragem! Eu venci o mundo" (**Jo 16,29-33**).

Tenham coragem!

O tema da coragem é recorrente na catequese de Jesus aos discípulos. O motivo é simples. Em momento algum, Jesus apresentou o discipulado como experiência facilitada. Antes, propôs aos discípulos um projeto de vida altamente exigente. Por um lado, estava a prática do amor solidário, de modo especial, em relação aos empobrecidos e marginalizados. Não é fácil amar como Jesus amou, até o ponto de entregar a vida em favor dos irmãos. É preciso contar com a ingratidão e a falta de reconhecimento. Quem não for corajoso e enfrentar as experiências negativas jamais será discípulo como Jesus quer.

Por outro lado, estão as perseguições por parte de quem escolheu outro caminho de vida, o da maldade e do egoísmo. Esses estão sempre prontos a perseguir quem escolhe o caminho do bem e do amor. E tudo fazem para impedi-los de seguir adiante na opção pelo Reino. De novo, só os corajosos serão capazes de encarar os inimigos do Reino e seguir impávidos, sem temer.

Jesus foi exemplo consumado de coragem. Em momento algum, titubeou diante das ameaças dos adversários. O verdadeiro discípulo segue os passos do Mestre. Embora deva enfrentar a cruz, jamais se deixa abater. Antes, segue adiante, deixando ecoar nos ouvidos a exortação do Mestre: "Tenha coragem!" (Jo 16,29-33).

> Senhor Jesus, dá-me coragem suficiente para enfrentar os desafios de ser teu seguidor, seguindo adiante sem me deixar abalar.

Terça | # 7ª Semana da Páscoa

Assim Jesus falou, e elevando os olhos ao céu, disse: "Pai, chegou a hora. Glorifica teu filho, para que teu filho te glorifique, assim como deste a ele poder sobre todos, a fim de que dê vida eterna a todos os que lhe deste. (Esta é a vida eterna: que conheçam a ti, o Deus único e verdadeiro, e a Jesus Cristo, aquele que enviaste.) Eu te glorifiquei na terra, realizando a obra que me deste para fazer. E agora Pai, glorifica-me junto de ti mesmo, com a glória que eu tinha, junto de ti, antes que o mundo existisse. Manifestei o teu nome aos homens que, do mundo, me deste. Eles eram teus e tu os deste a mim; e eles guardaram a tua palavra. Agora, eles sabem que tudo quanto me deste vem de ti, porque eu lhes dei as palavras que tu me deste, e eles as acolheram; e reconheceram verdadeiramente que eu saí de junto de ti e creram que tu me enviaste. Eu rogo por eles. Não te rogo pelo mundo, mas por aqueles que me deste, porque são teus. Tudo o que é meu é teu, e tudo o que é teu é meu. E eu sou glorificado neles. Eu já não estou no mundo; mas eles estão no mundo, enquanto eu vou para junto de ti" (**Jo 17,1-11a**).

Rogo pelos que me destes!

A oração sacerdotal mostra a preocupação de Jesus com os discípulos. Daí rogar ao Pai "pelos que me destes", pois conhece as dificuldades que haverão de enfrentar.

O Mestre pensa os discípulos em missão. Este é o campo onde haverão de ser confrontados pelos adversários. E correrão o risco de desanimar e dispersar-se. Daí a necessidade de se manterem unidos, sem partidos nem divisões. Essa comunhão será obra do Pai, em favor dos que são seus.

A graça da comunhão deve ser implorada ao Pai, nas pegadas do Mestre, considerando as tentações de se dividirem e se desviarem do caminho traçado. Onde os discípulos vivem unidos, ali se pode perceber a ação de Deus.

> Senhor Jesus, continua a suplicar ao Pai a graça da união dos teus discípulos, pois é assim que testemunham a ação do Pai em seu favor.

7ª Semana da Páscoa

Quarta

"Pai Santo, guarda-os em teu nome, o nome que me deste, para que eles sejam um, como nós somos um. Quando estava com eles, eu os guardava em teu nome, o nome que me deste. Eu os guardei, e nenhum deles se perdeu, a não ser o filho da perdição, para se cumprir a Escritura. Agora, porém, eu vou para junto de ti, e digo estas coisas estando ainda no mundo, para que tenham em si a minha alegria em plenitude. Eu lhes dei a tua palavra, mas o mundo os odiou, porque eles não são do mundo, como eu não sou do mundo. Eu não rogo que os tires do mundo, mas que os guardes do maligno. Eles não são do mundo, como eu não sou do mundo. Consagra-os pela verdade: a tua palavra é a verdade. Assim como tu me enviaste ao mundo, eu também os enviei ao mundo. Eu me consagro por eles, a fim de que também eles sejam consagrados na verdade" (**Jo 17,11b-19**).

Um, como nós!

A preocupação de Jesus com a unidade dos discípulos tem a relação dele com o Pai como referência. A unidade entre o Pai e o Filho deverá ser o modelo inspirador. E os discípulos, obedientes ao Mestre, deverão dar-lhe ouvido.

Aconteceram, ao longo dos séculos, inúmeras divisões entre os discípulos de Jesus. Todas elas contrariam o querer do Mestre e devem ser consideradas fato grave, com o qual não se pode acomodar.

Existe, da parte de alguns cristãos, um esforço sincero na linha do ecumenismo e na busca da unidade. Os resultados, porém, são pouco animadores. Persiste a mentalidade de segregação, quando não de aberto conflito entre igrejas ditas cristãs.

Urge ter em vista o ideal de unidade prelibado pelo Mestre e se esforçar para alcançá-lo. Em todo caso, não se pode dizer cristão quem se omite na tarefa de construir a unidade. Indivíduos tendentes ao sectarismo, portanto, não são aptos para o discipulado do Reino.

> Senhor Jesus, põe no meu coração o ideal da unidade e move-me sempre a viver unido com os irmãos e irmãs, discípulos do Reino.

Quinta | 7ª Semana da Páscoa

"Eu não rogo somente por eles, mas também por aqueles que vão crer em mim pela palavra deles. Que todos sejam um, como tu, Pai, estás em mim, e eu em ti. Que eles estejam em nós, a fim de que o mundo creia que tu me enviaste. Eu lhes dei a glória que tu me deste, para que eles sejam um, como nós somos um: eu neles, e tu em mim, para que sejam perfeitamente unidos, e o mundo conheça que tu me enviaste e os amaste como amaste a mim. Pai, quero que estejam comigo aqueles que me deste, para que contemplem a minha glória, a glória que tu me deste, porque me amaste antes da criação do mundo. Pai justo, o mundo não te conheceu, mas eu te conheci, e estes conheceram que tu me enviaste. Eu lhes fiz conhecer o teu nome, e o farei conhecer ainda, para que o amor com que me amaste esteja neles, e eu mesmo esteja neles" (**Jo 17,20-26**).

Os que crerão

Os discípulos, ao longo da missão, convidam outras pessoas para o discipulado cristão. Entretanto, Jesus exorta-os a viverem na unidade, de modo que os novos discípulos sejam acolhidos no seio de uma comunidade unida com todos os irmãos e irmãs. Será mais um irmão unido na fé, na esperança e na caridade com a grande comunidade dos que escolheram ser discípulos de Jesus.

Igrejas cristãs com mentalidade de gueto, sem espírito ecumênico, se equivocarão na missão. Quando conseguem trazer alguém para a fé, acabam por inseri-lo, não na grande família dos discípulos do Reino, e, sim, num grupinho fechado, contrário ao querer do Mestre que insistiu na unidade.

Portanto, antes de enviar os membros em missão, a comunidade cristã deve se avaliar bem. E verificar se comunga com o espírito de unidade, no qual Jesus tanto insistiu. Se for sectária, será urgente superar o estreito horizonte, alargando-o para abarcar todos os irmãos e irmãs de fé.

> Senhor Jesus, dá-me um coração aberto, pronto a se sentir comunidade com todos os irmãos e irmãs de fé, e, assim, poder convidar outros para fazerem parte desta família.

7ª Semana da Páscoa

Sexta

Depois de comerem, Jesus perguntou a Simão Pedro: "Simão, filho de João, tu me amas mais do que estes?" Pedro respondeu: "Sim, Senhor, tu sabes que te amo". Jesus lhe disse: "Cuida dos meus cordeiros". E disse-lhe, pela segunda vez: "Simão, filho de João, tu me amas?" Pedro respondeu: "Sim, Senhor, tu sabes que te amo". Jesus lhe disse: "Apascenta minhas ovelhas". Pela terceira vez, perguntou a Pedro: "Simão, filho de João, tu me amas?" Pedro ficou triste, porque lhe perguntou pela terceira vez se o amava. E respondeu: "Senhor, tu sabes tudo; tu sabes que te amo". Jesus disse-lhe: "Cuida das minhas ovelhas. Em verdade, em verdade, te digo: quando eras jovem, tu mesmo amarravas teu cinto e andavas por onde querias; quando, porém, fores velho, estenderás as mãos, e outro te amarrará pela cintura e te levará para onde não queres ir". (Disse isso para dar a entender com que morte Pedro iria glorificar a Deus.) E acrescentou: "Segue-me" (**Jo 21,15-19**).

Tu sabes que te amo!

Jesus exigiu de Pedro a confissão de amor, antes de lhe confiar a liderança da comunidade. O número três, com certeza, evoca a experiência do passado, quando o discípulo insistiu em dizer que não o conhecia.

Todavia, é possível entender o texto evangélico noutra direção. A liderança cristã tem o pressuposto do amor ao Mestre, expressão do desejo de fazer em tudo sua vontade, mormente, no tocante ao trato carinhoso com os pequeninos. Sem isso, o líder cristão tenderá a ser arrogante, sem respeito pelos outros, na contramão do modo de proceder de Jesus. Uma comunidade com tal indivíduo à frente jamais será comunidade de discípulos do Mestre. Antes, um grupo de oprimidos e humilhados nas mãos de um líder despótico, contrário ao espírito de Jesus.

Urge de todo líder cristão a confissão sincera de amor a Jesus. Sem isso, ninguém está obrigado a se submeter a seus caprichos.

> Senhor Jesus, reforça em mim o amor por ti, de modo que, no trato com os irmãos e irmãs de fé, minha conduta seja de atenção e de bondade, a teu exemplo.

Sábado — 7ª Semana da Páscoa

"No vosso caminho, proclamai: 'O Reino dos Céus está próximo'. Curai doentes, ressuscitai mortos, purificai leprosos, expulsai demônios. De graça recebestes, de graça deveis dar! Não leveis ouro, nem prata, nem dinheiro à cintura; nem sacola para o caminho, nem duas túnicas, nem sandálias, nem bastão, pois o trabalhador tem direito a seu sustento. Em qualquer cidade ou povoado em que entrardes, procurai saber quem ali é digno e permanecei com ele até a vossa partida. Ao entrardes na casa, saudai-a: se a casa for digna, desça sobre ela a vossa paz; se ela não for digna, volte para vós a vossa paz" (**Mt 10,7-13**).

A serviço da libertação

A opção pelo discipulado cristão comporta outra opção importante: a de ser proclamador do Reino por palavras e ações. Palavras apenas não bastam. É preciso confirmá-las com gestos concretos.

Os sinais da presença do Reino anunciado pelos discípulos de Jesus vão todos na linha da libertação do ser humano, de tudo quanto o oprime e lhe fere a dignidade. Daí o Mestre tê-los mandado curar os doentes, ressuscitar os mortos, purificar os leprosos e expulsar os demônios. São todas formas diversas de o ser humano viver cativo de poderes ocultos e aleatórios, que o impedem de ser feliz. Caberá ao discípulo levar-lhe os benefícios do Reino.

Os sinais do Reino nada têm a ver com os espetáculos milagreiros, muito comuns em ambientes ditos cristãos. O Reino acontece onde a dignidade humana é restaurada e as pessoas passam a ser tratadas como seres de direito, sem opressão e marginalização. O discípulo em missão se entregará a esta tarefa, seguro de estar cumprindo a vontade do Mestre.

Missão que se resume a palavreado vazio e se encanta com falsos milagres não é digna do nome cristão. Não corresponde ao projeto missionário do Evangelho!

> Senhor Jesus, faze de mim autêntico missionário, pronto a proclamar o Reino por palavras e fazê-lo acontecer com gestos de libertação.

TEMPO COMUM

| Domingo | 1ª Semana do Tempo Comum |

Ele proclamava: "Depois de mim vem aquele que é mais forte do que eu. Eu nem sou digno de, abaixando-me, desatar a correia de suas sandálias. Eu vos batizei com água. Ele vos batizará com o Espírito Santo". Naqueles dias, Jesus veio de Nazaré da Galileia e foi batizado por João, no rio Jordão. Logo que saiu da água, viu o céu rasgar-se e o Espírito, como pomba, descer sobre ele. E do céu veio uma voz: "Tu és o meu Filho amado; em ti está o meu agrado" (**Mc 1,7-11**).

O Filho amado

A voz do céu, por ocasião do batismo de Jesus, explicita um dado fundamental de sua identidade: é o Filho amado de Deus. Esta é uma metáfora para falar da relação de Jesus com Deus. Enquanto Filho, importava-lhe ser obediente e fiel.

Enquanto Filho obediente, sua vida esteve toda pautada na vontade de Deus. Nada contrário ao querer divino teve lugar no seu coração, mormente, o egoísmo. Nele tudo foi amor misericordioso e serviço desinteressado ao próximo. O conjunto do texto evangélico será contínua demonstração do proceder de Jesus na relação com o Pai.

Enquanto Filho fiel, jamais se desviou do caminho do Pai, mesmo devendo padecer a morte de cruz. Aliás, a morte de cruz será a máxima demonstração de fidelidade ao Pai. Embora pudesse escapar das mãos dos inimigos, seguiu em frente, sem medo, seguro de estar no caminho certo.

Obediência e fidelidade são duas virtudes indispensáveis na vida dos discípulos de Jesus. Sem elas, o discipulado fica inviabilizado. O discípulo obediente buscará, em cada momento, a melhor forma de se submeter ao querer divino, rompendo com a tirania do egoísmo que o torna escravo das paixões e o impede de fazer o bem. O discípulo fiel é perseverante no modo de proceder cristão, evitando os altos e baixos, sem cair na tentação de ser infiel ao Mestre Jesus.

> Senhor Jesus, como teu discípulo, quero ser sempre fiel e obediente ao Pai, pautando minha vida pelo amor e pela misericórdia.

1ª Semana do Tempo Comum · Segunda

Depois que João foi preso, Jesus veio para a Galileia, proclamando a Boa-Nova de Deus: "Completou-se o tempo, e o Reino de Deus está próximo. Convertei-vos e crede na Boa-Nova". Caminhando à beira do mar da Galileia, Jesus viu Simão e o irmão deste, André, lançando as redes ao mar, pois eram pescadores. Então lhes disse: "Segui-me, e eu farei de vós pescadores de homens". E eles, imediatamente, deixaram as redes e o seguiram. Prosseguindo um pouco adiante, viu também Tiago, filho de Zebedeu, e seu irmão, João, consertando as redes no barco. Imediatamente, Jesus os chamou. E eles, deixando o pai Zebedeu no barco com os empregados, puseram-se a seguir Jesus (**Mc 1,14-20**).

E o seguiram!

Jesus contou com a ajuda de colaboradores, desde o início de seu ministério. Daqui podem ser feitas várias deduções. Ele não quis ser um mestre solitário, uma espécie de guru personalista, com um grupelho de admiradores. Pensou sempre a missão compartilhada com um grupo, a quem caberia levá-la diante. Projetou-se para além de si mesmo, compreendendo-se como iniciador de um movimento, destinado a se difundir pelo mundo afora, sem fronteiras.

Quem foram os primeiros colaboradores? Pessoas simples, do povo, sem nenhuma grandeza humana. Sendo galileus, eram desprezados pelos habitantes da Judeia, que se consideravam detentores da verdadeira fé. Tratava-se de pescadores, exercendo uma profissão comum nas imediações do lago de Genesaré.

As exigências para ser colaborador de Jesus foram ingentes. O grande desafio consistiu em deixar para trás profissão, família e pátria, para seguir o Mestre peregrino, sem família e sem moradia certa. O discipulado, de certa forma, seria um salto no escuro, pois o Mestre não lhes dava nenhuma garantia de sucesso e de segurança.

Simão Pedro, André, Tiago e João tiveram a coragem de fazer a opção por Jesus. E, assim, deram início ao discipulado cristão, que haveria de continuar através dos tempos.

> Senhor Jesus, como teus primeiros seguidores,
> dá-me a capacidade de acolher teu chamado e de abraçar
> contigo a missão de anunciar o Reino.

Terça   # 1ª Semana do Tempo Comum

Entraram em Cafarnaum. No sábado, Jesus foi à sinagoga e pôs-se a ensinar. Todos ficaram admirados com seu ensinamento, pois ele os ensinava como quem tem autoridade, não como os escribas. Entre eles na sinagoga estava um homem com um espírito impuro; ele gritava: "Que queres de nós, Jesus Nazareno? Vieste para nos destruir? Eu sei quem tu és: o Santo de Deus!" Jesus o repreendeu: "Cala-te, sai dele!" O espírito impuro sacudiu o homem com violência, deu um forte grito e saiu. Todos ficaram admirados e perguntavam uns aos outros: "Que é isto? Um ensinamento novo, e com autoridade: ele dá ordens até aos espíritos impuros, e eles lhe obedecem!" E sua fama se espalhou rapidamente por toda a região da Galileia (**Mc 1,21-28**).

A serviço da libertação

Os milagres foram uma constante na vida de Jesus. Porém, jamais pretendeu apresentar-se como milagreiro e mágico, nem, tampouco, exibicionista. Os gestos poderosos visavam, em primeiro lugar, à libertação do ser humano de tudo quanto o oprimisse.

A cura do homem possuído por um "espírito impuro" ilustra a ação de Jesus libertador. A linguagem do possesso soa estranha. O indivíduo sabe muito bem quem é Jesus: "o Santo de Deus", embora fosse nazareno, ou seja, originário de uma cidade mal afamada. Declarar Santo de Deus a um nazareno era inusitado. Mas o possesso o fez!

Por outro lado, o homem reconhecia a missão de Jesus. Daí ter perguntado: "Vieste para nos destruir?". Sabia muito bem que Jesus jamais cruzaria os braços diante de alguém possuído por um espírito impuro. Sua ação decidida seria a de purificá-lo, libertando-o do que o mantinha cativo.

A ação de Jesus foi imediata. "Cala-te, sai dele!" foi a ordem peremptória, imediatamente cumprida. E o homem foi libertado.

Como o Mestre, os discípulos se põem a serviço da libertação. Por isso, jamais cruzarão os braços diante de quem sofre a opressão dos vícios e do egoísmo.

> Senhor Jesus, põe-me sempre a serviço da libertação,
> predispondo-me a ajudar quem é oprimido
> pela maldade e pela dureza de coração.

1ª Semana do Tempo Comum — Quarta

Logo que saíram da sinagoga, foram com Tiago e João para a casa de Simão e André. A sogra de Simão estava de cama, com febre, e logo falaram dela a Jesus. Ele aproximou-se e, tomando-a pela mão, levantou-a; a febre a deixou, e ela se pôs a servi-los. Ao anoitecer, depois do pôr do sol, levavam a Jesus todos os doentes e os que tinham demônios. A cidade inteira se ajuntou à porta da casa. Ele curou muitos que sofriam de diversas enfermidades; expulsou também muitos demônios, e não lhes permitia falar, porque sabiam quem ele era. De madrugada, quando ainda estava bem escuro, Jesus se levantou e saiu rumo a um lugar deserto. Lá, ele orava. Simão e os que estavam com ele se puseram a procurá-lo. E quando o encontraram, disseram-lhe: "Todos te procuram". Jesus respondeu: "Vamos a outros lugares, nas aldeias da redondeza, a fim de que, lá também, eu proclame a Boa-Nova. Pois foi para isso que eu saí". E foi proclamando nas sinagogas por toda a Galileia, e expulsava os demônios (**Mc 1,29-39**).

O bem multiplicado

A vida de Jesus consistiu em fazer o bem, vindo ao encontro das necessidades de quem o procurava em busca de alívio para seus sofrimentos. Era incansável, quando tinha diante de si pessoas carentes. Dia e noite estava sempre pronto para ajudar.

O evangelho refere-se às atividades noturnas de Jesus. Depois que o sol se pôs, levaram-lhe "todos" os doentes e endemoninhados. A cidade inteira aglomerou-se a seu redor. De madrugada, depois das intensas atividades, retirou-se um pouco para descansar e rezar. Impossível! A multidão estava à procura dele.

Sem demonstrar cansaço, Jesus se levantou e se pôs a caminho, consciente das necessidades de tantas outras pessoas. Servidor do Reino, importava-lhe anunciar a Boa-Nova fazendo o bem.

Os discípulos, nos passos do Mestre, também são incansáveis, quando se trata de ser solidários com os sofredores deste mundo.

> Senhor Jesus, torna-me incansável na prática do bem, procurando ajudar a todos que precisam de minha ajuda.

Quinta — # 1ª Semana do Tempo Comum

Um leproso aproximou-se de Jesus e, de joelhos, suplicava-lhe: "Se queres, tens o poder de purificar-me!" Jesus encheu-se de compaixão, e estendendo a mão sobre ele, o tocou, dizendo: "Eu quero, fica purificado". Imediatamente a lepra desapareceu, e ele ficou purificado. Jesus, com severidade, despediu-o e recomendou-lhe: "Não contes nada a ninguém! Mas vai mostrar-te ao sacerdote e apresenta, por tua purificação, a oferenda prescrita por Moisés. Isso lhes servirá de testemunho". Ele, porém, assim que partiu, começou a proclamar e a divulgar muito este acontecimento, de modo que Jesus já não podia entrar, publicamente, na cidade. Ele ficava fora, em lugares desertos, mas de toda parte vinham a ele (**Mc 1,40-45**).

O querer de Jesus

A súplica do leproso tocou o coração de Jesus — "Se queres, tens o poder de purificar-me!" O doente colocou-se, inteiramente, nas mãos do Mestre, dependente de sua decisão. Só dele poderia vir-lhe a cura.

A resposta — "Eu quero, fica purificado" — revela o querer de Jesus, quando está diante dos sofredores. Ele quer as pessoas felizes e cheias de vida. Quer a superação da exclusão e da marginalização, provocadas pela doença. Quer as pessoas purificadas das doenças e do que as faz sofrer. Quer o reconhecimento da ação de Deus que salva e dá vida.

O querer dos discípulos deverá assemelhar-se ao querer do Mestre. Pessoas insensíveis ao sofrimento alheio são inaptas para o discipulado cristão. Também as centradas em si mesmas, a ponto de não se darem conta da presença do irmão carente.

Traço distintivo do discipulado é a compaixão. Como Jesus, o discípulo enche-se de compaixão por quem necessita de ajuda. No evangelho, tratava-se de um leproso. No nosso dia a dia, são os tristes, os desesperados, os angustiados, os revoltados e tantos outros, para quem os horizontes se tornaram estreitos demais.

> Senhor Jesus, dá-me o dom da compaixão;
> que me torne sensível ao sofrimento dos irmãos
> e me mova a fazer-lhes o bem.

1ª Semana do Tempo Comum — Sexta

Alguns dias depois, Jesus passou novamente por Cafarnaum, e espalhou-se a notícia de que ele estava em casa. Ajuntou-se tanta gente que já não havia mais lugar, nem mesmo à porta. E Jesus dirigia-lhes a palavra. Trouxeram-lhe um paralítico, carregado por quatro homens. Como não conseguiam apresentá-lo a ele, por causa da multidão, abriram o teto, bem em cima do lugar onde ele estava e, pelo buraco, desceram a maca em que o paralítico estava deitado. Vendo a fé que eles tinham, Jesus disse ao paralítico: "Filho, os teus pecados são perdoados". Estavam ali sentados alguns escribas, que no seu coração pensavam: "Como pode ele falar deste modo? Está blasfemando. Só Deus pode perdoar pecados!" Pelo seu espírito, Jesus logo percebeu que eles assim pensavam e disse-lhes: "Por que pensais essas coisas no vosso coração? Que é mais fácil, dizer ao paralítico: 'Os teus pecados são perdoados', ou: 'Levanta-te, pega a tua maca e anda'? Ora, para que saibais que o Filho do Homem tem na terra poder para perdoar pecados – disse ao paralítico – eu te digo: levanta-te, pega a tua maca e vai para casa!" O paralítico se levantou e, à vista de todos, saiu carregando a maca. Todos ficaram admirados e louvavam a Deus dizendo: "Nunca vimos coisa igual!" (**Mc 2,1-12**).

Cura completa

Chama a atenção no evangelho o fato de Jesus decretar perdoados os pecados do paralítico, trazido até ele por um caminho inusitado. À primeira vista, pode parecer sem sentido, pois a questão de fundo era a paralisia, que se espera fosse curada. Então, por que Jesus falou, antes de mais nada, em perdão dos pecados?

A declaração de Jesus era, já, o início da cura. Esta começa de dentro para fora. Do coração para o exterior. Doutra forma, seria cura superficial e exterior, quando a cura verdadeira é a que vem do coração. Sem esta, a cura da paralisia física ficaria incompleta.

Senhor Jesus, dá-me a graça de compreender que a verdadeira cura vem do coração, onde a presença do egoísmo pode me incapacitar para a prática do bem.

Sábado — 1ª Semana do Tempo Comum

Outra vez, Jesus saiu para a beira do lago. Toda a multidão ia até ele, e ele os ensinava. Ao passar, viu Levi, o filho de Alfeu, sentado na coletoria de impostos, e disse-lhe: "Segue-me!" Ele se levantou e seguiu-o. Enquanto estava à mesa na casa de Levi, muitos publicanos e pecadores puseram-se à mesa com Jesus e seus discípulos. Pois eram muitos os que o seguiam. Os escribas, que eram fariseus, vendo que ele comia com os pecadores e os publicanos, disseram aos discípulos de Jesus: "Por que ele come com os publicanos e os pecadores?" Tendo ouvido, Jesus respondeu-lhes: "Não são as pessoas com saúde que precisam de médico, mas as doentes. Não é a justos que vim chamar, mas a pecadores" (**Mc 2,13-17**).

A serviço dos pecadores

Muitos gestos de Jesus chocaram a sensibilidade religiosa de seus contemporâneos. Entre eles, a convivência com os excluídos do sistema religioso, de modo especial, os cobradores de impostos e os pecadores. A religião recomendava tomar distância em relação a eles, para não se correr o risco de contaminação.

Jesus seguiu na direção contrária. Sentia-se bem à vontade no meio deles e não tinha escrúpulos de sentar-se à mesa com eles. Sentar-se à mesa com alguém, na cultura da época, era sinal de comunhão, de amizade e de proximidade. Logo, o gesto de Jesus era de fácil identificação: era amigo dos pecadores!

De forma alguma, Jesus teve a intenção de escandalizar alguém. Não lhe interessava esse modo de proceder. Comer com os pecadores fazia parte de sua missão. Eles tinham primazia em seu coração. Afinal, não estava a serviço dos justos, mas sim de quem se afastara de Deus.

Estar com os pecadores fazia parte do querer divino a respeito de Jesus. Por conseguinte, a crítica dos adversários era totalmente sem importância. Ele continuaria a ser a presença amorosa de Deus em meio a quem era desprezado em nome de Deus.

> Senhor Jesus, tira de mim os preconceitos que
> me afastam dos que tiveram primazia em teu coração,
> pois para o serviço deles, como tu, também sou enviado.

2ª Semana do Tempo Comum — Domingo

No dia seguinte, João estava lá, de novo, com dois dos seus discípulos. Vendo Jesus caminhando, disse: "Eis o Cordeiro de Deus!" Os dois discípulos ouviram esta declaração de João e passaram a seguir Jesus. Jesus voltou-se para trás e, vendo que eles o seguiam, perguntou-lhes: "Que procurais?" Eles responderam: "Rabi (que quer dizer Mestre), onde moras?" Ele respondeu: "Vinde e vede!" Foram, viram onde morava e permaneceram com ele aquele dia. Era por volta das quatro horas da tarde. André, irmão de Simão Pedro, era um dos dois que tinham ouvido a declaração de João e seguido Jesus. Ele encontrou primeiro o próprio irmão, Simão, e lhe falou: "Encontramos o Cristo!" (que quer dizer Messias). Então, conduziu-o até Jesus, que lhe disse, olhando para ele: "Tu és Simão, filho de João. Tu te chamarás Cefas!" (que quer dizer Pedro) (**Jo 1,35-42**).

Foram e viram!

Com o convite — "Vinde e vede!" —, os dois discípulos de João foram e viram onde Jesus morava, e ficaram com ele o dia inteiro. Na verdade, o que viram? Ou, então, o que lhes interessava ver? Tratava-se de mera curiosidade? Afinal, o Mestre era um peregrino sem morada fixa, vivendo aqui e acolá.

O objeto da visão dos discípulos foi a identidade de Jesus. Viram quem era ele. Reconheceram-lhe a condição de Messias, a ponto de, ao sair dali, anunciarem ter encontrado o Cristo e se empenharem para possibilitar a outras pessoas a mesma experiência. Ver não se limitava à visão física, que detecta detalhes de lugares e circunstâncias. Tratava-se, antes, da visão espiritual que os permitiu ir além das aparências e reconhecer quem era Jesus.

O caminho dos primeiros discípulos deverá ser refeito por quem deseja seguir as pegadas do Mestre. Sem "vê-lo" e conhecer-lhe bem a identidade, o ato de fé não será possível. Ou, quando muito, será falso, pois a adesão a Jesus supõe conhecê-lo previamente, de modo a evitar adesões inconsideradas.

> Senhor Jesus, dá-me a graça de ver-te e reconhecer-te como o Cristo, a quem devo confessar na fé e proclamar à humanidade carente de salvação.

Segunda | # 2ª Semana do Tempo Comum

Os discípulos de João e os fariseus estavam jejuando. Vieram então perguntar a Jesus: "Por que os discípulos de João e os discípulos dos fariseus jejuam, e os teus discípulos não jejuam?" Jesus respondeu: "Acaso os convidados do casamento podem jejuar enquanto o noivo está com eles? Enquanto o noivo está com eles, os convidados não podem jejuar. Dias virão em que o noivo lhes será tirado. Então, naquele dia jejuarão. Ninguém costura remendo de pano novo em roupa velha; senão, o remendo novo repuxa o pano velho, e o rasgão fica maior ainda. Ninguém põe vinho novo em odres velhos, senão, o vinho arrebenta os odres, e perdem-se o vinho e os odres. Mas, vinho novo em odres novos!" (**Mc 2,18-22**).

Duas metáforas sugestivas

Jesus serviu-se de duas metáforas para falar do modo como os discípulos devem acolher sua mensagem: o remendo de uma roupa e o lugar de guardar o vinho. O sentido de ambas é idêntico. O discípulo deve acolher os ensinamentos de Jesus com um coração novo, de forma a não contaminá-los.

O perigo consiste em deturpar os ensinamentos de Jesus pela incapacidade de perceber-lhe a novidade. A mensagem é distorcida para se reduzir ao tamanho da mentalidade de quem a ouve. Tome-se como exemplo o caso do amor aos inimigos. Quem não está disposto a acolher as palavras do Mestre acabará por interpretá-las de tal maneira, a ponto de concluir que o amor aos inimigos é optativo no discipulado cristão. A mesma coisa pode-se dizer da exigência do perdão, da acolhida aos pobres, da partilha dos bens e de todos os demais ensinamentos de Jesus.

Querer ser discípulo do Reino, sem renovação interior, é como costurar remendo de pano novo em roupa velha. Ou, então, guardar o vinho novo em odres velhos. Ambas as atitudes são insensatas. Também o será a pretensão de quem deseja ser discípulo sem profunda conversão do coração.

> Senhor Jesus, dá-me um coração novo para receber teus ensinamentos sem deturpá-los com minha visão mesquinha.

2ª Semana do Tempo Comum — Terça

Certo sábado, Jesus estava passando pelas plantações de trigo, e os discípulos começaram a abrir caminho, arrancando espigas. Os fariseus disseram então a Jesus: "Olha! Por que eles fazem no dia de sábado o que não é permitido?" Ele respondeu: "Nunca lestes o que fez Davi quando passou necessidade e teve fome, e seus companheiros também? Ele entrou na casa de Deus, no tempo em que Abiatar era sumo sacerdote, comeu os pães da oferenda, que só os sacerdotes podem comer, e ainda os deu aos seus companheiros!" E acrescentou: "O sábado foi feito para o homem, e não o homem para o sábado. Deste modo, o Filho do Homem é Senhor também do sábado" (**Mc 2,23-28**).

Uma nova mentalidade

Jesus recusou submeter-se ao legalismo da liderança religiosa de seu tempo. Um dos aspectos dessa mentalidade era a interpretação estreita da Lei Mosaica, sem dar espaço para adaptá-la à realidade. Jesus comportava-se com muita liberdade, colocando, em primeiro lugar, o imperativo da vida. As necessidades humanas tinham precedência em relação aos ditames da Lei.

No caso das espigas colhidas em dia de sábado, o Mestre encontrou no Antigo Testamento um exemplo de interpretação benigna da Lei. Fugindo da perseguição do rei Saul, Davi e seus homens estavam famintos, sem ter o que comer. Chegaram ao lugarejo chamado Nob, onde havia um santuário. Dirigindo-se ao sacerdote, pediu-lhe algo para comer, "uns cinco pães ou qualquer coisa" (1Sm 21,4). Os únicos pães que havia eram pães consagrados, a serem substituídos por outros, que exigiam extrema pureza para ser consumidos. O sacerdote não teve dúvida: tomou-os e os deu a Davi e seu grupo. Se fosse legalista, teria mandado os famintos buscarem alimento em outras paragens.

O gesto de Jesus seguiu na mesma direção. Se permitia aos discípulos arrancar e comer as espigas, em dia de sábado, era porque tinham fome. Ele se pautava por um princípio bem simples: a Lei foi feita para o ser humano e não o ser humano para a Lei.

Senhor Jesus, que meu coração seja suficientemente livre, como o teu, para não cair na armadilha do legalismo, que coloca a Lei acima das necessidades humanas.

Quarta — ## 2ª Semana do Tempo Comum

Outra vez, Jesus entrou na sinagoga, e lá estava um homem com a mão seca. Eles observavam se o curaria num dia de sábado, a fim de acusá--lo. Jesus disse ao homem da mão seca: "Levanta-te! Vem para o meio!" E perguntou-lhes: "Em dia de sábado, o que é permitido: fazer o bem ou fazer o mal, salvar uma vida ou matar?" Eles ficaram calados. Passando sobre eles um olhar irado, e entristecido pela dureza de seus corações, disse ao homem: "Estende a mão!" Ele estendeu a mão, que ficou curada. Saindo daí, imediatamente os fariseus, com os herodianos, tomaram a decisão de eliminar Jesus (**Mc 3,1-6**).

O Messias livre

Os adversários de Jesus estavam de olho nele para flagrá-lo no que lhes parecia ser violação da Lei e, assim, ter como condená-lo. O episódio da cura do homem com a mão atrofiada foi um dos muitos entreveros em que Jesus mostrou ser um Messias livre, que não se deixava intimidar.

A cena é de fácil visualização. Jesus encontra-se numa sinagoga em dia de sábado. O repouso sabático era inquestionável. Havia normas rigorosas sobre o que era permitido e o que era proibido fazer naquele dia. O Mestre tem diante de si um homem com a mão atrofiada. Sem que lhe fosse pedida a cura, toma a iniciativa de chamá--lo para o meio. A presença dos inimigos maliciosos, sem dúvida, não lhe passava despercebida. Sentindo o clima pesado, lança-lhes a questão de se é permitido ou não salvar uma vida ou perdê-la em dia de sábado. Pergunta capciosa, pois bem sabia que ninguém, em são juízo, haveria de dizer que, em dia de sábado, deve-se deixar perder uma vida. Daí os inimigos terem se calado. E a cura foi realizada!

Entretanto, a liberdade de Jesus teve um preço. Os inimigos cuidaram de ver como eliminá-lo, tirando-lhe a vida. Nada disso foi suficientemente forte para desviá-lo do caminho traçado pelo Pai. Ele seria um Messias livre até o fim.

> Senhor Jesus, faze-me livre como tu foste livre,
> de modo que, em qualquer tempo ou circunstância,
> eu esteja pronto a fazer o bem.

2ª Semana do Tempo Comum — Quinta

Jesus, então, com seus discípulos, retirou-se em direção ao lago, e uma grande multidão da Galileia o seguia. Também veio a ele muita gente da Judeia e de Jerusalém, da Idumeia e de além do Jordão, e até da região de Tiro e Sidônia, porque ouviram dizer quanta coisa ele fazia. Ele disse aos discípulos que providenciassem um barquinho para ele, a fim de que a multidão não o apertasse. Pois, como tivesse curado a muitos, aqueles que tinham doenças se atiravam sobre ele para tocá-lo. E os espíritos impuros, ao vê-lo, caíam a seus pés, gritando: "Tu és o Filho de Deus". Mas ele os repreendeu, proibindo que manifestassem quem ele era (**Mc 3,7-12**).

Em busca do Senhor!

Jesus exercia grande atração sobre as pessoas, atraindo-as de todos os lados. O texto evangélico fala de gente vinda de regiões distantes em busca dele. Inclusive não judeus, como eram os de Tiro e Sidônia, entraram nesse movimento.

O evangelho explicita o motivo: "porque ouviram dizer quanta coisa ele fazia". E dá a impressão de serem todos oportunistas, que procuravam Jesus interessados em algum benefício a ser recebido. A cura das doenças era um deles. A multidão entusiasmada pelos milagres atirava-se sobre ele para tocá-lo, a ponto de ser necessário encontrar uma rota de fuga, ou seja, um barquinho que o levasse para dentro do lago da Galileia.

Sem dúvida, juntamente com a cura, Jesus oferecia muito mais. Dava atenção às pessoas, valorizando-as. Escutava-lhes as queixas e lhes restituía a esperança de viver. Estava, também, atento a seus desvios e, com mansidão, chamava-as à conversão. Em suma, dava-lhes segurança nas tribulações.

Quando o discípulo de Jesus tem o coração cheio de bondade, como o Mestre, possui o dom de atrair as pessoas para si. Na direção contrária, quando o discípulo é repelente e afasta de si as pessoas, existe algo de equivocado em sua vida. A necessidade de conversão se faz urgente.

> Senhor Jesus, dá-me um coração cheio de bondade, pronto a acolher quem sofre e carece de segurança em suas tribulações.

| Sexta | # 2ª Semana do Tempo Comum |

Jesus subiu à montanha e chamou os que ele quis; e foram a ele. Ele constituiu então doze, para que ficassem com ele e para que os enviasse a anunciar a Boa-Nova, com o poder de expulsar os demônios. Eram: Simão (a quem deu o nome de Pedro); Tiago, o filho de Zebedeu, e João, seu irmão (aos quais deu o nome de Boanerges, que quer dizer "filhos do trovão"); e ainda André, Filipe, Bartolomeu, Mateus, Tomé, Tiago filho de Alfeu, Tadeu, Simão, o cananeu, e Judas Iscariotes, aquele que o traiu (**Mc 3,13-19**).

Para ficar com ele

Na constituição do primeiro grupo de discípulos, dois elementos chamam a atenção. Jesus chamou "os que ele quis", "para que ficassem com ele e para que os enviasse".

O primeiro fato revela a diferença de Jesus em relação aos demais mestres. Estes eram escolhidos pelos discípulos. No caso do Mestre Jesus, ele é quem escolhe os discípulos. Logo, o discipulado cristão parte da iniciativa do mestre em relação ao discípulo, e não o contrário. O discípulo é um escolhido e chamado. Isto lhe dá especial dignidade.

O segundo fato, igualmente, marca a originalidade de Jesus. Os mestres da época formavam discípulos que, por sua vez, haveriam de ser mestres. Não ficavam com eles, nem, tampouco, eram enviados por eles. Cada discípulo formado seguia o próprio caminho, sem se subordinar ao mestre.

Com Jesus, é diferente. O discípulo está sempre unido a ele, sem que o processo de discipulado chegue ao final. Urge estar sempre pronto a aprender com o Mestre. Um discipulado para toda a vida! Por outro lado, cabe ao discípulo realizar as tarefas confiadas pelo Mestre, levando adiante a missão dele.

Os discípulos e discípulas de todos os tempos passam por semelhante processo. E só é discípulo verdadeiro quem tem clara consciência de ter sido chamado pelo Mestre Jesus, para ficar com ele e ser enviado em missão.

> **Senhor Jesus, faze-me sempre mais consciente de ter sido chamado e escolhido por ti, para ficar contigo e levar adiante a tua missão.**

2ª Semana do Tempo Comum — Sábado

Jesus voltou para casa, e outra vez se ajuntou tanta gente que eles nem mesmo podiam se alimentar. Quando seus familiares souberam disso, vieram para detê-lo, pois diziam: "Está ficando louco". Os escribas vindos de Jerusalém diziam que ele estava possuído por Beelzebu e expulsava os demônios pelo poder do chefe dos demônios (**Mc 3,20-21**).

Avaliação equivocada

A pessoa e a atuação de Jesus tocavam os indivíduos de diferentes maneiras. Alguns eram tocados de maneira positiva, a ponto de assediá-lo em busca de soluções para seus problemas. O modo como eram acolhidos e valorizados levavam-nos a nutrir profundo respeito pelo Mestre.

Outros, porém, insistiam em avaliar Jesus negativamente. Tudo quanto fazia era sempre mal interpretado. Nada de bom que fizesse, mesmo com o reconhecimento das pessoas beneficiadas, levava-os a pensar bem de Jesus e a avaliá-lo de maneira positiva.

A cena evangélica alude a duas avaliações equivocadas a respeito de Jesus. Uma foi a dos familiares, que o declararam louco e tomaram a decisão de detê-lo, como se fora vergonha para a família. O preconceito não os permitiu captar a originalidade de Jesus e reconhecer nele a ação de Deus.

A outra avaliação partiu de um grupo de mestres da Lei. A falta de benevolência impediu-os de ver em Jesus a ação de Deus. Daí atribuírem seus gestos poderosos ao conluio com Beelzebu. Foram incapazes de perceber o equívoco de sua avaliação, considerando que Beelzebu nenhum interesse tem pelo bem das pessoas. Pelo contrário!

O discípulo de Jesus, também, corre o risco de ser mal avaliado. Por mais que faça o bem, poderá ser considerado de maneira malévola por quem o julga com preconceito. A atitude do Mestre deverá servir-lhe de inspiração. Assim como ele se manteve inabalável e seguiu firme na missão, da mesma forma, o discípulo que pretenda ser fiel.

> Senhor Jesus, dá-me firmeza e coragem para suportar
> as avaliações negativas, mesmo que eu faça o bem
> e esteja a serviço de meus irmãos e irmãs.

Domingo — 3ª Semana do Tempo Comum

Depois que João foi preso, Jesus veio para a Galileia, proclamando a Boa-Nova de Deus: "Completou-se o tempo, e o Reino de Deus está próximo. Convertei-vos e crede na Boa-Nova". Caminhando à beira do mar da Galileia, Jesus viu Simão e o irmão deste, André, lançando as redes ao mar, pois eram pescadores. Então lhes disse: "Segui-me, e eu farei de vós pescadores de homens". E eles, imediatamente, deixaram as redes e o seguiram. Prosseguindo um pouco adiante, viu também Tiago, filho de Zebedeu, e seu irmão, João, consertando as redes no barco (**Mc 1,14-20**).

O começo da missão

A missão de Jesus teve início quando João Batista foi aprisionado. Seu ministério não correu paralelo ao de João, nem foi seu concorrente. Por outro lado, o ministério de Jesus, também, não foi continuação do ministério de João. Foi algo totalmente novo. Aliás, a visão messiânica de Jesus deixou de lado a pregação do Batista e seguiu um caminho próprio.

João anunciava a vinda do Messias juiz, que poria ordem no mundo, eliminando os malvados e injustos, deixando, apenas, os bons e os justos. Por isso, muitos buscavam o batismo no Jordão, confessando os pecados, de modo a não serem rejeitados, quando viesse o Messias.

Jesus seguiu outro caminho. Começou a formar um grupo de seguidores, que acolheram a Boa-Nova anunciada por ele, dispostos a fazer o Reino de Deus acontecer na história. A transformação dar-se-ia pela ação escondida dos discípulos do Reino, capazes de fazer o direito e a justiça despontarem, por uma vida pautada no querer de Deus.

De certa forma, o surgimento do mundo novo está nas mãos dos discípulos. Cabe-lhes fazer o Reino concretizar-se, por um projeto de vida na contramão do egoísmo, da maldade e da violência. Eles são, na história, a presença do Messias Jesus, fazendo surgir a nova sociedade querida por Deus. Se o discípulo cruza os braços e foge da luta pela construção do Reino, estará renegando sua vocação.

> Senhor Jesus, torna-me construtor do Reino querido pelo Pai, reforçando a disposição de pautar minha vida pelo amor misericordioso.

3ª Semana do Tempo Comum — Segunda

Os escribas vindos de Jerusalém diziam que ele estava possuído por Beelzebu e expulsava os demônios pelo poder do chefe dos demônios. Jesus os chamou e falou-lhes em parábolas: "Como pode Satanás expulsar Satanás? Se um reino se divide internamente, ele não consegue manter-se. Se uma família se divide internamente, ela não consegue manter-se. Assim também, se Satanás se levanta contra si mesmo e se divide, ele não consegue manter-se, mas se acaba. Além disso, ninguém pode entrar na casa de um homem forte para saquear seus bens, sem antes amarrá-lo; só depois poderá saquear a sua casa. Em verdade, vos digo: tudo será perdoado às pessoas, tanto os pecados como as blasfêmias que tiverem proferido. Aquele, porém, que blasfemar contra o Espírito Santo nunca será perdoado; será réu de um 'pecado eterno'". Isso, porque diziam: "Ele tem um espírito impuro" (**Mc 3,22-30**).

Blasfêmia contra o Espírito Santo

A posição de Jesus, em relação à blasfêmia contra o Espírito, é dura e radical. Não se prevê para ela nenhuma possibilidade de perdão. Trata-se de "pecado eterno", sem remissão.

Como coadunar a posição intransigente com a bondade de Jesus e a infinita disposição para perdoar? Por que esta blasfêmia em concreto jamais será perdoada, quando todas as demais poderão ser perdoadas?

Blasfemar contra o Espírito Santo significa fechar-se para a ação do Espírito e impedi-lo de agir na vida de alguém. Tal atitude tem como resultado fechar o indivíduo à ação da graça. Nesse caso, nem mesmo o perdão de Deus poderá atuar sobre ele, pois o encontrará enclausurado em si mesmo, indisponível para se deixar amar.

Portanto, a recusa do perdão tem origem na própria pessoa. Esta é quem o rejeita. Enquanto perdurar a blasfêmia contra o Espírito Santo, o pecador está incapacitado para o perdão. Só a conversão sincera vai abri-lo, de novo, para o amor do Pai.

Senhor Jesus, que eu jamais me feche à ação do Espírito em meu coração, de modo que o amor do Pai aja, plenamente, em mim.

| Terça | 3ª Semana do Tempo Comum |

Nisso chegaram a mãe e os irmãos de Jesus. Ficaram do lado de fora e mandaram chamá-lo. Ao seu redor, estava sentada muita gente. Disseram-lhe: "Tua mãe e teus irmãos e irmãs estão lá fora e te procuram". Ele respondeu: "Quem é minha mãe? Quem são meus irmãos?" E passando o olhar sobre os que estavam sentados ao seu redor, disse: "Eis minha mãe e meus irmãos! Quem faz a vontade de Deus, esse é meu irmão, minha irmã e minha mãe" (**Mc 3,31-35**).

A família do Reino

Quando as comunidades cristãs começaram a se organizar, familiares sanguíneos de Jesus pretenderam ocupar posição de destaque, invocando o parentesco com o Mestre. As lideranças das comunidades logo perceberam o equívoco dessa pretensão, pois Jesus havia relativizado a família sanguínea para privilegiar outros vínculos de relação, os decorrentes da opção pelo Reino.

Na origem da família do Reino, está a disposição para fazer a vontade de Deus. É donde se estabelecem as relações com Jesus. Os vínculos de parentesco serão reconhecidos pela capacidade de fazer o bem a todos sem exceção, pela disposição a perdoar tantas vezes quantas forem necessárias sem interpor condições, pela liberdade em face dos preconceitos e do legalismo; enfim, por se estar pronto a doar a própria vida por amor aos irmãos.

O discípulo é "irmão, irmã, mãe" de Jesus na medida da profundidade de sua opção pelo Reino. Assim, todos os discípulos se reconhecerão e saberão se unir para a prática do bem. Serão a grande família do Reino!

Todavia, quando os discípulos são desunidos e não se esforçam por encontrar vias de entendimento, ou, então, quando vivem em litígio, como se fora inimigos, é sinal evidente de nada terem a ver com o Mestre Jesus. Não pertencem à família dele! Daí a urgência de deixar o ecumenismo permear as relações entre as igrejas cristãs, de modo que a confissão de fé, proclamada por elas, tenha credibilidade.

> **Senhor Jesus, como membro da grande família do Reino, disponho-me a viver unido a meus irmãos e irmãs de fé, com profundo espírito ecumênico.**

3ª Semana do Tempo Comum

Quarta

Jesus entrou num barco e sentou-se, enquanto a multidão ficava em terra, à beira-mar. Ele se pôs a ensinar-lhes muitas coisas em parábolas. [...] "Escutai! O semeador saiu a semear. Ao semear, uma parte caiu à beira do caminho, e os passarinhos vieram e comeram. Outra parte caiu em terreno cheio de pedras, [...] brotou logo, [...] mas quando o sol saiu, a semente se queimou e secou, porque não tinha raízes. Outra parte caiu no meio dos espinhos; estes cresceram e a sufocaram, e por isso não deu fruto. E outras sementes caíram em terra boa; brotaram, cresceram e deram frutos: trinta, sessenta e até cem por um". [...] Quando ficaram a sós, [...] os Doze faziam perguntas sobre as parábolas. Ele dizia-lhes: [...] O semeador semeia a palavra. Os da beira do caminho [...] são os que a ouvem, mas logo vem Satanás e arranca a palavra semeada neles. Os do terreno cheio de pedras são os que, ao ouvirem a palavra, a recebem com alegria, [...] mas chegando tribulação ou perseguição [...] desistem logo. Outros ainda são os que foram semeados entre os espinhos: são os que ouvem a palavra, mas quando surgem as preocupações do mundo, [...] a palavra é sufocada e fica sem fruto. E os que foram semeados em terra boa são os que ouvem a palavra e a acolhem, e produzem frutos: trinta, sessenta e cem por um" (**Mc 4,1-20**).

O destino da Palavra

O discipulado cristão tem origem na escuta da Palavra. Ao ser acolhida e vivida, produz efeitos no coração, abrindo-o para o Reino e transformando a vida. São os frutos da Palavra semeada, perceptíveis na vivência do amor e da justiça e no esforço de fazer reinar a paz. O discípulo verdadeiro espalha os frutos da fé por onde passa. Porém, nem sempre a Palavra produz frutos. Isto acontece quando é semeada no coração dos egoístas, dos apegados aos bens deste mundo, dos incapazes de se sacrificar pelos outros, por buscarem, desenfreadamente, o prazer. São os terrenos onde a Palavra cai e se perde.

> Senhor Jesus, faze de meu coração a terra boa,
> onde a Palavra do Reino possa dar muitos frutos
> de misericórdia e de solidariedade.

| **Quinta** | # 3ª Semana do Tempo Comum |

Jesus dizia-lhes: "Será que a lâmpada vem para ficar debaixo de uma caixa ou debaixo da cama? Pelo contrário, não é ela posta no candelabro? De fato, nada há de escondido que não venha a ser descoberto; e nada acontece em segredo que não venha a se tornar público. Quem tem ouvidos para ouvir, ouça!" Jesus dizia-lhes: "Considerai bem o que ouvis! A medida que usardes para os outros, servirá também para vós, e vos será acrescentado ainda mais. A quem tem, será dado; e a quem não tem, será tirado até o que tem" (**Mc 4,21-25**).

Lâmpada que brilha

A parábola da lâmpada a ser posta no candelabro chama a atenção dos discípulos para a responsabilidade em relação à fé acolhida e professada. Cabe-lhes fazê-la brilhar da maneira mais abrangente possível, de modo a poder iluminar um número ilimitado de pessoas que vagam nas trevas do vício e do erro.

A lâmpada colocada embaixo de uma caixa ou da cama é a imagem do discípulo relapso. Tendo acolhido a Palavra e optado por ser discípulo, fecha-se em si mesmo, sem a menor disposição de se colocar a serviço dos irmãos necessitados e sem a preocupação de dar testemunho da fé, de modo a apontar para o mundo um rumo a seguir.

Assim como o discípulo que é lâmpada no candelabro pode cair na tentação de colocá-la sob uma caixa, o que é lâmpada sob a caixa é solicitado a tirá-la daí e a colocá-la no candelabro. Ou seja, é sempre possível mudar de atitude e passar de um polo a outro. Do primeiro, exige-se perseverança para não dar passos para trás na opção pelo discipulado do Reino; do segundo, pedir-se-á discernimento que o mova à conversão. Convertido, com o testemunho de bondade e misericórdia, estará em condições de fazer a luz do Reino brilhar para quem vive na escuridão.

A metáfora da luz deverá estar sempre no horizonte do discípulo. Ela tem muito a lhe ensinar!

> Senhor Jesus, com tua ajuda, quero ser luz colocada no candelabro, iluminando a quem vive na escuridão dos vícios e do pecado.

3ª Semana do Tempo Comum — Sexta

Jesus dizia-lhes: "O Reino de Deus é como quando alguém lança a semente na terra. Quer ele esteja dormindo ou acordado, de dia ou de noite, a semente germina e cresce, sem que ele saiba como. A terra produz o fruto por si mesma: primeiro aparecem as folhas, depois a espiga e, finalmente, os grãos que enchem a espiga. Ora, logo que o fruto está maduro, mete-se a foice, pois o tempo da colheita chegou". Jesus dizia-lhes: "Com que ainda podemos comparar o Reino de Deus? Com que parábola podemos apresentá-lo? É como um grão de mostarda que, ao ser semeado na terra, é a menor de todas as sementes. Mas, depois de semeada, cresce e se torna maior que todas as outras hortaliças, com ramos grandes a tal ponto que os pássaros do céu podem fazer seus ninhos em sua sombra". Jesus lhes anunciava a palavra usando muitas parábolas como estas, de acordo com o que podiam compreender. Nada lhes falava sem usar parábolas. Mas, quando estava a sós com os discípulos, lhes explicava tudo (**Mc 4,26-34**).

Ensinamento em parábolas

Jesus escolheu o estilo parabólico para transmitir os ensinamentos. A opção conectava-o com a antiga tradição sapiencial de Israel, onde o linguajar parabólico era o veículo preferencial para ensinar.

Com isso, estabeleceu clara distinção em relação aos demais mestres da época. Estes, também, se serviam das parábolas para ensinar. Porém, caracterizavam-se pelo estilo midráshico. A palavra *midrash*, em hebraico, significa "busca, procura". Os rabinos tomavam os textos bíblicos, de modo especial, a Torá, e se punham a "buscar" novos sentidos para a Lei. E acabaram por cair na armadilha do legalismo.

Jesus, que só se servia das parábolas, foi noutra direção. Preferiu falar com linguagem aberta, cuja compreensão exigia o empenho do ouvinte. Seus ensinamentos eram propostas de vida, não imposição de sua vontade.

> Senhor Jesus, dá-me inteligência suficiente para compreender teus ensinamentos, de maneira especial o que tu ensinas por parábolas.

Sábado ## 3ª Semana do Tempo Comum

Naquele dia, ao cair da tarde, Jesus disse aos discípulos: "Passemos para a outra margem!" Eles despediram a multidão e levaram Jesus, do jeito como estava, consigo no barco; e outros barcos o acompanhavam. Veio, então, uma ventania tão forte que as ondas se jogavam dentro do barco; e este se enchia de água. Jesus estava na parte de trás, dormindo sobre um travesseiro. Os discípulos o acordaram e disseram-lhe: "Mestre, não te importa que estejamos perecendo?" Ele se levantou e repreendeu o vento e o mar: "Silêncio! Cala-te!" O vento parou, e fez-se uma grande calmaria. Jesus disse-lhes então: " Por que sois tão medrosos? Ainda não tendes fé?" Eles sentiram grande temor e comentavam uns com os outros: "Quem é este, a quem obedecem até o vento e o mar?" (**Mc 4,35-41**).

Senhor da natureza

O texto evangélico concluiu-se com uma pergunta, cuja resposta fica implícita. "Quem é este, a quem obedecem até o vento e o mar?" aponta para o senhorio de Jesus sobre os elementos da natureza. O que isto tem a ver com o discipulado cristão? Que lições se podem tirar daí?

Jesus jamais falou do discipulado cristão como caminho facilitado para quem optasse por ele. Antes, explicitou, com toda clareza, as dificuldades com as quais se defrontariam. Em seguida, prometeu estar com eles, para sempre, protegendo-os e defendendo-os.

A força da ventania e das ondas é uma metáfora dos vendavais na vida dos discípulos. São as perseguições de todos os tipos, a começar pelas dificuldades no seio da própria família e, até mesmo, por parte da Igreja.

Quando as tempestades despontam, o discípulo deve estar consciente de ter o Mestre junto a si. Presença que proporciona segurança; afasta para longe o desespero; permite seguir adiante de cabeça erguida! Chegará o momento em que, como outrora, o Mestre ordenará: "Silêncio! Cala-te!" Só quem mantiver a fé, terá a graça de experimentar esta presença salvadora.

> Senhor Jesus, nos muitos vendavais de minha vida,
> que eu sinta tua presença amorosa, protegendo-me
> e defendendo-me.

4ª Semana do Tempo Comum · Domingo

Entraram em Cafarnaum. No sábado, Jesus foi à sinagoga e pôs-se a ensinar. Todos ficaram admirados com seu ensinamento, pois ele os ensinava como quem tem autoridade, não como os escribas. Entre eles na sinagoga estava um homem com um espírito impuro; ele gritava: "Que queres de nós, Jesus Nazareno? Vieste para nos destruir? Eu sei quem tu és: o Santo de Deus!" Jesus o repreendeu: "Cala-te, sai dele!" O espírito impuro sacudiu o homem com violência, deu um forte grito e saiu. Todos ficaram admirados e perguntavam uns aos outros: "Que é isto? Um ensinamento novo, e com autoridade: ele dá ordens até aos espíritos impuros, e eles lhe obedecem!" E sua fama se espalhou rapidamente por toda a região da Galileia (**Mc 1,21-28**).

O Santo de Deus

O evangelista colocou na boca do homem possuído por espírito imundo uma das mais corretas caracterizações de Jesus: o Santo de Deus! A expressão sintetiza a identidade do Mestre, no que tem de mais peculiar.

A santidade marcou a ação de Jesus e o aproximou de Deus, o Santo por excelência. Ele foi santo porque o egoísmo não teve lugar em seu coração, nem influenciou seu agir. Nele, tudo era oblação e doação, saídas de si para servir o próximo. A ajuda generosa ao próximo necessitado era o primeiro fruto da vivência do amor. Ninguém se aproximava dele sem ser acolhido, valorizado e atendido em suas súplicas. A denúncia da maldade e da injustiça era, também, expressão de santidade. Por ser santo, não podia compactuar com a opressão dos pequeninos nem com a marginalização dos fracos e indefesos. Porque era santo, colocava-se na contramão das forças adversárias do Reino, sem temer represálias.

A fonte dessa santidade era Deus, o Pai, com quem estava em estreita comunhão. Não era fruto da própria iniciativa, nem de alguém fora do Pai. Era uma santidade, profundamente, teológica.

> Senhor Jesus, faze-me santo como tu és santo,
> de modo que minha vida seja toda pautada pelo amor,
> que me aproxima do Pai.

Segunda — # 4ª Semana do Tempo Comum

Jesus e os discípulos chegaram à outra margem do lago, na região dos gerasenos. Logo que Jesus desceu do barco, um homem que tinha um espírito impuro saiu do meio dos túmulos e foi a seu encontro. Ele morava nos túmulos, e ninguém conseguia amarrá-lo, [...] Dia e noite andava entre os túmulos e pelos morros, gritando e ferindo-se com pedras. Ao ver Jesus, o homem [...] gritou: "Que queres de mim, Jesus, Filho de Deus Altíssimo? Por Deus, não me atormentes!" Jesus disse-lhe: "Espírito impuro, sai deste homem!" E perguntou-lhe: "Qual é o teu nome?" Ele respondeu: "Legião é meu nome, pois somos muitos". [...] Estava pastando, no morro, uma grande manada de porcos. Os espíritos impuros suplicaram então: "Manda-nos entrar nos porcos". Jesus permitiu. Eles saíram do homem e entraram nos porcos. [...] Os que cuidavam deles fugiram e espalharam a notícia. [...] As pessoas saíram para ver o que tinha acontecido. Chegaram onde estava Jesus e viram o possesso sentado, vestido e no seu perfeito juízo – aquele que tivera a Legião. [...] O homem que tinha sido possesso pediu para que o deixasse ir com ele. Jesus, porém, não permitiu, mas disse-lhe: "Vai para casa, para junto dos teus, e anuncia-lhes tudo o que o Senhor, em sua misericórdia, fez por ti". O homem foi embora e começou a anunciar, na Decápole, tudo quanto Jesus tinha feito por ele. E todos ficavam admirados (**Mc 5,1-20**).

Meu nome é Legião!

O nome do mau espírito – Legião – deve ser entendido a partir do contexto em que o evangelho foi escrito. A comunidade de Marcos vivia em Roma, no coração do império. Os contingentes militares eram chamados de Legiões. Simbolizavam o poder e a força, com a capacidade de dominar, oprimir e destruir. Quando o homem diz que seu nome é Legião, reconhece-se possuído por essas forças demoníacas, que impossibilitam ao ser humano fazer o bem.Quando Jesus o liberta, retoma a capacidade de ser misericordioso; pois, doravante, nele têm primazia as forças do Reino de Deus.

> Senhor Jesus, que, em mim, jamais as forças do mal tenham primazia e, sim, a forças do Reino de Deus que me movem a fazer o bem.

4ª Semana do Tempo Comum — Terça

Jesus [...] estava à beira-mar. Veio um dos chefes da sinagoga, chamado Jairo. Vendo Jesus, caiu-lhe aos pés e suplicava-lhe: "Minha filhinha está nas últimas. Vem, impõe as mãos sobre ela para que fique curada e viva!" Jesus foi com ele. Uma multidão o acompanhava e o apertava de todos os lados. Estava aí uma mulher que havia doze anos sofria de hemorragias [...], aproximou-se, na multidão, por detrás e tocou-lhe no manto. Ela dizia: "Se eu conseguir tocar na roupa dele, ficarei curada". Imediatamente a hemorragia estancou. [...] Jesus percebeu que uma força tinha saído dele e perguntou: "Quem tocou na minha roupa?" Os discípulos disseram: "Tu vês a multidão que te aperta, e ainda perguntas: 'Quem me tocou?'" [...] A mulher, [...] caiu-lhe aos pés e contou a verdade. Jesus disse: "Filha, a tua fé te salvou. Vai em paz e fica livre da tua doença". [...]. Chegaram alguns da casa do chefe da sinagoga dizendo: "Tua filha morreu". [...] Jesus disse ao chefe da sinagoga: "Não tenhas medo, somente crê". [...] Quando chegaram à casa do chefe da sinagoga, Jesus [...] perguntou: "Por que [...] chorais? A menina não morreu, ela dorme". [...] Afastando a multidão, [...] entrou onde estava a menina. Pegou-a pela mão e disse-lhe: "Menina, eu te digo, levanta-te". A menina se levantou e começou a andar — já tinha doze anos de idade. Ficaram extasiados de tanta admiração. Jesus recomendou com insistência que ninguém soubesse do caso e falou para que dessem de comer à menina (**Mc 5,21-43**).

Solidário com as mulheres

Os dois milagres de cura falam da solidariedade de Jesus com as mulheres. O gesto de bondade do Mestre tinha enorme valor simbólico, em termos sociais e religiosos. A sociedade da época marginalizava as mulheres, recusando-se a dar-lhes valor, inclusive, religioso. Elas não tinham o direito de participar do culto sinagogal, nem das liturgias no Templo. Eram consideradas propriedades dos pais (as filhas) e dos maridos (as esposas). Dando-lhes atenção, Jesus as valoriza e conclama os discípulos a, também, valorizá-las.

> **Senhor Jesus, tira do meu coração o preconceito que impede de valorizar as pessoas, vendo nelas a imagem e semelhança de Deus.**

Quarta — # 4ª Semana do Tempo Comum

Saindo dali, Jesus foi para sua própria terra. Seus discípulos o acompanhavam. No sábado, ele começou a ensinar na sinagoga, e muitos dos que o ouviam se admiravam. "De onde lhe vem isso?", diziam. "Que sabedoria é esta que lhe foi dada? E esses milagres realizados por suas mãos? Não é ele o carpinteiro, o filho de Maria, irmão de Tiago, Joset, Judas e Simão? E suas irmãs não estão aqui conosco?" E mostravam-se chocados com ele. Jesus, então, dizia-lhes: "Um profeta só não é valorizado na sua própria terra, entre os parentes e na própria casa". E não conseguiu fazer ali nenhum milagre, a não ser impor as mãos a uns poucos doentes. Ele se admirava da incredulidade deles. E percorria os povoados da região, ensinando (**Mc 6,1-6**).

Um Messias diferente

Os conterrâneos de Jesus foram incapazes de reconhecê-lo como Mestre por estarem presos ao modelo convencional de mestre, ao qual Jesus não se adaptou. Por conhecê-lo muito de perto, recusavam-se a levá-lo a sério e a reconhecer o valor de suas palavras e seus gestos poderosos. Tratava-se de preconceito contra quem era pobre e marginalizado como eles. Quiçá fosse de família abastada e tivesse frequentado a escola de algum rabino, teria sido acolhido e respeitado.

Entretanto, Jesus não se deixou abater. Seguiu adiante, consciente de dever levar a cabo a missão recebida do Pai. A opinião dos familiares e amigos em nada haveria de desviá-lo do caminho traçado, no qual perseverou até o fim.

Os discípulos de Jesus são, também, vítimas de inúmeros preconceitos. Porém, a atitude do Mestre deverá inspirá-los a não se deixar abater. Importa manter firme a consciência do chamado e da missão recebidos do Pai e da urgência de ser-lhe fiel, sem se desviar, um milímetro sequer, do querer divino.

> Senhor Jesus, ajuda-me a enfrentar, sem medo, os preconceitos que se abatem sobre mim, seguindo firme no caminho traçado pelo Pai.

4ª Semana do Tempo Comum — Quinta

Ele chamou os Doze, começou a enviá-los dois a dois e deu-lhes poder sobre os espíritos impuros. Mandou que não levassem nada pelo caminho, a não ser um cajado; nem pão, nem sacola, nem dinheiro à cintura, mas que calçassem sandálias e não usassem duas túnicas. Dizia-lhes ainda: "Quando entrardes numa casa, permanecei ali até a vossa partida. Se em algum lugar não vos receberem, nem vos escutarem, saí de lá e sacudi a poeira dos vossos pés, para que sirva de testemunho contra eles". Eles então saíram para proclamar que o povo se convertesse. Expulsavam muitos demônios, ungiam com óleo numerosos doentes e os curavam (**Mc 6,7-13**).

O missionário despojado

Quando Jesus enviou os discípulos, ensinou-os a serem ao máximo despojados. Só deveriam ter consigo um cajado, talvez, para se defenderem dos animais ferozes ou de qualquer outra eventualidade. Nada mais seria necessário para a missão. Haveriam de depender da solidariedade das pessoas que os acolhessem.

O despojamento tem sua razão de ser. Se o missionário se apresenta cheio de bens e dinheiro, correrá o risco de atrair as pessoas interessadas em receber algo. A Palavra do Reino acabaria por ficar em segundo lugar, caindo em terreno incapaz de fazê-la frutificar. Se ele for pobre, os ouvintes serão desafiados a dar atenção ao que diz e discernir bem antes de acolher a Palavra. Aí, sim, terá chance de dar os frutos esperados.

A exortação do Mestre tem a ver com a dinâmica do Reino na história. Este jamais será um Reino de grandeza e esplendor mundanos. Nem, tampouco, garantirá a ninguém riquezas e posses. Pelo contrário, insistirá na partilha e na solidariedade, pelas quais o discípulo do Reino deverá se pautar. Qualquer pretensão que vá à contramão da proposta de Jesus, está fadada ao fracasso, pois será indigna do querer do Mestre.

Senhor Jesus, que eu não caia na tentação de identificar o Reino com a posse de bens materiais, pois tu nos ensinas a partilhar e ser solidários.

Sexta — 4ª Semana do Tempo Comum

O rei Herodes ouviu falar de Jesus, pois o nome dele tinha-se tornado muito conhecido. Alguns até diziam: "João Batista ressuscitou dos mortos, e é por isso que atuam nele essas forças milagrosas!" Outros diziam: "É Elias!" Ainda outros: "É um profeta como um dos antigos profetas". Depois de ouvir isso, Herodes dizia: "Esse João, que eu mandei decapitar, ressuscitou". De fato, Herodes tinha mandado prender João e acorrentá-lo na prisão, por causa de Herodíades, mulher de seu irmão Filipe, com a qual ele se tinha casado. Pois João vivia dizendo a Herodes: "Não te é permitido ter a mulher do teu irmão". Por isso, Herodíades lhe tinha ódio e queria matá-lo, [...] Finalmente, chegou o dia oportuno. Por ocasião de seu aniversário, Herodes ofereceu uma festa para os proeminentes da corte, os chefes militares e os grandes da Galileia. A filha de Herodíades entrou e dançou, agradando a Herodes e a seus convidados. O rei, então, disse à moça: "Pede-me o que quiseres, e eu te darei". [...] Ela saiu e perguntou à mãe: "Que devo pedir?" A mãe respondeu: "A cabeça de João Batista". [...] O rei ficou muito triste, mas, por causa do juramento e dos convidados, [...] mandou um carrasco cortar e trazer a cabeça de João Batista. [...] trouxe-a num prato e deu à moça. E ela a entregou à sua mãe. Quando os discípulos de João ficaram sabendo, vieram e pegaram o corpo dele e o puseram numa sepultura (**Mc 6,14–29**).

Testemunho da verdade

O evangelho apresenta João Batista como exemplo para os discípulos de Jesus. O testemunho da verdade, pelo qual pagou alto preço, é carregado de ensinamentos. João não temeu denunciar o erro do terrível Herodes, cujo abuso de poder levou-o a se apoderar da esposa do próprio irmão. E lançou-lhe em face uma denúncia peremptória: "Não te é permitido ter a mulher do teu irmão". Com grande probabilidade, ninguém, além dele, teria tal ousadia. O discípulo do Reino, também, não compactua com o erro. E tem suficiente coragem para denunciá-lo, mesmo devendo sofrer as consequências de ser livre.

Senhor Jesus, dá-me a coragem de João para não cruzar os braços diante das injustiças e, sim, ser capaz de denunciá-las sem temor.

4ª Semana do Tempo Comum   Sábado

Os apóstolos se reuniram junto de Jesus e lhe contaram tudo o que tinham feito e ensinado. Ele disse-lhes: "Vinde, a sós, para um lugar deserto, e descansai um pouco!" Havia, de fato, tanta gente chegando e saindo, que não tinham nem tempo para comer. Foram, então, de barco, para um lugar deserto, a sós. Muitos os viram partir e perceberam a intenção; saíram então de todas as cidades e, a pé, correram à frente e chegaram lá antes deles. Ao sair do barco, Jesus viu uma grande multidão e encheu-se de compaixão por eles, porque eram como ovelhas que não têm pastor. E começou, então, a ensinar-lhes muitas coisas (**Mc 6,30-34**).

O Mestre compassivo

A cena evangélica mostra Jesus assediado por todos os lados pela multidão vinda de todas as partes. Não tem nem mesmo tempo para ficar a sós com os discípulos e descansar um pouco. Parece que não o deixam em paz.

Em momento algum, o Mestre parece se aborrecer e se irritar com a presença do povo. Pelo contrário, enche-se de compaixão e percebe-lhe o abandono. Este traço da personalidade de Jesus deve ser imitado pelos discípulos.

O gesto de Jesus deixa entrever o quanto era tocado pelo sofrimento do povo. Era como se lhe atingisse o mais profundo do ser, impedindo-o de ficar impassível e de cruzar os braços. Ele assumia as dores alheias, como se fossem suas próprias dores.

Nos passos do Mestre, o discípulo verdadeiro é atingido de cheio pelo sofrimento de seus semelhantes. Movido de compaixão, dispõe-se a se solidarizar com eles, buscando as formas de aliviar-lhes as dores.

O discípulo insensível, cujo coração de pedra não se deixa tocar pelo sofrimento do próximo, dá mostras de estar afastado dos caminhos do Mestre. Este discipulado de aparência é claro sinal de que o Reino não está produzindo frutos em seu coração.

> Senhor Jesus, dá-me um coração sensível,
> solidário com os irmãos sofredores, tornando-me
> pronto a estender-lhes a mão.

Domingo | # 5ª Semana do Tempo Comum

Logo que saíram da sinagoga, foram com Tiago e João para a casa de Simão e André. A sogra de Simão estava de cama, com febre, e logo falaram dela a Jesus. Ele aproximou-se e, tomando-a pela mão, levantou-a; a febre a deixou, e ela se pôs a servi-los. Ao anoitecer, depois do pôr do sol, levavam a Jesus todos os doentes e os que tinham demônios. A cidade inteira se ajuntou à porta da casa. Ele curou muitos que sofriam de diversas enfermidades; expulsou também muitos demônios, e não lhes permitia falar, porque sabiam quem ele era. De madrugada, quando ainda estava bem escuro, Jesus se levantou e saiu rumo a um lugar deserto. Lá, ele orava. Simão e os que estavam com ele se puseram a procurá-lo. E quando o encontraram, disseram-lhe: "Todos te procuram". Jesus respondeu: "Vamos a outros lugares, nas aldeias da redondeza, a fim de que, lá também, eu proclame a Boa-Nova. Pois foi para isso que eu saí". E foi proclamando nas sinagogas por toda a Galileia, e expulsava os demônios (**Mc 1,29-39**).

Um dia na vida do Mestre

O ministério de Jesus foi um contínuo fazer o bem. As jornadas cansativas eram permeadas de diferentes serviços prestados aos necessitados. Seu modo de ser atraía gente de toda parte. Movido pela compaixão, atendia todos, com disponibilidade incansável.

Quando queriam retê-lo, o Mestre se recusava. Em muitos outros lugares e aldeias havia pessoas a quem fora enviado para anunciar o evangelho da salvação. Assim como as pessoas vinham em busca dele, ele, também, ia à busca das pessoas.

A vida do Mestre deve ser espelho da vida do discípulo. Quem se dispôs a segui-lo, tem pela frente a ingente tarefa de fazer o bem, sem medir esforços. Discípulo cansado e acomodado é indigno do Mestre. O discípulo fiel imita-o, fazendo-se servidor generoso de quem lhe estende a mão, carente de misericórdia.

> Senhor Jesus, faze de mim um discípulo fiel
> e generoso, sempre pronto a servir a quem
> carece de amor e de misericórdia.

5ª Semana do Tempo Comum — Segunda

Tendo atravessado o lago, foram para Genesaré e atracaram. Logo que desceram do barco, as pessoas reconheceram Jesus. Percorriam toda a região e começaram a levar os doentes, deitados em suas macas, para o lugar onde ouviam falar que Jesus estava. E, em toda parte onde chegava, povoados, cidades ou sítios do campo, traziam os doentes para as praças e suplicavam-lhe para que pudessem ao menos tocar a franja de seu manto. E todos os que tocavam ficavam curados (**Mc 6,53-56**).

Todos ficavam curados

A forma como o evangelho fala de Jesus atendendo as pessoas pode dar a impressão de se tratar de um mago curandeiro. Bastava que as pessoas tocassem a franja de seu manto para serem curadas.

Entretanto, a leitura atenta do texto evangélico na sua globalidade indica não se tratar de gesto mágico. A atração dava-se pelo viés da misericórdia. Quem vinha em busca dele, eram pessoas marginalizadas, sem nenhum peso social. Pessoas sem ter a quem recorrer, que encontravam no Mestre de Nazaré a acolhida sincera e a palavra amiga, tão desejadas. Esse era o princípio da cura: sentiam-se tratadas como gente, valorizadas. Isto já era muito, até mesmo na eventualidade de persistir algum mal físico.

O seguidor de Jesus pode fazer experiência semelhante à dele. Basta-lhe ter um coração cheio de misericórdia e verá como tem o poder de atrair as pessoas. E como se sentirão transformadas, interiormente, por terem quem as trate como seres humanos e lhes respeite a dignidade. Uma palavra amiga, um sorriso, um gesto de bondade podem ser suficientes para trazer aos sofredores a alegria de viver.

O discípulo que não faz experiência semelhante à do Mestre tem motivos para se questionar. Como é possível ser discípulo sem misericórdia? Discípulo sem sensibilidade para o próximo carente? Discípulo voltado para si mesmo, sem abertura missionária?

> Senhor Jesus, dá-me um coração cheio de misericórdia,
> sempre pronto a acolher e a valorizar os sofredores
> e lhes trazer a alegria de viver.

| Terça | 5ª Semana do Tempo Comum |

Os fariseus e alguns escribas vindos de Jerusalém ajuntaram-se em torno de Jesus. Eles perceberam que alguns dos seus discípulos comiam com as mãos impuras – isto é, sem lavá-las. Ora, os fariseus e os judeus em geral, apegados à tradição dos antigos, não comem sem terem lavado as mãos até o cotovelo. Bem assim, chegando da praça, eles não comem nada sem a lavação ritual. E seguem ainda outros costumes que receberam por tradição: a maneira certa de lavar copos, jarras, vasilhas de bronze, camas. Os fariseus e os escribas perguntaram a Jesus: "Por que os teus discípulos não seguem a tradição dos antigos, mas tomam a refeição com as mãos impuras?" Ele disse: "O profeta Isaías bem profetizou a vosso respeito, hipócritas, como está escrito: 'Este povo me honra com os lábios, mas o seu coração está longe de mim. É inútil o culto que me prestam, as doutrinas que ensinam não passam de preceitos humanos'. Vós abandonais o mandamento de Deus e vos apegais à tradição humana". E dizia-lhes: "Sabeis muito bem como anular o mandamento de Deus apegando-vos à vossa tradição. De fato, Moisés ordenou: 'Honra teu pai e tua mãe'. E ainda: 'Quem insulta pai ou mãe, deve morrer'. Mas vós ensinais que alguém pode dizer a seu pai e à sua mãe: 'O sustento que poderíeis receber de mim é 'corban', isto é, oferenda'. E já não deixais tal pessoa ajudar seu pai ou sua mãe. Assim anulais a palavra de Deus por causa da vossa tradição, que passais uns para os outros. E fazeis ainda muitas outras coisas como essas!" (**Mc 7,1-13**).

Um Mestre livre

Um traço marcante da personalidade de Jesus foi a liberdade em relação às tradições, a começar pelas religiosas. Sem ser anarquista, tomava distância de certas práticas exteriores, ritualismo vazio, sem nenhuma importância. Assim, era a preocupação escrupulosa de lavar as mãos antes das refeições, por receio de ter havido alguma contaminação no contato com os pagãos.

O Mestre denunciou a hipocrisia da elite religiosa, cheia de escrúpulos para cumprir os preceitos da religião, mas sem entranhas de misericórdia com os mais necessitados.

> Senhor Jesus, torna-me livre diante das tradições
> que se tornam sem sentido por serem praticadas
> sem entranhas de misericórdia.

5ª Semana do Tempo Comum — Quarta

Chamando outra vez a multidão, dizia: "Escutai-me, vós todos, e compreendei! Nada que, de fora, entra na pessoa pode torná-la impura. O que sai da pessoa é que a torna impura". Quando Jesus entrou em casa, longe da multidão, os discípulos lhe faziam perguntas sobre essa parábola. Ele lhes disse: "Também vós não entendeis? Não compreendeis que nada que de fora entra na pessoa a torna impura, porque não entra em seu coração, mas em seu estômago, e vai para a fossa?" Assim, ele declarava puro todo alimento. E acrescentou: "O que sai da pessoa é que a torna impura. Pois é de dentro, do coração humano, que saem as más intenções: imoralidade sexual, roubos, homicídios, adultérios, ambições desmedidas, perversidades; fraude, devassidão, inveja, calúnia, orgulho e insensatez. Todas essas coisas saem de dentro, e são elas que tornam alguém impuro" (**Mc 7,14-23**).

A fonte de impureza

Jesus não se deixava enganar pela forma equivocada como a religião era praticada pela elite religiosa. Feita de aparências e exterioridades, causava a falsa impressão de ser verdadeira, quando, de fato, era inconsistente.

A fonte da impureza não está fora das pessoas, como se o contato com algum objeto ou alguma pessoa tivesse o poder de contaminar, a ponto de criar cisão entre o indivíduo e Deus. Pelo contrário, a raiz da impureza encontra-se no interior das pessoas, no seu coração, de onde brota toda sorte de sordidez que arruína a comunhão com Deus e com o próximo.

O foco do Mestre voltava-se para a religião do coração, feita de interioridade e de sinceridade. As aparências podem enganar! Daí a importância de o discípulo ser verdadeiro na vivência dos valores religiosos. Nada de se preocupar com o que vem de fora, descuidando do que sai de dentro. Nada de buscar pureza exterior, quando o coração está repleto de malícia.

> Senhor Jesus, dá-me a graça de compreender que a verdadeira religião brota do coração, como amor generoso e gratuito, sem mescla de malícia.

| Quinta | # 5ª Semana do Tempo Comum |

Jesus se pôs a caminho e, dali, foi para a região de Tiro. Entrou numa casa e não queria que ninguém soubesse onde ele estava. Mas não conseguia ficar escondido. Logo, uma mulher que tinha uma filha com um espírito impuro, ouviu falar dele. Ela foi e jogou-se a seus pés. A mulher não era judia, mas de origem siro-fenícia, e pedia que ele expulsasse o demônio de sua filha. Jesus lhe disse: "Deixa que os filhos se saciem primeiro; pois não fica bem tirar o pão dos filhos para jogá-lo aos cachorrinhos". Ela respondeu: "Senhor, também os cachorrinhos, debaixo da mesa, comem as migalhas que os filhos deixam cair". Jesus, então, lhe disse: "Por causa do que acabas de dizer, podes voltar para casa. O demônio já saiu de tua filha". Ela voltou para casa e encontrou sua filha deitada na cama. O demônio havia saído dela (**Mc 7,24-30**).

A fé provada

O diálogo de Jesus com mulher pagã parece desdizer tudo quanto se falou dele, no tocante ao trato misericordioso com todos, sem exceção. Por que não atendeu imediatamente a mulher? Por que a comparou com os cachorrinhos, como se não tivesse o mesmo direito dos filhos?

A mulher do evangelho representa a comunidade dos pagãos a caminho da fé. A atitude de Jesus serve de exemplo para a comunidade de discípulo no sentido de alertá-los a não se deixarem levar pelo preconceito.

Importante no texto é a atitude final de Jesus, que reconhece a fé da mulher e a atende. Igualmente os discípulos, no contato com os pagãos, deverão prestar atenção na profundidade da fé que os move. Seria equivocado deduzir do gesto do Mestre a lição de que os pagãos devem ser tratados com dureza. Pelo contrário, o Mestre chama a atenção para o dever de tratá-los com benevolência. Eles, também, podem estar repletos de fé. Daí a obrigação de atendê-los.

> Senhor Jesus, dá-me a graça de perceber a presença da fé, mesmo naquelas pessoas de quem o preconceito me afasta.

5ª Semana do Tempo Comum — Sexta

Jesus deixou de novo a região de Tiro, passou por Sidônia e continuou até o mar da Galileia, atravessando a região da Decápole. Trouxeram-lhe, então, um homem que era surdo e mal podia falar, e pediram que impusesse as mãos sobre ele. Levando-o à parte, longe da multidão, Jesus pôs os dedos nos seus ouvidos, cuspiu, e com a saliva tocou-lhe a língua. Olhando para o céu, suspirou e disse: "Efatá!" (que quer dizer: "Abre-te"). Imediatamente, os ouvidos do homem se abriram, sua língua soltou-se e ele começou a falar corretamente. Jesus recomendou, com insistência, que não contassem o ocorrido para ninguém. Contudo, quanto mais ele insistia, mais eles o anunciavam. Cheios de grande admiração, diziam: "Tudo ele tem feito bem. Faz os surdos ouvirem e os mudos falarem" (**Mc 7,31-37**).

A acolhida dos pagãos

A cena evangélica passa-se toda em território pagão, ou seja, fora dos limites de Israel. Narra-se uma cena de cura, onde Jesus restituiu a audição e a fala a um surdo-mudo. Não se diz quem o trouxe, pedindo que Jesus impusesse as mãos sobre ele. O fato é que Jesus o atende, prontamente, levando-o à parte e realizando gestos que lembram práticas terapêuticas populares.

É perceptível a acolhida de Jesus à solicitação dos pagãos. Nada que recorde a conversa com a mulher sírio-fenícia. Seu gesto causou tamanho espanto que, quanto mais dizia para se calarem, tanto mais insistiam em proclamá-lo.

O discípulo, como o Mestre, sai em missão com o coração aberto. Não estabelece com quem deverá se encontrar. Pode se encontrar com qualquer pessoa, a qualquer hora e com qualquer tipo de solicitação. Daí a importância de ter a sensibilidade do Mestre no trato com os sofredores.

Senhor Jesus, faze-me sempre pronto a acolher,
de coração aberto, quem se aproxima de mim,
carente de amor e de solidariedade.

Sábado	5ª Semana do Tempo Comum

Naqueles dias, novamente se juntou uma grande multidão e não tinham o que comer. Jesus, então, chamou os discípulos e disse: "Sinto compaixão desta multidão! Já faz três dias que estão comigo e não têm o que comer. Se eu os mandar embora sem comerem, vão desfalecer pelo caminho; e alguns vieram de longe". Os discípulos responderam: "De onde conseguir, aqui em lugar deserto, pão para saciar tanta gente?" Ele perguntou-lhes: "Quantos pães tendes?" Eles responderam: "Sete". Jesus mandou que a multidão se sentasse no chão. Depois, pegou-os sete pães, deu graças, partiu-os e deu aos discípulos para que os distribuíssem. E distribuíram à multidão. Tinham também alguns peixinhos. Jesus os abençoou e mandou distribuí-los. Comeram e ficaram saciados, e ainda recolheram sete cestos com os pedaços que sobraram. Eram umas quatro mil. Então ele os despediu. Logo em seguida, Jesus entrou no barco com seus discípulos e foi para a região de Dalmanuta (**Mc 8,1-10**).

A bênção da solidariedade

A cena evangélica ensina aos discípulos de Jesus a lição da solidariedade. Na origem desta atitude cristã está a compaixão. Trata-se de se deixar tocar pelo outro, sentindo-lhe as dores e as carências. A compaixão, por sua vez, gera interesse e preocupação, no sentido de buscar aliviar o sofrimento alheio. Resultam, daí, ações concretas, como foi o caso da multidão faminta saciada com fartura de pão e de peixes.

A solução dispensa ações mirabolantes, fora do alcance da pessoa solidária. Na cena evangélica, quem tinha sete pães e alguns peixinhos colocou-os à disposição de todos. Enquanto eram repartidos, sem egoísmo e com respeito pela necessidade de cada um, os alimentos foram suficientes para saciar a multidão.

A solidariedade deve ser uma atitude característica dos discípulos de Jesus, mormente numa sociedade onde as carências humanas são assustadoras, tanto de pão quanto de afeto e valorização.

Senhor Jesus, reforça em mim a virtude da solidariedade, que me leva a ter compaixão dos irmãos carentes e a responder às suas necessidades.

6ª Semana do Tempo Comum · Domingo

Um leproso aproximou-se de Jesus e, de joelhos, suplicava-lhe: "Se queres, tens o poder de purificar-me!" Jesus encheu-se de compaixão, e estendendo a mão sobre ele, o tocou, dizendo: "Eu quero, fica purificado". Imediatamente a lepra desapareceu, e ele ficou purificado. Jesus, com severidade, despediu-o e recomendou-lhe: "Não contes nada a ninguém! Mas vai mostrar-te ao sacerdote e apresenta, por tua purificação, a oferenda prescrita por Moisés. Isso lhes servirá de testemunho". Ele, porém, assim que partiu, começou a proclamar e a divulgar muito este acontecimento, de modo que Jesus já não podia entrar, publicamente, na cidade. Ele ficava fora, em lugares desertos, mas de toda parte vinham a ele (**Mc 1,40-45**).

O Mestre solidário

Jesus ensinava a solidariedade com gestos concretos e não com discursos abstratos. Cabia aos discípulos assimilar o testemunho de vida do Mestre, contemplando-lhe o modo de tratar os seres humanos carentes.

A cena do leproso é típica na vida do Mestre. A declaração do homem ajoelhado – "Se queres, tens o pode de purificar-me!" – dá a Jesus a chance de explicitar o desejo que traz no coração. Ou seja, o desejo de Jesus antecedeu a declaração do leproso, pois era sua intenção curar a todos de suas enfermidades e lhes devolver a alegria de viver.

Algo semelhante acontece na vida do discípulo. O desejo de ajudar o próximo está, continuamente, presente em seu coração. E ele não perde nenhuma oportunidade de atualizá-lo, fazendo o bem a quem dele necessita.

Quem espera o pedido alheio para se decidir a fazer o bem, equivoca-se no caminho do discipulado cristão. É como se a virtude acontecesse, apenas, quando vem a solicitação. O discípulo verdadeiro faz outro tipo de experiência. Como o Mestre, está sempre pronto para fazer o bem e não perde chance nenhuma de fazê-lo.

> Senhor Jesus, encha meu coração de solidariedade,
> de modo que eu não perca nenhuma chance de fazer
> o bem a quem cruza o meu caminho.

Segunda — 6ª Semana do Tempo Comum

Os fariseus vieram e começaram a discutir com ele. Para pô-lo à prova, pediam-lhe um sinal do céu. Jesus deu um suspiro profundo e disse: "Por que esta geração pede um sinal? Em verdade vos digo: nenhum sinal será dado a esta geração!". E, deixando-os, entrou de novo no barco e foi para a outra margem (**Mc 8,11-13**).

Uma insistência inútil

Apesar de fazer sempre o bem e de se solidarizar com os sofredores, o ministério de Jesus foi permeado de incidentes desagradáveis com os adversários. Estes estavam sempre à espreita para pegá-lo em alguma palavra ou gesto, para poderem condená-lo. Como não encontravam, exigiam dele dar-lhes um sinal vindo do céu, para comprovar a veracidade de seus feitos.

Tratava-se de uma insistência inútil, pois o Mestre não se dispunha a cair na armadilha deles. O motivo era simples. Como não estavam em sintonia com ele, seria perda de tempo dar-lhes provas de que agia em nome e com o poder do Pai. Por outro lado, se cedesse às exigências deles, estaria caindo em tentação. Agiria como milagreiro popular, fazendo gestos mirabolantes fora do contexto das necessidades concretas das pessoas e da fé, e, sim, para dar satisfação a pessoas desprovidas de compromisso com o Reino.

Além disso, o Mestre recusava-se a reconhecer os adversários como juízes de suas ações, como se dependesse deles estabelecer a veracidade de seus feitos. Jesus era consciente de dever, só e unicamente, dar contas de sua vida ao Pai. Este, sim, tinha autoridade sobre seu ministério.

O Mestre não se dispunha a sucumbir aos caprichos de seus perseguidores. Daí ter-lhes dado as costas e continuado sua missão, seguro de estar seguindo o caminho traçado pelo Pai.

> Senhor Jesus, dá-me fortaleza de ânimo para seguir teu exemplo, quando surgirem inimigos em minha vida, querendo determinar o rumo da minha caminhada.

6ª Semana do Tempo Comum — Terça

Os discípulos se esqueceram de levar pães; tinham apenas um pão consigo no barco. Jesus os advertia, dizendo: "Atenção! Cuidado com o fermento dos fariseus e com o fermento de Herodes". Os discípulos começaram então a discutir entre si, porque não tinham pães. Percebendo, Jesus perguntou-lhes: "Por que discutis sobre o fato de não terdes pães? Ainda não entendeis, nem compreendeis? Vosso coração continua endurecido? Tendo olhos, não enxergais, e tendo ouvidos, não ouvis? Não vos lembrais? Quando reparti cinco pães para cinco mil pessoas, quantos cestos recolhestes, cheios de pedaços?" – "Doze", responderam eles. "E quando reparti sete pães com quatro mil pessoas, quantos cestos recolhestes, cheios de pedaços?" – "Sete", responderam. Jesus então lhes disse: "E ainda não entendeis?" (**Mc 8,14-21**).

Dois fermentos perniciosos

Jesus empenhou-se para inserir os discípulos na dinâmica do Reino de Deus. Para isso, urgia passarem por profundo processo de conversão, mudando o modo de pensar e de agir, para adequá-lo ao querer do Pai.

Por outro lado, a liderança religiosa insistia em pontos sem importância para o Mestre. O apego exagerado à tradição e a insistência na prática escrupulosa da Lei estavam entre eles. Jesus pregava a religião de liberdade na busca da vontade do Pai, para além das minúcias dispensáveis da religião escravizadora.

Quando o Mestre alertou os discípulos em relação ao "fermento dos fariseus e o fermento de Herodes", chamou-lhes a atenção para o perigo de se deixarem contaminar por fermentos perniciosos, prejudiciais ao discipulado do Reino. O fermento dos fariseus era a hipocrisia, que insiste numa religião de aparências. O fermento de Herodes era a violência truculenta. Os discípulos, de fato, corriam o risco de lançar mão dela para fazer o Reino prevalecer. O fermento do Reino, de fato, é o fermento do amor!

> Senhor Jesus, torna-me atento em relação
> aos fermentos que podem contaminar minha vida
> de discípulo e me afastar de ti e do Reino.

Quarta — # 6ª Semana do Tempo Comum

Chegaram a Betsaida. Trouxeram-lhe um cego e pediram que tocasse nele. Tomando o cego pela mão, levou-o para fora do povoado, cuspiu nos olhos dele, impôs-lhe as mãos e perguntou: "Estás vendo alguma coisa?" Erguendo os olhos, o homem disse: "Estou vendo as pessoas como se fossem árvores andando". Jesus impôs de novo as mãos sobre os seus olhos, e ele começou a enxergar perfeitamente. Ficou curado e era capaz de ver tudo claramente. Jesus despediu-o e disse-lhe: "Não entres no povoado" (**Mc 8,22-26**).

E viu perfeitamente!

A cura do cego é uma metáfora do processo de adesão do discípulo ao Reino. Trata-se da passagem da cegueira à perfeita visão. Qual a dinâmica implicada nesse processo?

A cegueira consiste na incapacidade de reconhecer Jesus como Messias, o enviado do Pai, com a missão de oferecer a salvação à humanidade sofredora. O discipulado exige a superação da cegueira. Quem carece da visão espiritual não pode ser seguidor de Jesus.

Tudo começa a mudar quando se dá o encontro com o Mestre. Encontro transformador, donde resultará a visão. Esta, porém, não é imediata. Exige um longo e lento caminho de aprendizagem, expresso na cena evangélica, nos passos da cura. Num primeiro momento, o homem não chega a ver nitidamente. As imagens estão embaciadas, "como se fossem árvores andando". A fé é, ainda, incipiente. Carece de profundidade.

Perseverando no caminho apontado por Jesus, a cegueira vai sendo, pouco a pouco, superada. É quando passa a ver tudo com clareza, pois contempla a realidade com os olhos do Mestre.

Cabe aos discípulos questionarem a própria capacidade de ver. Há muitos discípulos cegos, transviados do caminho, equivocados na visão, pois a capacidade de compreender a realidade não corresponde ao querer do Mestre.

> Senhor Jesus, que eu seja capaz de ver a realidade com os teus olhos, como discípulo cuja visão foi inteiramente curada.

6ª Semana do Tempo Comum — Quinta

Jesus e seus discípulos partiram para os povoados de Cesareia de Filipe. No caminho, ele perguntou aos discípulos: "Quem dizem as pessoas que eu sou?" Eles responderam: "Uns dizem João Batista; outros, Elias; outros ainda, um dos profetas". Jesus, então, perguntou: "E vós, quem dizeis que eu sou?" Pedro respondeu: "Tu és o Cristo". E Jesus os advertiu para que não contassem isso a ninguém. E começou a ensinar-lhes que era necessário o Filho do Homem sofrer muito, ser rejeitado pelos anciãos, sumos sacerdotes e escribas, ser morto e, depois de três dias, ressuscitar. Falava isso abertamente. Então, Pedro, chamando-o de lado, começou a censurá-lo. Jesus, porém, voltou-se e, vendo os seus discípulos, repreendeu Pedro, dizendo: "Vai para trás de mim, satanás! Pois não tens em mente as coisas de Deus, e sim, as dos homens!" (**Mc 8,27-33**).

A identidade do Messias

Os gestos e as palavras de Jesus eram interpretados de distintas maneiras. Mesmo quem o via com benevolência tinha muitos modos de identificá-lo. Em geral, tomavam como ponto de referência personagens do passado, cuja memória estava viva. Mais próximo, havia João Batista com o testemunho de intrepidez diante da arrogância de Herodes. Mais distante, destacavam-se os profetas, cujas palavras continuavam a martelar a consciência do povo de Israel, convocando à conversão.

Pedro adiantou-se e falou em nome do grupo, declarando-o ser o Cristo, o Messias ansiado ao longo dos tempos. Todavia, a compreensão do apóstolo estava contaminada com os muitos modelos de messias em voga. Todos falavam do Messias glorioso, juiz dos últimos tempos, inaugurador da história querida por Deus.

Embora se identificasse com a declaração "Tu és o Cristo", o Mestre fez os devidos reparos. Ele seria, sim, o Messias sofredor, a ser rejeitado pelas lideranças religiosas, ser morto e, afinal, ressuscitar. Nada disso passava pela cabeça das pessoas, a começar do discípulo Pedro.

> Senhor Jesus, dá-me a graça de compreender tua identidade, sem contaminá-la com modelos mundanos, muito distantes de teu ideal de Messias.

| Sexta | 6ª Semana do Tempo Comum |

Chamou, então, a multidão, juntamente com os discípulos, e disse-lhes: "Se alguém quer vir após mim, renuncie a si mesmo, tome a sua cruz e siga--me! Pois quem quiser salvar sua vida a perderá; mas quem perder sua vida por causa de mim e do Evangelho, a salvará. De fato, que adianta alguém ganhar o mundo inteiro, se perde a própria vida? E que poderia alguém dar em troca da própria vida? Se alguém se envergonhar de mim e de minhas palavras diante desta geração adúltera e pecadora, também o Filho do Homem se envergonhará dele, quando vier na glória do seu Pai, com seus santos anjos". E disse-lhes: "Em verdade vos digo: alguns dos que estão aqui não provarão a morte, sem antes terem visto o Reino de Deus chegar com poder" (**Mc 8,34–9,1**).

Renunciar a si mesmo

O discipulado do Reino comporta a exigência de renunciar a si mesmo. De que se trata? De que coisas o discípulo deverá abrir mão?

Quando alguém recebe o convite para o discipulado cristão, traz consigo tudo quanto foi acumulando, ao longo dos tempos, em termos de mentalidade, de posturas, de interesses e de ideais. Neste conjunto, muita coisa choca-se com os interesses do Reino e sua exigência de amor solidário e generoso. O discipulado exigirá dele abrir mão de tudo isso para acolher a proposta do Mestre Jesus.

Muitos titubeiam e, afinal, se decidem por não se tornar discípulos. Outros, depois de certa dúvida, optam por dar o passo e aderem ao projeto do Reino, embora devam pagar o preço da renúncia. Há quem, com grande largueza de coração, ao se defrontar com a proposta do Mestre, se disponha a fazer tudo quanto lhe é pedido.

Existe, porém, uma atitude deplorável: a de quem se apresenta como discípulo e faz questão de afirmá-lo, sem a devida disposição de renunciar a si mesmo. Tais pessoas são, facilmente, reconhecíveis. Basta ver como agem para, logo, reconhecer-se que nada têm a ver com o Reino anunciado por Jesus.

> Senhor Jesus, põe no meu íntimo a decisão de renunciar a mim mesmo, de modo a ter o coração livre para acolher tudo quanto tu queres de mim.

6ª Semana do Tempo Comum — Sábado

Seis dias depois, Jesus levou consigo Pedro, Tiago e João e os fez subir a um lugar retirado, no alto de uma montanha, a sós. Lá, ele foi transfigurado diante deles. Sua roupa ficou muito brilhante, tão branca como nenhuma lavadeira na terra conseguiria torná-la assim. Apareceram-lhes Elias e Moisés, conversando com Jesus. Pedro então tomou a palavra e disse a Jesus: "Rabi, é bom ficarmos aqui. Vamos fazer três tendas: uma para ti, outra para Moisés e outra para Elias". Na realidade, não sabia o que devia falar, pois eles estavam tomados de medo. Desceu, então, uma nuvem, cobrindo-os com sua sombra. E da nuvem saiu uma voz: "Este é o meu Filho amado. Escutai-o!" E, de repente, olhando em volta, não viram mais ninguém: só Jesus estava com eles. Ao descerem da montanha, Jesus ordenou-lhes que não contassem a ninguém o que tinham visto, até que o Filho do Homem ressuscitasse dos mortos. Eles ficaram pensando nesta palavra e discutiam entre si o que significaria esse "ressuscitar dos mortos". Perguntaram a Jesus: "Por que os escribas dizem que primeiro deve vir Elias?" Ele respondeu: "Sim, Elias vem primeiro, para pôr tudo em ordem. No entanto, como está escrito a respeito do Filho do Homem que ele deve sofrer muito e ser desprezado? E eu vos digo mais: também Elias veio, e fizeram com ele tudo o que quiseram, exatamente como está escrito a seu respeito" (**Mc 9,2-13**).

O destino do Messias

A cena da transfiguração descreve o destino de sofrimento e de glorificação do Messias Jesus. Por um lado, é o Filho amado do Pai, a quem os discípulos devem escutar e que contemplam no esplendor de sua glória. Por outro lado, o Mestre fala do grande sofrimento e do desprezo que lhes estavam reservados. Nisto, seguia os passos dos antigos profetas, a começar por Elias, cuja história era sobejamente conhecida.

Quem insiste na glória, deixando de lado a cruz e o sofrimento, faz uma leitura deturpada da identidade de Jesus. Nele, a cruz se torna caminho obrigatório para a glória da ressurreição. Caminho traçado pela obediência ao Pai.

> Senhor Jesus, dá-me a capacidade de combinar paixão e glória, ao pensar tua identidade de Messias, pois este é o mesmo caminho que traçaste para mim.

| **Domingo** | 7ª Semana do Tempo Comum |

Alguns dias depois, Jesus passou novamente por Cafarnaum, e espalhou-se a notícia de que ele estava em casa. Ajuntou-se tanta gente que já não havia mais lugar, nem mesmo à porta. E Jesus dirigia-lhes a palavra. Trouxeram-lhe um paralítico, carregado por quatro homens. Como não conseguiam apresentá-lo a ele, por causa da multidão, abriram o teto, bem em cima do lugar onde ele estava e, pelo buraco, desceram a maca em que o paralítico estava deitado. Vendo a fé que eles tinham, Jesus disse ao paralítico: "Filho, os teus pecados são perdoados". Estavam ali sentados alguns escribas, que no seu coração pensavam: "Como pode ele falar deste modo? Está blasfemando. Só Deus pode perdoar pecados!" Pelo seu espírito, Jesus logo percebeu que eles assim pensavam e disse-lhes: "Por que pensais essas coisas no vosso coração? Que é mais fácil, dizer ao paralítico: 'Os teus pecados são perdoados', ou: 'Levanta-te, pega a tua maca e anda'? Ora, para que saibais que o Filho do Homem tem na terra poder para perdoar pecados – disse ao paralítico – eu te digo: levanta-te, pega a tua maca e vai para casa!" O paralítico se levantou e, à vista de todos, saiu carregando a maca. Todos ficaram admirados e louvavam a Deus dizendo: "Nunca vimos coisa igual!" (**Mc 2,1-12**).

Uma blasfêmia?

A malevolência dos inimigos levou-os a classificar como "blasfêmia" o bem que Jesus fazia ao paralítico, a começar por perdoar-lhe os pecados. Blasfemar é ofender a Deus. É o mais grave gesto humano em relação à divindade, pois, além do desafiá-la, significa, também, desmoralizá-la. Jesus estava sendo acusado de pecado de altíssima gravidade.

O pensamento do Mestre ia para direção oposta. Longe de ser blasfêmia, o gesto de Jesus era um ato de louvor ao Pai, fruto da obediência filial. Afinal, fora enviado com a missão de fazer o bem à humanidade.

> Senhor Jesus, ajuda-me a reconhecer no bem que faço a meu próximo um ato de louvor ao Pai, como tu o glorificaste fazendo o bem.

7ª Semana do Tempo Comum — Segunda

Quando voltaram para junto dos discípulos, [...] a multidão viu Jesus, ficou admirada e correu para saudá-lo. Jesus perguntou: "Que estais discutindo?" Alguém da multidão respondeu-lhe: "Mestre, eu trouxe a ti o meu filho que tem um espírito mudo. [...] Eu pedi aos teus discípulos que o expulsassem, mas eles não conseguiram". Jesus lhes respondeu: "Ó geração sem fé! Até quando vou ficar convosco? Até quando vou suportar-vos? Trazei-me o menino!" Levaram-no. Quando o espírito viu Jesus, sacudiu violentamente o menino, que caiu no chão e rolava espumando. Jesus perguntou ao pai: "Desde quando lhe acontece isso?" O pai respondeu: "Desde criança. [...] Se podes fazer alguma coisa, tem compaixão e ajuda-nos". Jesus disse: "Se podes...? Tudo é possível para quem crê". O pai do menino exclamou: "Eu creio, mas ajuda-me na minha falta de fé". Vendo Jesus que a multidão se ajuntava ao seu redor, repreendeu o espírito impuro: "Espírito mudo e surdo, eu te ordeno: sai do menino e nunca mais entres nele". O espírito saiu, gritando e sacudindo violentamente o menino. Este ficou como morto, tanto que muitos diziam: "Morreu!" Mas Jesus o tomou pela mão e o levantou; e ele ficou de pé. Depois que Jesus voltou para casa, os discípulos lhe perguntaram, em particular: "Por que nós não conseguimos expulsá-lo?" Ele respondeu: "Essa espécie só pode ser expulsa pela oração" (**Mc 9,14-29**).

Poder do mal, poder do bem

Por que só com a oração teria sido possível aos discípulos libertar o jovem da opressão do espírito mudo, que o flagelava com crises de epilepsia? Afinal, o pai trouxe o jovem a Jesus pela incapacidade dos discípulos de realizarem a cura esperada.

As palavras de Jesus sublinham que a libertação não seria fruto de uma técnica especial de exorcismo pela qual, com palavras mágicas, o jovem seria curado. O ponto de partida deveria ser a fé, donde brotaria a oração confiante, diante da qual o Pai se manifestaria, com a cura almejada.

A incapacidade dos discípulos não era técnica e, sim, espiritual.

> Senhor Jesus, reforça a minha fé, de modo a poder
> realizar o bem a todos quantos precisarem de mim,
> certo de que o Pai, sempre, atenderá a minha oração.

Terça | # 7ª Semana do Tempo Comum

Partindo dali, Jesus e seus discípulos atravessavam a Galileia, mas ele não queria que ninguém o soubesse. Ele ensinava seus discípulos e dizia-lhes: "O Filho do Homem vai ser entregue às mãos dos homens, e eles o matarão. Morto, porém, três dias depois ressuscitará". Mas eles não compreendiam o que lhes dizia e tinham medo de perguntar. Chegaram a Cafarnaum. Estando em casa, Jesus perguntou-lhes: "Que discutíeis pelo caminho?" Eles, no entanto, ficaram calados, porque pelo caminho tinham discutido quem era o maior. Jesus sentou-se, chamou os Doze e lhes disse: "Se alguém quiser ser o primeiro, seja o último de todos, aquele que serve a todos!" Em seguida, pegou uma criança, colocou-a no meio deles e, abraçando-a, disse: "Quem acolhe em meu nome uma destas crianças, a mim acolhe. E quem me acolhe, acolhe, não a mim, mas Àquele que me enviou" (**Mc 9,30-37**).

Ser último e o servidor

Um esforço contínuo de Jesus consistiu em corrigir a mentalidade dos discípulos. Apesar da insistência do Mestre, davam a impressão de não compreender os ensinamentos. Enquanto se falava em serviço e doação, preocupavam-se em saber quem, dentre eles, seria o maior. Preocupação inútil para o discípulo do Reino!

Ser último e servidor era o apelo do Mestre ao discípulo. Quem quer ser o primeiro cai na tentação de se colocar no lugar de Deus na vida das pessoas. Só a Deus compete tal lugar. Quem quer ser servido corre o risco de considerar as pessoas como escravas, sempre prontas para servi-lo.

A dinâmica do Reino vai noutra direção. O primeiro lugar cabe, única e exclusivamente, a Deus. Em relação ao próximo, deve-se estabelecer uma relação de serviço, pois o discípulo do Reino tem, como o Mestre, a missão de fazer o bem.

A inversão dessa ordem resulta em deturpação do projeto de Jesus. Infelizmente, muitos discípulos incorrem nesse equívoco.

> Senhor Jesus, faze de mim o último e servidor de todos, consciente da primazia do Pai e do bem a ser feito a meu próximo.

7ª Semana do Tempo Comum — Quarta

João disse a Jesus: "Mestre, vimos alguém expulsar demônios em teu nome. Mas nós o proibimos, porque ele não andava conosco". Jesus, porém, disse: "Não o proibais, pois ninguém que faz milagres em meu nome poderá logo depois falar mal de mim. Quem não é contra nós, está a nosso favor" (**Mc 9,38-40**).

Tolerância e grandeza de coração

A afeição ao Mestre levou os primeiros discípulos a desenvolverem certo espírito de intolerância e de mesquinhez em relação a quem não fazia parte do grupo. Essa tendência sectária foi questionada por Jesus.

Afinal, o Reino de Deus tem como meta incluir todas as pessoas, sem exceção. E todos quantos dão mostras de interesse pelo Reino deverão ser levados a sério. Embora seja um pequenino sinal de disposição para acolher a proposta de Jesus, urge ser valorizado.

O caso dos judeus que faziam exorcismo em nome de Jesus, sem fazer parte do grupo dos chamados, era um bom exemplo de abertura de coração para acolher o Reino. O gesto deles apontava para o desejo de estarem em comunhão com Jesus. Daí poderia resultar um discipulado muito fecundo.

Infelizmente, a intolerância e a mesquinhez têm sido atitudes comuns entre os discípulos, ao longo dos tempos. Invocando o nome do Mestre, grupinhos de pseudocristãos fecham-se em comunidades sectárias, com desprezo pelos demais. O ecumenismo é um ideal que está longe de ser alcançado.

O ensinamento de Jesus deve ser levado a sério: "Quem não é contra nós, está a nosso favor". Por conseguinte, qualquer sinal de abertura para o projeto do Reino será, devidamente, valorizado. O discípulo deve se caracterizar pela abertura de coração e pela tolerância. É preciso deixar o poder agregador do Reino produzir frutos em seu coração! Caso contrário, caminhará na contramão do querer do Mestre Jesus.

> Senhor Jesus, dá-me um coração aberto e tolerante, sempre pronto a valorizar os pequenos gestos de boa vontade dos que têm simpatia por ti.

Quinta | # 7ª Semana do Tempo Comum

"Quem vos der um copo de água para beber porque sois de Cristo, não ficará sem receber a sua recompensa. E quem provocar a queda um só destes pequenos que creem em mim, melhor seria que lhe amarrassem uma grande pedra de moinho ao pescoço e o lançassem no mar. Se tua mão te leva à queda, corta-a! É melhor entrares na vida tendo só uma das mãos do que, tendo as duas, ires para o inferno, para o fogo que nunca se apaga. Se teu pé te leva à queda, corta-o! É melhor entrar na vida tendo só um dos pés do que, tendo os dois, ser lançado ao inferno. Se teu olho te leva à queda, arranca-o! É melhor entrar no Reino de Deus tendo um olho só do que, tendo-os dois, ir para o inferno, onde o verme deles não morre e o fogo nunca se apaga. Todos serão salgados pelo fogo. O sal é uma coisa boa; mas se o sal perder o sabor, como devolver-lhe o sabor? Tende sal em vós mesmos e vivei em paz uns com os outros" (**Mc 9,41-50**).

Respeito pelo próximo

As relações entre os discípulos de Jesus devem se pautar pela acolhida e pelo respeito. Para tanto, será preciso deixar de lado a arrogância, que leva muitos a se sentirem superiores aos demais. Esta tentação é frequente no âmbito das lideranças das igrejas cristãs. Sem nenhuma cerimônia, certos líderes julgam-se no direito de humilhar os outros, sem escrúpulos. Quanto mais simples e humildes as pessoas, tanto mais são vítimas desse desvio de conduta.

Jesus foi severo em coibir abusos dessa natureza. As metáforas evangélicas são fortes e dispensam explicação. O foco do ensinamento é claro: o mal deve ser cortado pela raiz. Nada de contemporizações! Nada de justificações!

Caso não esteja disposto a se corrigir, o tirano dos irmãos correrá o risco de "ser lançado no inferno", sem indulgência. Não existe salvação para quem espezinha o próximo e não leva a sério as exigências do amor.

> Senhor Jesus, tira de mim toda arrogância que pode me fazer cair na tentação de espezinhar o meu próximo, indo na contramão das exigências do amor.

7ª Semana do Tempo Comum — Sexta

Jesus se pôs a caminho e foi dali para a região da Judeia, pelo outro lado do rio Jordão. As multidões mais uma vez se ajuntaram ao seu redor, e ele, como de costume, as ensinava. Aproximaram-se então alguns fariseus e, para experimentá-lo, perguntaram se era permitido ao homem despedir sua mulher. Jesus perguntou: "Qual é o preceito de Moisés a respeito?" Os fariseus responderam: "Moisés permitiu escrever um atestado de divórcio e despedi-la". Jesus então disse: "Foi por causa da dureza do vosso coração que Moisés escreveu este preceito. No entanto, desde o princípio da criação Deus os fez homem e mulher. Por isso, o homem deixará pai e mãe e se unirá à sua mulher, e os dois formarão uma só carne; assim, já não são dois, mas uma só carne. Portanto, o que Deus uniu o homem não separe!" Em casa, os discípulos fizeram mais perguntas sobre o assunto. Jesus respondeu: "Quem despede sua mulher e se casa com outra, comete adultério contra a primeira. E se uma mulher despede seu marido e se casa com outro, comete adultério também" (**Mc 10,1-12**).

Uma questão capciosa

A questão em torno do divórcio era muito mais séria do que os inimigos de Jesus imaginavam. Para os fariseus, era questão de interpretação da Lei. O entender de Jesus ia noutra direção e focava o tema do respeito pelas mulheres, enquanto seres humanos.

A mentalidade machista vitimava as esposas, submetidas aos caprichos dos maridos. Por qualquer motivo podiam ser despedidas. Qualquer gesto que desagradasse o esposo era suficiente para que lhe desse carta de divórcio e a mandasse de volta para a casa paterna. A Lei mosaica permitia esse abuso.

A posição de Jesus, contrária ao divórcio, visava, em primeiro lugar, à proteção da mulher e não à conservação dos vínculos matrimoniais. Enquanto ser humano, a esposa é merecedora de respeito e não pode ser tratada como objeto.

> Senhor Jesus, põe no meu coração a determinação de tratar com muito respeito todas as pessoas, vendo nelas a dignidade de filhas de Deus.

Sábado | # 7ª Semana do Tempo Comum

Algumas pessoas traziam crianças para que Jesus as tocasse. Os discípulos, porém, as repreenderam. Vendo isso, Jesus se aborreceu e disse: "Deixai as crianças virem a mim. Não as impeçais, porque a pessoas assim é que pertence o Reino de Deus. Em verdade vos digo: quem não receber o Reino de Deus como uma criança, não entrará nele!" E abraçava as crianças e, impondo as mãos sobre elas, as abençoava (**Mc 10,13-16**).

Em defesa dos marginalizados

O gesto de Jesus, em relação às crianças, carregava enorme simbolismo. Quiçá seja difícil entender, hoje, toda sua relevância.

Na época, as crianças eram consideradas propriedades dos pais. Sim, eram elencadas entre os muitos bens que alguém possuía. Até certa idade, independentemente do sexo, as crianças estavam confinadas na comunidade das mulheres. Os meninos, ao crescerem, obtinham direitos sociais e religiosos próprios dos homens e passavam a frequentar os ambientes masculinos. As meninas estavam fadadas a passar da dominação do pai à dominação do marido. Não havia escolha!

Jesus bateu de frente com esta mentalidade ao reconhecer o valor e a dignidade das crianças. Ficou indignado quando os discípulos repreendiam quem trazia os pequeninos para que os tocasse. Não aceitou que os mantivessem afastados dele. Queria tê-los muito perto de si.

O motivo da ação de Jesus era a concepção de Reino de Deus que trazia no coração. Aqui não pode haver lugar para discriminação de nenhuma espécie. Portanto, no Reino, existe lugar para todos, sem privilégios dos homens sobre as mulheres ou dos adultos sobre as crianças. Todos têm igual dignidade diante de Deus.

Estamos longe de ter alcançado o ideal do Mestre. Na contramão do projeto dele, existe ainda muita discriminação, mesmo nas comunidades consideradas cristãs.

Senhor Jesus, tira do meu coração todo resquício de discriminação, que me impede de tratar a todos, sem distinção, com o mesmo valor e dignidade.

8ª Semana do Tempo Comum   Domingo

Os discípulos de João e os fariseus estavam jejuando. Vieram então perguntar a Jesus: "Por que os discípulos de João e os discípulos dos fariseus jejuam, e os teus discípulos não jejuam?" Jesus respondeu: "Acaso os convidados do casamento podem jejuar enquanto o noivo está com eles? Enquanto o noivo está com eles, os convidados não podem jejuar. Dias virão em que o noivo lhes será tirado. Então, naquele dia jejuarão. Ninguém costura remendo de pano novo em roupa velha; senão, o remendo novo repuxa o pano velho, e o rasgão fica maior ainda. Ninguém põe vinho novo em odres velhos, senão, o vinho arrebenta os odres, e perdem-se o vinho e os odres. Mas vinho novo em odres novos!" (**Mc 2,18-22**).

Uma nova mentalidade

Os ensinamentos de Jesus exigiam uma nova mentalidade para serem devidamente acolhidos. É grande o risco de confundi-los com elementos contrários ao querer do Mestre e, assim, deturpar a novidade do Reino. Por conseguinte, o discípulo é desafiado a coadunar seu modo de pensar com aquele do Mestre.

A questão do jejum deu a Jesus a chance de tocar nesse tema. Os discípulos de João e os fariseus ficavam incomodados pelo fato de os discípulos de Jesus não praticarem o jejum como eles. Além dos jejuns prescritos pela Lei mosaica, faziam muitos outros jejuns voluntários. E queriam que os discípulos de Jesus os imitassem. Como o Mestre não se importava com estas coisas, acabavam ficando irritados, como se tivesse deturpando a religião.

O interesse de Jesus seguia noutra direção. Importava-lhe a religião do coração e não a religião das práticas exteriores. Jejuar não significa, necessariamente, estar se libertando das paixões desordenadas, para servir melhor o próximo. Pode ser um gesto sem consistência, com aparências de piedade.

Só entende o Mestre Jesus quem está interessado em praticar a religião do amor e da solidariedade.

> Senhor Jesus, dá-me um novo modo de pensar, capaz de acolher com liberdade teus ensinamentos, sem cair na tentação de transformá-los em práticas exteriores.

Segunda | 8ª Semana do Tempo Comum

Jesus saiu caminhando, quando veio alguém correndo, caiu de joelhos diante dele e perguntou: "Bom Mestre, que devo fazer para ganhar a vida eterna?" Disse Jesus: "Por que me chamas de bom? Só Deus é bom, e mais ninguém. Conheces os mandamentos: não cometerás homicídio, não cometerás adultério, não roubarás, não levantarás falso testemunho, não prejudicarás ninguém, honra teu pai e tua mãe!" Ele então respondeu: "Mestre, tudo isso eu tenho observado desde a minha juventude". Jesus, fitando-o, com amor, lhe disse: "Só te falta uma coisa: vai, vende tudo o que tens, dá o dinheiro aos pobres e terás um tesouro no céu. Depois, vem e segue-me". Ao ouvir isso, ele ficou pesaroso por causa desta palavra e foi embora cheio de tristeza, pois possuía muitos bens. Olhando em volta, Jesus disse aos seus discípulos: "Como é difícil, para os que possuem riquezas, entrar no Reino de Deus". Os discípulos ficaram espantados com estas palavras. E Jesus tornou a falar: "Filhos, como é difícil entrar no Reino de Deus! É mais fácil um camelo passar pelo buraco de uma agulha do que um rico entrar no Reino de Deus!" Eles ficaram mais admirados e diziam uns aos outros: "Quem então poderá salvar-se?" Olhando bem para eles, Jesus lhes disse: "Para os homens isso é impossível, mas não para Deus. Para Deus tudo é possível!" (**Mc 10,17-27**).

Falta-te uma coisa!

O jovem candidato a ser discípulo de Jesus praticava a religião com sinceridade. Parecia ser um bom fiel! Algo, porém, impediu-o de dar o passo sugerido por Jesus: o apego exagerado a seus muitos bens. Na verdade, Deus não tinha a primazia em sua vida. A religião era pura fachada. Seu deus era o dinheiro!

O texto passa a impressão de que Jesus se enganou a respeito dele. Ao fitá-lo "com amor", parecia acreditar na capacidade de dar o passo do discipulado. Isto não aconteceu, pois a riqueza o impediu.

> Senhor Jesus, liberta meu coração de todo apego aos bens deste mundo, que me impedem de abraçar, com liberdade, o convite para o discipulado.

8ª Semana do Tempo Comum · Terça

Pedro começou a dizer-lhe: "Olha, nós deixamos tudo e te seguimos". Jesus respondeu: "Em verdade vos digo: todo aquele que deixa casa, irmãos, irmãs, mãe, pai, filhos e campos, por causa de mim e do evangelho, recebe cem vezes mais agora, durante esta vida – casas, irmãos, irmãs, mães, filhos e campos, com perseguições –, e no mundo futuro, vida eterna. Muitos, porém, que são primeiros, serão últimos; e muitos que são últimos serão primeiros" (**Mc 10,28-31**).

Recompensa com perseguições

O discípulo Pedro, falando em nome do grupo, manifestou uma preocupação que estava no coração de todos: o que receberiam como recompensa por terem deixado tudo para seguir o Mestre? Haveria algum benefício pecuniário? Se o Mestre se tornasse o rei dos judeus, dar-lhes-ia um lugar de destaque no Reino? As ofertas espontâneas que recebiam seriam repartidas entre todos, sendo privilegiados os discípulos mais próximos do Mestre? Eram muitas as perguntas.

A resposta de Jesus foi enigmática: teriam, neste mundo, cem vezes mais de tudo quanto haviam deixado e, no mundo futuro, a vida eterna. Detalhe: com perseguições!

Entender o fato das perseguições não era difícil. Bastava analisar com atenção o que se passava ao redor do Mestre para constatar que as perspectivas não eram das melhores. Os inimigos não lhe davam trégua e não pareciam dispostos a abrir mão de eliminá-lo.

Difícil era entender a questão do cêntuplo de recompensa. Com certeza, o Mestre falava da comunhão de bens entre os discípulos do Reino, de forma que todos podiam contar com os bens de todos. Ninguém haveria de sofrer carência, pois a solidariedade era imperativo das relações.

Uma coisa, porém, é certa: o Mestre não prometeu a ninguém recompensas mundanas, por ser contrário à dinâmica do Reino. Recompensa haveria, mas nos padrões do Reino.

> **Senhor Jesus, faze-me consciente do que me espera como discípulo, sem a ingenuidade de contar com recompensas mundanas, fora dos padrões do Reino.**

| Quarta | # 8ª Semana do Tempo Comum |

Estavam a caminho, subindo para Jerusalém. Jesus ia à frente, e eles seguiam com medo. Jesus chamou os doze de lado e começou a dizer-lhes o que estava para acontecer: "Estamos subindo para Jerusalém, e o Filho do Homem será entregue aos sumos sacerdotes e aos escribas. Eles o condenarão à morte e o entregarão aos pagãos. Vão zombar dele, cuspir nele, açoitá-lo e matá-lo, mas três dias depois, ele ressuscitará". Tiago e João, filhos de Zebedeu, disseram a Jesus: "Mestre, queremos que faças por nós o que te vamos pedir". Ele perguntou: "Que quereis que eu vos faça?" Responderam: "Permite que nos sentemos, na tua glória, um à tua direita e o outro à tua esquerda!" Jesus lhes disse: "Não sabeis o que estais pedindo. Podeis beber o cálice que eu vou beber? Ou ser batizados com o batismo com que eu vou ser batizado?" Responderam: "Podemos". Jesus lhes disse: "Do cálice que eu vou beber, bebereis, com o batismo com que eu vou ser batizado, sereis batizados. Mas o sentar-se à minha direita ou à minha esquerda não depende de mim; é para aqueles para quem foi preparado". Quando os outros dez ouviram isso, ficaram zangados com Tiago e João. Jesus disse: "Sabeis que os chefes das nações as dominam, e os seus grandes fazem sentir seu poder. Entre vós não deve ser assim. Quem quiser ser o maior entre vós seja aquele que vos serve, e quem quiser ser o primeiro entre vós seja o escravo de todos. Pois o Filho do Homem não veio para ser servido, mas para servir e dar a vida em resgate por muitos" (**Mc 10,32-45**).

Pedido sem discernimento

O pedido de Tiago e João careceu de discernimento. Queriam ocupar lugares de honra ao lado de Jesus, quando a realeza de Davi fosse restaurada e o Mestre se tornasse o rei de Israel. Um pedido com interesses mundanos!

Os filhos de Zebedeu parecem não ter entendido Jesus falar das muitas dificuldades que teriam pela frente, culminando com o sofrimento e a morte violenta. As palavras do Mestre encontravam ouvidos de mercadores. Os discípulos não mostravam interesse por elas.

Foi preciso que o Mestre os chamasse à realidade. O discipulado é feito de serviço e doação da vida, e não de busca de glórias passageiras.

> **Senhor Jesus, tira do meu coração toda preocupação mundana que me desvia do caminho do serviço e da doação para o qual sou chamado.**

8ª Semana do Tempo Comum — Quinta

Chegaram a Jericó. Quando Jesus estava saindo da cidade, acompanhavam-no os discípulos e uma grande multidão. O mendigo cego, Bartimeu, filho de Timeu, estava sentado à beira do caminho. Ouvindo que era Jesus Nazareno, começou a gritar: "Jesus, Filho de Davi, tem compaixão de mim". Muitos o repreendiam para que se calasse. Mas ele gritava ainda mais alto: "Filho de Davi, tem compaixão de mim". Jesus parou e disse: "Chamai-o!" Eles o chamaram, dizendo: "Coragem, levanta-te! Ele te chama!" O cego jogou o manto fora, deu um pulo e se aproximou de Jesus. Este lhe perguntou: "Que queres que eu te faça?" O cego respondeu: "Rabúni, que eu veja". Jesus disse: "Vai, tua fé te salvou". No mesmo instante, ele recuperou a vista e foi seguindo Jesus pelo caminho (**Mc 10,46-52**).

De olhos abertos

A simples percepção da presença de Jesus parece ter sido suficiente para restaurar a visão do cego Bartimeu. Quando se dá conta de que o Mestre se aproxima, põe-se a gritar, suplicando compaixão. Embora o mandem se calar, grita com mais força ainda, para se fazer ouvido e atendido.

Quando o Mestre para e manda chamá-lo, o cego age como se já visse. Joga fora o manto, dá um salto e se aproxima de Jesus. Todos esses gestos ficam muito bem em quem já está vendo, e não em quem é cego e necessita de ajuda para se locomover.

Com a visão recuperada, Bartimeu "foi seguindo Jesus pelo caminho". Tornou-se discípulo e, com o Mestre, caminha para Jerusalém, onde os espera um destino de sofrimento e morte.

A mensagem evangélica é clara: para seguir Jesus até o final, é preciso ter os olhos bem abertos. Discípulos cegos ou com visão deficiente são inaptos para enfrentar a cruz. Serão incapazes de compreendê-la. E, com toda certeza, haverão de trair a vocação ao discipulado, abandonando o Mestre.

> Senhor Jesus, abre bem os meus olhos para que eu possa estar contigo até o fim, fiel à minha vocação de discípulo do Reino.

| **Sexta** | 8ª Semana do Tempo Comum |

[...] Foram a Jerusalém. Entrando no templo, Jesus começou a expulsar os que ali estavam vendendo e comprando. Derrubou as mesas dos que trocavam moedas e as bancas dos vendedores de pombas. [...]. Pôs-se a ensinar e dizia-lhes: "Não está escrito que a minha casa será chamada casa de oração para todos os povos? Vós, porém, fizestes dela um antro de ladrões". [...] E quando anoiteceu, Jesus e os discípulos foram saindo da cidade. De manhã cedo, ao passarem, verificaram que a figueira tinha secado desde a raiz. Pedro disse: "Rabi, olha, a figueira que amaldiçoaste secou". Jesus observou: "Tende fé em Deus. [...] Se alguém disser a esta montanha: 'Arranca-te e joga-te no mar', sem duvidar no coração, mas acreditando que vai acontecer, então acontecerá. Por isso, vos digo: tudo o que pedirdes na oração, crede que já o recebestes, e vos será concedido. E, quando estiverdes de pé para a oração, se tendes alguma coisa contra alguém, perdoai, para que vosso Pai que está nos céus também perdoe os vossos pecados" (**Mc 11,11-26**).

Um Mestre violento?

A atitude de Jesus é chocante. Nada tem a ver com o Mestre bondoso e misericordioso que, ao longo da peregrinação à Cidade Santa, fez o bem a tantas pessoas. Nem com o Mestre ponderado e paciente no trato com as multidões. Agora se mostra violento, impaciente e radical. Trata o Templo como se fosse a casa dele, impondo sua vontade, impedindo que as pessoas transitassem livremente pelo recinto.

É preciso recorrer aos antigos profetas de Israel para entender o gesto de Jesus. Os profetas, outrora, recorriam a ações simbólicas fortes e chocantes, quando os ouvintes se faziam surdos e se recusavam a acolher o chamado à conversão. O texto evangélico refere-se a um gesto simbólico de Jesus. Vendo o Templo – a casa de Deus – transformado num grande mercado, só encontrou uma forma convincente de falar: expulsando daí vendedores, compradores, cambistas e fregueses. Era-lhe intolerável ver a "casa de oração para todos os povos" transformada em "antro de ladrões".

> Senhor Jesus, dá-me coragem suficiente para ser radical como tu foste, quando a fé é deturpada e a imagem do Pai, desfigurada.

8ª Semana do Tempo Comum — Sábado

Jesus e os discípulos foram outra vez a Jerusalém. Enquanto andava pelo templo, os sumos sacerdotes, os escribas e os anciãos se aproximaram de Jesus e lhe perguntaram: "Com que autoridade fazes essas coisas? Quem te deu autoridade para fazer isso?" Jesus disse: "Vou fazer-vos uma só pergunta. Respondei-me, que eu vos direi com que autoridade faço isso. O batismo de João era do céu ou dos homens? Respondei-me!" Eles discutiam entre si: "Se respondermos: 'Do céu', ele dirá: 'Por que não acreditastes em João?' Vamos então responder: 'Dos homens'? ..." – Eles tinham medo do povo, já que todos diziam que João era realmente um profeta. Responderam então a Jesus: "Não sabemos". E Jesus retrucou-lhes: "Pois eu também não vos digo com que autoridade faço essas coisas!" (**Mc 11,27-33**).

Atrito com as lideranças

Os atritos com as lideranças religiosas acompanharam Jesus ao longo de todo o ministério. Nos momentos finais da caminhada, em Jerusalém, foram mais tensos. Crescia a intolerância dos sumos sacerdotes, dos mestres da Lei e dos anciãos do povo. Não podiam aceitar que Jesus ensinasse e dissesse o que estava fazendo. Daí se perguntarem: "Com que autoridade fazes essas coisas? Quem te deu autoridade para fazer isso?". A falta de esclarecimento os deixava irritados.

Jesus não tinha o menor interesse em lhes dar explicações. Nenhuma explicação seria aceita, pois tinham a mente demasiado estreita para dar ouvidos ao Mestre. Sem benevolência por parte deles, perderia tempo tentando o diálogo.

O Mestre tinha pela frente a missão recebida do Pai e nada haveria de detê-lo. A resistência dos líderes não lhe impunha medo, nem, tampouco, haveria de fazê-lo mudar o rumo da caminhada. Existia uma meta a ser alcançada, da qual não abria mão. A obediência filial exigia dele seguir adiante. E, assim, aconteceu!

> Senhor Jesus, que nada me possa deter no caminho traçado pelo Pai, de modo especial, em tempos de incompreensão.

Domingo | # 9ª Semana do Tempo Comum

Certo sábado, Jesus estava passando pelas plantações de trigo, e os discípulos começaram a abrir caminho, arrancando espigas. Os fariseus disseram então a Jesus: "Olha! Por que eles fazem no dia de sábado o que não é permitido?" Ele respondeu: "Nunca lestes o que fez Davi quando passou necessidade e teve fome, e seus companheiros também? Ele entrou na casa de Deus, no tempo em que Abiatar era sumo sacerdote, comeu os pães da oferenda, que só os sacerdotes podem comer, e ainda os deu aos seus companheiros!" E acrescentou: "O sábado foi feito para o homem, e não o homem para o sábado. Desse modo, o Filho do Homem é Senhor também do sábado".

Outra vez, Jesus entrou na sinagoga, e lá estava um homem com a mão seca. Eles observavam se o curaria num dia de sábado, a fim de acusá-lo. Jesus disse ao homem da mão seca: "Levanta-te! Vem para o meio!" E perguntou-lhes: "Em dia de sábado, o que é permitido: fazer o bem ou fazer o mal, salvar uma vida ou matar?" Eles ficaram calados. Passando sobre eles um olhar irado, e entristecido pela dureza de seus corações, disse ao homem: "Estende a mão!" Ele estendeu a mão, que ficou curada. Saindo daí, imediatamente os fariseus, com os herodianos, tomaram a decisão de eliminar Jesus (**Mc 2,23–3,6**).

Para além do legalismo

As cenas evangélicas têm um ponto em comum: a liberdade de Jesus em relação à Lei. E num ponto delicado: o repouso sabático!

Os judeus piedosos consideravam o repouso aos sábados exigência inescusável. Era uma espécie de mandamento primordial, pois Deus havia descansado no sétimo dia, após ter realizado toda a criação. O descanso era, portanto, a forma de imitar a ação divina nas origens. Desrespeitá-lo significava rebelar-se contra o Criador.

Embora fosse fiel e obediente ao Pai, Jesus não se apegava à letra da Lei, quando se tratava de fazer o bem.

> Senhor Jesus, que em meu coração jamais haja lugar para o legalismo, de modo especial, quando se trata de fazer o bem.

9ª Semana do Tempo Comum — Segunda

Jesus começou a falar-lhes em parábolas: "Um homem plantou uma vinha, pôs uma cerca em volta, cavou um lagar para pisar as uvas e construiu uma torre de guarda. Ele a alugou a uns agricultores e viajou para longe. Depois mandou um servo para receber dos agricultores a sua parte dos frutos da vinha. Mas os agricultores o agarraram, bateram nele e o mandaram de volta sem nada. O proprietário mandou novamente outro servo. Este foi espancado na cabeça e ainda o insultaram. Mandou ainda um outro, e a esse mataram. E assim diversos outros: em uns bateram e a outros mataram. Agora restava ainda alguém: o filho amado. Por último, então, enviou o filho aos agricultores, pensando: 'A meu filho respeitarão'. Mas aqueles agricultores disseram uns aos outros: 'Este é o herdeiro. Vamos matá-lo, e a herança será nossa'. Agarraram o filho, mataram e o lançaram fora da vinha. Que fará o dono da vinha? Ele virá e fará perecer os agricultores, e entregará a vinha a outros. Acaso não lestes na Escritura: 'A pedra que os construtores rejeitaram, esta é que se tornou a pedra angular. Isto foi feito pelo Senhor, e é admirável aos nossos olhos'?" Eles procuravam prender Jesus, pois entenderam que tinha contado a parábola com referência a eles. Mas ficaram com medo da multidão; por isso, deixaram Jesus e foram embora (**Mc 12,1-12**).

A maldade denunciada

A parábola dos vinhateiros homicidas reflete a consciência de Jesus em relação às atitudes dos adversários. Estavam dispostos a eliminá-lo, mas temiam a multidão. Por isso, adiaram a realização do plano, mas não a decisão de executá-lo.

Jesus entendeu a situação relendo a história do povo de Israel. Os profetas, enviados ao longo dos tempos, foram todos rejeitados e eliminados. Ele, na condição de Filho, não teria sorte distinta. Estava, também, fadado a sofrer a mesma sorte dos profetas de outrora.

Todavia, como os profetas de outrora, levaria a missão até o fim.

Senhor Jesus, que nos momentos de dificuldade
eu tenha a mesma coragem com que enfrentaste
quem tramava contra ti.

| Terça | 9ª Semana do Tempo Comum |

Então, mandaram alguns fariseus e partidários de Herodes, para apanhar Jesus em alguma palavra. Logo que chegaram, disseram-lhe: "Mestre, sabemos que és verdadeiro e não te deixas influenciar por ninguém. Tu não olhas a aparência das pessoas, mas ensinas segundo a verdade o caminho de Deus. Dize-nos: é permitido ou não pagar imposto a César? Devemos dá-lo ou não?" Ele percebeu-lhes o fingimento e respondeu: "Por que me armais uma armadilha? Trazei-me a moeda do imposto para eu ver". Trouxeram-lhe uma moeda. Ele perguntou: "De quem é esta figura e a inscrição?". Responderam: "De César". Então, Jesus disse: "Devolvei, pois, a César o que é de César e a Deus, o que é de Deus". E estavam extremamente admirados a respeito dele (**Mc 12,13-17**).

Fugindo da armadilha

Os inimigos de Jesus buscavam pegá-lo de todos os lados. Por isso, armavam-lhe ciladas, para terem como acusá-lo. A questão em torno do imposto a ser pago ao imperador foi uma delas. Se a resposta fosse sim, o Mestre seria acusado de colaborador dos romanos, merecendo, portanto, o repúdio como inimigo do povo. Se fosse não, seria acusado de subversivo, com a consequência de ser perseguido e punido pelos romanos.

Jesus não se deixou enredar e respondeu de forma desconcertante, mostrando o quanto a armadilha fora mal preparada.

Senhor Jesus, dá-me sabedoria para reconhecer quem trama contra mim e esperteza para não cair nas ciladas.

9ª Semana do Tempo Comum   Quarta

Uns saduceus, os quais dizem não existir ressurreição, aproximaram-se de Jesus e lhe perguntaram: "Mestre, Moisés deixou-nos escrito: 'Se alguém tiver um irmão e este morrer, deixando a mulher sem filhos, ele deve casar-se com a mulher para dar descendência ao irmão'. Havia sete irmãos. O mais velho casou-se com uma mulher e morreu sem deixar descendência. O segundo, então, casou-se com ela e igualmente morreu sem deixar descendência. A mesma coisa aconteceu com o terceiro. E nenhum dos sete irmãos deixou descendência. Depois de todos, morreu também a mulher. Na ressurreição, quando ressuscitarem, ela será a esposa de qual deles? Pois os sete a tiveram por esposa?" Jesus respondeu: "Acaso não estais errados, porque não compreendeis as Escrituras, nem o poder de Deus? Quando ressuscitarem dos mortos, os homens e as mulheres não se casarão; serão como anjos no céu. Quanto à ressurreição dos mortos, não lestes, no livro de Moisés, na passagem da sarça ardente, como Deus lhe falou: 'Eu sou o Deus de Abraão, o Deus de Isaac e o Deus de Jacó!' Ele é Deus não de mortos, mas de vivos! Estais muito errados" (**Mc 12,18-27**).

Outra armadilha

A questão em torno da ressurreição dos mortos foi, também, uma armadilha preparada para Jesus. Tratava-se de indispô-lo contra os grupos religiosos. O grupo dos saduceus, formado pela aristocracia sacerdotal de Jerusalém, negava a ressurreição. Já os mestres da Lei e os fariseus afirmavam que os mortos ressuscitam. E por isso viviam em conflito!

Dependendo da resposta, Jesus se envolveria numa discussão pela qual não se interessava. Seu modo de compreender a Deus e sua ação na vida dos seres humanos era diferente da de ambos os grupos. Daí ter respondido de forma a não se comprometer com nenhum deles nem, tampouco, cair numa armadilha.

> Senhor Jesus, coloca-me acima de discussões estéreis, fundadas em concepções equivocadas de Deus e de sua ação em nossas vidas.

Quinta | # 9ª Semana do Tempo Comum

Então se aproximou dele e perguntou: "Qual é o primeiro de todos os mandamentos?" Jesus respondeu: "O primeiro é este: 'Ouve, Israel! O Senhor nosso Deus é um só. Amarás o Senhor, teu Deus, de todo o teu coração, com toda a tua alma, com todo o teu entendimento e com toda a tua força!' E o segundo mandamento é: 'Amarás teu próximo como a ti mesmo!' Não existe outro mandamento maior do que estes". O escriba disse a Jesus: "Muito bem, Mestre! Na verdade, é como disseste: 'Ele é o único, e não existe outro além dele'. Amar a Deus de todo o coração, com toda a mente e com toda a força, e amar o próximo como a si mesmo, isto supera todos os holocaustos e sacrifícios". Percebendo Jesus que o escriba tinha respondido com inteligência, disse-lhe: "Tu não estás longe do Reino de Deus". E ninguém mais tinha coragem de fazer-lhe perguntas (**Mc 12,28b-34**).

A primazia do amor

A pergunta do mestre da Lei parecia fora de propósito. Sua função era, exatamente, a de ensinar os mandamentos ao povo. E, por conseguinte, deveria ter a capacidade de reconhecer o primeiro de todos os mandamentos, dentre os muitos prescritos na Lei mosaica.

Jesus respondeu sem titubear: o primeiro de todos os mandamentos é o mandamento do amor, com a dupla vertente de amor a Deus e amor ao próximo. De fato, não são dois mandamentos separados, e, sim, implicados mutuamente. Quem ama a Deus, de verdade, terá profundo amor pelo próximo. E, vice-versa, quem ama o próximo de verdade, é porque tem no coração o amor de Deus. Sem amor a Deus, não existe amor ao próximo; sem amor ao próximo, não existe amor a Deus.

O mestre da Lei reconheceu a veracidade da resposta de Jesus. Este, por sua vez, reconheceu a boa vontade do mestre da Lei. Daí ter intuído que não estava muito longe do Reino de Deus.

> Senhor Jesus, faze-me compreender a centralidade do mandamento do amor e dá-me forças para pô-lo em prática.

9ª Semana do Tempo Comum — Sexta

Então Jesus tomou a palavra e ensinava, no templo: "Por que os escribas dizem que o Cristo é filho de Davi? O próprio Davi, movido pelo Espírito Santo, falou: 'Disse o Senhor ao meu senhor: Senta-te à minha direita, até que eu ponha teus inimigos debaixo dos teus pés'. Se o próprio Davi o chama de 'senhor', como então ele pode ser seu filho?" E a grande multidão o escutava com prazer (**Mc 12,35-37**).

Um esclarecimento importante

O ensinamento de Jesus retoma um tópico da tradição religiosa de Israel: a origem do Messias, do Cristo. Todos tinham como certo que seria um descendente de Davi. No passado, o profeta Natã, falando por mandado divino, havia assegurado ao grande rei que haveria sempre um descendente seu ocupando o trono. Desde que o reino fora destruído e não mais reconstruído, esperava-se a vinda de um messias davídico, para restaurar a realeza em Israel.

Jesus mostra como Davi já falava em alguém maior do que ele: "Disse o Senhor a meu senhor". Portanto, o próprio Davi tinha alguém maior do que ele, de quem se sentia servo. Por este caminho, o Mestre vai além da tradição e apresenta a possibilidade de a relação do Messias com Davi não se ligar à descendência sanguínea, mas ser de outro tipo. Uma descendência espiritual!

A ligação de Jesus com Davi não é negada, mas pensada de forma diferente. Enquanto Filho, é superior a Davi. É o "senhor" do qual o rei havia falado. Quem o acolhe como Messias não se afasta da tradição. Somente se abre para a novidade divina, que estava acontecendo no ministério de Jesus. Na condição de Filho, revela à humanidade uma forma nova de acesso a Deus. Acolhê-lo significa acolher o dom do Pai. Pelo contrário, rejeitá-lo corresponde a virar as costas para o Pai e se recusar a reconhecer sua ação benevolente para a salvação da humanidade.

> Senhor Jesus, reforça minha disposição de acolher-te como Messias, enviado para nos abrir um caminho para o Pai.

Sábado | # 9ª Semana do Tempo Comum

Ao ensinar, Jesus dizia: "Cuidado com os escribas! Eles fazem questão de andar com amplas túnicas e de serem cumprimentados nas praças, gostam dos primeiros assentos na sinagoga e dos lugares de honra nos banquetes. Mas devoram as casas das viúvas, enquanto ostentam longas orações. Por isso, serão julgados com mais rigor". Jesus estava sentado em frente do cofre das ofertas e observava como a multidão punha dinheiro no cofre. Muitos ricos depositavam muito. Chegou então uma pobre viúva e deu duas moedinhas. Jesus chamou os discípulos e disse: "Em verdade vos digo: esta viúva pobre deu mais do que todos os outros que depositaram no cofre. Pois todos eles deram do que tinham de sobra, ao passo que ela, da sua pobreza, ofereceu tudo o que tinha para viver" (**Mc 12,38-44**).

Coração desapegado

A oferta da viúva é carregada de ensinamento. Dá mostras de ter um coração desapegado, tendo confiança, inteiramente, em Deus. "De sua pobreza, ofereceu tudo o que tinha para viver!" Os ricos davam esmolas generosas, porém, tiradas do supérfluo. Não lhes faria falta!

O contexto possibilita ligar o gesto da mulher com o que aconteceria, em breve, a Jesus. Ele, também, seria desafiado a se colocar todo nas mãos do Pai, na paixão e morte de cruz. Como pobre, nada lhe sobrara senão a própria vida. Estava, inteiramente, disposto a entregá-la ao Pai, sem reservas. E a daria com inteira confiança.

Os discípulos, por sua vez, são chamados a tirar as devidas lições. Já haviam dado mostras de não ter entendido bem os ensinamentos do Mestre e se preocupavam com interesses mundanos. Quiçá, não estivessem dispostos a abrir mão de sua segurança e do que tinham deixado para trás. Estes apegos impediam-nos de se colocar, com toda liberdade e confiança, nas mãos do Pai, a exemplo da viúva e do Mestre.

> Senhor Jesus, que o apego aos bens deste mundo não
> me impeça de ser generoso e desapegado, e de ter
> a coragem de entregar tudo nas mãos do Pai.

10ª Semana do Tempo Comum · Domingo

Jesus voltou para casa, e outra vez se ajuntou tanta gente que eles nem mesmo podiam se alimentar. Quando seus familiares souberam disso, vieram para detê-lo, pois diziam: "Está ficando louco". Os escribas vindos de Jerusalém diziam que ele estava possuído por Beelzebu e expulsava os demônios pelo poder do chefe dos demônios. Jesus os chamou e falou-lhes em parábolas: "Como pode Satanás expulsar Satanás? Se um reino se divide internamente, ele não consegue manter-se. Se uma família se divide internamente, ela não consegue manter-se. Assim também, se Satanás se levanta contra si mesmo e se divide, ele não consegue manter-se, mas se acaba. Além disso, ninguém pode entrar na casa de um homem forte para saquear seus bens, sem antes amarrá-lo; só depois poderá saquear a sua casa. Em verdade, vos digo: tudo será perdoado às pessoas, tanto os pecados como as blasfêmias que tiverem proferido. Aquele, porém, que blasfemar contra o Espírito Santo nunca será perdoado; será réu de um 'pecado eterno'". Isso, porque diziam: "Ele tem um espírito impuro". Nisso chegaram a mãe e os irmãos de Jesus. Ficaram do lado de fora e mandaram chamá-lo. Ao seu redor estava sentada muita gente. Disseram-lhe: "Tua mãe e teus irmãos e irmãs estão lá fora e te procuram". Ele respondeu: "Quem é minha mãe? Quem são meus irmãos?" E passando o olhar sobre os que estavam sentados ao seu redor, disse: "Eis minha mãe e meus irmãos! Quem faz a vontade de Deus, esse é meu irmão, minha irmã e minha mãe" (**Mc 3,20-35**).

Uma nova família

A narração evangélica trata das relações com Jesus, em nível familiar. O Mestre explicita seu modo de entender a família, no contexto do Reino.

O primeiro grupo de familiares, não dos mais próximos, quer detê-lo, por considerá-lo louco. As palavras e os gestos de Jesus deixavam-nos chocados. Nunca haviam visto coisa igual! O segundo é o grupo de familiares próximos, a começar por sua mãe. Também não se identifica com eles. Outro grupo constitui sua verdadeira família: são os discípulos do Reino, que fazem a vontade de Deus.

> Senhor Jesus, como discípulo do Reino,
> quero fazer parte de tua família, pondo sempre
> em prática a vontade de Deus.

Segunda — # 10ª Semana do Tempo Comum

Vendo as multidões, Jesus subiu à montanha e sentou-se. Os discípulos aproximaram-se, e ele começou a ensinar: "Felizes os pobres no espírito, porque deles é o Reino dos Céus. Felizes os que choram, porque serão consolados. Felizes os mansos, porque receberão a terra em herança. Felizes os que têm fome e sede da justiça, porque serão saciados. Felizes os misericordiosos, porque alcançarão misericórdia. Felizes os puros no coração, porque verão a Deus. Felizes os que promovem a paz, porque serão chamados filhos de Deus. Felizes os perseguidos por causa da justiça, porque deles é o Reino dos Céus. Felizes sois vós, quando vos injuriarem e perseguirem e, mentindo, disserem todo mal contra vós por causa de mim. Alegrai-vos e exultai, porque é grande a vossa recompensa nos céus. Pois foi deste modo que perseguiram os profetas que vieram antes de vós" (**Mt 5,1-12**).

A felicidade do Reino

Os valores do Reino anunciado por Jesus criam uma felicidade peculiar, bem distinta da que o mundo proporciona. Ela provém do desapego de coração; do consolo recebido de Deus; do agir manso e paciente; da luta pela justiça; da misericórdia no trato com o próximo; da pureza de coração; do empenho para construir a paz. Essa experiência de felicidade, contudo, é feita em meio a injúrias, mentiras e perseguições, por causa do Mestre.

Essa é a felicidade a ser alcançada pelo discípulo do Reino. O caminho será o da fidelidade, sem limites, ao projeto de vida que abraçou, dizendo "sim" ao chamado do Mestre. Jamais será um projeto de vida facilitado, que contará com o aplauso do mundo. Antes, exige remar contra a maré do egoísmo e das seduções mundanas. Sobretudo, exige que se coloque nos passos do Mestre, pois só ele pode indicar o caminho da fidelidade e da felicidade.

> Senhor Jesus, que eu encontre, cada dia, a felicidade do Reino, trilhando o caminho da fidelidade ao projeto de vida que escolheste para mim.

10ª Semana do Tempo Comum — Terça

"Vós sois o sal da terra. Ora, se o sal perde seu sabor, com que se salgará? Não servirá para mais nada, senão para ser jogado fora e pisado pelas pessoas. Vós sois a luz do mundo. Uma cidade construída sobre a montanha não fica escondida. Não se acende uma lâmpada para colocá-la debaixo de uma caixa, mas sim no candelabro, onde ela brilha para todos os que estão em casa. Assim também brilhe a vossa luz diante das pessoas, para que vejam as vossas boas obras e louvem o vosso Pai que está nos céus" (**Mt 5,13-16**).

As boas obras

As boas obras do discípulo do Reino são comparadas com o sal da terra e a luz do mundo. Tudo quanto faz deverá ter incidência positiva sobre a realidade, a ponto de salgá-la e iluminá-la, preservando-a da corrupção e livrando-a das trevas.

O agir do discípulo, conformado com as exigências do Reino, tem a força de gerar amor onde impera o ódio; de fazer brotar justiça em ambientes onde a opressão parece ter a última palavra; de mover as pessoas a serem misericordiosas em situação de egoísmo. A ação estará sempre voltada para a construção do mundo querido por Deus, sem vestígios de maldade.

Por outro lado, as boas ações do discípulo serão luz para a humanidade que caminha nas trevas. Serão farol para quem vagueia nas trevas do vício e do erro. Serão indicativos seguros por onde caminhar.

Para que serve o sal sem sabor? Para que serve a lâmpada colocada debaixo de uma caixa? Assim são os cristãos despreocupados em fazer as boas obras do Reino ou quem deixa no escondido o bem que faz.

O Mestre convoca cada discípulo a ser ao máximo eficiente na construção do Reino, fazendo as boas ações serem ao máximo eficazes e agindo ali onde se espera produzir mais frutos. Dessa forma, viverá com fidelidade a sua vocação.

> Senhor Jesus, que as minhas boas obras sejam luz, como um farol a guiar para ti quem vagueia nos caminhos do mal.

| Quarta | 10ª Semana do Tempo Comum |

"Não penseis que vim abolir a Lei e os Profetas. Não vim para abolir, mas para cumprir. Em verdade, eu vos digo: antes que o céu e a terra deixem de existir, nem uma só letra ou vírgula serão tiradas da Lei, sem que tudo aconteça. Portanto, quem desobedecer a um só destes mandamentos, por menor que seja, e assim ensinar os outros, será considerado o menor no Reino dos Céus. Porém, quem os praticar e ensinar será considerado grande no Reino dos Céus" (**Mt 5,17-19**).

Obedecer aos mandamentos

Uma das tendências do ambiente religioso do tempo de Jesus era o legalismo. Os mestres da Lei e os fariseus eram escrupulosos na observância dos mandamentos. Não deixavam escapar nenhum detalhe. Estavam sempre preocupados em encontrar novos desdobramentos das muitas exigências da Lei.

Jesus, pelo contrário, mostrava-se livre diante dos ditames da Lei. Muitos o tinham como anarquista, como se estivesse se rebelando contra o próprio Deus. Se o autor da Lei era Deus, não obedecê-la correspondia a se fechar para ele, numa atitude quase blasfema.

Portanto, a afirmação do Mestre — "Não vim para abolir a Lei, mas para cumpri-la" — deve ser devidamente entendida. Descartando qualquer atitude semelhante à dos escribas e fariseus, é possível interpretá-la em conformidade com as exigências do Reino. Jesus dispunha-se a se submeter ao espírito da Lei, não à letra. Sua preocupação centrava-se no desejo do Pai, quando estabeleceu determinada norma como projeto de vida. A formulação escrita não dava conta de exprimir todo o pensamento do Pai. Daí a necessidade de ir além e se perguntar o que o Pai, realmente, queria com este ou aquele mandamento. Este foi o esforço continuado de Jesus, quando estava diante de qualquer exigência da Lei. Importava-lhe, sobretudo, o querer do Pai. A letra dos mandamentos era secundária.

Senhor Jesus, tira de mim toda tentação de legalismo, que me impede de buscar, em tudo, a obediência ao querer do Pai.

10ª Semana do Tempo Comum — Quinta

"Eu vos digo: Se vossa justiça não for maior que a dos escribas e dos fariseus, não entrareis no Reino dos Céus. Ouvistes que foi dito aos antigos: 'Não cometerás homicídio! Quem cometer homicídio deverá responder no tribunal'. Ora, eu vos digo: todo aquele que tratar seu irmão com raiva deverá responder no tribunal; quem disser ao seu irmão 'imbecil' deverá responder perante o sinédrio; quem chamar seu irmão de 'louco' poderá ser condenado ao fogo do inferno. Portanto, quando estiveres levando a tua oferenda ao altar e ali te lembrares que teu irmão tem algo contra ti, deixa a tua oferenda diante do altar e vai primeiro reconciliar-te com teu irmão. Só então, vai apresentar a tua oferenda. Procura reconciliar-te com teu adversário, enquanto ele caminha contigo para o tribunal. Senão o adversário te entregará ao juiz, o juiz te entregará ao oficial de justiça, e tu serás jogado na prisão. Em verdade, te digo: dali não sairás, enquanto não pagares o último centavo" (**Mt 5,20-26**).

232 Vida reconciliada

A reconciliação tem importância fundamental na vida do discípulo do Reino. Tudo quanto possa romper os vínculos de amor e de fraternidade entre os discípulos deve ser, prontamente, corrigido. A falta de reconciliação entre os irmãos produz ruptura dos vínculos com Deus. Só está unido a Deus quem está unido ao próximo.

O homicídio é o extremo oposto da reconciliação. Além da ruptura, acontece a eliminação do outro. A reconciliação torna-se impossível!

Jesus chamou a atenção para uma forma sutil de homicídio, que consiste em matar o outro dentro do coração. É como se o outro não existisse! Como não tem valor, é chamado dos nomes mais aviltantes. "Imbecil" e "louco", no contexto de Jesus, eram palavras muito fortes e ofensivas. Jogá-las na cara do outro correspondia a matá-lo. Por isso, o discípulo recusa-se a usá-las.

> Senhor Jesus, cria em meu coração um profundo sentimento de respeito pelo meu próximo, com quem devo sempre viver reconciliado.

Sexta 10ª Semana do Tempo Comum

"Ouvistes que foi dito: 'Não cometerás adultério'. Ora, eu vos digo: todo aquele que olhar para uma mulher com o desejo de possuí-la, já cometeu adultério com ela em seu coração. Se teu olho direito te leva à queda, arranca-o e joga para longe de ti! De fato, é melhor perderes um de teus membros do que todo o corpo ser lançado ao inferno. Se a tua mão direita te leva à queda, corta-a e joga-a para longe de ti! De fato, é melhor perderes um de teus membros do que todo o corpo ir para o inferno. Foi dito também: 'Quem despedir sua mulher dê-lhe um atestado de divórcio'. Ora, eu vos digo: todo aquele que despedir sua mulher – fora o caso de união ilícita – faz com que ela se torne adúltera; e quem se casa com a mulher que foi despedida comete adultério" (**Mt 5,27-32**).

Pureza de coração

O Decálogo proibia, severamente, o adultério. Correspondia a lançar mão da propriedade alheia, pois a esposa era contada entre os bens do marido. O adúltero se apoderava do que não lhe pertencia.

Entretanto, Jesus enfocou o adultério sob outro aspecto. Não lhe importava a simples consumação de um ato. Seu ponto de interesse era a malícia presente no íntimo do adúltero que o levava a cometer o adultério, já dentro do coração. Mesmo não havendo ato físico de adultério, este já estava consumado.

Jesus pensa assim porque o respeito pelo próximo é exigência do Reino. E o respeito começa no coração das pessoas. Quando falta o respeito nesse nível, com toda certeza, o desrespeito acontecerá com gestos concretos. Havendo respeito no fundo do coração, no trato cotidiano as pessoas serão respeitadas. Inclusive as esposas alheias!

O discípulo esforça-se por eliminar tudo quanto possa levá-lo a desrespeitar o próximo. As metáforas evangélicas não dão margem para dúvidas. Ensinam a cortar o mal pela raiz.

> Senhor Jesus, que meu coração esteja purificado de toda malícia, de modo que o trato com meu semelhante seja de respeito e valorização.

10ª Semana do Tempo Comum — Sábado

"Ouvistes também que foi dito aos antigos: 'Não jurarás falso', mas 'cumprirás os teus juramentos feitos ao Senhor'. Ora, eu vos digo: não jureis de modo algum, nem pelo céu, porque é o trono de Deus; nem pela terra, porque é o apoio dos seus pés; nem por Jerusalém, porque é a cidade do Grande Rei. Também não jures pela tua cabeça, porque não podes tornar branco ou preto um só fio de cabelo. Seja o vosso sim, sim, e o vosso não, não. O que passa disso vem do Maligno" (**Mt 5,33-37**).

Homem de palavra!

Os discípulos e as discípulas do Reino devem ser "homem e mulher de palavra". Esta expressão é muito forte e tem implicações concretas. Supõe transparência e veracidade por parte de quem fala. Pode-se acreditar na palavra alheia, pois a pessoa não tem segundas intenções. É pura de coração! Não tem a intenção de enganar ninguém. Não quer tirar partido da ingenuidade alheia. Não quer abusar da boa-fé do próximo. No trato com pessoas de palavra, dispensam-se papéis, assinaturas, reconhecimento de firma, avalistas, fiadores. A palavra dada é suficiente!

Jesus aboliu o mandamento de "não jurar falso", pois não vale para quem abraçou o ideal do Reino. Este será inteiramente sincero e sua palavra, digna de crédito. Se o juramento se faz necessário, é porque a palavra está sob suspeita e não se pode confiar nela. O discípulo segue noutra direção.

"Seja o vosso sim, sim, e o vosso não, não" é a ordem do Mestre. Extrapolar esses limites corresponde a se deixar levar pelo Maligno. Deste vêm a mentira, a falsidade, o engano e tantos outros desvios de comportamento, em que as pessoas se servem da palavra para tirar proveito da sinceridade alheia. O bom espírito move-se na direção contrária e o sinal de sua ação é, exatamente, a verdade.

Portanto, o discípulo do Reino dispensa toda forma de juramento. Quem é inspirado pelo espírito da verdade não precisa recorrer a ele.

> Senhor Jesus, que eu seja transparente no trato com o semelhante, de forma a dispensar toda forma de juramento.

Domingo — 11ª Semana do Tempo Comum

Jesus dizia-lhes: "O Reino de Deus é como quando alguém lança a semente na terra. Quer ele esteja dormindo ou acordado, de dia ou de noite, a semente germina e cresce, sem que ele saiba como. A terra produz o fruto por si mesma: primeiro aparecem as folhas, depois a espiga e, finalmente, os grãos que enchem a espiga. Ora, logo que o fruto está maduro, mete-se a foice, pois o tempo da colheita chegou". Jesus dizia-lhes: "Com que ainda podemos comparar o Reino de Deus? Com que parábola podemos apresentá-lo? É como um grão de mostarda que, ao ser semeado na terra, é a menor de todas as sementes. Mas, depois de semeada, cresce e se torna maior que todas as outras hortaliças, com ramos grandes a tal ponto que os pássaros do céu podem fazer seus ninhos em sua sombra". Jesus lhes anunciava a palavra usando muitas parábolas como estas, de acordo com o que podiam compreender. Nada lhes falava sem usar parábolas. Mas, quando estava a sós com os discípulos, lhes explicava tudo (**Mc 4,26-34**).

A semente do Reino

O ambiente rural da Palestina ofereceu a Jesus muitas imagens para seus ensinamentos. A semente serviu de metáfora do Reino, agindo no mundo. Por um lado, como a semente, o Reino tem um dinamismo que independe das preocupações humanas. Ele "germina e cresce, sem que se saiba como", produzindo frutos para além do controle humano. As pessoas podem, até mesmo, desconhecer como o Reino atua em seu íntimo, movendo-as a fazer o bem e a perdoar; não sabem por que são capazes de fazer o bem. Não importa! Importante é a ação do Reino em seu coração.

Por outro lado, como um grãozinho de mostarda, o Reino vai crescendo e se difundindo. A pequenez torna-se grandeza. O escondido vai-se manifestando. O imperceptível torna-se percebido. Porém, com os valores do Reino e não com os valores mundanos.

> Senhor Jesus, que a semente do Reino plantada no meu coração dê muitos frutos de bondade e de solidariedade.

11ª Semana do Tempo Comum — Segunda

"Ouvistes que foi dito: 'Olho por olho e dente por dente!' Ora, eu vos digo: não ofereçais resistência ao malvado! Pelo contrário, se alguém te bater na face direita, oferece-lhe também a esquerda! Se alguém quiser abrir um processo para tomar a tua túnica, dá-lhe também o manto! Se alguém te forçar a acompanhá-lo por um quilômetro, caminha dois com ele! Dá a quem te pedir, e não vires as costas a quem te pede emprestado" (**Mt 5,38-42**).

Abaixo a violência!

A lei de talião – "Olho por olho e dente por dente!" – constava da Lei mosaica. Era uma forma de limitar a violência, quando a vingança era ilimitada. Com ela, colocava-se um basta na espiral de violência, pois a vingança tinha o exato tamanho da ofensa. Tal ofensa, tal vingança. Nem mais, nem menos!

Jesus deu um passo adiante, abolindo a prática antiga. O discípulo do Reino está tão convencido da importância do amor, que recusa qualquer tipo de vingança. Mesmo a vingança do tamanho da ofensa não lhe interessa. Importa viver reconciliado e, para isso, é preciso perdoar sempre.

O discípulo do Reino deve estar disposto a fazer gestos heroicos para combater a violência. A capacidade de oferecer a face esquerda a quem lhe bater na face direita é um deles. À primeira vista, pode ser tomado como sinal de fraqueza e de incapacidade de se defender. Pode ser interpretado como se estivesse dando ao violento a chance de ser ainda mais violento.

Entretanto, na perspectiva do Reino, a interpretação tem um viés bem distinto. O discípulo do Reino, enquanto homem de paz, choca o violento, fazendo um gesto incomum. Quando se espera que revide, age de maneira inesperada, a ponto de desconcertar o violento. Este fica sem saber o que fazer, pois a violência se torna inútil e insensata. Portanto, o discípulo combate a violência com o amor!

> Senhor Jesus, que eu esteja tão impregnado de amor,
> a ponto de ser capaz de responder o mal com o bem.

| **Terça** | ## 11ª Semana do Tempo Comum |

"Ouvistes que foi dito: 'Amarás o teu próximo e odiarás o teu inimigo!' Ora, eu vos digo: Amai os vossos inimigos e orai por aqueles que vos perseguem! Assim vos tornareis filhos do vosso Pai que está nos céus; pois ele faz nascer o seu sol sobre maus e bons e faz cair a chuva sobre justos e injustos. Se amais somente aqueles que vos amam, que recompensa tereis? Os publicanos não fazem a mesma coisa? E se saudais somente os vossos irmãos, que fazeis de extraordinário? Os pagãos não fazem a mesma coisa? Sede, portanto, perfeitos como o vosso Pai celeste é perfeito.

Ouvistes que foi dito: 'Amarás o teu próximo e odiarás o teu inimigo!' Ora, eu vos digo: Amai os vossos inimigos e orai por aqueles que vos perseguem! Assim vos tornareis filhos do vosso Pai que está nos céus; pois ele faz nascer o seu sol sobre maus e bons e faz cair a chuva sobre justos e injustos. Se amais somente aqueles que vos amam, que recompensa tereis? Os publicanos não fazem a mesma coisa? E se saudais somente os vossos irmãos, que fazeis de extraordinário? Os pagãos não fazem a mesma coisa? Sede, portanto, perfeitos como o vosso Pai celeste é perfeito" (**Mt 5,43-48**).

Amor sem limites

No contexto do Reino, o mandamento do amor ao próximo não conhece limites. A principal ruptura dos limites do amor acontece na disposição a amar os inimigos e a rezar pelos perseguidores.

Jesus oferece um argumento teológico para essa atitude do discípulo: é a forma de imitar o agir do Pai que não faz distinção entre as pessoas e derrama sobre maus e bons os benefícios do sol e da chuva. Não trata os pecadores com dureza e os justos com bondade. Nem impõe penúria ao malvado e garante abundância para os justos.

O agir do discípulo deve imitar a benevolência divina. Nela deve se inspirar. Caso contrário, seu modo de proceder seria desprovido de relevância. Tornar-se-ia um agir banal, como o de qualquer pagão.

Senhor Jesus, que eu seja benevolente no trato com todas as pessoas, a ponto de ser capaz de amar os inimigos e rezar pelos perseguidores.

11ª Semana do Tempo Comum — Quarta

"Cuidado! Não pratiqueis vossa justiça na frente dos outros, só para serdes notados. De outra forma, não recebereis recompensa do vosso Pai que está nos céus. Por isso, quando deres esmola, não mandes tocar a trombeta diante de ti, como fazem os hipócritas nas sinagogas e nas ruas, para serem elogiados pelos outros. Em verdade vos digo: já receberam sua recompensa. Tu, porém, quando deres esmola, não saiba tua mão esquerda o que faz a direita, de modo que tua esmola fique escondida. E o teu Pai, que vê no escondido, te dará a recompensa. Quando orardes, não sejais como os hipócritas, que gostam de orar nas sinagogas e nas esquinas das praças, em posição de serem vistos pelos outros. Em verdade vos digo: já receberam a sua recompensa. Tu, porém, quando orares, entra no teu quarto, fecha a porta e ora ao teu Pai que está no escondido. E o teu Pai, que vê no escondido, te dará a recompensa. Quando jejuardes, não fiqueis de rosto triste como os hipócritas. Eles desfiguram o rosto, para figurar aos outros que estão jejuando. Em verdade vos digo: já receberam sua recompensa. Tu, porém, quando jejuares, perfuma a cabeça e lava o rosto, para que os outros não vejam que estás jejuando, mas somente teu Pai, que está no escondido. E o teu Pai, que vê no escondido, te dará a recompensa" (**Mt 6,1-6.16-18**).

Verdadeira piedade

Jesus propôs aos discípulos uma religião feita de interioridade. Seguiu na contramão de certa tendência da época, voltada para a religião da exterioridade e das manifestações públicas de piedade. Religião sem consistência!

A verdadeira piedade expressa a comunhão com Deus, diante de quem o fiel se encontra e a quem quer obedecer. O reconhecimento e o aplauso alheio de nada valem. Basta ao discípulo a consciência de estar sendo agradável a Deus, embora não seja visto pelos outros.

> Senhor Jesus, ajuda-me a praticar a verdadeira piedade, sem buscar reconhecimento e aplauso.

Quinta — # 11ª Semana do Tempo Comum

"Quando orardes, não useis de muitas palavras, como fazem os pagãos. Eles pensam que serão ouvidos por força das muitas palavras. Não sejais como eles, pois o vosso Pai sabe do que precisais, antes de vós o pedirdes. Vós, portanto, orai assim: Pai nosso que estás nos céus, santificado seja o teu nome; venha o teu Reino; seja feita a tua vontade, como no céu, assim também na terra. O pão nosso de cada dia dá-nos hoje. Perdoa as nossas dívidas, assim como nós perdoamos aos que nos devem. E não nos introduzas em tentação, mas livra-nos do Maligno. De fato, se vós perdoardes aos outros as suas faltas, vosso Pai que está nos céus também vos perdoará. Mas, se vós não perdoardes aos outros, vosso Pai também não perdoará as vossas faltas" (**Mt 6,7-15**).

Oração da Fraternidade

A oração ensinada por Jesus aos discípulos parte da relação fraterna entre os membros da comunidade cristã e visa reforçar a fraternidade entre eles. A comunidade de irmãos e irmãs volta-se para o Pai do céu para pedir-lhe a santificação do nome divino, a vinda do Reino e a submissão de todos à vontade paterna. Quando isso acontece, o querer do Pai torna-se a pauta de ação da comunidade. E o querer de Deus não é outro senão a união dos filhos e filhas no amor.

Por outro lado, o discípulo orante é exortado a pedir o pão cotidiano para todos, o perdão das ofensas cometidas na comunidade e a resistência para não cair em tentação, quando o Maligno se apodera do seu coração. O fruto desse conjunto de pedidos, novamente, será o reforço das relações fraternas. A comunidade crescerá, pois, na partilha e no perdão. Será, de fato, a família querida pelo Pai celeste.

O Pai-Nosso é oração de compromisso cristão. Entretanto, é grande o perigo de transformá-la em palavreado vazio, repetido de forma mecânica e inconsciente. Nesse caso, não produzirá os esperados frutos de fraternidade.

> Senhor Jesus, que a oração do Pai-Nosso produza em mim frutos de fraternidade, levando-me a ser mais unido a meus irmãos e irmãs de fé, família do Pai do céu.

11ª Semana do Tempo Comum — Sexta

"Não ajunteis tesouros aqui na terra, onde a traça e a ferrugem destroem e os ladrões assaltam e roubam. Ao contrário, ajuntai para vós tesouros no céu, onde a traça e a ferrugem não destroem, nem os ladrões assaltam e roubam. Pois onde estiver o teu tesouro, aí estará também o teu coração. A lâmpada do corpo é o olho: se teu olho for límpido, ficarás todo cheio de luz. Mas se teu olho for ruim, ficarás todo em trevas. Se, pois, a luz em ti é trevas, quão grandes serão as trevas!" (**Mt 6,19-23**).

Os bens deste mundo

Os discípulos do Reino são ensinados a se relacionar, de maneira livre, com os bens deste mundo. É sempre grande o risco de se apegarem às riquezas materiais, a ponto de se esquecerem de que só Deus é Absoluto.

Jesus distinguiu entre os tesouros da terra e os tesouros do céu. Porém, é preciso entender bem o que ele quis ensinar. Uma forma equivocada seria pensar em dois mundos, sendo que o mundo aqui em baixo não vale nada; tendo valor só o outro mundo, o céu. E, como consequência, desvalorizar a vida na terra e ansiar pelo céu, onde está a vida verdadeira.

O horizonte cultural do tempo de Jesus não dava margem para este modo de pensar dualista, vendo a realidade cindida em duas partes. Para Jesus, o tesouro da terra e o tesouro do céu podem ser juntados aqui e agora. O tesouro da terra são os bens passíveis de enferrujar e ser destruídos ou, então, roubados e assaltados. O tesouro do céu corresponde aos gestos de bondade e de misericórdia em relação ao próximo. Quanto mais o discípulo do Reino faz o bem, tanto mais ajunta o tesouro do céu.

Numa sociedade capitalista e consumista, o ensinamento do Mestre torna-se uma exigência. Os discípulos correm o risco de cair na tentação de acumular e desfrutar, tornando-se insensíveis aos irmãos sofredores, carentes de misericórdia. A tentação do consumo pode fechar-lhes o coração.

> Senhor Jesus, livra-me da tentação de acumular e desfrutar, consciente de que devo juntar os tesouros do céu, com o bem feito a meu próximo.

| **Sábado** | # 11ª Semana do Tempo Comum |

"Ninguém pode servir a dois senhores: ou vai odiar o primeiro e amar o outro, ou aderir ao primeiro e desprezar o outro. Não podeis servir a Deus e ao Dinheiro! Por isso, eu vos digo: não vivais preocupados com o que comer ou beber, quanto à vossa vida; nem com o que vestir, quanto ao vosso corpo. Afinal, a vida não é mais que o alimento, e o corpo, mais que a roupa? Olhai os pássaros do céu: não semeiam, não colhem, nem guardam em celeiros. No entanto, o vosso Pai celeste os alimenta. Será que vós não valeis mais do que eles? Quem de vós pode, com sua preocupação, acrescentar um só dia à duração de sua vida? E por que ficar tão preocupados com a roupa? Olhai como crescem os lírios do campo. Não trabalham, nem fiam. No entanto, eu vos digo, nem Salomão, em toda a sua glória, jamais se vestiu como um só dentre eles. Ora, se Deus veste assim a erva do campo, que hoje está aí e amanhã é lançada ao forno, não fará ele muito mais por vós, gente fraca de fé? Portanto, não vivais preocupados, dizendo: 'Que vamos comer? Que vamos beber? Como nos vamos vestir?' Os pagãos é que vivem procurando todas essas coisas. Vosso Pai que está nos céus sabe que precisais de tudo isso. Buscai em primeiro lugar o Reino de Deus e a sua justiça, e todas essas coisas vos serão dadas por acréscimo. Portanto, não vos preocupeis com o dia de amanhã, pois o dia de amanhã terá sua própria preocupação! A cada dia basta o seu mal" (**Mt 6,24-34**).

De coração livre

O discípulo do Reino tem o coração livre para servir, única e exclusivamente, a Deus. Esta liberdade permite-lhe relacionar-se com os bens deste mundo, sem nenhum apego. Permite-lhe colocar o Reino de Deus e sua justiça em primeiro lugar.

A liberdade de coração leva o discípulo a se colocar acima das preocupações com o comer, o beber e o vestir. Não que comer, beber e vestir sejam sem importância. Afinal, todo ser humano depende deles. A tentação consiste em lhes dar valor excessivo e fazer tudo girar em torno deles.

> Senhor Jesus, cria em mim um coração livre de todo apego aos bens deste mundo, para que eu possa buscar sempre o Reino de Deus e sua justiça.

12ª Semana do Tempo Comum — Domingo

Naquele dia, ao cair da tarde, Jesus disse aos discípulos: "Passemos para a outra margem!" Eles despediram a multidão e levaram Jesus, do jeito como estava, consigo no barco; e outros barcos o acompanhavam. Veio, então, uma ventania tão forte que as ondas se jogavam dentro do barco; e este se enchia de água. Jesus estava na parte de trás, dormindo sobre um travesseiro. Os discípulos o acordaram e disseram-lhe: "Mestre, não te importa que estejamos perecendo?" Ele se levantou e repreendeu o vento e o mar: "Silêncio! Cala-te!" O vento parou, e fez-se uma grande calmaria. Jesus disse-lhes então: "Por que sois tão medrosos? Ainda não tendes fé?" Eles sentiram grande temor e comentavam uns com os outros: "Quem é este, a quem obedecem até o vento e o mar?" (**Mc 4,35-41**).

Sereno na tempestade

A atitude de Jesus, no meio da tempestade, é metáfora da atitude do discípulo do Reino acossado por dificuldades e perseguições. Enquanto soprava a forte ventania, a ponto de as ondas encherem o barco de água, Jesus dormia sereno, na parte de trás, sobre um travesseiro. Serenidade impressionante!

A serenidade do Mestre deve-se à total confiança no Pai, em cujas mãos colocou sua vida. Nada é capaz de causar-lhe sobressaltos e tribulações. A aparente despreocupação é fruto da fé e só acontece na vida de quem se refugia junto do Pai.

A serenidade do discípulo deve imitar à do Mestre. O mar revolto é metáfora do cotidiano do Reino. Quantas tribulações decorrem para quem tem a misericórdia como projeto de vida! Quantas contrariedades, para quem se dispõe a perdoar e a buscar vias de reconciliação! Quantos dissabores, para quem leva a sério a causa da justiça e está disposto a pagar o preço de sua opção! Nestas e noutras circunstâncias, o discípulo contempla o Mestre dormindo sereno no barquinho, sem receio de ser tragado pelas ondas.

> Senhor Jesus, dá-me serenidade para enfrentar as dificuldades com que me defronto por causa da opção pelo Reino.

Segunda | # 12ª Semana do Tempo Comum

"Não julgueis, e não sereis julgados. Pois com o mesmo julgamento com que julgardes os outros sereis julgados; e a mesma medida que usardes para os outros servirá para vós. Por que observas o cisco no olho do teu irmão e não reparas na trave que está no teu próprio olho? Ou, como podes dizer ao teu irmão: 'Deixa-me tirar o cisco do teu olho', quando tu mesmo tens uma trave no teu? Hipócrita! Tira primeiro a trave do teu próprio olho, e então enxergarás bem para tirar o cisco do olho do teu irmão" (**Mt 7,1-5**).

A hipocrisia censurada

Nas relações interpessoais, o discípulo do Reino deve se esforçar para ser sincero, evitando todo tipo de hipocrisia. Uma atitude comum, na contramão do desejo de Jesus, consiste em se arvorar em juiz do próximo sem, antes, se autoavaliar. É grande o risco de se criticar a conduta alheia, tendo, porém, um modo de proceder semelhante. As imagens evangélicas do cisco e da trave são sugestivas. Só pode ver o cisco no olho do próximo quem se dispõe a tirar a trave que tem no próprio olho.

Jesus coibiu qualquer tipo de julgamento, em que o indivíduo se arvora no direito de julgar a sorte eterna dos outros. Ninguém tem o direito de identificar quem vai se salvar ou vai ser condenado. O motivo é simples: a pessoa pode se incluir entre os salvos, sem cair na conta de poder estar no caminho que a afasta de Deus.

O discípulo tem consciência de estar na presença de Deus, que está atento a tudo quanto o ser humano realiza. Quem extrapola as competências e se julga no direito de julgar o próximo pode estar certo de que, no futuro, experimentará um juízo severo. Será julgado com a mesma medida com que se deu o direito de julgar.

A exortação de Jesus tem a finalidade de dizer basta às pretensões indevidas dos discípulos do Reino. A prudência exige ser cauteloso, quando se trata de julgar o semelhante.

> **Senhor Jesus, dá-me sabedoria no trato com meus semelhantes, de modo a não cair na tentação de me arvorar em juiz dos outros.**

12ª Semana do Tempo Comum — Terça

"Não deis aos cães o que é santo, nem jogueis vossas pérolas diante dos porcos. Pois estes, ao pisoteá-las, se voltariam contra vós e vos estraçalhariam. Tudo, portanto, quanto desejais que os outros vos façam, fazei-o, vós também, a eles. Isto é a Lei e os Profetas. Entrai pela porta estreita! Pois larga é a porta e espaçoso o caminho que leva à perdição, e são muitos os que entram! Como é estreita a porta e apertado o caminho que leva à vida, e poucos são os que o encontram!" (**Mt 7,6.12-14**).

O santo e as pérolas

A ordem de Jesus de não dar o que é santo aos cães nem jogar as pérolas aos porcos é enigmática. Uma explicação plausível seria considerá-la como precaução para os apóstolos enviados em missão, no sentido de não insistirem em querer evangelizar quem se mostra fechado à proposta do Reino. A evangelização supõe abertura por parte dos ouvintes. Pessoas aferradas a seus esquemas mentais e despreparadas para compreender a mensagem do Reino podem ser deixadas de lado.

Querer evangelizá-las à força é tão insensato quanto jogar pérolas aos porcos. Pode acontecer uma reação violenta contra os evangelizadores, a ponto de colocar suas vidas em risco. Convém deixá-las de lado!

Outra leitura possível seria considerar o dito de Jesus como exortação para evitar expor a celebração eucarística aos olhares indiscretos de quem poderia interpretá-la de maneira errônea. Abrir as portas para pessoas incapazes de compreender o mistério equivaleria a jogar aos cães as coisas santas. A santidade da Eucaristia exigia mantê-la, suficientemente, escondida para evitar considerações maldosas dos inimigos do Reino, com o risco de perseguição para a comunidade.

Portanto, exigia-se do discípulo do Reino muito discernimento para reconhecer o tipo de pessoas a quem o Reino era anunciado.

> Senhor Jesus, como anunciador do Reino,
> dá-me suficiente discernimento para reconhecer
> os corações fechados para acolher-te.

Quarta | # 12ª Semana do Tempo Comum

"Cuidado com os falsos profetas: eles vêm até vós vestidos de ovelha, mas por dentro são lobos ferozes. Pelos seus frutos os conhecereis. Acaso se colhem uvas de espinheiros, ou figos de urtigas? Assim, toda árvore boa produz frutos bons, e toda árvore má produz frutos maus. Uma árvore boa não pode dar frutos maus, nem uma árvore má dar frutos bons. Toda árvore que não dá bons frutos é cortada e lançada ao fogo. Portanto, pelos seus frutos os conhecereis" (**Mt 7,15-20**).

Quem é falso profeta?

A exortação de Jesus de se precaver contra os falsos profetas é clara denúncia de quem, na comunidade, acaba por desvirtuar os irmãos do caminho da fé. São os líderes cuja pregação afasta-se sempre mais do projeto do Mestre. Como consequência, forma falsos discípulos que viverão a fé de maneira equivocada.

A falsidade consiste em anunciar o Jesus glorioso, sem nenhuma relação com a cruz. Esta proposta de seguimento facilitado é atrativa. E só pode ser desmascarada quando se percebe o comodismo e a alienação grassando na comunidade, como fruto ruim de uma árvore ruim.

Portanto, é preciso estar atento ao palavreado bonito de certos pregadores. O Mestre sugere verificar-lhe a veracidade, estando atento ao que resulta daí. Da pregação do verdadeiro profeta, resulta crescimento na fé, na esperança e na caridade. A comunidade sente-se fortalecida e coesa. A pregação do falso profeta, pelo contrário, é semente de discórdia e divisão, quando não de individualismo. É quando se percebe o quanto está longe do Mestre!

O ensinamento de Jesus exige dos discípulos grande dose de discernimento, para não se deixar enganar. Só, então, não serão ludibriados, pois saberão se precaver, conscientes do que o Mestre espera deles: que produzam os bons frutos almejados de quem escolheu deixar-se guiar por Deus.

> Senhor Jesus, dá-me discernimento para reconhecer a falsidade de quem, com palavras aliciadoras, me afastam de ti e do Reino.

12ª Semana do Tempo Comum — Quinta

"Nem todo aquele que me diz: 'Senhor! Senhor!', entrará no Reino dos Céus, mas só aquele que põe em prática a vontade de meu Pai que está nos céus. Naquele dia, muitos vão me dizer: 'Senhor, Senhor, não foi em teu nome que profetizamos? Não foi em teu nome que expulsamos demônios? E não foi em teu nome que fizemos muitos milagres?' Então, eu lhes declararei: 'Jamais vos conheci. Afastai-vos de mim, vós que praticais a iniquidade'. Portanto, quem ouve estas minhas palavras e as põe em prática é como um homem sensato, que construiu sua casa sobre a rocha. Caiu a chuva, vieram as enchentes, os ventos deram contra a casa, mas a casa não desabou, porque estava construída sobre a rocha. Por outro lado, quem ouve estas minhas palavras e não as põe em prática é como um homem sem juízo, que construiu sua casa sobre a areia. Caiu a chuva, vieram as enchentes, os ventos sopraram e deram contra a casa, e ela desabou, e grande foi a sua ruína!" Quando ele terminou estas palavras, as multidões ficaram admiradas com seu ensinamento. De fato, ele as ensinava como quem tem autoridade, não como os escribas (**Mt 7,21-29**).

O discípulo ajuizado

Para ser verdadeiro discípulo de Jesus, não basta dizer-lhe "sim". É necessário colocar em prática os ensinamentos do Mestre, de forma a criar um modo de proceder, pelo qual fica evidenciada a condição de discípulo. Aderir ao Mestre só por formalidade, da boca para fora, é claro sinal de falta de juízo. A adesão verdadeira acontece com a vida.

Quem é capaz de dar esse passo está preparado para enfrentar os reveses do cotidiano, sem se deixar abalar. Mesmo a tempestade mais terrível será impotente para demovê-lo do compromisso com o Reino. Esta é a forma de o discípulo mostrar ser ajuizado. O tempo se encarregará de revelar a solidez do "sim" dado ao Mestre.

Senhor Jesus, como construtor sensato, quero alicerçar minha casa sobre a rocha firme, de forma a jamais fraquejar no compromisso contigo e com o Reino.

| Sexta | # 12ª Semana do Tempo Comum |

Quando Jesus desceu da montanha, grandes multidões o seguiram. Nisso, um leproso se aproximou e caiu de joelhos diante dele, dizendo: "Senhor, se queres, tens o poder de purificar-me". Jesus estendeu a mão, tocou nele e disse: "Eu quero, fica purificado". No mesmo instante, o homem ficou purificado da lepra. Então Jesus lhe disse: "Olha, não contes nada a ninguém! Mas vai mostrar-te ao sacerdote e apresenta a oferenda prescrita por Moisés; isso lhes servirá de testemunho" (**Mt 8,1-4**).

Um gesto de bondade!

Jesus desceu da montanha, após o longo discurso no qual instruiu os discípulos e as multidões a respeito das coisas do Reino. O chamado "Sermão da Montanha" contém, de forma sintética, as grandes linhas do discipulado cristão, a ser proposto a todos, sem exceção.

Suas palavras são seguidas de ações concretas. A primeira delas consistiu num gesto de bondade em favor de um leproso. O fato de o doente prostrar-se diante de Jesus e lançar-lhe um pedido, brotado do fundo do coração, move-o a fazer-lhe o bem.

Jesus quebra um tabu e toca o leproso. As regras de pureza religiosa eram inequívocas no sentido de proibir qualquer contato com os portadores de tal doença, sob pena de ser excluído da comunidade de fé. O toque no leproso gerava ruptura entre o fiel e Deus, por torná-lo impuro. Na mentalidade da época, Deus não escutava a súplica dos impuros.

De forma alguma, Jesus se considerou impuro, pois, ao curar o leproso, tinha consciência de estar fazendo a vontade do Pai. Sendo assim, estava em comunhão com o Pai, embora tenha desrespeitado uma norma religiosa. Ele não se pautou pela tradição. Antes, deixou-se guiar pelo querer do Pai, que não deseja ver nenhum filho afastado de si. A missão de Jesus consistiu, exatamente, em fazer a humanidade reconciliar-se com o Pai. Os excluídos da comunhão pelos preconceitos religiosos são os primeiros a ser trazidos de volta.

> Senhor Jesus, como tu, que eu possa ser livre
> de todo preconceito que me impede de fazer o bem
> a quem necessita de mim.

12ª Semana do Tempo Comum **Sábado**

Quando Jesus entrou em Cafarnaum, um centurião aproximou-se dele, suplicando: "Senhor, o meu criado está de cama, lá em casa, paralisado e sofrendo demais". Ele respondeu: "Vou curá-lo". O centurião disse: "Senhor, eu não sou digno de que entres em minha casa. Dize uma só palavra e o meu criado ficará curado. Pois eu, mesmo sendo subalterno, tenho soldados sob as minhas ordens; e se ordeno a um: 'Vai!', ele vai, e a outro: 'Vem!', ele vem; e se digo ao meu escravo: 'Faze isto!', ele faz". Ao ouvir isso, Jesus ficou admirado e disse aos que o estavam seguindo: "Em verdade, vos digo: em ninguém em Israel encontrei tanta fé. Ora, eu vos digo: muitos virão do oriente e do ocidente e tomarão lugar à mesa no Reino dos Céus, junto com Abraão, Isaac e Jacó, enquanto os filhos do Reino serão lançados fora, nas trevas, onde haverá choro e ranger de dentes". Então, Jesus disse ao centurião: "Vai! Conforme acreditaste te seja feito". E naquela mesma hora, o criado ficou curado. Entrando na casa de Pedro, Jesus viu a sogra deste acamada, com febre. Tocou-lhe a mão, e a febre a deixou. Ela se levantou e passou a servi-lo. Ao anoitecer, levaram a Jesus muitos possessos. Ele expulsou os espíritos pela palavra e curou todos os doentes. Assim se cumpriu o que foi dito pelo profeta Isaías: "Ele assumiu as nossas dores e carregou as nossas enfermidades" (**Mt 8,5-17**).

Solidário com os sofredores

A fama da bondade de Jesus espalhou-se a ponto de virem pessoas de todas as partes para serem curadas por ele. Ninguém ficava sem ser acolhido e atendido. Jesus parecia não se cansar quando se tratava de fazer o bem.

Seus gestos poderosos levaram os discípulos a perceberem como as palavras do profeta Isaías estavam sendo realizadas. Como servo de Deus, Jesus assumia as dores da humanidade, tirando-lhes o peso das enfermidades. O servo estava consagrado, inteiramente, ao serviço da libertação.

Senhor Jesus, faze de mim instrumento de libertação para a humanidade sofredora, carente de compaixão e misericórdia.

Domingo — # 13ª Semana do Tempo Comum

Jesus passou para a outra margem, e uma multidão se ajuntou ao seu redor. Ele estava à beira-mar. Veio um dos chefes da sinagoga, chamado Jairo. Vendo Jesus, caiu-lhe aos pés e suplicava-lhe: "Minha filhinha está nas últimas. Vem, impõe as mãos sobre ela para que fique curada e viva!" Jesus foi com ele. Uma multidão o acompanhava e o apertava de todos os lados. Estava aí uma mulher que havia doze anos sofria de hemorragias [...]. Tendo ouvido falar de Jesus, aproximou-se, na multidão, por detrás e tocou-lhe no manto. Ela dizia: "Se eu conseguir tocar na roupa dele, ficarei curada". Imediatamente a hemorragia estancou, e a mulher sentiu dentro de si que estava curada. Jesus percebeu que uma força tinha saído dele e [...] perguntou: "Quem tocou na minha roupa?" [...] A mulher, [...] caiu-lhe aos pés e contou toda a verdade. Jesus disse à mulher: "Filha, a tua fé te salvou. Vai em paz e fica livre da tua doença". Enquanto ainda estava falando, chegaram alguns da casa do chefe da sinagoga dizendo: "Tua filha morreu" [...] Jesus ouviu a notícia e disse ao chefe da sinagoga: "Não tenhas medo, somente crê". [...] Entrando na casa, ele perguntou: "Por que essa agitação, por que chorais? A menina não morreu, ela dorme". [...] Levou consigo o pai e a mãe da menina e os discípulos que o acompanhavam. Entrou no lugar onde estava a menina. Pegou a menina pela mão e disse-lhe: "Menina, eu te digo, levanta-te". A menina logo se levantou e começou a andar [...] (**Mc 5,21-43**).

Somente crê!

Os gestos poderosos de Jesus pressupunham a fé. Não resultavam de uma ação mágica, à margem da liberdade das pessoas e da relação com Deus. Antes, aconteciam como manifestação do amor do Pai, mediado pela ação de Jesus.Na origem da cura da mulher, vítima de hemorragia, estava uma fé atuante. "Filha, a tua fé te salvou!" De Jairo, foi exigida apenas uma coisa, como condição para ver atendido o pedido de cura para sua filhinha: "Não tenhas medo, somente crê". Grandes coisas acontecem na vida do discípulo que crê.

> Senhor Jesus, reforça em mim a fé, para que eu possa ver o amor misericordioso do Pai atuando em mim, com seu poder salvador.

13ª Semana do Tempo Comum — Segunda

Vendo uma grande multidão ao seu redor, Jesus deu ordem de passar para a outra margem do lago. Nisso, um escriba aproximou-se e disse: "Mestre, eu te seguirei aonde fores". Jesus lhe respondeu: "As raposas têm tocas e os pássaros do céu têm ninhos; mas o Filho do Homem não tem onde repousar a cabeça". Um outro dos discípulos disse a Jesus: "Senhor, permite--me que primeiro eu vá enterrar meu pai". Mas Jesus lhe respondeu: "Segue-me, e deixa que os mortos enterrem os seus mortos" (**Mt 8,18-22**).

Discipulado exigente

O discipulado cristão é exigente. A exigência principal consiste nas rupturas necessárias para a adesão sincera ao Reino de Deus. O escriba parecia bem intencionado e disposto a estar com o Mestre onde quer que fosse. Este, porém, alertou-o quanto às implicações desse gesto de disponibilidade. O seguimento supunha fazer a experiência de insegurança material, a ponto de não ter onde repousar a cabeça. Se buscava conforto e bem-estar, a prudência aconselhava não dar o passo, para evitar frustrações. Se tivesse disposição para enfrentar a vida de pobreza, então, sim, poderia vir.

O discípulo, por sua vez, pede ao Mestre permissão para enterrar o pai, antes de segui-lo. A resposta de Jesus parece ríspida: "Segue--me, e deixa que os mortos enterrem os seus mortos". Por que não lhe permitir fazer um gesto de piedade filial, em conformidade com o preceito religioso de "honrar pai e mãe"? Com certeza, o Mestre percebeu no discípulo sinais de apego exagerado à família, a ponto de perder a liberdade para dar o passo decisivo do seguimento. Daí ter exigido dele um gesto de ruptura, como forma de educá-lo para o discipulado.

Para cada discípulo do Reino existem exigências concretas de ruptura. Sem desapego de coração, o seguimento do Mestre fica inviabilizado.

> Senhor Jesus, dá-me um coração livre de desapegos,
> para que eu esteja sempre pronto
> a seguir-te aonde fores.

Terça | # 13ª Semana do Tempo Comum

Então Jesus entrou no barco, e seus discípulos o seguiram. Nisso, veio uma grande tempestade sobre o mar, a ponto de o barco ser coberto pelas ondas. Jesus, porém, dormia. Eles foram acordá-lo. "Senhor", diziam, "salva-nos, estamos perecendo!" – "Por que tanto medo, homens de pouca fé?", respondeu ele. Então, levantando-se, repreendeu os ventos e o mar, e fez-se uma grande calmaria. As pessoas ficaram admiradas e diziam: "Quem é este, que até os ventos e o mar lhe obedecem?" (**Mt 8,23-27**).

Enfrentando as tempestades

Equivoca-se quem pensa ser o discipulado cristão um caminho fácil de ser trilhado e não está preparado para enfrentar as tempestades da vida. Quem opta pelo Reino, coloca-se na contramão das forças do antirreino, com seu poder de atormentar os discípulos de Jesus.

A cena evangélica ilustra a existência cristã. O mar revolto simboliza as crises que investem contra a comunidade, colocando à prova a fé de seus membros. O fim parece estar próximo! Como o barquinho frágil, a comunidade afundará. A "pouca fé" da comunidade agrava, ainda mais, a situação. Quiçá, a "pouca fé" esteja na raiz da crise.

É quando se torna urgente tomar consciência de ter o Senhor consigo. "Senhor, salva-nos, estamos perecendo" é a súplica que brota sincera do coração de quem reconhece ser o Senhor a única saída. A certeza da presença do Senhor recupera a paz. E a calmaria volta a reinar, onde tudo era terror e perturbação.

Que comunidade cristã não passou por crises? Que cristão não enfrentou tempestades em sua vida de fé? Só existe uma forma de superá-las: reconhecer a presença do Ressuscitado, pronto a trazer de volta a paz. Quem recorre a ele, com confiança, pode estar certo de que será atendido.

> Senhor Jesus, nos momentos de tempestade por causa da fé, que eu tome consciência de que estás comigo, pronto a me socorrer.

13ª Semana do Tempo Comum — Quarta

Quando Jesus chegou à outra margem do lago, à região dos gadarenos, vieram ao seu encontro dois possessos, saindo dos túmulos. Eram tão violentos que ninguém podia passar por aquele caminho. Eles então gritaram: "Que queres de nós, Filho de Deus? Vieste aqui para nos atormentar antes do tempo?" Ora, a certa distância deles estava pastando uma manada de muitos porcos. Os demônios suplicavam-lhe: "Se nos expulsas, manda-nos à manada de porcos". Ele disse: "Ide". Os demônios saíram, e foram para os porcos. E todos os porcos se precipitaram, pelo despenhadeiro, para dentro do mar, morrendo nas águas. Os que cuidavam dos porcos fugiram e foram à cidade contar tudo, também o que houve com os possessos. A cidade inteira saiu ao encontro de Jesus. E logo que o viram, pediram-lhe que fosse embora da região (**Mt 8,28-34**).

Existências atormentadas

Os dois possessos simbolizam a existência humana atormentada, para a qual Jesus se apresenta como esperança de salvação. Os dois eram gadarenos, moradores das regiões vizinhas de Israel. A referência aos porcos alude à condição de região impura, aonde a mensagem da salvação não chegou. A alusão aos demônios significa que, aí, imperam as forças do mal, com o poder de oprimir as pessoas, a ponto de torná-las antissociais. Por isso, os possessos viviam no meio dos túmulos, lugar considerado impuro pela religião judaica.

A presença de Jesus põe em polvorosa as forças do mal. Trava-se, então, uma batalha entre ele e os demônios, símbolo de tudo quanto oprime o ser humano. As forças do mal são vencidas pela palavra de Jesus, com seu poder libertador. E se descortina para o ser humano liberto nova possibilidade de vida, sem as amarras que o mantêm cativo, impedindo-o de se realizar como filho de Deus.

Os discípulos do Reino são chamados a ajudar no processo de libertação a quem, como os possessos, vivem atormentados pelos maus espíritos.

Senhor Jesus, faze de mim instrumento de libertação para todos quantos vivem oprimidos pelas forças do mal, incapazes de fazer o bem.

Quinta | # 13ª Semana do Tempo Comum

Entrando num barco, Jesus passou para a outra margem do lago e foi para a sua cidade. Apresentaram-lhe, então, um paralítico, deitado numa maca. Vendo a fé que eles tinham, Jesus disse ao paralítico: "Coragem, filho, teus pecados estão perdoados!" Então alguns escribas pensaram: "Esse homem está blasfemando". Mas Jesus, conhecendo os seus pensamentos, disse-lhes: "Por que tendes esses maus pensamentos em vossos corações? Que é mais fácil, dizer: 'Os teus pecados são perdoados', ou: 'Levanta-te e anda'? Pois bem, para que saibais que o Filho do Homem tem na terra poder para perdoar pecados – disse então ao paralítico –, levanta-te, pega a tua maca e vai para casa". O paralítico levantou-se e foi para casa. Vendo isso, a multidão ficou cheia de temor e glorificou a Deus por ter dado tal poder aos seres humanos (**Mt 9,1-8**).

Perdão e cura

Os mestres da Lei foram maldosos na interpretação do gesto poderoso de Jesus, ao perdoar os pecados do paralítico. Pareceu-lhes estar diante de uma blasfêmia, considerando que só Deus tem o poder de perdoar pecados. Jesus agia, no entender deles, como usurpador do poder divino.

O Mestre reagiu, sem se deixar intimidar. E lhes mostrou possuir um poder que desconheciam. Além de perdoar os pecados, tinha, também, o poder de curar. Daí a ordem peremptória dada ao paralítico para se levantar, pegar a maca e ir para casa. Ordem cumprida diante da multidão estupefata.

Os discípulos de Jesus devem estar sempre preparados para ser mal interpretados. Sempre haverá pessoas prontas a fazer comentários malevolentes ao verem o bem sendo praticado a quem precisa de ajuda. Como o Mestre, o discípulo não se intimida. Continua a fazer o bem, sem se abalar com as pressões. Importa-lhes ser mediadores do perdão e da cura que Deus tem para seus filhos sofredores. A bondade do Mestre se expressa, através dos tempos, nos gestos de misericórdia dos discípulos.

> Senhor Jesus, que eu não me intimide diante da malevolência de quem me interpreta de forma maldosa, sabendo que devo, sempre, cumprir a vontade do Pai.

13ª Semana do Tempo Comum — Sexta

Ao passar, Jesus viu um homem chamado Mateus, sentado na coletoria de impostos, e disse-lhe: "Segue-me!" Ele se levantou e seguiu-o. Depois, enquanto estava à mesa na casa de Mateus, vieram muitos publicanos e pecadores e sentaram-se à mesa, junto com Jesus e seus discípulos. Alguns fariseus viram isso e disseram aos discípulos: "Por que vosso mestre come com os publicanos e pecadores?" Tendo ouvido a pergunta, Jesus disse: "Não são as pessoas com saúde que precisam de médico, mas as doentes. Ide, pois, aprender o que significa: 'Misericórdia eu quero, não sacrifícios'. De fato, não é a justos que vim chamar, mas a pecadores" (**Mt 9,9-13**).

Os pecadores preferidos

Jesus chocava seus críticos ao sentar-se à mesa e comer com pecadores e gente de má fama. O gesto do Mestre era malvisto. Afinal, misturava-se com pessoas nada recomendáveis, cuja companhia podia ser corruptora. Eram pessoas excluídas da religião e, por conseguinte, da comunhão com Deus. Estavam fechadas para elas as portas da salvação.

Jesus não comungava com esse modo de pensar. E buscava estar com os pecadores e marginalizados para ser, junto deles, sinal do amor do Pai, preocupado em trazê-los para junto de si. O pensamento dos fariseus estava muito longe do pensar de Deus. Embora se apresentassem como perfeitos religiosos, trilhavam caminhos contrários que não levavam a Deus, como Jesus o compreendia.

O Pai de Jesus é o Deus da misericórdia que quer ter todos os filhos junto de si. Daí a preocupação de que os pecadores e as pessoas desgarradas de seu amor voltem para junto dele. A missão de Jesus consistiu, exatamente, em lhes mostrar o quanto Deus os ama, para poderem encontrar o bom caminho da misericórdia paterna. Sentar-se com eles à mesa era um claro sinal de quanto o Pai lhes queria bem.

Senhor Jesus, faze-me compreender o grande amor do Pai pelos pecadores e marginalizados pela religião; que eu seja mediação desse amor junto deles.

Sábado | # 13ª Semana do Tempo Comum

Aproximaram-se de Jesus os discípulos de João e perguntaram: "Por que jejuamos, nós e os fariseus, ao passo que os teus discípulos não jejuam?" Jesus lhes respondeu: "Acaso os convidados do casamento podem estar de luto enquanto o noivo está com eles? Dias virão em que o noivo lhes será tirado. Então jejuarão. Ninguém põe remendo de pano novo em roupa velha, porque o remendo novo repuxa o pano velho e o rasgão fica maior ainda. Também não se põe vinho novo em odres velhos, senão os odres se arrebentam, o vinho se derrama e os odres se perdem. Mas vinho novo se põe em odres novos, e assim os dois se conservam" (**Mt 9,14-17**).

Como acolher o Reino

O questionamento dos discípulos de João oferece a Jesus a oportunidade de explicar um ponto importante no seu modo de compreender o discipulado do Reino. A pergunta dizia respeito à liberdade com que tratava a tradição religiosa do jejum. Os discípulos de João e os fariseus distinguiam-se pelo apego a essa e a outras tradições e faziam questão de praticá-las para ser reconhecidos e julgavam que deveriam ser imitados. Daí não terem visto com bons olhos o fato de os discípulos de Jesus não jejuarem.

Jesus pensava a relação com Deus a partir de outras bases, não se contentando com as práticas exteriores, como era o caso do jejum. Supunha dos discípulos terem uma mentalidade inteiramente nova, sem os vícios da religiosidade em voga.

As metáforas do remendo e do vinho apontam nessa direção. Insistir na tradição do jejum seria como costurar remendo de pano novo em roupa velha ou, então, colocar vinho novo em recipientes de couro velhos. Atitude insensata em ambos os casos!

A relação com Deus, na intenção de Jesus, dava-se pelo viés da misericórdia. Por este caminho, sim, era possível levar uma vida agradável a Deus, em comunhão com ele. A simples prática do jejum era um caminho questionável.

> Senhor Jesus, como discípulo do Reino, ajuda-me a buscar, sempre, na prática da misericórdia o caminho de comunhão com o Pai.

14ª Semana do Tempo Comum — Domingo

Saindo dali, Jesus foi para sua própria terra. Seus discípulos o acompanhavam. No sábado, ele começou a ensinar na sinagoga, e muitos dos que o ouviam se admiravam. "De onde lhe vem isso?", diziam. "Que sabedoria é esta que lhe foi dada? E esses milagres realizados por suas mãos? Não é ele o carpinteiro, o filho de Maria, irmão de Tiago, Joset, Judas e Simão? E suas irmãs não estão aqui conosco?" E mostravam-se chocados com ele. Jesus, então, dizia-lhes: "Um profeta só não é valorizado na sua própria terra, entre os parentes e na própria casa". E não conseguiu fazer ali nenhum milagre, a não ser impor as mãos a uns poucos doentes. Ele se admirava da incredulidade deles. E percorria os povoados da região, ensinando (**Mc 6,1-6**).

Incredulidade preconceituosa

Jesus foi vítima do preconceito de seus conterrâneos. Ao anunciar o Reino em sua terra, foi questionado. A crítica tinha como ponto de partida o fato de ser bem conhecido entre eles. Conheciam-lhe a profissão, o nome da mãe e o dos irmãos; sabiam quem eram suas irmãs. Todos, gente muito simples e ignorante como eles. Por isso, não encontravam explicação para a pregação cheia de autoridade e para os milagres operados por Jesus. Ficaram chocados com ele e o rejeitaram!

Na raiz da incredulidade da liderança de Nazaré, estava um duplo equívoco. O primeiro consiste em pensar que Deus só escolhe para seu serviço pessoas de alto padrão social e religioso, com vasta bagagem cultural, adquirida junto aos mestres reconhecidos. O segundo refere-se a uma espécie de complexo de inferioridade que levava a excluir a possibilidade de alguém, dentre eles, ser escolhido como profeta com a missão de falar em nome de Deus e realizar suas obras.

A experiência dos antigos profetas permitiu a Jesus compreender o que se passava. Por isso, não se deixou intimidar. Seguiu adiante, cumprindo a missão confiada pelo Pai.

> Senhor Jesus, que os preconceitos jamais me impeçam de seguir adiante, dando testemunho de compromisso com o Reino por palavras e obras.

| **Segunda** | 14ª Semana do Tempo Comum |

Enquanto Jesus estava falando, um chefe aproximou-se, prostrou-se diante dele e disse: "Minha filha faleceu agora mesmo; mas vem impor a mão sobre ela, e viverá". Jesus levantou-se e o acompanhou, junto com os discípulos. Nisto, uma mulher que havia doze anos sofria de hemorragias veio por trás dele e tocou na franja de seu manto. Ela pensava consigo: "Se eu conseguir ao menos tocar no seu manto, ficarei curada". Jesus voltou-se e, ao vê-la, disse: "Coragem, filha! A tua fé te salvou". E a mulher ficou curada a partir daquele instante. Chegando à casa do chefe, Jesus viu os tocadores de flauta e a multidão agitada, e disse: "Retirai-vos! A menina não morreu; ela dorme". Mas eles zombavam dele. Afastada a multidão, ele entrou, pegou a menina pela mão, e ela se levantou. E a notícia disso se espalhou por toda aquela região (**Mt 9,18-26**).

O poder da fé

A relação com Jesus só tem sentido se for pautada pela fé. Tanto os discípulos quanto as pessoas que acorriam a ele dependiam da fé como pré-requisito para a correta compreensão de quem era ele. Assim, era possível reconhecê-lo como Messias, enviado com a missão de fazer o bem à humanidade sofredora.

A cena evangélica refere-se a dois milagres em favor de mulheres, em cuja origem está uma fé verdadeira. A fé do chefe está embutida no pedido dirigido a Jesus. Sua filha havia morrido; porém, se Jesus lhe impusesse a mão, com certeza, haveria de voltar à vida. Foi o que fez, ao chegar à casa do chefe e ter sido zombado pela multidão. Ninguém acreditava que pudesse fazer a menina voltar à vida. O chefe acreditou; por isso, viu a manifestação da misericórdia de Deus.

A fé da mulher com hemorragias está presente no que pensava consigo: bastaria tocar no manto de Jesus para ser curada. E, também, na declaração de Jesus: "A tua fé te salvou!". Foi curada no mesmo instante.

> Senhor Jesus, reforça em mim a fé, que me permita tirar todo proveito de tua presença de Filho de Deus misericordioso, atuante no meio de nós.

14ª Semana do Tempo Comum — Terça

Enquanto os cegos estavam saindo, as pessoas trouxeram a Jesus um possesso mudo. Expulso o demônio, o mudo começou a falar. As multidões ficaram admiradas e diziam: "Nunca se viu coisa igual em Israel". Os fariseus, porém, diziam: "É pelo chefe dos demônios que ele expulsa os demônios". Jesus começou a percorrer todas as cidades e povoados, ensinando em suas sinagogas, proclamando a Boa-Nova do Reino e curando todo tipo de doença e de enfermidade. Ao ver as multidões, Jesus encheu-se de compaixão por elas, porque estavam cansadas e abatidas, como ovelhas que não têm pastor. Então disse aos discípulos: "A colheita é grande, mas os trabalhadores são poucos. Pedi, pois, ao Senhor da colheita que envie trabalhadores para sua colheita!" (**Mt 9,32-38**).

Uma interpretação maliciosa

A ausência da fé impedia os inimigos de Jesus de compreendê-lo devidamente. Eram levados a fazer interpretações maliciosas, quando se defrontavam com o bem que praticava em favor dos sofredores. O motivo era um só: eram incapazes de reconhecê-lo como Filho de Deus, cuja missão dada pelo Pai consistia em ajudar a todos, sem exceção. Por outro lado, davam-se conta do significado dos milagres operados por Jesus. A cura do cego tinha o sentido simbólico de recuperação da vista por parte de quem fora privado da visão, possibilitando "ver" a realidade com senso crítico e avaliá-la com os olhos de Deus. A cura do mudo possesso tinha, igualmente, um valor simbólico. Doravante, estava em condições de proclamar as grandezas de Deus, realizadas em favor dele e do povo.

As pessoas livres podiam criticar os desmandos das lideranças religiosas e apontar o que tinham de errado. Por isso, os líderes preferiam lidar com pessoas cegas e incapazes de falar, para defender o próprio direito e dignidade. Pessoas livres são, sempre, pessoas perigosas.

> Senhor Jesus, torna-me instrumento eficaz do Reino do Pai, para poder ajudar as pessoas a recuperarem a capacidade de discernimento e de senso crítico.

Quarta 14ª Semana do Tempo Comum

Chamando os doze discípulos, Jesus deu-lhes poder para expulsar os espíritos impuros e curar todo tipo de doença e de enfermidade. Estes são os nomes dos doze apóstolos: primeiro, Simão, chamado Pedro, e depois André, seu irmão; Tiago, filho de Zebedeu, e seu irmão João; Filipe e Bartolomeu; Tomé e Mateus, o publicano; Tiago, filho de Alfeu, e Tadeu; Simão, o cananeu, e Judas Iscariotes, que foi o traidor de Jesus. Jesus enviou esses doze, com as seguintes recomendações: "Não deveis ir aos territórios dos pagãos, nem entrar nas cidades dos samaritanos! Ide, antes, às ovelhas perdidas da casa de Israel! No vosso caminho, proclamai: 'O Reino dos Céus está próximo'" (**Mt 10,1-7**).

De discípulo a apóstolo

Na experiência de seguimento de Jesus, discipulado e apostolado estão intimamente ligados. Ser discípulo é ser chamado a estar junto com Jesus, ouvir-lhe os ensinamentos e deixar-se guiar por ele. O discípulo acolhe as palavras do Mestre e as transforma em pauta de ação. Em tudo quanto faz, busca estar em sintonia com o Mestre. Sua vida é expressão do modo de pensar e de agir do Mestre. Vendo o discípulo, é possível imaginar o Mestre.

Ser apóstolo é um desdobramento do ser discípulo. O apóstolo é enviado com a missão de levar muitas pessoas a se tornarem discípulas. No exercício da missão, como o Mestre, anuncia a proximidade do Reino dos céus, buscando a adesão de seus ouvintes. E busca, sempre, inspirar-se no Mestre quanto ao modo de viver o apostolado.

É equivocado quando o discípulo se recusa a tornar-se apóstolo, contentando-se com ser seguidor do Mestre, sem se dispor a convidar outros a dar o mesmo passo. Por outro lado, o apóstolo que não é discípulo autêntico, com facilidade, fracassará na sua missão, pois a pregação começa com o testemunho de vida. O apóstolo não pode correr o risco de negar com a vida o que anuncia com palavras.

> Senhor Jesus, dá-me a graça de ser discípulo autêntico para trazer para ti, com o testemunho de vida, muitos discípulos.

14ª Semana do Tempo Comum · Quinta

"No vosso caminho, proclamai: 'O Reino dos Céus está próximo'. Curai doentes, ressuscitai mortos, purificai leprosos, expulsai demônios. De graça recebestes, de graça deveis dar! Não leveis ouro, nem prata, nem dinheiro à cintura; nem sacola para o caminho, nem duas túnicas, nem sandálias, nem bastão, pois o trabalhador tem direito a seu sustento. Em qualquer cidade ou povoado em que entrardes, procurai saber quem ali é digno e permanecei com ele até a vossa partida. Ao entrardes na casa, saudai-a: se a casa for digna, desça sobre ela a vossa paz; se ela não for digna, volte para vós a vossa paz. Se alguém não vos receber, nem escutar vossas palavras, saí daquela casa ou daquela cidade e sacudi a poeira dos vossos pés. Em verdade, vos digo: no dia do juízo, a terra de Sodoma e Gomorra receberá uma sentença menos dura do que aquela cidade" (**Mt 10,7-15**).

O proceder do apóstolo

Jesus deu orientações precisas para os discípulos enviados em missão. Deveriam caracterizar-se por fazer o bem a todos os sofredores e oprimidos. A libertação seria o distintivo do seu agir: libertação das doenças, dos maus espíritos e, até, da morte. A presença do apóstolo do Reino tem o poder de restaurar a alegria e a esperança no coração das pessoas.

A determinação de estar a serviço da libertação deve ser respaldada pelo espírito de gratuidade. O apóstolo nada faz com segundas intenções nem, tampouco, visa enriquecer com o apostolado. A gratuidade é obrigatória em seu proceder. Por outro lado, não pode cair na tentação de trazer as pessoas para o Reino à custa de dinheiro. Daí a obrigação de ir para a missão no mais total despojamento, contando com a solidariedade alheia.

Para evitar que o apóstolo buscasse conforto e mordomias, mudando o local de hospedagem, o Mestre ensinou a ficar numa só casa, quando chegasse a determinado lugar. Caso não fosse bem recebido, deveria sair de cabeça erguida.

> Senhor Jesus, ensina-me a ser apóstolo fiel,
> pondo em prática tuas orientações, quando se trata
> de ser anunciador do Reino.

Sexta — # 14ª Semana do Tempo Comum

"Vede, eu vos envio como ovelhas para o meio de lobos. Sede, portanto, prudentes como as serpentes e simples como as pombas. Cuidado com as pessoas, pois vos entregarão aos tribunais e vos açoitarão nas suas sinagogas. Por minha causa, sereis levados diante de governadores e reis, de modo que dareis testemunho diante deles e diante dos pagãos. Quando vos entregarem, não vos preocupeis em como ou o que falar. Naquele momento vos será dado o que falar, pois não sereis vós que falareis, mas o Espírito do vosso Pai falará em vós. O irmão entregará à morte o próprio irmão; o pai entregará o filho; os filhos se levantarão contra seus pais e os matarão. Sereis odiados por todos, por causa do meu nome. Mas quem perseverar até o fim, esse será salvo. Quando vos perseguirem numa cidade, fugi para outra. Em verdade vos digo, não acabareis de percorrer as cidades de Israel, antes que venha o Filho do Homem" (**Mt 10,16-23**).

As dificuldades do apóstolo

Jesus jamais pensou o apostolado de maneira facilitada, com sucesso imediato e garantido. Antes, pontuou as dificuldades a serem encontradas. O apóstolo deve estar, sempre, preparado.

A imagem das "ovelhas em meio aos lobos" descreve bem a situação do discípulo. A missão coloca-o em contínuo risco. Se existem pessoas de boa vontade, dispostas a aderir ao Reino, existem outras dispostas a "devorar" o apóstolo, como lobo feroz. Se existem pessoas transparentes, existem pessoas dissimuladas, que parecem ser uma coisa, mas são ovelhas travestidas de lobos. Se existem pessoas prontas a colaborar, existem outras dispostas a perturbar e a destruir o trabalho feito.

Os desafios exigem do apóstolo estar em comunhão com Jesus, para não abandonar o caminho iniciado. Os falsos testemunhos, as perseguições e o ódio, promovidos até por familiares, podem levá-lo a perder a alegria da missão. O Mestre aconselha a perseverar até o fim.

> Senhor Jesus, que eu tenha coragem suficiente para perseverar no serviço ao Reino, sem me abater ante as dificuldades encontradas.

14ª Semana do Tempo Comum — Sábado

"O discípulo não está acima do mestre, nem o servo acima do seu senhor. Para o discípulo, basta ser como o seu mestre, e para o servo, ser como o seu senhor. Se ao dono da casa chamaram de Beelzebu, quanto mais ao pessoal da casa! Não tenhais medo deles. Não há nada de oculto que não venha a ser revelado, e nada de escondido que não venha a ser conhecido. O que vos digo na escuridão, dizei-o à luz do dia; o que escutais ao pé do ouvido, proclamai-o sobre os telhados! Não tenhais medo daqueles que matam o corpo, mas são incapazes de matar a alma! Pelo contrário, temei Aquele que pode destruir a alma e o corpo no inferno! Não se vendem dois pardais por uma moedinha? No entanto, nenhum deles cai no chão sem o consentimento do vosso Pai. Quanto a vós, até os cabelos da cabeça estão todos contados. Não tenhais medo! Vós valeis mais do que muitos pardais. Todo aquele, pois, que se declarar por mim diante dos homens, também eu me declararei por ele diante do meu Pai que está nos céus. Aquele, porém, que me renegar diante dos homens, também eu o renegarei diante de meu Pai que está nos céus" (**Mt 10,24-33**).

A proteção do apóstolo

No exercício da missão, o apóstolo deve manter viva a consciência de estar sob a constante proteção do Pai. A experiência de perseguição e dificuldades pode levá-lo a nutrir sentimentos de abandono e de solidão, como se tivesse sido largado à própria sorte.

O interesse do Pai pelos missionários do Reino foi expresso por Jesus, servindo-se da imagem de Deus preocupado até pelos cabelos da cabeça do apóstolo. "Estão todos contados!" Se o Pai mostra-se interessado por esse detalhe irrelevante, quanto mais se interessará pela vida do servidor do Reino. Sendo assim, não há por que temer. A vida do apóstolo está nas mãos do Pai. Esta certeza leva-o a permanecer firme diante de quem o ameaça e quer lhe tirar a vida.

> Senhor Jesus, reforça-me a consciência de estar
> sob a constante proteção do Pai, em cujas mãos
> está a minha vida.

Domingo | # 15ª Semana do Tempo Comum

Ele chamou os Doze, começou a enviá-los dois a dois e deu-lhes poder sobre os espíritos impuros. Mandou que não levassem nada pelo caminho, a não ser um cajado; nem pão, nem sacola, nem dinheiro à cintura, mas que calçassem sandálias e não usassem duas túnicas. Dizia-lhes ainda: "Quando entrardes numa casa, permanecei ali até a vossa partida. Se em algum lugar não vos receberem, nem vos escutarem, saí de lá e sacudi a poeira dos vossos pés, para que sirva de testemunho contra eles". Eles então saíram para proclamar que o povo se convertesse. Expulsavam muitos demônios, ungiam com óleo numerosos doentes e os curavam (**Mc 6,7-13**).

Proclamando a conversão

Os discípulos de Jesus, enviados dois a dois, tinham a tarefa de proclamar a conversão. O Reino exigia mudança radical de mentalidade, a ponto de o modo de pensar humano se compatibilizar com o pensar de Deus.

A conversão supõe deixar de lado o egoísmo e, como o Pai, dispor-se a fazer o bem, sem nenhuma discriminação. Exige ter um coração aberto para acolher os sofredores e marginalizados, por serem, também eles, filhos queridos de Deus. É um apelo a caminhar unido, com espírito de fraternidade, consciente de que o Pai quer todos os filhos e filhas consigo, formando uma grande família. Para isso, é preciso deixar de lado o espírito de competição, as inimizades que desagregam, a tendência ao isolamento e à segregação e, sobretudo, o ódio e o desejo de vingança.

O Reino acontece quando existem corações predispostos para acolhê-lo. Compete ao apóstolo anunciar esta exigência e ajudar as pessoas a criarem as condições requeridas para o evento do Reino em suas vidas.

Essa tarefa exige do apóstolo um testemunho convincente de desapego. Por isso, o Mestre ensinou a pregar na pobreza, para que as palavras fossem respaldadas pelo exemplo de vida de quem deixou o Reino acontecer em seu coração.

> Senhor Jesus, que o meu testemunho de desapego
> seja um incentivo para as pessoas aderirem ao Reino,
> com o coração ancorado no querer do Pai.

15ª Semana do Tempo Comum — Segunda

"Não penseis que vim trazer paz à terra! Não vim trazer paz, mas, sim, a espada. De fato, eu vim pôr oposição entre o filho e seu pai, a filha e sua mãe, a nora e sua sogra; e os inimigos serão os próprios familiares. Quem ama pai ou mãe mais do que a mim, não é digno de mim. E quem ama filho ou filha mais do que a mim não é digno de mim. E quem não toma a sua cruz e não me segue, não é digno de mim. Quem buscar sua vida a perderá, e quem perder sua vida por causa de mim a encontrará. Quem vos recebe, a mim recebe; e quem me recebe, recebe aquele que me enviou. Quem receber um profeta por ele ser profeta, terá uma recompensa de profeta. Quem receber um justo por ele ser justo, terá uma recompensa de justo. E quem der, ainda que seja apenas um copo de água fresca, a um desses pequenos, por ser meu discípulo, em verdade vos digo: não ficará sem receber sua recompensa." Quando Jesus terminou estas instruções aos doze discípulos, partiu dali, a fim de ensinar e proclamar nas cidades da região (**Mt 10,34–11,1**).

Paz e espada

A declaração "Não vim trazer paz, mas, sim, a espada" deve ser bem entendida. A forma equivocada consiste em pensar que o Reino gera violência, simbolizada pela espada trazida por Jesus. A forma correta deve levar em consideração outro ensinamento do Mestre, em que chama de bem-aventurado quem promove a paz. Jesus foi promotor de paz!

O dito evangélico não apresenta a guerra como contrário da paz, e sim a espada. Espada representa a divisão, fruto de uma escolha. Como o golpe da espada separa em duas partes, a mensagem do Reino divide a humanidade entre quem acolhe o projeto de Deus e quem o rejeita; quem opta pela verdade e quem opta pela mentira; quem acredita no amor e quem investe no ódio; quem luta pela justiça e quem promove a injustiça. A acolhida ou a rejeição do Reino deixa claro quem é quem, sem o risco de confundir o bem com o mal.

> Senhor Jesus, ajuda-me a acolher o Reino com coração sincero, de modo a me distanciar de tudo quanto vai à contramão do querer do Pai.

Terça | # 15ª Semana do Tempo Comum

Então Jesus começou a censurar as cidades nas quais tinha sido realizada a maior parte de seus milagres, porque não se converteram. "Ai de ti, Corazim! Ai de ti, Betsaida! Se em Tiro e Sidônia se tivessem realizado os milagres feitos no meio de vós, há muito tempo teriam demonstrado arrependimento, vestindo-se de saco e cobrindo-se de cinza. Pois bem! Eu vos digo: no dia do julgamento, Tiro e Sidônia terão uma sentença menos dura do que vós. E tu, Cafarnaum! Acaso serás elevada até o céu? Até o inferno serás rebaixada! Pois se os milagres realizados no meio de ti se tivessem produzido em Sodoma, ela existiria até hoje! Eu, porém, te digo: no dia do juízo, Sodoma terá uma sentença menos dura do que tu!" (**Mt 11,20-24**).

Palavras duras

As palavras de Jesus contra as cidades impenitentes soam demasiadamente duras. Parecem estar longe do Jesus complacente e misericordioso, pronto para acolher e perdoar. Suas palavras parecem carregadas de rancor e desejo de punir. Como explicar o linguajar do Mestre?

As palavras de Jesus retomam a forma de falar dos antigos profetas de Israel. Ele se serve das invectivas – "Ai de ti..." – para censurar os habitantes de Corazim e Betsaida, duas cidades que estiveram no roteiro de sua peregrinação missionária. A invectiva é uma forma severa de falar para mover à conversão. Se as palavras suaves foram ineficazes, quiçá as palavras fortes surtam efeito.

A Jesus interessa a conversão, não o castigo. Portanto, não fala movido pelo rancor, e sim pela preocupação de que aquelas cidades deixem de lado um estilo de vida corrupto e abracem o projeto de Deus. Como os profetas de outrora, Jesus deu-se conta das injustiças aí cometidas. E percebeu qual seria o desfecho de um modo de proceder contrário ao projeto de Deus. A evocação de Sodoma não dá margem para dúvida.

> Senhor Jesus, faze-me pronto a acolher tuas palavras, de modo a não incorrer na insensatez das cidades impenitentes, fechadas aos apelos do Reino.

15ª Semana do Tempo Comum — Quarta

Naquela ocasião, Jesus pronunciou estas palavras: "Eu te louvo, Pai, Senhor do céu e da terra, porque escondeste estas coisas aos sábios e entendidos e as revelaste aos pequeninos. Sim, Pai, assim foi do teu agrado. Tudo me foi entregue por meu Pai, e ninguém conhece o Filho, senão o Pai, e ninguém conhece o Pai, senão o Filho e aquele a quem o Filho o quiser revelar" (**Mt 11,25-27**).

Revelação aos pequeninos

Jesus estabeleceu uma nítida distinção entre os pequeninos, de um lado, e os sábios e entendidos, de outro. A uns é concedida a graça de conhecer as coisas do Pai, aos outros, não. Por que o Pai se agrada de revelar-se a uns e esconder-se a outros?

O Pai revela-se aos pequeninos por serem puros de coração e se disporem a acolher a revelação sem contaminá-la com pontos de vista equivocados. Os pequeninos confiam, inteiramente, no Pai, seguros de que só dele vem a salvação. Por isso são desapegados e não fazem exigências. Tudo quanto vem de Deus é abraçado de bom grado.

Os sábios e entendidos, por sua vez, são arrogantes no alto de suas teorias teológicas, bem fundadas racionalmente, mas pouco úteis para gerar comunhão com Deus. Estão sempre prontos a "bater boca" para justificar suas posições, das quais se recusam a arredar o pé. É impossível o diálogo com Deus por não estarem dispostos a abrir mão de seus pontos de vista e acolher o que o Pai lhes diz.

A impossibilidade da revelação advém, pois, dos próprios sábios e entendidos. Da parte de Deus, existe sempre a disposição para se revelar. Entretanto, quando não encontra interlocutores dispostos, a revelação fica inviabilizada. Se os sábios e entendidos se dispõem a assumir a atitude dos pequeninos, também eles terão acesso ao conhecimento do querer do Pai. Caso contrário, ficam excluídos da revelação.

> Senhor Jesus, que eu tenha um coração como o dos pequeninos, sempre pronto para acolher a revelação do Pai e me deixar converter por ela.

| Quinta | # 15ª Semana do Tempo Comum |

"Vinde a mim, todos vós que estais cansados e carregados de fardos, e eu vos darei descanso. Tomai sobre vós o meu jugo e sede discípulos meus, porque sou manso e humilde de coração, e encontrareis descanso para vós. Pois o meu jugo é suave e o meu fardo, leve" (**Mt 11,28-30**).

Um mestre diferente

Os pobres do tempo de Jesus eram pressionados em todos os lados. Sofriam pressão religiosa dos escribas e fariseus intransigentes, arvorados em únicos intérpretes da Lei, com o poder de marginalizar os incapazes de, como eles, serem fiéis aos ditames religiosos. A ideologia do poder, viva nos representantes do Império Romano, era um rolo compressor, contra o qual os pequenos nada ousavam fazer. Dos ricos comerciantes e proprietários de terra só podiam esperar exploração. Portanto, não tinham a quem acorrer.

Ao longo do ministério, Jesus buscou estar próximo dos pobres e dos marginalizados, como sinal de esperança e do interesse divino por eles, os preferidos do Pai. Mansidão e humildade eram os traços característicos de sua ação. Por conseguinte, nada de opressão e arrogância, e sim acolhida benevolente e misericordiosa.

A solidariedade exigia de Jesus fazer-se próximo dos pobres e dos humildes, na contramão da mentalidade em voga. Só assim estaria em condições de conhecer-lhes os sofrimentos e os anseios, e lhes vir ao socorro.

"Meu jugo é suave e meu fardo, leve" é a ilustração metafórica da atitude de Jesus. O Reino anunciado por ele visa libertar o ser humano das amarras que o impedem de caminhar e crescer, e lhe mostrar a compaixão e a misericórdia do Pai como projeto de vida. Com isso, estavam sendo negadas todas as pretensões das forças opressoras e denunciadas como contrárias ao querer divino.

Quando a religião cristã deixa de ser "jugo suave e fardo leve", com certeza, desviou-se, totalmente, do caminho traçado pelo Mestre Jesus.

> Senhor Jesus, ajuda-me a acolher teu projeto como jugo suave e fardo leve, por ser caminho de crescimento e libertação das forças de opressão.

15ª Semana do Tempo Comum — Sexta

Naquele tempo, num dia de sábado, Jesus passou pelas plantações de trigo. Seus discípulos estavam com fome e começaram a arrancar espigas para comer. Vendo isso, os fariseus disseram-lhe: "Olha, os teus discípulos fazem o que não é permitido fazer em dia de sábado!" Jesus respondeu: "Nunca lestes o que fez Davi, quando ele teve fome e seus companheiros também? Ele entrou na casa de Deus e todos comeram os pães da oferenda, que nem a ele, nem aos seus companheiros era permitido comer, mas unicamente aos sacerdotes? Ou nunca lestes na Lei, que em dia de sábado, no templo, os sacerdotes violam o sábado e não são culpados? Ora, eu vos digo: aqui está quem é maior do que o templo. Se tivésseis chegado a compreender o que significa, 'Misericórdia eu quero, não sacrifícios', não condenaríeis inocentes. De fato, o Filho do Homem é senhor do sábado" (**Mt 12,1-8**).

A lei humanizada

O modo como os adversários de Jesus consideravam a Lei mosaica era desumanizador. Jesus entrou em conflito com eles ao tentar humanizá-la, partindo das necessidades do ser humano. O modo como se relacionava com o Pai permitia-lhe superar a letra da Lei.

O episódio das espigas colhidas para matar a fome foi uma dentre as muitas oportunidades que Jesus teve de se mostrar livre na compreensão da Lei. Colher espigas e debulhá-las estava entre as atividades proibidas em dia de sábado, por se configurar como forma de trabalho. Jesus, porém, não se importou, quando os discípulos começaram a arrancar espigas e comê-las. Não tinha sentido passar fome, tendo alimento à mão.

Ao ser questionado, mostrou como as Escrituras contêm narrativas de atividades em dia de sábado, sem que se configurem como transgressão do preceito do repouso sabático. Afinal, para Deus importa a misericórdia. Era isso que a situação dos discípulos famintos exigia.

> Senhor Jesus, livra-me da tentação do legalismo,
> que me afasta da misericórdia e me impede de ver
> a realidade com o olhar do Pai.

Sábado — 15ª Semana do Tempo Comum

Os fariseus saíram e tomaram a decisão de matar Jesus. Ao saber disso, Jesus retirou-se dali. Grandes multidões o seguiram, e ele curou a todos. Advertiu-os, no entanto, que não dissessem quem ele era. Assim se cumpriu o que foi dito pelo profeta Isaías: "Eis o meu servo, que escolhi; o meu amado, no qual está meu agrado; farei repousar sobre ele o meu Espírito, e ele anunciará às nações o julgamento. Ele não discutirá, nem gritará, e ninguém ouvirá a sua voz nas praças. Não quebrará o caniço rachado, nem apagará a mecha que ainda fumega, até que faça triunfar o julgamento. Em seu nome as nações depositarão sua esperança" (**Mt 12,14-21**).

O servo misericordioso

Um texto do profeta Isaías serviu para iluminar a misericórdia de Jesus, na acolhida das multidões e na disposição para curar a todos. No passado, o servo escolhido e amado por Deus exerceu, entre os exilados da Babilônia, a importante missão de consolador. Os abatidos e oprimidos encontravam nele um ombro amigo em que se apoiar, como lenitivo para a dureza da vida longe da terra e do que tinham de mais sagrado. Discreto no agir, não discutia, não gritava e sua voz não se fazia ouvir nas praças. Importava-lhe, apenas, ser visto por Deus.

Da mesma forma, Jesus apresentou-se como consolador das multidões aflitas, que não tinham a quem recorrer. Aonde quer que fosse, era seguido pelos carentes de cura. Não se furtava a atendê-los, com o mesmo espírito do servo de outrora: com bondade, doçura e discrição. Dispensava as posturas triunfalistas e as aclamações populares. Sua preocupação consistia em se mostrar cheio de humanidade em favor dos desesperançados, para quem os horizontes se haviam fechado. Ele é o servo que se apresenta na história da humanidade sofredora como mediação da misericórdia do Pai.

Senhor Jesus, que eu siga sempre os teus passos de servo misericordioso, portador de esperança para os sofredores e desanimados deste mundo.

16ª Semana do Tempo Comum — Domingo

Os apóstolos se reuniram junto de Jesus e lhe contaram tudo o que tinham feito e ensinado. Ele disse-lhes: "Vinde, a sós, para um lugar deserto, e descansai um pouco!" Havia, de fato, tanta gente chegando e saindo, que não tinham nem tempo para comer. Foram, então, de barco, para um lugar deserto, a sós. Muitos os viram partir e perceberam a intenção; saíram então de todas as cidades e, a pé, correram à frente e chegaram lá antes deles. Ao sair do barco, Jesus viu uma grande multidão e encheu-se de compaixão por eles, porque eram como ovelhas que não têm pastor. E começou, então, a ensinar-lhes muitas coisas (**Mc 6,30-34**).

Servidor incansável

Os evangelhos descrevem Jesus como servidor incansável. Estava sempre rodeado de pessoas carentes de ajuda, a ponto de não ter tempo para comer. Mesmo quando buscava um lugar para se refugiar com os discípulos, era procurado por multidões de aflitos.

O episódio evangélico mostra como Jesus atuava em um contexto onde os pobres viviam em extrema carência, sem ter a quem recorrer. Abandonados, voltavam-se para Jesus em busca de consolação e de cura. O modo de proceder do Mestre fascinava-os pelas palavras cheias de sabedoria e pela disposição para lhes fazer o bem.

A compaixão brotava espontânea no coração de Jesus, ao ver a multidão diante de si. Esse sentimento resultava da solidariedade ao sofrimento do povo. Sem solidariedade, ser-lhe-ia impossível deixar-se afetar. E, muito menos, mover-se a fazer algo para minorar o sofrimento daquela gente.

Só um coração de pastor, sensível em relação às ovelhas, pode nutrir tais sentimentos. Um pastor dedicado jamais deixará as ovelhas entregues à própria sorte. Assim foi Jesus! Extremamente sensível no trato com os sofredores e incansável, quando se tratava de servi-los.

> Senhor Jesus, torna-me servidor incansável de quem carece de uma palavra de conforto e de esperança, por não ter quem o console.

| Segunda | 16ª Semana do Tempo Comum |

Então, alguns escribas e fariseus disseram a Jesus: "Mestre, queremos ver um sinal da tua parte". Ele respondeu-lhes: "Uma geração perversa e adúltera busca um sinal, mas nenhum sinal lhe será dado, a não ser o sinal do profeta Jonas. De fato, assim como Jonas esteve três dias e três noites no ventre da baleia, assim também o Filho do Homem estará três dias e três noites no seio da terra. No dia do Juízo, os habitantes de Nínive se levantarão juntamente com esta geração e a condenarão, pois eles mostraram arrependimento com a pregação de Jonas, e aqui está quem é mais do que Jonas. No dia do Juízo, a rainha do Sul se levantará juntamente com esta geração e a condenará; pois ela veio dos confins da terra para ouvir a sabedoria de Salomão, e aqui está quem é mais do que Salomão" (**Mt 12,38-42**).

Um pedido inútil

O pedido dos mestres da Lei e dos fariseus mostrou-se inútil. Queriam ver um sinal feito por Jesus, como comprovação de sua condição de Messias. Veladamente, colocavam em xeque a veracidade do ministério de Jesus, desconfiando não ter o respaldo divino. Sendo assim, seria um falso messias! Quiçá um sinal vindo do céu pudesse garantir-lhe a credibilidade.

Jesus teve suficiente discernimento para perceber a armadilha que lhe preparavam. Afinal, os adversários, de forma alguma, estavam dispostos a reconhecer-lhe o messianismo. Por mais espetacular que fosse o sinal, levantariam sempre novas suspeitas, sem a previsão de chegarem a reconhecer-lhe a identidade.

A resposta de Jesus, apelando para o profeta Jonas, é enigmática. Estaria aludindo à ressurreição, além de fazer alusão à morte? Em todo caso, aproveitou a ocasião para denunciar a incredulidade dos adversários, cuja incapacidade de acolher sua pregação preparava para eles a mesma sorte de Nínive.

Senhor Jesus, reforça em mim a fé para reconhecer-te como Filho enviado pelo Pai, com a missão de fazer o bem à humanidade sofredora.

16ª Semana do Tempo Comum — Terça

Enquanto Jesus estava falando às multidões, sua mãe e seus irmãos ficaram do lado de fora, procurando falar com ele. Alguém lhe disse: "Olha! Tua mãe e teus irmãos estão lá fora e querem falar contigo". Ele respondeu àquele que lhe falou: "Quem é minha mãe, e quem são meus irmãos?" E, estendendo a mão para os discípulos, acrescentou: "Eis minha mãe e meus irmãos. Pois todo aquele que faz a vontade do meu Pai, que está nos céus, esse é meu irmão, minha irmã e minha mãe" (**Mt 12,46-50**).

Quem é discípulo?

Um leitor desavisado pode interpretar mal o texto evangélico e considerar as palavras de Jesus como desvalorização de sua mãe. A passagem parece falar de um Jesus ríspido com os familiares, com os quais evita se relacionar.

O episódio deve ser entendido no contexto da catequese do evangelista. Este desenvolve o tema do discipulado cristão, mostrando em que bases está alicerçado. No sentido negativo, não está fundado nas relações sanguíneas e de parentesco com Jesus. Os parentes do Mestre não têm um lugar especial na comunidade cristã, como se fossem cristãos de primeira categoria. No sentido positivo, o discipulado cristão está fundado na vontade do Pai, a ser buscada e posta em prática. O primeiro a buscar com sinceridade o querer do Pai foi o Filho Jesus. Como Filho, assumiu a tarefa de apresentar o projeto de Pai como pauta de ação e formar comunidades com quem acolhesse essa proposta. É a comunidade dos discípulos do Reino!

A importância de Maria está no fato de ser totalmente aberta para Deus, e não em ser a mãe biológica de Jesus. As poucas referências evangélicas a respeito dela frisam essa dimensão de sua identidade. É como se fosse a primeira discípula, cuja fidelidade lhe valeu a graça da escolha para ser mãe do Salvador. Contemplando-a, é possível descobrir o caminho do autêntico discipulado.

> Senhor Jesus, que a contemplação do exemplo
> de Maria me ensine o caminho do discipulado,
> feito de fidelidade ao querer do Pai.

Quarta — 16ª Semana do Tempo Comum

Naquele dia, Jesus saiu de casa e sentou-se à beira-mar. Uma grande multidão ajuntou-se em seu redor. Por isso, ele entrou num barco e sentou-se ali, enquanto a multidão ficava de pé, na praia. Ele falou-lhes muitas coisas em parábolas, dizendo: "O semeador saiu para semear. Enquanto semeava, algumas sementes caíram à beira do caminho, e os pássaros vieram e as comeram. Outras caíram em terreno cheio de pedras, onde não havia muita terra. Logo brotaram, porque a terra não era profunda. Mas, quando o sol saiu, ficaram queimadas e, como não tinham raiz, secaram. Outras caíram no meio dos espinhos, que cresceram sufocando as sementes. Outras caíram em terra boa e produziram fruto: uma cem, outra sessenta, outra trinta. Quem tem ouvidos, ouça!" (**Mt 13,1-9**).

Catequese missionária

A parábola do semeador é uma catequese missionária. Serve de ilustração para o serviço de anúncio do Reino, tarefa que compete aos apóstolos. A principal tentação do apóstolo consiste em querer sucesso imediato. Quando se defronta com o insucesso, é levado a desanimar e a abandonar o trabalho começado.

Jesus alertou os discípulos para a realidade do insucesso e do fracasso. A palavra semeada é acolhida de diferentes maneiras, dependendo do coração de cada um. Mesmo na vida de quem a acolhe como se fora terra boa, os frutos são variados: cem, sessenta, trinta. Só uma pequena porção da semente tem cem por cento de resultado. A maior parte se perde, por diferentes motivos.

O missionário deve se conscientizar de que este é o destino do Reino de Deus. Vai se construindo na história entre fracasso e sucesso, entre perda e bom resultado. Se as coisas acontecem diferentemente, com certeza, houve contaminação de mentalidades mundanas. Então, já não será o Reino de Deus, mas outro reino que está sendo construído.

Senhor Jesus, ajuda-me a compreender a dinâmica do Reino de Deus na história, para não cair na tentação de pensá-lo com esquemas mundanos.

16ª Semana do Tempo Comum — Quinta

Os discípulos aproximaram-se e disseram a Jesus: "Por que lhes falas em parábolas?" Ele respondeu: "Porque a vós foi dado conhecer os mistérios do Reino dos Céus, mas a eles não. Pois a quem tem será dado ainda mais, e terá em abundância; mas a quem não tem será tirado até o que tem. Por isto eu lhes falo em parábolas: porque olhando não enxergam e ouvindo não escutam, nem entendem. Deste modo se cumpre neles a profecia de Isaías: 'Por mais que escuteis, não entendereis, por mais que olheis, nada vereis. Pois o coração deste povo se endureceu, e eles ouviram com o ouvido indisposto. Fecharam os seus olhos, para não verem com os olhos, para não ouvirem com os ouvidos, nem entenderem com o coração, nem se converterem para que eu os pudesse curar'. Felizes são vossos olhos, porque veem, e vossos ouvidos, porque ouvem! Em verdade vos digo, muitos profetas e justos desejaram ver o que estais vendo, e não viram; desejaram ouvir o que estais ouvindo, e não ouviram" (**Mt 13,10-17**).

O Reino em metáforas

Jesus falou do Reino por meio de metáforas, uma forma sapiencial de ensinar. Poderia ter escolhido outras maneiras. Porém, optou pelo modo mais adaptado à mentalidade dos ouvintes.

A linguagem metafórica tem a vantagem de exigir o empenho do ouvinte para compreendê-la. Está longe de ser um exercício puramente racional, reservado aos intelectuais. Antes, qualquer pessoa de boa vontade estará em condições de entendê-la.

Outra exigência consiste na necessidade de o ouvinte estar engajado no compromisso com o Reino. Só pode compreender a parábola, se esta serve de chave de leitura para sua experiência. Portanto, em primeiro lugar está a experiência do Reino na vida do discípulo. A parábola vai ajudá-lo no processo de compreensão, de modo a não se frustrar, nem, tampouco, nutrir expectativas mal discernidas.

Senhor Jesus, que tuas parábolas ajudem-me a compreender minha experiência de discípulo do Reino, para evitar frustrações e falsas expectativas.

Sexta | # 16ª Semana do Tempo Comum

"Vós, portanto, ouvi o significado da parábola do semeador. A todo aquele que ouve a palavra do Reino e não a compreende, vem o Maligno e rouba o que foi semeado em seu coração; esse é o grão que foi semeado à beira do caminho. O que foi semeado nas pedras é quem ouve a palavra e logo a recebe com alegria; mas não tem raiz em si mesmo, é de momento: quando chega tribulação ou perseguição por causa da palavra, ele desiste logo. O que foi semeado no meio dos espinhos é quem ouve a palavra, mas as preocupações do mundo e a ilusão da riqueza sufocam a palavra, e ele fica sem fruto. O que foi semeado em terra boa é quem ouve a palavra e a entende; este produz fruto: um cem, outro sessenta e outro trinta" (**Mt 13,18-23**).

Aplicação da parábola

O texto evangélico consiste numa alegorização da parábola do Reino. Alegorizar é fazer aplicação da parábola a uma realidade concreta, de forma a dar-lhe um sentido preciso. A alegorização depende do contexto em que as comunidades e os discípulos se encontram. Contextos distintos geraram distintas aplicações da parábola.

A análise da alegorização permite captar alguns traços da comunidade à qual se refere. Havia, aí, cristãos irresponsáveis, facilmente influenciáveis pelo Maligno. Outros eram incapazes de enfrentar a radicalidade do Reino, no que tinha de tribulação e perseguição por causa da fé. Outros eram superficiais. Neles o Reino era sufocado pelas preocupações mundanas e pela ilusão da riqueza. De todos eles, nenhum fruto se poderia esperar.

Entretanto, havia, também, cristãos autênticos, dispostos a viver a fé com radicalidade, assumindo até as últimas consequências as exigências do Reino. São os identificados com a "terra boa". Mesmo entre eles a capacidade de internalizar o Reino era diferenciada. Uns eram mais capazes do que os outros de produzir os frutos esperados.

> Senhor Jesus, ajuda-me a ser discípulo autêntico, sempre pronto a viver a fé com radicalidade e coragem para assumir as consequências de minha opção.

16ª Semana do Tempo Comum — Sábado

Jesus apresentou-lhes outra parábola: "O Reino dos Céus é como alguém que semeou boa semente no seu campo. Enquanto todos dormiam, veio seu inimigo, semeou joio no meio do trigo e foi embora. Quando o trigo cresceu e as espigas começaram a se formar, apareceu também o joio. Os servos foram procurar o dono e lhe disseram: 'Senhor, não semeaste boa semente no teu campo? Donde veio então o joio?' O dono respondeu: 'Foi algum inimigo que fez isso'. Os servos perguntaram ao dono: 'Queres que vamos retirar o joio?' 'Não!', disse ele. 'Pode acontecer que, ao retirar o joio, arranqueis também o trigo. Deixai crescer um e outro até a colheita. No momento da colheita, direi aos que cortam o trigo: retirai primeiro o joio e amarrai-o em feixes para ser queimado! O trigo, porém, guardai-o no meu celeiro!'" (**Mt 13,24-30**).

Semeaduras distintas

A parábola do joio e do trigo aponta para as distintas semeaduras feitas no coração do discípulo. Uma forma equivocada de compreender a parábola consiste em considerar as sementes como se fossem, radicalmente, distintas. E, portanto, facilmente identificáveis.

O ponto de partida da parábola é a semelhança das sementes e das plantas delas nascidas. São tão parecidas, a ponto de não poderem ser distintas num olhar superficial. Será preciso deixá-las crescer e produzir frutos para, então, saber o que é trigo e o que é joio.

O coração do discípulo do Reino é terra onde ambas as sementes são semeadas. Existem propostas aliciadoras, aparentemente sintonizadas com a proposta do Reino, que, por seus frutos, se revelarão joio. São incapazes de mover o discípulo ao amor misericordioso e ao perdão reconciliador. O critério dos frutos é muito útil para conscientizar o discípulo e ajudá-lo a não se deixar levar pelos inimigos do Reino de Deus.

> Senhor Jesus, que o critério dos frutos me ajude
> a discernir a presença do Reino em meu coração,
> para não ser confundido pelas sementes más.

| Domingo | 17ª Semana do Tempo Comum |

Depois disso, Jesus foi para o outro lado do mar da Galileia, ou seja, de Tiberíades. Uma grande multidão o seguia, vendo os sinais que ele fazia a favor dos doentes. Jesus subiu à montanha e sentou-se lá com os seus discípulos. Estava próxima a Páscoa, a festa dos judeus. Levantando os olhos e vendo uma grande multidão que vinha a ele, Jesus disse a Filipe: "Onde vamos comprar pão para que estes possam comer?" Disse isso para testar Filipe, pois ele sabia muito bem o que ia fazer. Filipe respondeu: "Nem duzentos denários de pão bastariam para dar um pouquinho a cada um". Um dos discípulos, André, irmão de Simão Pedro, disse: "Está aqui um menino com cinco pães de cevada e dois peixes. Mas que é isso para tanta gente?" Jesus disse: "Fazei as pessoas sentar-se". Naquele lugar havia muita relva, e lá se sentaram os homens em número de aproximadamente cinco mil. Jesus tomou os pães, deu graças e distribuiu aos que estavam sentados, tanto quanto queriam. E fez o mesmo com os peixes. Depois que se fartaram, disse aos discípulos: "Juntai os pedaços que sobraram, para que nada se perca!" Eles juntaram e encheram doze cestos, com os pedaços que sobraram dos cinco pães de cevada que comeram. À vista do sinal que Jesus tinha realizado, as pessoas exclamavam: "Este é verdadeiramente o profeta, aquele que deve vir ao mundo". Quando Jesus percebeu que queriam levá-lo para proclamá-lo rei, novamente se retirou sozinho para a montanha (**Jo 6,1-15**).

Iniciativa impensada

Quando a multidão se conscientizou da magnitude do milagre realizado por Jesus, tomou a decisão de fazê-lo rei. Iniciativa impensada! Jesus não caiu nessa armadilha. Daí se ter retirado sozinho para a montanha.

Os beneficiados com o milagre da multiplicação dos pães pensaram ter encontrado em Jesus a solução para seus problemas. Assim como alimentou a multidão e ainda sobraram doze cestos, haveria de resolver todas as situações difíceis com uma simples palavra. As pessoas já não precisariam fazer nenhum esforço para atingir seus objetivos. O rei se encarregaria disso!

> **Senhor Jesus, com a tua ajuda, quero assumir os desafios da vida, sem esperar soluções fáceis que me dispensam de fazer esforço para alcançá-las.**

17ª Semana do Tempo Comum — Segunda

Jesus apresentou-lhes outra parábola ainda: "O Reino dos Céus é como um grão de mostarda que alguém pegou e semeou no seu campo. Embora seja a menor de todas as sementes, quando cresce, fica maior que as outras hortaliças e torna-se um arbusto, a tal ponto que os pássaros do céu vêm fazer ninhos em seus ramos". E contou-lhes mais uma parábola: "O Reino dos Céus é como o fermento que uma mulher pegou e escondeu em três porções de farinha, até que tudo ficasse fermentado". Jesus falava tudo isso em parábolas às multidões. Nada lhes falava sem usar de parábolas, para se cumprir o que foi dito pelo profeta: "Abrirei a boca para falar em parábolas; vou proclamar coisas escondidas desde a criação do mundo" (**Mt 13,31-35**).

O Reino na história

As duas parábolas evangélicas sublinham a ação discreta do Reino na história. Por um lado, como o grão de mostarda, é pequenino na sua origem, mas destinado a se tornar grande e espalhar seus benefícios a incontáveis pessoas.

Será preciso cautela para não confundir o Reino com realidades mundanas. A sementinha do Reino corresponde ao que Deus planta no coração das pessoas: o amor, a bondade, a solidariedade e o desejo de ver reinar a justiça. Portanto, não se identifica com instituições humanas, com a tendência a se impor e a oprimir as pessoas. O que Deus planta deverá crescer e se expandir o máximo possível.

O fermento ilustra a inserção do discípulo na realidade. Sua vocação é a de exercer uma ação escondida, porém, perceptível no que se vê acontecer a seu redor. Onde está o discípulo, a misericórdia deveria tornar-se a pauta das ações; o perdão e a reconciliação, apelos irresistíveis, e a luta para criar um mundo novo, tarefa de todos. Tudo isso fruto da presença discreta do discípulo, movido pelos ideais do Reino.

> Senhor Jesus, que meu testemunho de vida colabore para o crescimento do Reino, de modo que o amor e a justiça sejam perceptíveis por onde eu passar.

| Terça | # 17ª Semana do Tempo Comum |

Então Jesus deixou as multidões e foi para casa. Seus discípulos aproximaram-se dele e disseram: "Explica-nos a parábola do joio!" Ele respondeu: "Aquele que semeia a boa semente é o Filho do Homem. O campo é o mundo. A boa semente são os que pertencem ao Reino. O joio são os que pertencem ao Maligno. O inimigo que semeou o joio é o diabo. A colheita é o fim dos tempos. Os que cortam o trigo são os anjos. Como o joio é retirado e queimado no fogo, assim também acontecerá no fim dos tempos: o Filho do Homem enviará seus anjos e eles retirarão do seu Reino toda causa de pecado e os que praticam o mal; depois, serão jogados na fornalha de fogo. Ali haverá choro e ranger de dentes. Então os justos brilharão como o sol no Reino de seu Pai. Quem tem ouvidos, ouça" (**Mt 13,36-43**).

Duas sementes, dois destinos

A alegorização da parábola do trigo e do joio sublinha o tema do juízo final, quando cada qual terá o devido destino. É uma forma de insistir com a comunidade para evitar as formas facilitadas de viver o discipulado, em que o equívoco de evitar a cruz pode ter consequências indesejadas.

Trigo e joio, na história, assemelham-se, a ponto de não poderem ser distintas. Na escatologia, tudo será diferente. Os frutos identificarão cada um, sem a possibilidade de haver equívocos.

O que se identifica com o joio tem aparência de bem, sem, contudo, sê-lo. O que se identifica com o trigo, pelo contrário, corresponde ao bem verdadeiro. Isto só será conhecido quando as ações humanas forem julgadas.

Que fazer? Esforçar-se para ser autêntico em tudo quanto se faz em decorrência da fé, sem cair na tentação da superficialidade. Ter em mente que a vivência do Reino supõe a superação do egoísmo, de forma a possibilitar a ação misericordiosa de Deus nas palavras e nas ações humanas.

> Senhor Jesus, que a prática do amor me prepare
> para o encontro com o Pai, de modo a ser reconhecida
> a boa semente plantada em mim.

17ª Semana do Tempo Comum · Quarta

"O Reino dos Céus é como um tesouro escondido num campo. Alguém o encontra, deixa-o lá bem escondido e, cheio de alegria, vai vender todos os seus bens e compra aquele campo. O Reino dos Céus é também como um negociante que procura pérolas preciosas. Ao encontrar uma de grande valor, ele vai, vende todos os bens e compra aquela pérola" (**Mt 13,44-46**).

A preciosidade do Reino

As duas parábolas sublinham a forma como o discípulo se relaciona com o Reino. Como o tesouro escondido no campo leva o agricultor a vender "todos" os seus bens para comprar o campo, assim também o discípulo. A opção pelo Reino torna secundário tudo mais, a ponto de poder ser deixado de lado. A mesma coisa acontece com a pérola encontrada pelo rico comerciante. É tão valiosa, a ponto de todas as demais serem vendidas, para ser comprada "a" pérola.

A preciosidade do Reino exige do discípulo estar disposto a abrir mão de tudo quanto possa torná-lo um valor secundário. Não se trata das coisas ruins. Estas não deveriam ter lugar na vida do discípulo. E, sim, as coisas boas. Entre uma coisa boa e outra melhor, o discípulo opta pela melhor. Entre o que é mais universal e o que é mais restrito, opta pelo mais universal. Entre algo mais exigente e outro menos exigente, a escolha recai sobre o primeiro.

O desafio do discípulo consistirá em identificar "o" tesouro e "a" pérola e se empenhar para adquiri-los. Um sinal de que os encontrou consiste na grande alegria que brota em seu íntimo e na disposição a abrir mão de tudo. Se isto não acontece, é sinal de que o Reino ainda não foi encontrado. Pode acontecer, também, de o discípulo encontrar "a" pérola e "o" tesouro e não se esforçar para adquiri-los. É o caso do discípulo insensato que, podendo ser autêntico na vivência da fé, perde a chance de dar o passo exigido pelo senhor do Reino.

> Senhor Jesus, que nada na minha vida me impeça de adquirir o tesouro e a pérola que são a vontade do Pai em minha vida.

Quinta | # 17ª Semana do Tempo Comum

"O Reino dos Céus é ainda como uma rede lançada ao mar e que pegou peixes de todo tipo. Quando ficou cheia, os pescadores puxaram a rede para a praia, sentaram-se, recolheram os peixes bons em cestos e jogaram fora os que não prestavam. Assim acontecerá no fim do mundo: os anjos virão para separar os maus dos justos, e lançarão os maus na fornalha de fogo. Aí haverá choro e ranger de dentes. "Entendestes tudo isso?" – "Sim", responderam eles. Então ele acrescentou: "Assim, pois, todo escriba que se torna discípulo do Reino dos Céus é como um pai de família, que tira do seu tesouro coisas novas e velhas". Quando Jesus terminou de contar essas parábolas, partiu dali (**Mt 13,47-53**).

A rede do Reino

A parábola da rede aponta para a realidade da comunidade cristã. Como na rede, a comunidade comporta pessoas de todos os tipos, boas e más. Isto porque a semente do Reino é acolhida de diferentes maneiras. Há discípulos que a tornam estéril, por se recusarem a pôr em prática a misericórdia. Outros produzem poucos frutos por serem incapazes de abraçar o Reino com radicalidade e por não estarem dispostos a assumir as consequências de sua opção.

Porém, existem também os peixes bons. São os discípulos autênticos na vivência da fé, vivida com radicalidade sempre maior. Enfrentam as perseguições sem medo, por se saberem nas mãos do Pai. Estão sempre prontos a recomeçar, quando experimentam a derrota e o fracasso.

Uma tentação das lideranças da comunidade consiste em querer fazer uma seleção, com a intenção de formar uma comunidade de perfeitos e fiéis. Jesus coíbe esse abuso, pois só ao Pai cabe julgar. O juízo final será o momento da separação.

O discípulo prudente esforça-se para viver o projeto de Reino com coerência e radicalidade, pela consciência do dever de ser peixe bom, construtor do Reino na história.

> Senhor Jesus, dá-me a prudência necessária para que eu seja peixe bom, pronto a ser julgado pelo Pai e levado para junto dele.

17ª Semana do Tempo Comum — Sexta

Ele foi para sua própria cidade e se pôs a ensinar na sinagoga local, de modo que ficaram admirados. Diziam: "De onde lhe vêm essa sabedoria e esses milagres? Não é ele o filho do carpinteiro? Sua mãe não se chama Maria, e seus irmãos não são Tiago, José, Simão e Judas? E suas irmãs não estão todas conosco? De onde, então, lhe vem tudo isso?" E mostravam-se chocados com ele. Jesus, porém, disse: "Um profeta só não é valorizado em sua própria cidade e na sua própria casa!" E não fez ali muitos milagres, por causa da incredulidade deles (**Mt 13,54-58**).

De coração fechado

Os conterrâneos de Jesus tinham dúvidas a respeito da origem de seus milagres e de seus ensinamentos feitos com autoridade. Eram sinais da ação de Deus na vida dele ou, pelo contrário, tinham origem puramente humana, sem nenhuma transcendência?

A incapacidade de se abrir para o mistério de Jesus deveu-se ao fato de ser um como eles, um filho de carpinteiro, cujos familiares eram bem conhecidos. Sendo um como eles, suas palavras e ações não podiam vir de Deus. Eles julgavam conhecer-lhe a origem.

Como os profetas de outrora, Jesus foi rejeitado pelos que deveriam ser os primeiros a acolhê-lo. Afinal, como se dispunha a fazer o bem, por que não começar por quem estava a seu redor? Se tinha palavras cheias de sabedoria, por que não dirigi-las a seus concidadãos?

O fechamento de coração impediu os conterrâneos de Jesus de terem acesso ao bem que fazia. Afinal, o Mestre jamais atropelava a liberdade das pessoas, impondo-lhes o que não queriam. Sua ação dependia de encontrar pessoas predispostas para acolhê-lo. A predisposição do coração exigia reconhecer Deus atuando nele e por meio dele. De seus conterrâneos, exigia-se reconhecer a ação de Deus nas ações daquela pessoa tão conhecida, em tudo igual a eles.

Senhor Jesus, tira de mim todo resquício de incredulidade que me impede de reconhecer que tuas ações são as ações do Pai em favor da humanidade.

Sábado | # 17ª Semana do Tempo Comum

Naquele tempo, a fama de Jesus chegou aos ouvidos do rei Herodes. Ele disse aos seus cortesãos: "É João Batista! Ele ressuscitou dos mortos; por isso, as forças milagrosas atuam nele". De fato, Herodes tinha mandado prender João, acorrentá-lo e colocá-lo na prisão, por causa de Herodíades, a mulher de seu irmão Filipe. Pois João vivia dizendo a Herodes: "Não te é permitido viver com ela". Herodes queria matá-lo, mas ficava com medo do povo, que o tinha em conta de profeta. Por ocasião do aniversário de Herodes, a filha de Herodíades dançou diante de todos, e agradou tanto a Herodes que ele prometeu, com juramento, dar a ela tudo o que pedisse. Instigada pela mãe, ela pediu: "Dá-me aqui, num prato, a cabeça de João Batista". O rei ficou triste, mas, por causa do juramento e dos convidados, ordenou que atendessem ao pedido dela. E mandou cortar a cabeça de João, na prisão. A cabeça foi trazida num prato, entregue à moça, e esta a levou para a sua mãe. Os discípulos de João foram buscar o corpo e o enterraram. Depois vieram contar tudo a Jesus (**Mt 14,1-12**).

Mártir da verdade

O episódio da morte de João Batista é relembrado no evangelho com a finalidade de apresentar aos discípulos de Jesus um exemplo consumado de coragem e de liberdade. E, assim, motivá-los a abraçar os valores do Reino com igual intensidade.

João mostrou-se livre diante do tirano Herodes, cujo desvio de conduta denunciou. Não deixou passar em branco a injustiça cometida contra o próprio irmão. Este se viu privado da esposa que se tornou mulher de Herodes. O Batista lhe dizia impávido: "Não te é permitido viver com ela!" E teve que pagar com a vida a ousadia de enfrentar o rei malvado.

O discípulo do Reino não pode se calar diante das maldades e das injustiças, por temor das consequências. Assim como João Batista, o Mestre Jesus será para ele um referencial de liberdade.

> Senhor Jesus, que eu tenha coragem e ousadia
> para testemunhar o Reino, seguindo o teu exemplo
> e o de João Batista.

18ª Semana do Tempo Comum · Domingo

Quando a multidão percebeu que Jesus não estava aí, nem os seus discípulos, entraram nos barcos e foram procurar Jesus em Cafarnaum. Encontrando-o do outro lado do mar, perguntaram-lhe: "Rabi, quando chegaste aqui?" Jesus respondeu: "Em verdade, em verdade, vos digo: estais me procurando não porque vistes sinais, mas porque comestes pão e ficastes saciados. Trabalhai não pelo alimento que perece, mas pelo alimento que permanece até a vida eterna, e que o Filho do Homem vos dará. Pois a este, Deus Pai o assinalou com seu selo". Perguntaram então: "Que devemos fazer para praticar as obras de Deus?" Jesus respondeu: "A obra de Deus é que acrediteis naquele que ele enviou". Eles perguntaram: "Que sinais realizas para que possamos ver e acreditar em ti? Que obras fazes? Nossos pais comeram o maná no deserto, como está escrito: 'Deu-lhes a comer o pão do céu'". Jesus respondeu: "Em verdade, em verdade, vos digo: não foi Moisés quem vos deu o pão do céu. É meu Pai quem vos dá o verdadeiro pão do céu. Pois o pão de Deus é aquele que desce do céu e dá vida ao mundo". Eles então pediram: "Senhor, dá-nos sempre desse pão!" Jesus lhes disse: "Eu sou o pão da vida. Quem vem a mim não terá mais fome, e quem crê em mim nunca mais terá sede" (**Jo 6,24-35**).

O pão de Deus

O milagre da multiplicação dos pães criou no coração da multidão expectativas indevidas a respeito de Jesus. Este logo percebeu o que estava acontecendo. A multidão o procurava não por causa do Reino, mas por ter comido pão à saciedade. O interesse de Jesus superava o mero alimento material. Tinha algo muito mais importante para oferecer à humanidade faminta: ele mesmo, "o pão da vida".

Jesus é "pão da vida" para quem se dispõe a viver em comunhão com ele e a se deixar alimentar por seu exemplo de vida. Jamais terá fome ou sede de amor e de misericórdia.

Senhor Jesus, que eu seja sempre alimentado por ti,
pão da vida, de modo a ser saciado
de amor e de misericórdia.

Segunda — # 18ª Semana do Tempo Comum

Ao ser informado da morte de João, Jesus partiu dali e foi, de barco, para um lugar deserto, a sós. Quando as multidões o souberam, saíram das cidades e o seguiram a pé. Ao sair do barco, Jesus viu uma grande multidão. Encheu-se de compaixão por eles e curou os que estavam doentes. Ao entardecer, os discípulos aproximaram-se dele e disseram: "Este lugar é deserto e a hora já está adiantada. Despede as multidões, para que possam ir aos povoados comprar comida!" Jesus porém lhes disse: "Eles não precisam ir embora. Vós mesmos dai-lhes de comer!" Os discípulos responderam: "Só temos aqui cinco pães e dois peixes". Ele disse: "Trazei-os aqui". E mandou que as multidões se sentassem na relva. Então, tomou os cinco pães e os dois peixes, ergueu os olhos para o céu e pronunciou a bênção, partiu os pães e os deu aos discípulos; e os discípulos os distribuíram às multidões. Todos comeram e ficaram saciados, e dos pedaços que sobraram recolheram ainda doze cestos cheios. Os que comeram foram mais ou menos cinco mil homens, sem contar mulheres e crianças (**Mt 14,13-21**).

Comunidade de iguais

A alusão às mulheres e às crianças no relato da multiplicação dos pães aponta para a comunidade do evangelista. Logo, não se trata de dar grandiosidade ao que, por si só, já era grandioso: alimentar cinco mil homens.

A comunidade cristã de Mateus padecia da visão machista, em voga na religião da época. Aí, as mulheres e as crianças eram discriminadas, como seres de segunda categoria. Os homens adultos, sim, eram cristãos de plenos direitos, inclusive de participar da Eucaristia.

A referência às mulheres e às crianças tem o objetivo de afirmar a igualdade de direito delas na comunidade. No seio do povo de Deus, não pode haver distinção de espécie alguma, por serem todos filhos e filhas do mesmo Pai, que ama a todos igualmente. Portanto, é preciso acolher os discriminados da comunidade na ceia eucarística.

> Senhor Jesus, que eu compreenda que, na comunidade cristã, todos temos iguais direitos de filhos e filhas do Pai, que ama a todos sem exceção.

18ª Semana do Tempo Comum — Terça

Logo em seguida, Jesus mandou que os discípulos entrassem no barco e fossem adiante dele para o outro lado do mar, enquanto ele despediria as multidões. Depois de despedi-las, subiu à montanha, a sós, para orar. Anoiteceu, e Jesus continuava lá, sozinho. O barco, entretanto, já longe da terra, era atormentado pelas ondas, pois o vento era contrário. Nas últimas horas da noite, Jesus veio até os discípulos, andando sobre o mar. Quando os discípulos o viram andando sobre o mar, ficaram apavorados e disseram: "É um fantasma". E gritaram de medo. Mas Jesus logo lhes falou: "Coragem! Sou eu. Não tenhais medo!" Então Pedro lhe disse: "Senhor, se és tu, manda-me ir ao teu encontro, caminhando sobre a água". Ele respondeu: "Vem!" Pedro desceu do barco e começou a andar sobre a água, em direção a Jesus. Mas, sentindo o vento, ficou com medo e, começando a afundar, gritou: "Senhor, salva-me!" Jesus logo estendeu a mão, segurou-o e lhe disse: "Homem de pouca fé, por que duvidaste?" Assim que subiram no barco, o vento cessou. Os que estavam no barco ajoelharam-se diante dele, dizendo: "Verdadeiramente, tu és o Filho de Deus!" Após a travessia, aportaram em Genesaré. Os habitantes daquele lugar reconheceram Jesus e espalharam a notícia por toda a região. Então levaram a ele todos os doentes; suplicavam que pudessem ao menos tocar a franja de seu manto. E todos os que tocaram ficaram curados (**Mt 14,22-36**).

Líder com pouca fé

A cena de Pedro afundando diante de Jesus é a imagem do líder que fraqueja na fé e começa a não acreditar ser possível ajudar a comunidade a enfrentar as tribulações da vida. As águas revoltas são imagem da comunidade cristã atribulada. É quando mais precisa da guia segura do líder, pois parece que o fim se aproxima.

Às vezes, a presença de Jesus não é suficientemente acolhida. Daí terem pensado tratar-se de um fantasma. Sobrevém, então, a crise de medo e de incredulidade. O líder, então, começa a afundar e a comunidade com ele. A única solução consiste em segurar na mão do Mestre e se deixar sustentar por ele.

> Senhor Jesus, que eu segure firme em tua mão,
> especialmente, nos momentos de tribulação,
> quando o fim parece se aproximar.

Quarta — # 18ª Semana do Tempo Comum

Partindo dali, Jesus foi para a região de Tiro e Sidônia. Uma mulher cananeia, vinda daquela região, pôs-se a gritar: "Senhor, filho de Davi, tem compaixão de mim: minha filha é cruelmente atormentada por um demônio!" Ele não lhe respondeu palavra alguma. Seus discípulos aproximaram-se e lhe pediram: "Manda embora essa mulher, pois ela vem gritando atrás de nós". Ele tomou a palavra: "Eu fui enviado somente às ovelhas perdidas da casa de Israel". Mas a mulher veio prostrar-se diante de Jesus e começou a implorar: "Senhor, socorre-me!" Ele lhe disse: "Não fica bem tirar o pão dos filhos para jogá-lo aos cachorrinhos". Ela insistiu: "É verdade, Senhor; mas os cachorrinhos também comem as migalhas que caem da mesa de seus donos!" Diante disso, Jesus respondeu: "Mulher, grande é tua fé! Como queres, te seja feito!" E a partir daquela hora, sua filha ficou curada (**Mt 15,21-28**).

Fé suplicante

O episódio da mulher cananeia ilustra a abertura da mensagem cristã para os pagãos. Jesus exercia o ministério fora dos limites de Israel, quando foi abordado por uma mulher, implorando a cura para sua filha. Os discípulos se apressam em afastá-la, como se não tivesse o direito de se aproximar de Jesus. De fato, na cultura da época, as mulheres estavam proibidas de se aproximar dos mestres da Lei. Da parte de Jesus, inicialmente, não parece haver benevolência. Suas palavras soam duras.

Entretanto, a mulher não se deixa desanimar. Continua a insistir, por saber que estava batendo na porta certa. Jesus, então, se deixa convencer e a atende, reconhecendo haver nela uma grande fé.

Os discípulos do Reino são desafiados a ter um horizonte largo, capaz de abranger a humanidade inteira. Qualquer tipo de discriminação será sempre uma infidelidade ao querer do Mestre Jesus.

> Senhor Jesus, alarga-me os horizonte de modo a abranger a humanidade toda, para quem o Reino deve ser anunciado, sem nenhuma discriminação.

18ª Semana do Tempo Comum · Quinta

Jesus foi à região de Cesareia de Filipe e ali perguntou aos discípulos: "Quem dizem as pessoas ser o Filho do Homem?" Eles responderam: "Alguns dizem que és João Batista; outros, Elias; outros ainda, Jeremias ou algum dos profetas". "E vós", retomou Jesus, "quem dizeis que eu sou?" Simão Pedro respondeu: "Tu és o Cristo, o Filho do Deus vivo". Jesus então declarou: "Feliz és tu, Simão, filho de Jonas, porque não foi carne e sangue quem te revelou isso, mas o meu Pai que está no céu. Por isso, eu te digo: tu és Pedro, e sobre esta pedra edificarei a minha Igreja, e as forças do Inferno não poderão vencê-la. Eu te darei as chaves do Reino dos Céus: tudo o que ligares na terra será ligado nos céus, e tudo o que desligares na terra será desligado nos céus". Em seguida, recomendou aos discípulos que não dissessem a ninguém que ele era o Cristo. A partir de então, Jesus começou a mostrar aos discípulos que era necessário ele ir a Jerusalém, sofrer muito da parte dos anciãos, sumos sacerdotes e escribas, ser morto e, no terceiro dia, ressuscitar. Então Pedro o chamou de lado e começou a censurá-lo: "Deus não permita tal coisa, Senhor! Que isto nunca te aconteça!" Jesus, porém, voltou-se para Pedro e disse: "Vai para trás de mim, satanás! Tu estás sendo para mim uma pedra de tropeço, pois não tens em mente as coisas de Deus, e sim, as dos homens!" (**Mt 16,13-23**).

Quem é o Filho do Homem?

A pergunta de Jesus aos discípulos deu-lhe a oportunidade de fazer um esclarecimento importante. Na religiosidade popular da época, havia diferentes concepções do Messias. Eram três as tendências principais: considerá-lo como rei, sacerdote ou profeta. A identificação do Messias com o novo rei Davi era a mais forte.

Nas respostas dadas, prevalecia a concepção profética. Pedro identificou o Messias com o Filho do Deus vivo. Jesus, então, aproveitou a ocasião para falar do Messias sofredor, na linha do servo, referido pelo profeta Isaías. A reação de Pedro mostrou o quanto estava longe de pensar em sintonia com o Mestre.

> Senhor Jesus, ajuda-me a compreender tua identidade de Messias, servo fiel e obediente ao Pai, na contramão das concepções equivocadas a teu respeito.

Sexta — # 18ª Semana do Tempo Comum

Então Jesus disse aos discípulos: "Se alguém quer vir após mim, renuncie a si mesmo, tome sua cruz e siga-me. Pois quem quiser salvar sua vida a perderá; e quem perder sua vida por causa de mim a encontrará. De fato, que adianta a alguém ganhar o mundo inteiro, se perde a própria vida? Ou que poderá alguém dar em troca da própria vida? Pois o Filho do Homem virá na glória do seu Pai, com os seus anjos, e então retribuirá a cada um de acordo com a sua conduta. Em verdade, vos digo: alguns dos que estão aqui não provarão a morte sem antes terem visto o Filho do Homem vindo com o seu Reino" (**Mt 16,24-28**).

A cruz do discipulado

O modo como Jesus é entendido tem reflexos na forma de pensar o discipulado cristão. Quem o identifica com o Messias glorioso e todo-poderoso, tende a pensar o discipulado com conotações mundanas de grandeza e poder. Esta tem sido a postura de muitas instituições que se consideram cristãs. Pelo contrário, é corrente a identificação de Jesus com o Messias sofredor, carregado de feridas e desfigurado, com o qual os pobres e sofredores se identificam. O Jesus assim pensado produz discípulos acomodados com o sofrimento, tomado como fatalidade, da qual não há como se livrar.

Quando Jesus fala em tomar a cruz e segui-lo, tem como pano de fundo a certeza da ressurreição, como falara no anúncio da paixão, face ao qual Pedro reagiu energicamente. O discipulado que combina cruz e ressurreição não corre o risco de se limitar à busca humana de grandeza, nem, tampouco, acomodar-se no sofrimento fatalista, como se Deus tivesse prazer com o sofrimento do ser humano.

O discípulo de Jesus coloca-se no seguimento do Mestre, na cruz e na ressurreição. Se, por um lado, tem consciência do preço a ser pago pela adesão ao Reino, por outro, sabe que sua opção tem o beneplácito do Pai.

> Senhor Jesus, como discípulo teu, que eu saiba viver
> o mistério da cruz e da ressurreição, consciente
> de que minha vida está nas mãos do Pai.

18ª Semana do Tempo Comum — Sábado

Quando voltaram para junto da multidão, alguém se aproximou de Jesus, caiu de joelhos e disse: "Senhor, tem compaixão do meu filho. Ele tem crises de epilepsia e passa mal. Muitas vezes cai no fogo ou na água. Levei-o aos teus discípulos, mas eles não conseguiram curá-lo!" Jesus tomou a palavra: "Ó geração sem fé e perversa! Até quando vou ficar convosco? Até quando vou suportar-vos? Trazei aqui o menino". Então Jesus repreendeu o demônio, e este saiu do menino, que ficou curado a partir dessa hora. Então, os discípulos aproximaram-se de Jesus e lhe perguntaram em particular: "Pòr que nós não conseguimos expulsar o demônio?" Ele respondeu: "Por causa da fraqueza de vossa fé! Em verdade vos digo: se tiverdes fé do tamanho de um grão de mostarda, direis a esta montanha: 'Vai daqui para lá', e ela irá. Nada vos será impossível" (**Mt 17,14-20**).

O poder da fé

O texto evangélico comporta uma censura aos discípulos de Jesus, no exercício da missão. O pano de fundo deve ter sido o fato de se sentirem impotentes diante de muitas situações, incapazes de corresponder aos anseios de quem contava com eles. E daí se perguntarem pelos motivos dessa impotência humilhante. Por que não eram capazes de fazer certas coisas?

A razão parecia situar-se na carência de fé. A fé pequena impedia-os de estar à altura das necessidades das pessoas. Daí fracassarem, quando alguém recorria a eles.

A exortação do Mestre soou-lhes aos ouvidos: "Se vocês tiverem fé do tamanho de um grão de mostarda..." Bastaria a fé, mesmo pequena, para serem capazes de remover montanhas. "Remover montanha" era uma expressão da época para indicar algo impossível de ser realizado pelo ser humano.

Se os discípulos tivessem fé, seriam capazes de realizar coisas inacreditáveis. Com uma fé insuficiente, a missão ficaria comprometida.

Senhor Jesus, fortalece-me a fé para que, no serviço aos necessitados, eu seja capaz de "remover montanhas", com a força que vem de ti.

Domingo # 19ª Semana do Tempo Comum

Então, os judeus começaram a murmurar contra Jesus, porque ele dissera: "Eu sou o pão que desceu do céu". Diziam: "Este não é Jesus, o filho de José? Não conhecemos nós o seu pai e sua mãe? Como pode, então, dizer que desceu do céu?" Jesus respondeu: "Não murmureis entre vós. Ninguém pode vir a mim, se o Pai que me enviou não o atrair. E eu o ressuscitarei no último dia. Está escrito nos Profetas: 'Todos serão discípulos de Deus'. Ora, todo aquele que escutou o ensinamento do Pai e o aprendeu vem a mim. Ninguém jamais viu o Pai, a não ser aquele que vem de junto de Deus: este viu o Pai. Em verdade, em verdade, vos digo: quem crê, tem a vida eterna. Eu sou o pão da vida. Os vossos pais comeram o maná no deserto e, no entanto, morreram. Aqui está o pão que desce do céu, para que não morra quem dele comer. Eu sou o pão vivo que desceu do céu. Quem come deste pão viverá eternamente. E o pão que eu darei é a minha carne, entregue pela vida do mundo". Os judeus discutiam entre si: "Como é que ele pode dar a sua carne a comer?" (**Jo 6,41-52**).

Alimento para a eternidade

A declaração de Jesus — "Eu sou o pão que desceu do céu" — foi mal interpretada pelos adversários. Eles a tomaram no sentido literal, dando-lhe conotação antropofágica, como se falasse de dar a sua carne a comer.

A linguagem metafórica de Jesus retomava um tema caro para a religião judaica: o maná vindo do céu, como comida para o povo faminto no deserto. O Mestre entendia-se como o verdadeiro alimento, enviado pelo Pai, para o povo caminhante sem rumo, no deserto do abandono. Sua presença deveria ter na vida do povo idêntico efeito ao do maná no deserto.

Jesus torna-se "pão vivo", quando dá ânimo para caminhar, sem se deixar abater. Quando reforça no coração humano o sentimento de esperança e de confiança de construir o mundo querido pelo Pai. Quando sacia a sede de sentido para a vida, levando o ser humano a superar os sentimentos negativos que o bloqueiam e o impedem de seguir adiante.

> Senhor Jesus, que tu sejas o pão vivo a incutir-me esperança e a reforçar no coração a coragem para caminhar, com determinação, nos desertos da vida.

19ª Semana do Tempo Comum — Segunda

Quando estava reunido com os discípulos na Galileia, Jesus lhes disse: "O Filho do Homem vai ser entregue às mãos dos homens, e eles o matarão, mas no terceiro dia ressuscitará". E os discípulos ficaram extremamente tristes. Quando chegaram a Cafarnaum, os que cobravam o imposto do templo aproximaram-se de Pedro e perguntaram: "O vosso mestre não paga o imposto do templo?" Pedro respondeu: "Paga, sim!" Ao entrar em casa, Jesus adiantou-se e perguntou: "Simão, que te parece: os reis da terra cobram impostos ou tributos de quem, do próprio povo ou dos estranhos?" Ele respondeu: "Dos estranhos!" – "Logo o próprio povo está isento", retrucou Jesus, "mas, para não escandalizar essa gente, vai até o lago, lança o anzol e abre a boca do primeiro peixe que pescares. Ali encontrarás uma moeda valendo duas vezes o imposto; pega-a e entrega a eles por mim e por ti" (**Mt 17,22-27**).

Prudência missionária

O episódio do pagamento do imposto do Templo permitiu a Jesus assumir uma atitude de prudência missionária. Diante da tradição religiosa, era possível assumir duas atitudes. Observá-la, rigorosamente, submetendo-se a ela, sem questioná-la, mas sem reconhecer-lhe o verdadeiro sentido. Ou, pelo contrário, mostrar-se livre diante dela, desconhecendo-a, como se carecesse de sentido.

A postura de Jesus, embora pague o imposto devido, tem uma conotação distinta. Ele não queria escandalizar as pessoas. Esta preocupação tinha um objetivo bem claro: não torná-las fechadas em relação a ele e, por conseguinte, em relação ao Reino que anunciava.

Ao pagar o imposto, Jesus deixava aberta a possibilidade de, um dia, aquelas pessoas, a começar pelos cobradores, acolherem o Reino. E, assim, descobrirem a relatividade do Templo e do respectivo imposto. De fato, não é preciso ir ao Templo para encontrar o Pai, por se encontrar no íntimo de quem o adora com sinceridade.

> Senhor Jesus, que, no exercício da missão, eu me inspire em ti, na preocupação de não escandalizar as pessoas, para que não se fechem aos apelos do Reino.

Terça — # 19ª Semana do Tempo Comum

Naquela hora, os discípulos aproximaram-se de Jesus e perguntaram: "Quem é o maior no Reino dos Céus?" Jesus chamou uma criança, colocou-a no meio deles e disse: "Em verdade vos digo, se não vos converterdes e não vos tornardes como crianças, não entrareis no Reino dos Céus. Quem se faz pequeno como esta criança, esse é o maior no Reino dos Céus. E quem acolher em meu nome uma criança como esta, estará acolhendo a mim mesmo. Cuidado! Não desprezeis um só destes pequenos! Eu vos digo que os seus anjos, no céu, contemplam sem cessar a face do meu Pai que está nos céus. Que vos parece? Se alguém tiver cem ovelhas, e uma delas se extraviar, não deixará as noventa e nove nos morros, para ir à procura daquela que se perdeu? E se ele a encontrar, em verdade vos digo, terá mais alegria por esta do que pelas noventa e nove que não se extraviaram. Do mesmo modo, o Pai que está nos céus não deseja que se perca nenhum desses pequenos" (**Mt 18,1-5.10.12-14**).

Pequeno como uma criança

Os discípulos de Jesus foram contaminados pelo vírus da grandeza. A pergunta – "Quem é o maior no Reino dos céus?" – esconde uma postura nada recomendável para quem se põe no seguimento do Mestre.

O apelo à conversão e a se tornar pequeno como uma criança chama a atenção para um desvio na conduta do discípulo. A tentação de ser grande, em última análise, corresponde ao desejo de se tornar deus na vida das pessoas. Impondo-se a elas, o poderoso tem a pretensão de deter o poder de vida e morte sobre os demais. Que é isto, senão uma usurpação do poder divino?

Tornar-se uma criança significa saber-se dependente de Deus, como único senhor da vida humana. E, também, ser-lhe obediente, nada fazendo que possa ir à contramão do seu querer. E, mais, deixando de lado qualquer sentimento de superioridade em relação ao próximo. Quem age assim, será "o maior no Reino dos céus".

> Senhor Jesus, que a consciência de ser pequeno como uma criança crie em mim a postura de humildade no trato com os meus semelhantes.

19ª Semana do Tempo Comum

Quarta

"Se teu irmão pecar contra ti, vai corrigi-lo, tu e ele a sós! Se ele te ouvir, terás ganhado o teu irmão. Se ele não te ouvir, toma contigo mais uma ou duas pessoas, de modo que toda questão seja decidida sob a palavra de duas ou três testemunhas. Se ele não vos der ouvido, dize-o à igreja. Se nem mesmo à igreja ele ouvir, seja tratado como se fosse um pagão ou um publicano. Em verdade vos digo, tudo o que ligardes na terra será ligado no céu, e tudo o que desligardes na terra será desligado no céu. Eu vos digo mais isto: se dois de vós estiverem de acordo, na terra, sobre qualquer coisa que quiserem pedir, meu Pai que está nos céus o concederá. Pois onde dois ou três estiverem reunidos em meu nome, eu estou ali, no meio deles" (**Mt 18,15-20**).

Correção do pecador

Havia, nas comunidades cristãs primitivas, a tendência ao rigorismo no trato com os irmãos faltosos. Certos líderes queriam, logo, afastá-los da comunidade, sem lhes dar uma chance para a conversão. O ensinamento de Jesus no evangelho visava coibir esta forma de autoritarismo intransigente.

Se o irmão comete alguma falta, existe um processo de abordagem para fazê-lo reencontrar o bom caminho. A conversão é sempre possível!

Todavia, se a pessoa insiste na má conduta, o afastamento deve ser decidido em clima de oração e de discernimento. Quando a comunidade se reúne para decidir a exclusão de um membro, é preciso ser consciente de que o Ressuscitado está em seu meio. Esta consciência moverá os que devem tomar a decisão a buscar o querer do Pai, sem se deixar levar por ressentimentos.

Aí, sim, a decisão da comunidade terá o beneplácito divino. É o significado da declaração: "Tudo o que ligardes na terra será ligado no céu, e tudo o que desligardes na terra será desligado no céu". A comunidade não pode agir à revelia do Pai.

> Senhor Jesus, ensina-me a estar sempre consciente de tua presença no meio das comunidades cristãs, ajudando-as a fazer a vontade do Pai.

Quinta # 19ª Semana do Tempo Comum

Pedro dirigiu-se a Jesus perguntando: "Senhor, quantas vezes devo perdoar, se meu irmão pecar contra mim? Até sete vezes?" Jesus respondeu: "Digo-te, não até sete vezes, mas até setenta vezes sete vezes. O Reino dos Céus é como um rei que resolveu ajustar contas com seus servos. [...] Trouxeram-lhe um que lhe devia uma fortuna inimaginável. Como não tivesse com que pagar, o senhor mandou que fosse vendido como escravo, junto com a mulher, os filhos e tudo o que possuía. [...] O servo, porém, prostrou-se diante dele pedindo: 'Tem paciência comigo, e eu te pagarei tudo'. Diante disso, o senhor teve compaixão, soltou o servo e perdoou-lhe a dívida. Ao sair dali, aquele servo encontrou um dos seus companheiros que lhe devia uma quantia irrisória. Ele o agarrou e começou a sufocá-lo, dizendo: 'Paga o que me deves'. O companheiro, caindo aos pés dele, suplicava: 'Tem paciência comigo, e eu te pagarei'. Mas o servo [...] mandou jogá-lo na prisão, até que pagasse o que estava devendo. Quando viram o que havia acontecido, os outros servos [...] procuraram o senhor e lhe contaram tudo. Então o senhor mandou chamar aquele servo e lhe disse: 'Servo malvado, eu te perdoei a tua dívida. [...] Não devias tu também ter compaixão do teu companheiro?' [...] O senhor [...] mandou entregar aquele servo aos carrascos, até que pagasse a sua dívida. É assim que o meu Pai que está nos céus fará convosco, se cada um não perdoar de coração ao seu irmão" (**Mt 18,21–19,1**).

A dimensão do perdão

A paciência dos líderes das comunidades cristãs, às vezes, era muito pequena. Tendiam a ser intolerantes com os irmãos recalcitrantes que, depois de perdoados, voltavam a cometer o mesmo erro. Este é o pano de fundo da pergunta de Pedro, sobre a quantidade de vezes que se deve perdoar. A expressão usada na resposta de Jesus — "até setenta vezes sete vezes" — significa "sempre". Embora o irmão insista em voltar ao erro, na eventualidade de se converter, deverá ser sempre acolhido. É assim que o Pai do céu trata seus filhos, inclusive nós.

> Senhor Jesus, livra-me da intolerância que me faz resistente diante do irmão que insiste em errar, porém, está sempre disposto a se converter.

19ª Semana do Tempo Comum — Sexta

Alguns fariseus aproximaram-se de Jesus e, para experimentá-lo, perguntaram: "É permitido ao homem despedir sua mulher por qualquer motivo?" Ele respondeu: "Nunca lestes que o Criador, desde o princípio, os fez homem e mulher e disse: 'Por isso, o homem deixará pai e mãe e se unirá à sua mulher, e os dois formarão uma só carne'? De modo que eles já não são dois, mas uma só carne. Portanto, o que Deus uniu, o homem não separe". Perguntaram: "Como então Moisés mandou dar atestado de divórcio e despedir a mulher?" Jesus respondeu: "Moisés permitiu despedir a mulher, por causa da dureza do vosso coração. Mas não foi assim desde o princípio. Ora, eu vos digo: quem despede sua mulher — fora o caso de união ilícita — e se casa com outra, comete adultério". Os discípulos disseram-lhe: "Se a situação do homem com a mulher é assim, é melhor não casar-se". Ele respondeu: "Nem todos são capazes de entender isso, màs só aqueles a quem é concedido. De fato, existem eunucos que nasceram assim do ventre materno; outros foram feitos eunucos por mão humana; outros ainda, tornaram-se eunucos por causa do Reino dos Céus. Quem puder entender, entenda" (**Mt 19,3-12**).

Condescendência divina

A permissão do divórcio, presente na Lei mosaica, no pensar de Jesus, devia-se à condescendência divina. Como as pessoas eram despreparadas para acolher a vontade de Deus, na sua integridade, foi preciso adaptá-la à realidade humana. A dureza do coração dos israelitas, no passado, levou o Pai a permitir que o marido despedisse a mulher, dando-lhe carta de divórcio.

Jesus empenhou-se para atualizar a Lei, buscando conformá-la com o querer divino, sem concessões. Por conseguinte, homem algum tem o direito de despedir a mulher, pois a união matrimonial é obra de Deus. Resultado: "O que Deus uniu, o homem não separe!".

Senhor Jesus, ajuda-me a superar a dureza de coração e a colocar em prática o querer do Pai, revelado por ti, sem nenhuma concessão.

| **Sábado** | 19ª Semana do Tempo Comum |

Naquele momento, levaram crianças a Jesus, para que impusesse as mãos sobre elas e fizesse uma oração. Os discípulos, porém, as repreenderam. Jesus disse: "Deixai as crianças, e não as impeçais de virem a mim; porque a pessoas assim é que pertence o Reino dos Céus". E depois de impor as mãos sobre elas, ele partiu dali (**Mt 19,13-15**).

O valor dos pequeninos

As comunidades cristãs herdaram algumas más condutas de certos grupos judaicos. Dentre elas, a tendência a marginalizar as crianças, deixando-as fora da comunidade cultual. As crianças não gozavam de direitos sociais e religiosos. A mentalidade da época considerava-as propriedade dos pais.

A desvalorização das crianças criou o costume de não deixá-las se aproximar dos mestres. Estes eram demasiado importantes para ser tocados por quem carecia de *status* social. Os discípulos de Jesus tinham tal mentalidade. Por isso, repreendiam quem levava as crianças para que o Mestre lhes impusesse as mãos e rezasse por elas.

A reação de Jesus mostra a inconformidade com a tradição segregacionista e excludente. Na visão de Reino, as crianças têm valor porque o Pai não faz acepção de pessoas, querendo todos os filhos e filhas, sem exceção, junto de si. O Pai não pode estar contente vendo filhos seus marginalizados pela comunidade.

A comunidade do Reino tem, portanto, a missão profética de realizar o querer do Pai na história. Infelizmente, muitas igrejas cristãs estão longe de entender a mensagem de Jesus e cultivam posturas segregacionistas, de variados matizes. Quiçá, hoje, sua dívida maior seja com as mulheres que com as crianças. O modelo excludente, rejeitado por Jesus, tem, ainda, plena vigência, sem que os clamores por mudança sejam escutados. Urge mudar de mentalidade, como exigência do evangelho.

> Senhor Jesus, livra-me das posturas marginalizadoras e excludentes, pois o Pai deseja ter todos os filhos e filhas junto de si.

20ª Semana do Tempo Comum · Domingo

"Eu sou o pão vivo que desceu do céu. Quem come deste pão viverá eternamente. E o pão que eu darei é a minha carne, entregue pela vida do mundo." Os judeus discutiam entre si: "Como é que ele pode dar a sua carne a comer?" Jesus disse: "Em verdade, em verdade, vos digo: se não comerdes a carne do Filho do Homem e não beberdes o seu sangue, não tereis a vida em vós. Quem se alimenta com a minha carne e bebe o meu sangue tem a vida eterna, e eu o ressuscitarei no último dia. Pois minha carne é verdadeira comida e meu sangue é verdadeira bebida. Quem se alimenta com a minha carne e bebe o meu sangue permanece em mim, e eu nele. Como o Pai, que vive, me enviou, e eu vivo por meio do Pai, assim aquele que de mim se alimenta viverá por meio de mim. Este é o pão que desceu do céu. Não é como aquele que os vossos pais comeram — e no entanto morreram. Quem se alimenta com este pão viverá para sempre" (**Jo 6,51-58**).

Um alimento diferente

Servindo-se da metáfora do pão, Jesus explicitou o sentido da sua identidade e da sua missão. Ele é dom de Deus para a humanidade, como outrora aconteceu com o maná caído do céu. Sua presença na história resulta da bondade divina. Como o pão é comido, algo semelhante acontece com o discípulo ao internalizar o modo de agir do Mestre. É portador de vida eterna na medida em que transforma o discípulo, desde o seu interior, movendo-o ao amor misericordioso e à solidariedade em relação aos pobres e sofredores.

A interpretação da metáfora do pão vivo tem profundas consequências éticas. Portanto, vai muito além da linguagem piedosa, ligada à Eucaristia, com o perigo de descambar numa espécie de misticismo. Só alcança a vida eterna, por meio de Jesus, pão vivo, quem descobre na caridade efetiva o caminho para o Pai.

Senhor Jesus, que eu me alimente cada dia de ti,
pão vivo que reforça em mim a disposição para
a solidariedade e o amor fraterno.

| **Segunda** | # 20ª Semana do Tempo Comum |

Alguém se aproximou de Jesus e disse: "Mestre, que devo fazer de bom para ter a vida eterna?" Ele respondeu: "Por que me perguntas sobre o que é bom? Um só é bom. Se queres entrar na vida, observa os mandamentos". – "Quais?", perguntou ele. Jesus respondeu: "Não cometerás homicídio, não cometerás adultério, não roubarás, não levantarás falso testemunho, honra pai e mãe, ama teu próximo como a ti mesmo". O jovem disse-lhe: "Já observo tudo isso. Que me falta ainda?" Jesus respondeu: "Se queres ser perfeito, vai, vende os teus bens, dá o dinheiro aos pobres, e terás um tesouro no céu. Depois, vem e segue-me". Quando ouviu esta palavra, o jovem foi embora cheio de tristeza, pois possuía muitos bens (**Mt 19,16-22**).

Um entrave para o discipulado

O episódio do jovem rico mostra como o apego exagerado ao dinheiro é sério entrave para o discipulado. É um empecilho para que o discípulo faça a experiência de adesão radical ao Reino.

No tocante à vivência do Decálogo, o jovem praticava uma religião correta. Respeitava os mandamentos com fidelidade, como faziam os judeus piedosos. "Observo tudo isso" foi a resposta dada a Jesus. O fato de não ter sido contestado pelo Mestre, nem desmascarado, aponta para a sinceridade de sua palavra.

Esse primeiro nível estava aquém do discipulado do Reino. Era necessário dar um passo a mais: tomar a atitude de total despojamento e desapego, representada pela liberdade diante dos bens. Para seguir Jesus, exigia-se dele vender tudo, dar o dinheiro aos pobres e, assim, alcançar um tesouro no céu. A liberdade de coração, pela superação do desapego, prepará-lo-ia para o seguimento do Mestre.

A posse de muitos bens impediu o jovem de dar o passo do seguimento. Ele se afastou de Jesus, cheio de tristeza, por não estar disposto a abrir mão de suas propriedades.

> Senhor Jesus, como discípulo do Reino, quero ter o coração desapegado de todas as amarras que me tiram a liberdade de seguir-te com radicalidade.

20ª Semana do Tempo Comum — Terça

Então Jesus disse aos discípulos: "Em verdade vos digo, dificilmente um rico entrará no Reino dos Céus. E digo ainda: é mais fácil um camelo passar pelo buraco de uma agulha, do que um rico entrar no Reino de Deus". Ouvindo isso, os discípulos ficaram perplexos e perguntaram: "Quem, pois, poderá salvar-se?" Jesus olhou bem para eles e disse: "Humanamente isso é impossível, mas para Deus tudo é possível". Em seguida, Pedro tomou a palavra e disse-lhe: "Olha! Nós deixamos tudo e te seguimos. Que haveremos de receber?" Jesus respondeu: "Em verdade vos digo, quando o mundo for renovado e o Filho do Homem se sentar no trono de sua glória, também vós, que me seguistes, havereis de sentar-vos em doze tronos, para julgar as doze tribos de Israel. E todo aquele que tiver deixado casas, irmãos, irmãs, pai, mãe, filhos ou campos, por causa do meu nome, receberá cem vezes mais e terá como herança a vida eterna. Ora, muitos que são primeiros serão últimos, e muitos que são últimos serão primeiros" (**Mt 19,23-30**).

A recompensa do discípulo

Os discípulos de Jesus, ao considerá-lo um messias nos moldes do rei Davi, nutriam intenções inadequadas para quem se dispunha a seguir o Mestre. Por isso, a declaração a respeito da impossibilidade de os ricos entrarem no Reino de Deus deixou-os apreensivos. O Mestre parecia demasiado severo!

Quanto a eles, haviam deixado tudo, porém, estavam preocupados com a recompensa pelo gesto de desapego. Logo se vê que o desapego não foi total: permaneceu o apego pela recompensa, talvez, para compensar o que haviam deixado.

A resposta de Jesus soou enigmática. O que significava receber cem vezes mais, além de herdar a vida eterna? A única recompensa esperada pelo discípulo deve ser a que provém do Pai. O que está reservado para o discípulo, no mundo vindouro, supera qualquer cálculo humano, comparando-se com o que deixou para trás, ao optar pelo Reino.

> Senhor Jesus, que minha opção pelo Reino seja feita com pureza de coração, sem esperar nenhuma recompensa pelo que deixei por causa de ti.

Quarta — 20ª Semana do Tempo Comum

"Pois o Reino dos Céus é como o proprietário que saiu de madrugada para contratar trabalhadores para a sua vinha. Combinou com os trabalhadores a diária e os mandou para a vinha. Em plena manhã, saiu de novo, viu outros que estavam na praça, desocupados, e lhes disse: 'Ide também vós para a minha vinha! Eu pagarei o que for justo'. E eles foram. Ao meio-dia e em plena tarde, ele saiu novamente e fez a mesma coisa. Saindo outra vez pelo fim da tarde, encontrou outros que estavam na praça e lhes disse: 'Por que estais aí o dia inteiro desocupados?' Eles responderam: 'Porque ninguém nos contratou'. E ele lhes disse: 'Ide vós também para a minha vinha'. Ao anoitecer, o dono da vinha disse ao administrador: 'Chama os trabalhadores e faze o pagamento, começando pelos últimos até os primeiros!' Vieram os que tinham sido contratados no final da tarde, cada qual recebendo a diária. Em seguida vieram os que foram contratados primeiro, pensando que iam receber mais. Porém, cada um deles também recebeu apenas a diária. Ao receberem o pagamento, começaram a murmurar contra o proprietário: 'Estes últimos trabalharam uma hora só, e tu os igualaste a nós, que suportamos o peso do dia e o calor ardente'. Então, ele respondeu a um deles: 'Companheiro, não estou sendo injusto contigo. Não combinamos a diária? Toma o que é teu e vai! Eu quero dar a este último o mesmo que dei a ti. Acaso não tenho o direito de fazer o que quero com aquilo que me pertence? Ou estás com inveja porque estou sendo bom?' Assim, os últimos serão os primeiros e os primeiros serão últimos" (**Mt 20,1-16**).

Últimos e primeiros

A parábola evangélica rompe os esquemas mundanos de pensar a justiça. O dono da vinha age de forma inesperada ao pagar com igual quantia os trabalhadores da primeira hora e da última hora. E frustra as expectativas dos ambiciosos.

Aplicada à comunidade cristã, a parábola ensina que ninguém adquire direitos especiais por ter aderido ao Reino antes de outros. O Pai recompensará a todos igualmente, tanto os discípulos do Reino a vida inteira quanto os de curta história de discipulado. Sem uma reviravolta no modo de pensar, a atitude divina permanece incompreensível.

> Senhor Jesus, faze-me compreender o modo de agir do Pai, para quem somos todos iguais, com a mesma dignidade de discípulos do Reino.

20ª Semana do Tempo Comum

Quinta

Jesus voltou a falar em parábolas aos sumos sacerdotes e aos anciãos do povo, dizendo: "O Reino dos Céus é como um rei que preparou a festa de casamento do seu filho. Mandou seus servos chamar os convidados para a festa, mas estes não quiseram vir. Mandou então outros servos, com esta ordem: 'Dizei aos convidados: já preparei o banquete, os bois e os animais cevados já foram abatidos e tudo está pronto. Vinde para a festa!' Mas os convidados não deram a menor atenção: um foi para seu campo, outro para seus negócios, outros agarraram os servos, bateram neles e os mataram. O rei ficou irritado e mandou suas tropas matar aqueles assassinos e incendiar a cidade deles. Em seguida, disse aos servos: 'A festa de casamento está pronta, mas os convidados não foram dignos dela. Portanto, ide às encruzilhadas dos caminhos e convidai para a festa todos os que encontrardes'. Os servos saíram pelos caminhos e reuniram todos os que encontraram, maus e bons. E a sala da festa ficou cheia de convidados. Quando o rei entrou para ver os convidados, observou um homem que não estava em traje de festa e perguntou-lhe: 'Meu caro, como entraste aqui sem o traje de festa?' Mas o homem ficou sem responder. Então o rei disse aos que serviam: 'Amarrai os pés e as mãos desse homem e lançai-o fora, nas trevas! Ali haverá choro e ranger de dentes'. Pois muitos são chamados, mas poucos são escolhidos" (**Mt 22,1-14**).

O traje nupcial

O episódio do convidado sem o traje nupcial aponta para uma realidade do discipulado do Reino: dizer-se discípulo, sem, contudo, assimilar o modo de proceder próprio do discípulo. Isto acontece quando a fé é contaminada pelo egoísmo; o coração mostra-se insensível diante do irmão sofredor; o perdão e a reconciliação não são valores e a luta pela justiça não é um apelo premente.

Nenhuma possibilidade existe de tal discípulo participar das alegrias do Reino. Pelo contrário, terá a sorte dos ímpios, por não deixar a justiça do Reino transparecer em seu agir.

> Senhor Jesus, que eu esteja sempre revestido da justiça do Reino, testemunhada por uma vida pautada pela misericórdia e pela justiça.

Sexta # 20ª Semana do Tempo Comum

Os fariseus ouviram dizer que Jesus tinha feito calar os saduceus. Então se reuniram, e um deles, um doutor da Lei, perguntou-lhe, para experimentá-lo: "Mestre, qual é o maior mandamento da Lei?" Ele respondeu: "'Amarás o Senhor, teu Deus, com todo o teu coração, com toda a tua alma e com todo o teu entendimento!' Esse é o maior e o primeiro mandamento. Ora, o segundo lhe é semelhante: 'Amarás teu próximo como a ti mesmo'. Toda a Lei e os Profetas dependem desses dois mandamentos" (**Mt 22,34-40**).

A Bíblia resumida

A expressão "a Lei e os Profetas" significa o conjunto das Escrituras judaicas. Dizer que dependem do mandamento do amor a Deus e do amor ao próximo significa que o mandamento do amor é o resumo delas. Ser fiel ao mandamento do amor é ser fiel aos ensinamentos de Deus nas Escrituras. Assim pensa Jesus!

O mestre da Lei, ao interrogar Jesus a respeito do maior mandamento, pensava colocá-lo em apuros. Como pensar um mandamento centralizador de tudo e que estivesse na base de todos os demais? Como propor de forma concisa os ensinamentos das Escrituras?

Jesus não se deixou intimidar e foi buscar no modo de proceder do Pai, na relação com a humanidade, o maior mandamento da Lei: o mandamento do amor. As Escrituras, em última análise, têm como objetivo levar os seres humanos a imitar o Pai em suas ações. Cada palavra das Escrituras aponta nessa direção. Quem tem contato com elas e as acolhe como Palavra de Deus, deveria estar disposto a agir como o Pai.

O ensinamento de Jesus baseia-se no seu próprio projeto de vida. Em tudo quanto fazia, buscava praticar o mandamento do amor, sem se deter num legalismo vazio, no qual os doutores da Lei insistiam. Este era um dos muitos pontos que os contrapunham ao Mestre Jesus.

> Senhor Jesus, que o mandamento do amor seja o fundamento do meu agir, pois, como discípulo do Reino, devo me inspirar no agir do Pai.

20ª Semana do Tempo Comum — Sábado

Depois, Jesus falou às multidões e aos discípulos: "Os escribas e os fariseus sentaram-se no lugar de Moisés para ensinar. Portanto, tudo o que eles vos disserem, fazei e observai, mas não imiteis suas ações! Pois eles falam e não praticam. Amarram fardos pesados e insuportáveis e os põem nos ombros dos outros, mas eles mesmos não querem movê-los, nem sequer com um dedo. Fazem todas as suas ações só para serem vistos pelos outros, usam faixas bem largas com trechos da Lei e põem no manto franjas bem longas. Gostam do lugar de honra nos banquetes e dos primeiros assentos nas sinagogas, de serem cumprimentados nas praças públicas e de serem chamados de 'rabi'. Quanto a vós, não vos façais chamar de 'rabi', pois um só é vosso Mestre e todos vós sois irmãos. Não chameis a ninguém na terra de 'pai', pois um só é vosso Pai, aquele que está nos céus. Não deixeis que vos chamem de 'guia', pois um só é o vosso Guia, o Cristo. Pelo contrário, o maior dentre vós deve ser aquele que vos serve. Quem se exaltar será humilhado, e quem se humilhar será exaltado" (**Mt 23,1-12**).

Exibicionismo vazio

Jesus cuidou para que seus discípulos se mantivessem distantes do exibicionismo vazio dos escribas e dos fariseus. Nas sinagogas, nas praças, nos banquetes e onde quer que estivessem, queriam ocupar sempre os primeiros lugares para serem vistos e louvados. Onde está o equívoco desse modo de proceder?

Os escribas e os fariseus distinguiam-se no tocante à religião. Eram rigorosos na prática dos mandamentos. Nenhum ponto da tradição religiosa lhes escapava. Julgavam viver um estilo de vida da mais alta piedade.

Ao questioná-los, Jesus percebeu, com clareza, onde estava o desvio de conduta deles: chamavam a atenção para si, deixando Deus em segundo plano. O ego deles era tão inflado a ponto de não sobrar espaço para ninguém mais.

O discípulo do Reino é exortado a ser humilde. Só assim pode deixar o Pai transparecer em tudo quanto faz.

> Senhor Jesus, dá-me a graça da humildade
> e da simplicidade, pelas quais é possível deixar
> a bondade do Pai transparecer em minhas ações.

| Domingo | 21ª Semana do Tempo Comum |

Muitos discípulos que o ouviram disseram então: "Esta palavra é dura. Quem consegue escutá-la?" Percebendo que seus discípulos estavam murmurando por causa disso, Jesus perguntou: "Isso vos escandaliza? Que será, então, quando virdes o Filho do Homem subir para onde estava antes? O Espírito é que dá a vida. A carne para nada serve. As palavras que vos falei são Espírito e são vida. Mas há alguns entre vós que não creem". Jesus sabia desde o início quem eram os que acreditavam e quem havia de entregá-lo. E acrescentou: "É por isso que eu vos disse: 'Ninguém pode vir a mim, a não ser que lhe seja concedido pelo Pai'". A partir daquele momento, muitos discípulos o abandonaram e não mais andavam com ele. Jesus disse aos Doze: "Vós também quereis ir embora?" Simão Pedro respondeu: "A quem iremos, Senhor? Tu tens palavras de vida eterna. Nós cremos firmemente e reconhecemos que tu és o Santo de Deus" (**Jo 6,60-69**).

Opção consciente

No final do discurso sobre o pão da vida, dos discípulos de Jesus é exigido fazerem uma opção consciente. Quando muitos o abandonam e não querem andar com ele, por não serem capazes de compreender o que era ensinado, Jesus lança um desafio ao grupinho que ficou: "Vós, também, quereis ir embora?".

Ao Mestre não interessava ter consigo discípulos incapazes de compreender suas palavras, dando-lhes um sentido indevido. Os discípulos frustraram-se ao tomar no sentido literal o que era falado em metáforas. Este equívoco os escandalizava e os bloqueava.

Para ser discípulo, é necessário interpretar os ensinamentos do Mestre, sem contaminá-los com sentidos que lhe são alheios. Quando Pedro, em nome do grupo de discípulos, declara "A quem iremos, Senhor? Tu tens palavras de vida eterna", expressa a disposição de entender, devidamente, as palavras do Mestre. Só assim poderão gerar a verdadeira vida.

> Senhor Jesus, dá-me a graça de compreender, devidamente, tuas palavras, de modo a se tornarem para mim fonte de vida eterna.

21ª Semana do Tempo Comum · Segunda

"Ai de vós, escribas e fariseus hipócritas! Fechais aos outros o Reino dos Céus, mas vós mesmos não entrais, nem deixais entrar aqueles que o desejam. Ai de vós, escribas e fariseus hipócritas! Percorreis o mar e a terra para converter alguém, e quando o conseguis, o tornais merecedor do inferno, duas vezes mais do que vós. Ai de vós, guias cegos! Dizeis: 'Se alguém jura pelo Santuário, não vale; mas se alguém jura pelo ouro do Santuário, então vale!' Insensatos e cegos! Que é mais importante, o ouro ou o Santuário que santifica o ouro? Dizeis também: 'Se alguém jura pelo altar, não vale; mas, se alguém jura pela oferenda que está sobre o altar, então vale!" Cegos! Que é mais importante: a oferenda ou o altar que santifica a oferenda? De fato, quem jura pelo altar jura por ele e por tudo o que está sobre ele. E quem jura pelo Santuário jura por ele e por Deus, que habita no Santuário. E quem jura pelo céu jura pelo trono de Deus e por aquele que nele está sentado" (**Mt 23,13-22**).

O avesso do discipulado

O discípulo é exortado a ser puro de coração, de modo a ser transparente no agir, não dando espaço para segundas intenções. A hipocrisia corresponde ao avesso do discipulado. Ser hipócrita é ser dissimulado, incapaz de se mostrar sem máscara e abusador da boa-fé alheia.

Jesus preocupava-se com a possibilidade de seus discípulos serem contaminados pelo comportamento de certos escribas e fariseus. Ao denunciar a hipocrisia destes, tinha em vista alertar aqueles.

A hipocrisia no trato com o semelhante extrapola-se no trato com Deus. O hipócrita recusa-se a assumir, diante de Deus, sua real condição de criatura, tendendo a sentir-se muito mais do que, de fato, é. Aqui, o contrário da hipocrisia é a humildade. É a disposição para se colocar diante de Deus, consciente da própria condição, sem a necessidade de subterfúgios.

> Senhor Jesus, que em tudo eu seja puro de coração, reconhecendo meus limites e minhas possibilidades diante de Deus e do meu próximo.

| **Terça** | 21ª Semana do Tempo Comum |

"Ai de vós, escribas e fariseus hipócritas! Pagais o dízimo da hortelã, da erva-doce e do cominho, e deixais de lado os ensinamentos mais importantes da Lei, como o direito, a misericórdia e a fidelidade. Isto é que deveríeis praticar, sem, contudo, deixar aquilo. Guias cegos! Filtrais o mosquito, mas engolis o camelo. Ai de vós, escribas e fariseus hipócritas! Limpais o copo e o prato por fora, mas por dentro estais cheios de roubo e cobiça. Fariseu cego! Limpa primeiro o copo por dentro, que também por fora ficará limpo" (**Mt 23,23-26**).

O interior e o exterior

Um dos componentes da hipocrisia consiste em se mostrar apegado e fiel às coisas secundárias e deixar de lado as importantes. O apego equivocado permite ao indivíduo passar por piedoso quando, na verdade, está muito longe de Deus. Este espera dos verdadeiros fiéis porem em prática o que constitui o cerne do agir humano, compatibilizado com o querer divino: o direito, a misericórdia e a fidelidade.

Praticando o direito, a pessoa de fé pauta-se pela Lei divina, sem se apegar à letra e, sim, ao espírito que lhe dá consistência. A vontade de Deus não se reduz ao que esta ou aquela Lei estipula. É muito mais abrangente e exigente.

A misericórdia diz respeito ao trato bondoso e fraterno com o irmão, de modo especial, os necessitados. A falta de misericórdia é gravíssima no contexto do Reino. Por meio dela, é que nos aproximamos do agir do Pai. Jesus orientou os discípulos a serem misericordiosos como o Pai é misericordioso.

A fidelidade é exigida do discípulo de modo a evitar a atitude flutuante de quem transita do discipulado ao não discipulado, sem dor na consciência.

O discípulo pratica o direito, a misericórdia e a justiça com simplicidade de coração, sem nenhuma intenção de ser aquilo que não é.

> Senhor Jesus, que o direito, a misericórdia e a justiça façam parte do meu agir no trato com meu semelhante, expressão do meu trato com o Pai.

21ª Semana do Tempo Comum — Quarta

"Ai de vós, escribas e fariseus hipócritas! Sois como sepulcros caiados: por fora parecem belos, mas por dentro estão cheios de ossos de cadáveres e de toda podridão! Assim também vós: por fora, pareceis justos diante dos outros, mas por dentro estais cheios de hipocrisia e injustiça. Ai de vós, escribas e fariseus hipócritas! Construís sepulcros para os profetas e enfeitais os túmulos dos justos, e dizeis: 'Se tivéssemos vivido no tempo de nossos pais, não teríamos sido cúmplices da morte dos profetas'. Com isso, confessais que sois filhos daqueles que mataram os profetas. Vós, pois, completai a medida de vossos pais!" (**Mt 23,27-32**).

As aparências enganam

No trato com as pessoas, Jesus valorizava a sinceridade e a pureza de coração. E se mostrava crítico de quem parecia ser uma coisa, mas, na verdade, era outra. Certos escribas e fariseus estiveram na mira de suas críticas.

A metáfora dos sepulcros caiados serviu-lhe para mostrar como as aparências enganam. Na tradição judaica, os sepulcros eram caiados para evitar que alguém, por inadvertência, tocasse neles e se tornasse impuro. A preocupação com o aspecto externo em nada afetava o que estava oculto: ossos de cadáveres e podridão. Algo semelhante acontece com os hipócritas: o exterior oculta coisas inomináveis que trazem no coração.

O discípulo do Reino segue na direção contrária. Em tudo, procura ser verdadeiro e digno de fé. Recusa-se a aparentar o que não é, evitando o risco de induzir ao erro seus semelhantes.

Jesus foi transparente em todas as suas ações. Suas palavras eram dignas de fé. Entretanto, os adversários serviram-se desse elemento para acusá-lo, por exemplo, de usurpar o lugar que compete somente a Deus. Embora devesse pagar com a própria vida, essa maledicência não o afastou do caminho que sabia dever trilhar.

> Senhor Jesus, que em todas as minhas ações
> eu me esforce para ser sincero, livre do equívoco
> de deixar transparecer o que não sou.

Quinta 21ª Semana do Tempo Comum

"Vigiai, portanto, pois não sabeis em que dia virá o vosso Senhor. Ficai certos: se o dono de casa soubesse a que horas da noite viria o ladrão, vigiaria e não deixaria que sua casa fosse arrombada. Por isso, também vós, ficai preparados! Pois na hora em que menos pensais, virá o Filho do Homem. Quem é o servo fiel e prudente, que o Senhor encarregou do pessoal da casa, para lhes dar alimento na hora certa? Feliz aquele servo que o senhor, ao chegar, encontrar agindo assim. Em verdade vos digo, ele lhe confiará a administração de todos os seus bens. O servo mau, porém, se pensar consigo mesmo: 'Meu senhor está demorando' e começar a bater nos companheiros e a comer e a beber com os bêbados, então o senhor desse servo virá num dia inesperado e numa hora imprevista. Ele o excluirá e lhe imporá a sorte dos hipócritas. Ali haverá choro e ranger de dentes" (**Mt 24,42-51**).

O servo fiel e prudente

Jesus percebia haver dois tipos de discípulos: os comparados aos servos fiéis e prudentes e os comparados aos servos maus. A distinção entre ambos os grupos referia-se à maneira como abraçavam o projeto de Reino de Deus.

Os bons e fiéis eram conscientes de sua opção, feita com tanta sinceridade, a ponto de nada ser capaz de abalá-los ou demovê-los do compromisso com Deus. A consistência de sua escolha mostrava-se na capacidade de perseverar, mesmo em meio a dificuldades.

Os maus eram os discípulos displicentes, sem a devida responsabilidade na adesão ao projeto de Deus. Estavam sempre prontos a abrir mão do compromisso com o Reino na menor dificuldade, ou quando aparecesse algo que os seduzisse.

Os primeiros estão preparados para o encontro com o Senhor, qualquer que seja o momento em que venha. Os segundos, agindo com irresponsabilidade, correm o risco de ser deixados de fora. E, assim, serem excluídos da salvação.

Senhor Jesus, com todo o coração, desejo ser um servo fiel e prudente, sempre pronto a cumprir a vontade do Pai, embora com provações.

21ª Semana do Tempo Comum — Sexta

"O Reino dos Céus pode ser comparado a dez moças que, levando suas lamparinas, saíram para formarem o séquito do noivo. Cinco delas eram descuidadas e as outras cinco eram previdentes. As descuidadas pegaram suas lâmpadas, mas não levaram óleo consigo. As previdentes, porém, levaram jarros com óleo junto com as lâmpadas. Como o noivo demorasse, todas acabaram cochilando e dormindo. No meio da noite, ouviu-se um alvoroço: 'O noivo está chegando. Ide acolhê-lo!' Então todas se levantaram e prepararam as lâmpadas. As descuidadas disseram às previdentes: 'Dai-nos um pouco de óleo, porque nossas lâmpadas estão se apagando'. As previdentes responderam: 'De modo algum, pois o óleo pode ser insuficiente para nós e para vós. É melhor irdes comprar dos vendedores'. Enquanto elas foram comprar óleo, o noivo chegou, e as que estavam preparadas entraram com ele para a festa do casamento. E a porta se fechou. Por fim, chegaram também as outras e disseram: 'Senhor! Senhor! Abre-nos a porta!' Ele, porém, respondeu: 'Em verdade vos digo: não vos conheço!' Portanto, vigiai, pois não sabeis o dia, nem a hora" (**Mt 25,1-13**).

A contínua vigilância

O discipulado cristão exige contínua vigilância. A desatenção pode ter resultados indesejados. Estar atento significa viver cada momento como experiência de relação com o Senhor, sempre presente na vida do discípulo, orientando-lhe sobre o caminho a seguir. Esta disposição por se deixar guiar terá como desfecho a vida eterna de comunhão com Jesus, fruto da fidelidade na fé e no amor.

Ser desatento significa acolher o Reino sem suficiente disposição para se submeter a todas as suas exigências. Daí a atitude de quem oscila entre fidelidade, nas coisas que são fáceis, e infidelidade, no que é custoso.

O discípulo vigilante, contando com o apoio do Mestre, é como as jovens sensatas, cujas lâmpadas permaneceram acesas até a chegada do noivo.

> Senhor Jesus, faze-me vigilante na vivência do compromisso com o Reino, sabendo que estás comigo e que me queres contigo para sempre.

Sábado | # 21ª Semana do Tempo Comum

"O Reino dos Céus é como um homem que ia viajar. Chamou os servos e lhes confiou os seus bens: a um, cinco talentos, a outro, dois e ao terceiro, um [...] O que havia recebido cinco talentos saiu, trabalhou e lucrou outros cinco. [...] O que havia recebido dois lucrou outros dois. Mas o que havia recebido um só, cavou um buraco na terra e escondeu o dinheiro. Quando o senhor voltou, foi ajustar contas com os servos. O que havia recebido cinco talentos entregou-lhe mais cinco, dizendo: 'Senhor, tu me entregaste cinco talentos. Aqui estão mais cinco que lucrei'. O senhor lhe disse: 'Parabéns, servo bom e fiel! Foste fiel na administração, eu te confiarei muito mais. Vem participar da alegria do teu senhor!' Chegou o que havia recebido dois talentos e disse: 'Senhor, tu me entregaste dois talentos. Aqui estão mais dois que lucrei'. O senhor lhe disse: 'Parabéns, servo bom e fiel! Foste fiel na administração, eu te confiarei muito mais. Vem participar da alegria do teu senhor!' Por fim, chegou o que havia recebido um só e disse: 'Senhor, sei que és um homem severo, [...] por isso fiquei com medo e escondi o teu talento no chão. Aqui tens o que te pertence'. O senhor lhe respondeu: 'Servo mau e preguiçoso! [...] Devias ter depositado meu dinheiro no banco, para que, ao voltar, eu recebesse com juros'. O senhor ordenou: 'Tirai dele o talento e dai àquele que tem dez! Pois a todo aquele que tem será dado mais, [...] mas daquele que não tem, até o que tem lhe será tirado!'" [...] (**Mt 25,14-30**).

Os talentos multiplicados

A parábola dos talentos é uma metáfora da vida do discípulo. Os talentos são os dons recebidos de Deus. A chance de fazê-los multiplicar e a viagem do homem simbolizam o tempo oferecido para fazer os dons se multiplicarem. É o tempo de vida de cada um! Ninguém sabe quando será o último dia, em que se apresentará diante de Deus para dizer o que fez com os dons recebidos. Os três tipos de servos simbolizam os diferentes comportamentos dos discípulos. Vale a pena imitar os que foram fiéis na administração dos talentos recebidos.

> **Senhor Jesus, como os servos bons e fiéis, desejo fazer frutificar os dons recebidos do Pai, pela prática do amor misericordioso e solidário.**

22ª Semana do Tempo Comum **Domingo**

Os fariseus e alguns escribas vindos de Jerusalém ajuntaram-se em torno de Jesus. Eles perceberam que alguns dos seus discípulos comiam com as mãos impuras – isto é, sem lavá-las. Ora, os fariseus e os judeus em geral, apegados à tradição dos antigos, não comem sem terem lavado as mãos até o cotovelo. Bem assim, chegando da praça, eles não comem nada sem a lavação ritual. E seguem ainda outros costumes que receberam por tradição: a maneira certa de lavar copos, jarras, vasilhas de bronze, camas. Os fariseus e os escribas perguntaram a Jesus: "Por que os teus discípulos não seguem a tradição dos antigos, mas tomam a refeição com as mãos impuras?" Ele disse: "O profeta Isaías bem profetizou a vosso respeito, hipócritas, como está escrito: 'Este povo me honra com os lábios, mas o seu coração está longe de mim. É inútil o culto que me prestam, as doutrinas que ensinam não passam de preceitos humanos'. Vós abandonais o mandamento de Deus e vos apegais à tradição humana". Chamando outra vez a multidão, dizia: "Escutai-me, vós todos, e compreendei! Nada que, de fora, entra na pessoa pode torná-la impura. O que sai da pessoa é que a torna impura. Pois é de dentro, do coração humano, que saem as más intenções: imoralidade sexual, roubos, homicídios, adultérios, ambições desmedidas, perversidades; fraude, devassidão, inveja, calúnia, orgulho e insensatez. Todas essas coisas saem de dentro, e são elas que tornam alguém impuro" (**Mc 7,1-8.14-15.21-23**).

O culto inútil

Jesus seguiu a trilha aberta pelos profetas de Israel na crítica ao culto feito de práticas exteriores, sem nenhuma repercussão no íntimo dos fiéis. O discernimento profético permitiu-o constatar a inutilidade da prática religiosa de certos escribas e fariseus. Eram muito apegados à tradição dos antigos, porém, incapazes de praticar o mandamento de Deus: o mandamento do amor. O escrúpulo com a pureza ritual e as contínuas lavagens de mão impedia-os de se dar conta da contaminação que lhes saía do interior.

O discípulo do Reino, fiel ao ensinamento do Mestre Jesus, busca na conversão do coração a pureza que agrada a Deus.

> **Senhor Jesus, torna-me sempre mais preocupado com a purificação do meu interior, do modo que meu coração jamais produza a injustiça e a maldade.**

Segunda — 22ª Semana do Tempo Comum

Jesus foi a Nazaré, [...] e conforme seu costume, no dia de sábado, foi à sinagoga e levantou-se para fazer a leitura. Deram-lhe o livro do profeta Isaías. [...] Encontrou o lugar onde está escrito: "O Espírito do Senhor está sobre mim, pois ele me ungiu, para anunciar a Boa-Nova aos pobres: enviou-me para proclamar a libertação aos presos e, aos cegos, a recuperação da vista; para dar liberdade aos oprimidos e proclamar um ano aceito da parte do Senhor". Fechou o livro, [...] e sentou-se. Os olhos de todos, na sinagoga, estavam fixos nele. Ele disse-lhes: "Hoje se cumpriu esta passagem da Escritura que acabastes de ouvir". Todos testemunhavam a favor dele, maravilhados com as palavras cheias de graça que saíam de sua boca. E perguntavam: "Não é este o filho de José?" Ele, porém, dizia: "Sem dúvida, me citareis o provérbio: 'Médico, cura-te a ti mesmo'. Tudo o que ouvimos dizer que fizeste em Cafarnaum, faze também aqui, na tua terra!" E acrescentou: "Em verdade, vos digo que nenhum profeta é aceito na sua própria terra. [...] No tempo do profeta Elias, quando [...] uma grande fome atingiu toda a região, havia muitas viúvas em Israel. A nenhuma delas foi enviado o profeta Elias, senão a uma viúva em Sarepta, na Sidônia. E no tempo do profeta Eliseu, havia muitos leprosos em Israel, mas nenhum deles foi curado, senão Naamã, o sírio". Ao ouvirem estas palavras, na sinagoga, todos ficaram furiosos. Levantaram-se e o expulsaram da cidade. [...] (**Lc 4,16-30**).

A terra do profeta

A experiência de Jesus com os conterrâneos de Nazaré foi marcada pela rejeição e pela hostilidade. "As palavras cheias de graça que saíam de sua boca" provocavam dupla reação. Havia quem se mostrava maravilhado com a veracidade e a credibilidade dos ensinamentos. Outros o interpretavam malevolamente e o desprezavam apelando para a origem humilde. Diziam: "Não é este o filho de José?". A intimidação não deixou Jesus bloqueado. Ele continuou o seu caminho, pois conhecia bem a sorte dos profetas de outrora.

> Senhor Jesus, que a hostilidade e a rejeição jamais me impeçam de seguir o caminho traçado pelo Pai, em cujas mãos está a minha vida.

22ª Semana do Tempo Comum — Terça

Jesus desceu para Cafarnaum, cidade da Galileia, e lá os ensinava, aos sábados. Eles ficavam maravilhados com os seus ensinamentos, pois sua palavra tinha autoridade. Na sinagoga estava um homem que tinha um espírito impuro, e ele gritou em alta voz: "Que queres de nós, Jesus de Nazaré? Vieste para nos destruir? Eu sei quem tu és: o Santo de Deus!" Jesus o repreendeu: "Cala-te, sai dele!" O demônio então lançou o homem no chão e saiu dele, sem lhe fazer mal algum. Todos ficaram espantados e comentavam: "Que palavra é essa? Ele dá ordens aos espíritos impuros, com autoridade e poder, e eles saem". E sua fama se espalhava por todos os lugares da redondeza (**Lc 4,31-37**).

A ação do Santo de Deus

A forma como o demônio refere-se a Jesus chama a atenção: o Santo de Deus. E o reconhece quando o Mestre está para libertar das forças demoníacas um homem subjugado por elas e, por isso, incapaz de fazer a vontade de Deus.

No íntimo daquele homem, instaurou-se ferrenha batalha. De um lado, estava o espírito impuro, que o afastava de Deus e o tornava cativo das paixões desordenadas. Ele estava num lugar de culto – a sinagoga. Entretanto, a Palavra de Deus não surtia efeito em seu coração. Carecia de urgente libertação!

Do outro lado, estava Jesus, cuja missão recebida do Pai era, exatamente, a de libertar as pessoas de suas amarras e permitir-lhes fazer o bem. Tinha sensibilidade especial para perceber a presença de tais pessoas e se empenhava para ajudá-las.

O demônio reconhece a superioridade de Jesus e sua tarefa de destruí-lo. A declaração em primeira pessoa do plural deixa transparecer serem muitos. É a maneira de falar do ser humano cativo de múltiplas forças de escravização. Jesus enfrenta o demônio sem se intimidar. E o homem é libertado pela ação do Santo de Deus.

> Senhor Jesus, retira do meu coração tudo quanto
> me impede de ser livre para fazer o bem
> e cumprir a vontade do Pai.

Quarta | # 22ª Semana do Tempo Comum

Jesus saiu da sinagoga e entrou na casa de Simão. A sogra de Simão estava sofrendo, com muita febre. Intercederam a Jesus por ela. Então, Jesus se inclinou sobre ela e, com autoridade, mandou que a febre a deixasse. A febre a deixou, e ela, imediatamente, se levantou e pôs-se a servi-los. Ao pôr do sol, todos os que tinham doentes, com diversas enfermidades, os levavam a Jesus. E ele impunha as mãos sobre cada um deles e os curava. De muitas pessoas saíam demônios, gritando: "Tu és o Filho de Deus!" Ele os repreendia, proibindo que falassem, pois sabiam que ele era o Cristo. De manhã, bem cedo, Jesus saiu e foi para um lugar deserto. As multidões o procuravam e, tendo-o encontrado, tentavam impedir que ele as deixasse. Mas ele disse-lhes: "Eu devo anunciar a Boa-Nova do Reino de Deus também a outras cidades, pois é para isso que fui enviado". E ele ia proclamando pelas sinagogas da Judeia (**Lc 4,38-44**).

A bênção da cura

O evangelho descreve Jesus na tarefa de repartir entre todos a bênção da cura. Sua capacidade de fazer o bem exercia tremenda atração, de modo que todos se sentiam movidos a procurá-lo para serem libertados.

A ação taumatúrgica de Jesus correspondia à misericórdia do Pai derramada sobre a humanidade carregada de dores e sofrimentos. A ação de cura significava a solidariedade do Pai em relação aos doentes e enfermos, na contramão da crença religiosa, segundo a qual doença era sinal do castigo divino por faltas cometidas, conhecidas ou não. Mesmo que a pessoa não se desse conta de ter cometido alguma falta grave contra Deus, se estava doente, todos a consideravam pecadora.

Jesus reverteu esse quadro ao se mostrar solidário com os doentes. Afinal, o Pai lhes queria bem e dava mostras desse amor na ação misericordiosa do Filho Jesus.

> Senhor Jesus, como tu, desejo ser solidário
> com os sofredores, para lhes mostrar o quanto
> o Pai os ama e lhes quer bem.

22ª Semana do Tempo Comum

Quinta

Certo dia, Jesus estava à beira do lago de Genesaré, e a multidão se comprimia a seu redor para ouvir a Palavra de Deus. Ele viu dois barcos à beira do lago; os pescadores tinham descido e lavavam as redes. Subiu num dos barcos, o de Simão, e pediu que se afastasse um pouco da terra. Então se sentou e, do barco, ensinava as multidões. Quando acabou de falar, disse a Simão: "Avança mais para o fundo, e ali lançai vossas redes para a pesca". Simão respondeu: "Mestre, trabalhamos a noite inteira e não pegamos nada. Mas, pela tua palavra, lançarei as redes". Agindo assim, pegaram tamanha quantidade de peixes que as redes se rompiam. Fizeram sinal aos companheiros do outro barco, para que viessem ajudá-los. Eles vieram e encheram os dois barcos a ponto de quase afundarem. Vendo isso, Simão Pedro caiu de joelhos diante de Jesus, dizendo: "Afasta-te de mim, Senhor, porque sou um pecador!" Ele e todos os que estavam com ele ficaram espantados com a quantidade de peixes que tinham pescado. O mesmo ocorreu a Tiago e João, filhos de Zebedeu e sócios de Simão. Jesus disse a Simão: "Não tenhas medo! De agora em diante serás pescador de homens!" Eles levaram os barcos para a margem, deixaram tudo e seguiram Jesus (**Lc 5,1-11**).

O companheiro Jesus

A cena evangélica refere-se a dois momentos na vida dos discípulos. O primeiro corresponde ao trabalho penoso e improdutivo, sem a orientação do Mestre. O segundo, ao trabalho frutuoso, deixando-se orientar por ele.

O trabalho inútil decorre da ação regida pelos esquemas mentais do discípulo, sem considerar o querer do Mestre. O agir equivocado não produz os frutos de amor e de misericórdia esperados.

O trabalho mostra-se frutífero quando, guiada por Jesus, a ação do discípulo produz justiça e reconciliação. São os peixes abundantes trazidos na rede do apostolado cristão.

Senhor Jesus, que tuas palavras caiam no meu coração
e eu me deixe orientar por ti, de modo que
meu serviço ao Reino seja frutífero.

Sexta | # 22ª Semana do Tempo Comum

Eles disseram-lhe: "Os discípulos de João e os discípulos dos fariseus jejuam com frequência e fazem orações, mas os teus discípulos comem e bebem". Jesus, então, lhes disse: "Podeis obrigar os convidados do casamento a jejuar, enquanto o noivo está com eles? Dias virão... — então, quando o noivo lhes for tirado, naqueles dias vão jejuar". Contou-lhes ainda uma parábola: "Ninguém corta um remendo de roupa nova para costurá-lo em roupa velha. Caso contrário, o novo rasga o velho, e o remendo de roupa nova não combina com a roupa velha. Ninguém põe vinho novo em odres velhos, porque o vinho novo arrebenta os odres, e perdem-se o vinho e os odres. Vinho novo em odres novos". E disse ainda: "Ninguém que tomou vinho envelhecido deseja vinho novo, pois diz: 'O velho é melhor'" (**Lc 5,33-39**).

A novidade do Reino

O Mestre Jesus pensava a religião de Israel a partir de parâmetros inteiramente novos, considerando as tendências religiosas em voga. Certos grupos reduziram-na a um amontoado de exigências a serem cumpridas, sem omitir uma sequer.

Entre os escribas e os fariseus grassava uma mentalidade ritualista e legalista, a ser imposta sem fazer concessões. A prática do jejum era especialmente visada, por possibilitar um verdadeiro espetáculo de religiosidade. O rosto macilento e os ares de sofrimento só podiam ser interpretados como sinais de extrema fidelidade a Deus.

Jesus passou ao largo dessas tradições. Sua preocupação consistia em predispor os discípulos para serem fiéis ao Pai no trato com o próximo, de modo especial, os pobres e sofredores. O foco de seu interesse estava na interioridade, e não na exterioridade das pessoas. Para tanto, era necessário ser como odres novos para receber o vinho novo oferecido a quem se dispunha a ser, em tudo, obediente ao Pai.

Senhor Jesus, transforma-me em odre novo
para receber a novidade do Reino que tu me ofereces.

22ª Semana do Tempo Comum — Sábado

Num sábado, Jesus estava passando pelas plantações de trigo, e os discípulos arrancavam as espigas, debulhavam e comiam. Alguns fariseus disseram: "Por que fazeis o que não é permitido em dia de sábado?" Jesus respondeu-lhes: "Nunca lestes o que fez Davi, quando ele teve fome, e seus companheiros também? Ele entrou na casa de Deus, pegou os pães da oferenda, comeu e ainda deu aos seus companheiros esses pães, que só aos sacerdotes era permitido comer". E acrescentou: "O Filho do Homem é Senhor também do sábado" (**Lc 6,1-5**).

Um gesto de liberdade

Jesus mostrou-se, inteiramente, livre diante das tradições religiosas de seu tempo. E escandalizava os adversários que, aferrados a elas, consideravam como impiedade e desrespeito a Deus a liberdade do Mestre.

Os ensinamentos de Jesus tinham como ponto de partida a busca da fidelidade ao Pai, para além da letra da Lei. Esta era importante enquanto baliza da conduta do fiel. Porém, quando parece chocar-se com o imperativo da vida, torna-se secundária.

A cena evangélica ilustra o modo de pensar do Mestre. Se os discípulos estão famintos e têm, à mão, como saciar a fome, o fato de ser dia de repouso sabático nada conta. A visão legalista interpretava esse gesto comparando-o com a atividade dos ceifadores que, no dia a dia, têm como tarefa colher as espigas e juntá-las em feixes.

Não era o caso dos discípulos, ao passarem pelas plantações de trigo. Tratava-se de situação totalmente distinta, sem nenhuma intenção de atropelar o preceito da Lei. Por isso, Jesus aprovou o gesto deles, considerando-o ação normal de um faminto.

O discípulo ajuizado seguirá os passos do Mestre toda vez que se encontrar diante de exigências com pretensões de serem absolutas.

Senhor Jesus, dá-me sabedoria e discernimento
para saber como agir diante das leis férreas,
que se apresentam como exigências absolutas.

Domingo 23ª Semana do Tempo Comum

Jesus deixou de novo a região de Tiro, passou por Sidônia e continuou até o mar da Galileia, atravessando a região da Decápole. Trouxeram-lhe, então, um homem que era surdo e mal podia falar, e pediram que impusesse as mãos sobre ele. Levando-o à parte, longe da multidão, Jesus pôs os dedos nos seus ouvidos, cuspiu, e com a saliva tocou-lhe a língua. Olhando para o céu, suspirou e disse: "Efatá!" (que quer dizer: "Abre-te"). Imediatamente, os ouvidos do homem se abriram, sua língua soltou-se e ele começou a falar corretamente. Jesus recomendou, com insistência, que não contassem o ocorrido para ninguém. Contudo, quanto mais ele insistia, mais eles o anunciavam. Cheios de grande admiração, diziam: "Tudo ele tem feito bem. Faz os surdos ouvirem e os mudos falarem" (**Mc 7,31-37**).

Pronto para o diálogo

Uma leitura simbólica da cura do surdo-mudo mostra-se rica de sentido. Não podendo falar nem ouvir, o homem estava impedido de se comunicar. Os canais de comunicação, pelos quais o diálogo se estabelece, estavam fechados. Por isso, estava fadado a viver fechado no seu mundo, sem possibilidade de diálogo com Deus e com os irmãos.

A presença de Jesus em sua vida reverteu a situação. Com uma ordem cheia de autoridade – "Éfata!" –, o Mestre restitui-lhe a possibilidade de se comunicar. Abriu-lhe a possibilidade do diálogo.

Os discípulos de Jesus têm como missão, seguindo os passos do Mestre, libertar a humanidade da mudez e da surdez. Trata-se, evidentemente, de realidades espirituais com as quais tantas pessoas se veem às voltas. Não se trata da mudez e da surdez físicas. Na verdade, muitos surdos e mudos estão mais dispostos para a comunicação e o diálogo do que pessoas com fala fluente e audição aguçada.

Sem a capacidade de falar e ouvir, fica impossibilitado não só o diálogo com Deus, mas, também, o diálogo verdadeiro com as pessoas. É o caso de quem se recusa a ouvir e, por conseguinte, não abre mão de seus pontos de vista e das ideias fixas.

> Senhor Jesus, cura-me as deficiências
> que me impedem de estar em diálogo e comunicação
> com o Pai e com meus irmãos e irmãs.

23ª Semana do Tempo Comum · **Segunda**

Num outro sábado, Jesus entrou na sinagoga e começou a ensinar. Lá estava um homem que tinha a mão direita seca. Os escribas e os fariseus observavam Jesus, para ver se ele faria uma cura no dia de sábado, a fim de terem motivo para acusá-lo. Ele, porém, conhecendo-lhes os pensamentos, disse ao homem da mão seca: "Levanta-te e fica aqui no meio!" Ele se levantou e ficou de pé. Jesus disse-lhes: "Eu vos pergunto: em dia de sábado, o que é permitido, fazer o bem ou fazer o mal? Salvar uma vida ou deixar morrer?" Passando o olhar sobre todos eles, Jesus disse ao homem: "Estende a mão!" O homem assim o fez e a mão ficou curada. Eles se encheram de raiva e começaram a discutir entre si sobre o que fariam contra Jesus (**Lc 6,6-11**).

Raiva infundada

A raiva dos escribas e fariseus contra Jesus era infundada. Mais ainda a decisão que tomariam contra ele para impedi-lo de continuar a fazer o bem. Afinal, suas palavras e suas ações nada tinham de censurável. Antes, estavam plenamente em sintonia com o querer de Deus e eram feitas como cumprimento da vontade divina.

A intenção malévola dos adversários não intimidou Jesus. Estavam sempre à procura de algo para poder incriminá-lo e, assim, tirar-lhe a vida. O ambiente sagrado da sinagoga foi incapaz de gerar em seus corações sentimentos de benevolência em relação a quem estava sempre pronto a vir em socorro dos sofredores.

O caso do homem com a mão direita seca é uma das muitas mostras de solidariedade por parte de Jesus. Ter a mão direita seca, na mentalidade da época, significava incapacidade de fazer o bem; a mão esquerda era símbolo da prática do mal. Ser curado nessas circunstâncias significa, portanto, ser libertado de um estigma social carregado de preconceito.

Reconhecendo a situação do homem, Jesus se dispôs a ajudá-lo, mesmo sendo sábado, pronto a suportar as consequências de sua liberdade.

> Senhor Jesus, que a maldade dos adversários
> jamais me impeça de fazer o bem, pois, como tu,
> quero ser solidário com os sofredores.

Terça 23ª Semana do Tempo Comum

Naqueles dias, Jesus foi à montanha para orar. Passou a noite toda em oração a Deus. Ao amanhecer, chamou os discípulos e escolheu doze entre eles, aos quais deu o nome de apóstolos: Simão, a quem chamou Pedro, e seu irmão André; Tiago e João; Filipe e Bartolomeu; Mateus e Tomé; Tiago, filho de Alfeu, e Simão, chamado zelote; Judas, filho de Tiago, e Judas Iscariotes, que se tornou o traidor. Jesus desceu com eles da montanha e parou num lugar plano. Ali estavam muitos dos seus discípulos e uma grande multidão de gente de toda a Judeia e de Jerusalém, e do litoral de Tiro e Sidônia. Vieram para ouvi-lo e serem curados de suas doenças. Também os atormentados por espíritos impuros eram curados. A multidão toda tentava tocar nele, porque dele saía uma força que curava a todos (**Lc 6,12-19**).

O Mestre em oração

O evangelho apresenta Jesus em oração, num contexto importante de seu ministério. O Mestre põe-se à escuta do Pai, para acertar no que está para fazer. A escolha e o chamado dos discípulos, para serem companheiros de missão e futuros continuadores desta, revestiam-se de extrema relevância para o bom êxito da tarefa recebida do Pai.

No chamado dos doze apóstolos, Jesus segue a pedagogia divina que, ao longo dos tempos, sempre contou com pessoas limitadas e sem grandes méritos para fazer grandes coisas. Quanto mais precária a mediação, tanto mais se sobressaem o poder e a grandeza de Deus nas manifestações de amor pela humanidade.

Nenhum deles destaca-se pela excelência na prática da religião ou pela pertença a famílias religiosas reconhecidas, nem, tampouco, por uma formação religiosa apurada, que os capacite para a pregação. São todos humildes pescadores, com limitado horizonte cultural e religioso, sem grandes pretensões, a não ser a de garantir o sustento das suas famílias, ganhando o pão com o suor do rosto.

É na oração que o Mestre toma a decisão de chamá-los e escolhê-los.

> Senhor Jesus, que eu reconheça o valor da oração de discernimento nas tomadas de decisão, de maneira a estar sempre em sintonia com o querer do Pai.

23ª Semana do Tempo Comum — Quarta

Jesus levantou o olhar para os seus discípulos e disse-lhes: "Felizes vós, os pobres, porque vosso é o Reino de Deus! Felizes vós que agora passais fome, porque sereis saciados! Felizes vós que agora estais chorando, porque haveis de rir! Felizes sereis quando os homens vos odiarem, expulsarem, insultarem e amaldiçoarem o vosso nome por causa do Filho do Homem. Alegrai-vos, nesse dia, e exultai, porque será grande a vossa recompensa no céu, pois era assim que os seus antepassados tratavam os profetas. Mas, ai de vós, ricos, porque já tendes vossa consolação! Ai de vós que agora estais fartos, porque passareis fome! Ai de vós que agora estais rindo, porque ficareis de luto e chorareis! Ai de vós quando todos falarem bem de vós, pois era assim que seus antepassados tratavam os falsos profetas" (**Lc 6,20-26**).

Destinos contrapostos

O texto evangélico apresenta, em situações contrapostas, os bem-aventurados e os malditos de Deus. De um lado, estão os pobres, os famintos, os que choram, os odiados, os expulsos das sinagogas, os insultados e os amaldiçoados por causa do nome de Jesus. De outro, estão os ricos, os saciados de comida, os que riem e são louvados. Por que realidades tão distintas?

Na raiz de ambas as situações, estão projetos de vida diversificados. Enquanto uns põem sua confiança em Deus e estão dispostos a pagar o preço de sua opção, outros confiam no poder do dinheiro e nas benesses que pode oferecer. Enquanto uns escolhem o caminho do desapego dos bens deste mundo, os outros se locupletam com toda sorte de bens, sem pensar na necessidade alheia. Enquanto uns pagam o preço da opção pelo discipulado do Reino, como tudo quanto tem de sofrimento, os outros preferem a segurança que o dinheiro pode oferecer.

Na opção de uns e outros, já está incluído o destino que os espera.

Senhor Jesus, dá-me sabedoria e coragem para escolher sempre o caminho das bem-aventuranças, pelo qual chegarei à comunhão contigo e com o Pai.

Quinta | # 23ª Semana do Tempo Comum

"Ora, a vós que me escutais, eu digo: amai os vossos inimigos e fazei o bem aos que vos odeiam. Falai bem dos que falam mal de vós e orai por aqueles que vos caluniam. Se alguém te bater numa face, oferece também a outra. E se alguém tomar o teu manto, deixa levar também a túnica. Dá a quem te pedir e, se alguém tirar do que é teu, não peças de volta. Assim como desejais que os outros vos tratem, tratai-os do mesmo modo. Se amais somente aqueles que vos amam, que generosidade é essa? Até os pecadores amam aqueles que os amam. E se fazeis o bem somente aos que vos fazem o bem, que generosidade é essa? Os pecadores também agem assim. E se prestais ajuda somente àqueles de quem esperais receber, que generosidade é essa? Até os pecadores prestam ajuda aos pecadores, para receberem o equivalente. Amai os vossos inimigos, fazei o bem e prestai ajuda sem esperar coisa alguma em troca. Então, a vossa recompensa será grande. Sereis filhos do Altíssimo, porque ele é bondoso também para com os ingratos e maus. Sede misericordiosos como vosso Pai é misericordioso. Não julgueis e não sereis julgados; não condeneis e não sereis condenados; perdoai e sereis perdoados. Dai e vos será dado. Uma medida boa, socada, sacudida e transbordante será colocada na dobra da vossa veste, pois a medida que usardes para os outros, servirá também para vós" (**Lc 6,27-38**).

O proceder do discípulo

O texto evangélico contém uma série de indicações sobre o modo de proceder do discípulo do Reino. A intenção do Mestre não era a de ensinar normas de conduta a serem, fielmente, observadas. E, sim, criar uma mentalidade que permitisse aos discípulos, em cada circunstância, agir em conformidade com os valores do Reino.

Portanto, o discipulado se mostrará na disposição a romper a espiral da violência, sendo pacífico na capacidade de se solidarizar e de partilhar, nos gestos de misericórdia, inspirados no modo divino de agir, e na disposição para o perdão.

> Senhor Jesus, cria no meu coração a mentalidade
> de discípulo do Reino, que me predisponha
> a agir inspirado no modo de agir do Pai.

23ª Semana do Tempo Comum · Sexta

Ele contou-lhes, também, uma parábola: "Pode um cego guiar outro cego? Não cairão os dois no buraco? O discípulo não está acima do mestre; todo discípulo bem formado será como o mestre. Por que observas o cisco que está no olho do teu irmão, e não reparas na trave que está no teu próprio olho? Como podes dizer a teu irmão: 'Irmão, deixa-me tirar o cisco do teu olho', quando não percebes a trave que está no teu próprio olho? Hipócrita! Tira primeiro a trave que está no teu olho e, então, enxergarás bem para tirar o cisco do olho do teu irmão" (**Lc 6,39-42**).

Cego não guia cego

O ensinamento de Jesus denuncia a hipocrisia dos discípulos que estão sempre prontos para acusar os defeitos alheios, sem antes verificar o próprio comportamento. A crítica dos outros não é precedida da devida autocrítica.

A metáfora do cego guiando outro cego é sugestiva. Quem está no caminho errado, não está em condições de ensinar o bom caminho aos outros. Ou, então, quem tem conduta censurável, deve abster-se de apontar as falhas alheias, pois, com facilidade, sua debilidade será revelada. Quem é infiel à vocação de discípulo, não tem moral para chamar à fidelidade quem se desviou do bom caminho.

Antes de fazer a correção do próximo, é preciso se autocorrigir. Sem este passo prévio a correção ficará desautorizada. Porém, quem tem senso de autocrítica, tende a ser mais complacente no julgamento do próximo. Sabendo o quanto é difícil corrigir as falhas pessoais, será mais compreensivo com quem deseja abandonar o caminho do erro, sem muito sucesso. E terá suficiente paciência para ajudá-lo, sem cair na tentação de julgá-lo e considerá-lo indigno de ser discípulo do Reino. Enxergando bem a si mesmo, estará em condições de indicar ao próximo os caminhos queridos por Deus.

> Senhor Jesus, dá-me senso de autocrítica que me possibilite reconhecer minhas faltas e fragilidades, antes de me constituir em juiz do meu próximo.

Sábado 23ª Semana do Tempo Comum

"Não existe árvore boa que dê frutos ruins, nem árvore ruim que dê frutos bons. Cada árvore se reconhece pelo seu fruto. Não se colhem figos de espinheiros, nem uvas de urtigas. Quem é bom tira coisas boas do tesouro do seu coração, que é bom; mas quem é mau tira coisas más do seu tesouro, que é mau. Pois a boca fala daquilo de que o coração está cheio. "Por que me chamais: 'Senhor! Senhor!', mas não fazeis o que vos digo? Vou mostrar-vos com quem se parece todo aquele que vem a mim, ouve as minhas palavras e as põe em prática. É semelhante a alguém que, para construir uma casa, cavou fundo e firmou o alicerce sobre a rocha. Veio a enchente, a correnteza atingiu a casa, mas não conseguiu derrubá-la, porque estava bem construída. Aquele, porém, que ouve e não põe em prática, é semelhante a alguém que construiu uma casa no chão, sem alicerce. A correnteza atingiu a casa, e ela, imediatamente, desabou e ficou totalmente destruída" (**Lc 6,43-49**).

O discipulado autêntico

É grande o risco de o discipulado do Reino se reduzir a palavreado vazio e inconsistente, sem o devido respaldo do testemunho de vida. Para Jesus, não basta o discípulo dizer "Senhor, Senhor!" para revelar a adesão ao Reino. É preciso muito mais!

Falar e não fazer é a atitude insensata de quem, com toda facilidade, fracassará no primeiro confronto com o antirreino. Será mentiroso, quando a situação exige pessoas verdadeiras. Será egoísta, quando desafiado a ser generoso e compartilhar. Ficará calado diante da injustiça e da maldade, quando os fatos exigem ser corajoso defensor dos injustiçados e oprimidos. Nas circunstâncias em que é chamado a testemunhar sua condição de discípulo do Reino, fracassará inteiramente.

Na direção contrária, quem está decidido a se pautar pelos ditames da fé, não fracassará quando se abaterem sobre ele as tempestades.

> **Senhor Jesus, transforma-me em autêntico discípulo do Reino, pronto a pôr em prática tuas palavras e preparado para permanecer firme nas tribulações.**

24ª Semana do Tempo Comum — Domingo

Jesus e seus discípulos partiram para os povoados de Cesareia de Filipe. No caminho, ele perguntou aos discípulos: "Quem dizem as pessoas que eu sou?" Eles responderam: "Uns dizem João Batista; outros, Elias; outros ainda, um dos profetas". Jesus, então, perguntou: "E vós, quem dizeis que eu sou?" Pedro respondeu: "Tu és o Cristo". E Jesus os advertiu para que não contassem isso a ninguém. E começou a ensinar-lhes que era necessário o Filho do Homem sofrer muito, ser rejeitado pelos anciãos, sumos sacerdotes e escribas, ser morto e, depois de três dias, ressuscitar. Falava isso abertamente. Então, Pedro, chamando-o de lado, começou a censurá-lo. Jesus, porém, voltou-se e, vendo os seus discípulos, repreendeu Pedro, dizendo: "Vai para trás de mim, satanás! Pois não tens em mente as coisas de Deus, e sim, as dos homens!" Chamou, então, a multidão, juntamente com os discípulos, e disse-lhes: "Se alguém quer vir após mim, renuncie a si mesmo, tome a sua cruz e siga-me! Pois quem quiser salvar sua vida a perderá; mas quem perder sua vida por causa de mim e do Evangelho, a salvará" (**Mc 8,27-35**).

Pensando como Deus

O conflito entre Jesus e Pedro, quando este foi chamado de "Satanás", teve origem na diferente maneira de se posicionar diante do querer divino. Jesus, enquanto Filho obediente, dispunha-se a fazer, em tudo, a vontade do Pai, mesmo devendo sofrer, ser rejeitado e morto. Pedro, como demonstração de amizade pelo Mestre, tenta tirar-lhe da cabeça estas ideias. Afinal, segundo a tradição, o Messias seria revestido de glória e poder, na condição de protegido de Deus.

A boa intenção de Pedro não evitou que se apartasse da mente divina. Seu modo de pensar seguia os esquemas humanos. Jesus, por sua vez, sabia que os caminhos do Pai eram outros. E não estava disposto a abrir mão deles!

> Senhor Jesus, dá-me a graça de pautar minhas ações pelo modo de pensar do Pai, sem cair nas armadilhas dos pensamentos mundanos.

Segunda | # 24ª Semana do Tempo Comum

Quando terminou de falar estas palavras ao povo que o escutava, Jesus entrou em Cafarnaum. Havia um centurião que tinha um servo a quem estimava muito. Estava doente, à beira da morte. Tendo ouvido falar de Jesus, o centurião mandou alguns anciãos dos judeus pedir-lhe que viesse curar o seu servo. Quando eles chegaram a Jesus, recomendaram com insistência: "Ele merece este favor, porque ama o nosso povo. Ele até construiu uma sinagoga para nós". Jesus foi com eles. Quando já estava perto da casa, o centurião mandou alguns amigos dizer-lhe: "Senhor, não te incomodes, pois não sou digno de que entres em minha casa. Por isso, nem fui pessoalmente ao teu encontro. Mas dize uma palavra, e meu servo ficará curado. Pois eu, mesmo na posição de subalterno, tenho soldados sob as minhas ordens, e se ordeno a um: 'Vai!', ele vai; e a outro: 'Vem!', ele vem; e se digo a meu escravo: 'Faze isto!', ele faz". Ao ouvir isso, Jesus ficou admirado. Voltou-se para a multidão que o seguia e disse: "Eu vos digo que nem mesmo em Israel encontrei uma fé tão grande". Aqueles que tinham sido enviados voltaram para a casa do centurião e encontraram o servo em perfeita saúde (**Lc 7,1-10**).

A fé de um pagão

O militar romano – um pagão – mostrou possuir uma fé exemplar. Fé fundada na caridade!

Que um oficial estime um subalterno é admirável. Mais admirável ainda é se preocupar com a saúde dele e se empenhar em buscar recursos para que fique curado. O texto evangélico alude, também, à benevolência para com os judeus, para quem construiu uma sinagoga. Os dominadores, em geral, são pouco amistosos em relação aos dominados. Com o centurião foi diferente.

A certeza de que Jesus poderia curar o servo alicerçava-se na fé. Fé tão profunda a ponto de acreditar que o servo poderia ser curado sem a necessidade de encontro pessoal com o Mestre. Bastaria uma palavra para que o servo recuperasse a saúde.

Os discípulos tinham, pois, no pagão um excelente exemplo no qual se inspirar.

> Senhor Jesus, que minha fé, respaldada pela caridade,
> seja profunda e sincera como a do centurião romano
> e me leve a fazer o bem a todos, sem distinção.

24ª Semana do Tempo Comum — Terça

Em seguida, Jesus foi a uma cidade chamada Naim. Os seus discípulos e uma grande multidão iam com ele. Quando chegou à porta da cidade, coincidiu que levavam um morto para enterrar, um filho único, cuja mãe era viúva. Uma grande multidão da cidade a acompanhava. Ao vê-la, o Senhor encheu-se de compaixão por ela e disse: "Não chores!" Aproximando-se, tocou no caixão, e os que o carregavam pararam. Ele ordenou: "Jovem, eu te digo, levanta-te!" O que estava morto sentou-se e começou a falar. E Jesus o entregou à sua mãe. Todos ficaram tomados de temor e glorificavam a Deus dizendo: "Um grande profeta surgiu entre nós", e: "Deus veio visitar o seu povo". Esta notícia se espalhou por toda a Judeia e pela redondeza inteira (**Lc 7,11-17**).

A visita de Deus

Os habitantes de Naim interpretaram, corretamente, o gesto de bondade de Jesus em relação à viúva que perdera o filho único. "Deus veio visitar o seu povo" foi a exclamação face ao acontecido.

A visita divina acontecia na ação compassiva e misericordiosa de Jesus em relação à mulher que, além de perder o marido, perdera, também, o filho. Na sociedade da época, a vinculação social dava-se pelo viés masculino. Por conseguinte, perder marido e filho significava ser deixada à própria sorte, dependente da caridade alheia, com o risco de sofrer maus-tratos e humilhações.

Restituindo o filho à mãe, Jesus recuperava-lhe a esperança e o sentido de viver. Descortinava-lhe um futuro de segurança, sem os riscos que o desamparo ocasiona. Garantia-lhe o respeito na sociedade.

A visita de Deus concretizou-se na vida da viúva pela ação compassiva de Jesus. E se concretiza na ação dos discípulos do Reino que, ao longo dos tempos, são solidários e misericordiosos em relação aos pobres e sofredores.

> Senhor Jesus, que meus gestos de compaixão misericordiosa em favor dos sofredores sejam a concretização do amor do Pai em favor da humanidade.

Quarta | # 24ª Semana do Tempo Comum

"Com quem. então, vou comparar as pessoas desta geração? Com quem são parecidas? São parecidas com crianças sentadas nas praças, que gritam umas para as outras: 'Tocamos flauta para vós e não dançastes! Entoamos cantos de luto e não chorastes!' Veio João Batista, que não come, nem bebe vinho, e dizeis: 'Tem um demônio!' Veio o Filho do Homem, que come e bebe, e dizeis: 'É um comilão e beberrão, amigo de publicanos e de pecadores!' Ora, a sabedoria é reconhecida por todos os seus filhos" (**Lc 7,31-35**).

A geração do contra

Jesus criticou a postura de seus ouvintes, cujo fechamento de coração impedia-os de acolher com benevolência os apelos divinos. Fosse qual fosse, tinham sempre uma crítica a fazer, de modo a não se sentirem tocados pela Palavra de Deus. João Batista foi rejeitado por se comportar de maneira demasiado austera. O estilo de vida penitente dava-lhes a impressão de ser um endemoninhado, pessoa que perdeu o juízo. Portanto, não podiam aceitá-lo! Jesus, pelo contrário, era todo cheio de humanidade, a ponto de conviver com os pecadores e as pessoas marginalizadas pela religião. Criticavam-lhe a atitude, pois não ficava bem a um rabi comportar-se como um comilão e um beberrão.

O comportamento dos ouvintes impenitentes era perigoso. Encontravam, sempre, uma maneira de escapar de Deus. Era como se Deus não tivesse como abordá-los. Comportamento arriscado, pois pode levar à surdez pura e simples aos apelos divinos.

A denúncia de Jesus serve de alerta para os discípulos. Estes, também, podem incorrer no erro de buscar justificativas para escapar dos apelos do Reino e, afinal, guiar-se pela própria cabeça. A atitude correta consiste em acolher a Palavra de Deus e se deixar transformar, sem questioná-la. Atitude de docilidade e benevolência diante do querer do Pai.

> Senhor Jesus, cria em mim um coração dócil,
> sempre pronto a acolher a Palavra de Deus e colocá-la
> em prática, sem a ousadia de questioná-la.

24ª Semana do Tempo Comum — Quinta

Um fariseu convidou Jesus para jantar. Ele entrou na casa do fariseu e sentou-se à mesa. Havia na cidade uma mulher que era pecadora. Quando soube que Jesus estava à mesa na casa do fariseu, trouxe um frasco de alabastro, cheio de perfume, postou-se atrás, aos pés de Jesus e, chorando, lavou-os com suas lágrimas. Em seguida, enxugou-os com os seus cabelos, beijou-os e os ungiu com o perfume. Ao ver isso, o fariseu que o tinha convidado comentou: "Se este homem fosse profeta, saberia quem é a mulher que está tocando nele: é uma pecadora!" Então Jesus falou: "Simão, tenho uma coisa para te dizer". Ele respondeu: "Fala, Mestre". "Certo credor", retomou Jesus, "tinha dois devedores. Um lhe devia quinhentas moedas de prata, e o outro cinquenta. Como não tivessem com que pagar, perdoou a ambos. Qual deles o amará mais?" Simão respondeu: "Aquele ao qual perdoou mais". Jesus lhe disse: "Julgaste corretamente". Voltando-se para a mulher, disse a Simão: "Estás vendo esta mulher? Quando entrei na tua casa, não me ofereceste água para lavar os pés; ela, porém, lavou meus pés com lágrimas e os enxugou com seus cabelos. Não me beijaste; ela, porém, desde que cheguei, não parou de beijar meus pés. Não derramaste óleo na minha cabeça; ela, porém, ungiu meus pés com perfume. Por isso te digo: os muitos pecados que ela cometeu estão perdoados, pois ela mostrou muito amor. Aquele, porém, a quem menos se perdoa, ama menos". Em seguida, disse à mulher: "Teus pecados estão perdoados". Os convidados começaram a comentar entre si: "Quem é este que até perdoa pecados?" Jesus, por sua vez, disse à mulher: "Tua fé te salvou. Vai em paz!" (**Lc 7,36-50**).

A anfitriã do Mestre

Na cena evangélica, a mulher deu mostras de ser a verdadeira anfitriã de Jesus, não o fariseu que o convidou para jantar. Ela lhe abriu as portas do coração e o recebeu em sua vida, deixando-se transformar por sua presença amorosa. Já o fariseu limitou-se a lhe abrir as portas da casa, sem lhe dispensar as honras devidas a um hóspede, fosse quem fosse.

A presença física de Jesus foi insuficiente para libertar o fariseu do preconceito contra a mulher, cuja mudança de vida passou-lhe despercebida.

> Senhor Jesus, que as portas do meu coração estejam sempre abertas para acolher-te e deixar-te transformar minha vida com teu poder de salvação.

Sexta | # 24ª Semana do Tempo Comum

Depois disso, Jesus percorria cidades e povoados proclamando e anunciando a Boa-Nova do Reino de Deus. Os Doze iam com ele, e também algumas mulheres que tinham sido curadas de espíritos maus e de doenças: Maria, chamada Madalena, de quem saíram sete demônios; Joana, mulher de Cuza, alto funcionário de Herodes; Susana, e muitas outras mulheres, que os ajudavam com seus bens (**Lc 8,1-3**).

A colaboração das mulheres

A colaboração das mulheres no ministério de Jesus foi, altamente, simbólica. O Mestre rompeu a tirania do preconceito que as marginalizava tanto no âmbito social quanto no âmbito religioso. Socialmente, estavam na dependência dos homens, enquanto filhas e esposas, sem nenhum direito reconhecido. Aliás, enquanto esposas, viviam numa situação de extrema instabilidade, por correrem o risco de ser mandadas de volta para a casa dos pais, se fizessem algo que desagradasse os maridos. Quanto à religião, não podiam participar do culto sinagogal e, sobretudo, estavam dispensadas de se submeter às exigências da Lei mosaica, reservada, apenas, para pessoas adultas do sexo masculino.

Jesus deixa de lado essas visões distorcidas e acolhe mulheres no grupo de colaboradores. A referência aos nomes de algumas delas reforça a credibilidade histórica do dado evangélico.

Um critério para a escolha de colaboradora de Jesus parece o de ter sido beneficiada pelo Mestre. Tendo experimentado a riqueza de sua misericórdia e constatado o quanto agia sem preconceito, estavam preparadas para dar um testemunho credível a respeito dele. E provar o quanto ele era livre face aos preconceitos sociais e religiosos, pelos quais não se deixava influenciar. Afinal, a pauta de sua ação vinha do Pai, e não das tradições populares.

> Senhor Jesus, tira do meu coração toda sorte
> de preconceito que me impede de reconhecer a
> igualdade de todas as pessoas face à bondade do Pai.

24ª Semana do Tempo Comum — **Sábado**

Ajuntou-se uma grande multidão, e de todas as cidades iam até Jesus. Ele, então, contou uma parábola: "O semeador saiu a semear. Ao semear, uma parte da semente caiu à beira do caminho e foi pisada; e os pássaros do céu a comeram. Outra parte caiu sobre as pedras; brotou, mas secou, por falta de umidade. Outra parte caiu entre os espinhos e, crescendo ao mesmo tempo, os espinhos a sufocaram. Ainda outra parte caiu em terra boa; brotou e deu frutos, até cem por um". Depois de dizer isso, ele exclamou: "Quem tem ouvidos para ouvir, ouça!" Seus discípulos faziam perguntas sobre o sentido da parábola. Jesus, então, lhes disse: "A vós foi dado conhecer os mistérios do Reino de Deus. Aos outros, porém, só por meio de parábolas, de modo que, olhando, não enxergam e, ouvindo, não entendem. A parábola quer dizer o seguinte: a semente é a Palavra de Deus. Os que caem à beira do caminho são os que escutam, mas logo vem o Diabo e arranca a palavra do seu coração, para que não acreditem e não se salvem. Os que ficam sobre as pedras são os que ouvem e acolhem a palavra com alegria, mas não têm raízes. Por um momento, acreditam, mas quando chega a tentação, desistem. Aquilo que caiu entre os espinhos são os que escutam, mas vivendo em meio às preocupações, as riquezas e os prazeres da vida, são sufocados e não chegam a amadurecer. O que caiu em terra boa são aqueles que, ouvindo com um coração bom e generoso, conservam a Palavra e dão fruto pela perseverança" (**Lc 8,4-15**).

A semente e seus frutos

A parábola do semeador ajuda a compreender as diferentes maneiras com as quais a Palavra de Deus é acolhida. Não basta a boa vontade dos missionários do Reino, nem mesmo a bondade do Pai, que deseja a salvação para todos os seus filhos. O querer do Pai só se concretiza no coração humano, se houver disposição para recebê-lo, como a semente caída em terra boa.

Em corações cheios de maldade, sem disposição para fazer o bem, apegados aos bens deste mundo e em busca de sucesso e de prazer, a Palavra ficará infrutífera. Porém, quando cai num coração sensível, dá muitos frutos de justiça e solidariedade.

Senhor Jesus, que meu coração seja sensível para acolher a Palavra semeada pelo Pai, de modo a dar muitos frutos de bondade e de misericórdia.

Domingo | # 25ª Semana do Tempo Comum

Partindo dali, Jesus e seus discípulos atravessavam a Galileia, mas ele não queria que ninguém o soubesse. Ele ensinava seus discípulos e dizia-lhes: "O Filho do Homem vai ser entregue às mãos dos homens, e eles o matarão. Morto, porém, três dias depois ressuscitará". Mas eles não compreendiam o que lhes dizia e tinham medo de perguntar. Chegaram a Cafarnaum. Estando em casa, Jesus perguntou-lhes: "Que discutíeis pelo caminho?" Eles, no entanto, ficaram calados, porque pelo caminho tinham discutido quem era o maior. Jesus sentou-se, chamou os Doze e lhes disse: "Se alguém quiser ser o primeiro, seja o último de todos, aquele que serve a todos!" Em seguida, pegou uma criança, colocou-a no meio deles e, abraçando-a, disse: "Quem acolhe em meu nome uma destas crianças, a mim acolhe. E quem me acolhe, acolhe, não a mim, mas Àquele que me enviou" (**Mc 9,30-37**).

O primeiro a servir

Jesus revolucionou a mentalidade de sua época ao inverter o esquema de precedências. O primeiro deverá se comportar como se fosse o último de todos e o servidor de todos. A primazia do serviço deve caracterizar o modo de proceder do discípulo do Reino. Sua grandeza consiste na solidariedade com todos. É o primeiro a servir!

Infelizmente, as igrejas de tradição cristã deixaram-se contaminar pelo espírito mundano. Muitos de seus líderes desconhecem os ensinamentos do Mestre Jesus e seguem o que lhes convém. Resulta, daí, a tirania dos que detêm o poder, usado para dominar e humilhar os humildes.

Quem tem mania de grandeza, não serve para liderar comunidades cristãs. Nelas deve imperar o espírito de Jesus, pelo qual os líderes se destacam pela capacidade de se colocar a serviço dos irmãos e das irmãs, de modo especial, os mais pobres e marginalizados. Serão, assim, sinais do Reino acontecendo, como misericórdia oferecida à humanidade.

> Senhor Jesus, que todas as minhas ações sejam pautadas pelo espírito de serviço, que me permita compreender ser esta a verdadeira grandeza do Reino.

25ª Semana do Tempo Comum — Segunda

"Ninguém acende uma lâmpada para escondê-la debaixo de uma vasilha ou colocá-la debaixo da cama; ela é posta no candelabro, a fim de que os que entram vejam a claridade. Ora, nada há de escondido que não venha a ser descoberto. Nada há de secreto que não venha a ser conhecido e se tornar público. Olhai, portanto, a maneira como ouvis! Pois a quem tem será dado, e a quem não tem, até aquilo que julga ter lhe será tirado!" (**Lc 8,16-18**).

Iluminando o mundo

A metáfora da luz aplica-se ao testemunho a ser oferecido pelo discípulo do Reino ao mundo. Como uma lâmpada, busca estar onde a luminosidade de suas ações possa alcançar a maior quantidade possível de pessoas. Agir de maneira restrita e acanhada é indigno de quem se comprometeu com o Reino do Pai e se dispôs a anunciá-lo a todas as Nações. Afinal, o apostolado faz parte do discipulado cristão. Um discípulo que não se torna apóstolo nega seu compromisso com o Reino.

Porém, se é discípulo autêntico, jamais se contentará com a mediocridade, em se tratando de fazer as obras queridas pelo Pai. Fará obras cada vez maiores de bondade e de justiça, de amor misericordioso e solidário, que lançarão luzes sobre as trevas da maldade e da injustiça, que vitimam os mais pobres.

O testemunho cristão tem grande força profética, quando se torna luminoso. É isto que o Mestre Jesus espera dos discípulos. Por conseguinte, sem contaminação de exibicionismo, o discípulo se esforça para que o bem realizado seja difundido da maneira mais extensa possível. Assim, muitos poderão se beneficiar dele e, quiçá, encontrar o caminho do seguimento do Mestre Jesus.

O testemunho de Jesus mostra como, mesmo no sofrimento e na morte, o bem realizado pelo discípulo do Reino é luminoso. As grandezas mundanas são como fogo de palha: luminosidade efêmera.

> Senhor Jesus, que minha prática do bem, como expressão do compromisso contigo, possa ser uma luz a iluminar a humanidade que caminha nas trevas do mal.

Terça | # 25ª Semana do Tempo Comum

Sua mãe e seus irmãos vieram ter com ele, mas não podiam se aproximar, por causa da multidão. Alguém lhe comunicou: "Tua mãe e teus irmãos estão lá fora e querem te ver". Ele respondeu: "Minha mãe e meus irmãos são estes: os que ouvem a Palavra de Deus e a põem em prática" (**Lc 8,19-21**).

A família do Reino

A comunidade do Reino segue parâmetros peculiares para estabelecer a relação entre seus membros: ouvir e praticar a Palavra de Deus. Este critério deverá ser levado a sério, quando se trata de identificar quem pertence ou não ao Reino.

Com a institucionalização das igrejas cristãs, perdeu-se o critério do escutar-praticar a Palavra de Deus como pressuposto para pertencer ao Reino, substituído por critérios exteriores ligados a determinados ritos e práticas. Para Jesus, isso é insuficiente, em se tratando de compromisso com o Reino. Ritos exteriores podem ser, totalmente, vazios. Práticas sem profundidade podem camuflar o egoísmo de quem pretende encobri-lo com a capa das boas ações.

Quando o discípulo, de fato, internaliza a proposta do Reino e se dedica a fazer as obras do Reino, com facilidade, reconhecerá como irmão e irmã quem age de forma semelhante. E reconhecerá como inimigo do Reino quem age na direção contrária, sabendo não possuir nenhum parentesco espiritual com ele. Trata-se de inimigo, não de um irmão.

O ensinamento de Jesus abre as portas da família do Reino a todas as pessoas sem exceção. Independentemente de raça ou de cultura, é possível acolher a Palavra de Deus e se esforçar para colocá-la em prática. E, mais, esforçar-se por alcançar níveis de fidelidade sempre maiores. O passo seguinte consistirá em reconhecer como membro da mesma família, irmãos e irmãs, todos quantos agem de maneira semelhante. E saber-se acolhido na nova família dos filhos de Deus.

> Senhor Jesus, que a acolhida e a prática da Palavra de Deus tornem-me consciente de pertencer à família do Reino, pronta a fazer a vontade do Pai.

25ª Semana do Tempo Comum — Quarta

Jesus convocou os Doze e deu-lhes poder e autoridade sobre todos os demônios e para curar doenças. Ele os enviou para anunciar o Reino de Deus e curar os enfermos. E disse-lhes: "Não leveis nada pelo caminho: nem cajado, nem sacola, nem pão, nem dinheiro, nem duas túnicas. Na casa onde entrardes, permanecei ali, até partirdes daí. Quanto àqueles que não vos acolherem, ao sairdes daquela cidade, sacudi a poeira dos vossos pés, para que sirva de testemunho contra eles". Os discípulos partiram e percorriam os povoados, anunciando a Boa-Nova e fazendo curas por toda parte (**Lc 9,1-6**).

Pregação e curas

O ministério de Jesus entremeava o anúncio da Boa-Nova com a realização de curas. As duas ações estavam, intimamente, ligadas. Quando o Mestre envia os discípulos em missão, incumbe-os de tarefa semelhante.

Por que pregação e curas interligam-se? O falar não seguido de ações torna-se palavreado vazio. As curas sem palavras que ajudem a compreendê-las tornam-se inexplicáveis. As curas dão autoridade aos ensinamentos, mostrando como são carregados de poder. As curas, no evangelho, nada têm de magia ou de exibição de poder por parte de Jesus. Antes, fazem parte do projeto missionário do Pai, cuja misericórdia derrama-se sobre a humanidade pela ação de seus enviados, a começar pelo Filho Jesus.

No evangelho, os gestos que dão respaldo à pregação de Jesus referem-se, sempre, à recuperação da vida, à libertação e à superação dos elementos de marginalização. Portanto, os milagres esperados dos discípulos do Reino vão todos nessa direção. Não têm a ver, necessariamente, com a cura de males físicos. Muito menos, com exibicionismo de poder taumatúrgico, abusando da boa-fé dos incautos fiéis. Todo discípulo do Reino está capacitado para realizar os sinais do Reino, como respaldo para sua pregação.

> Senhor Jesus, que meu testemunho do Reino por palavras tenha sempre o respaldo das ações de bondade para com os irmãos carentes de misericórdia.

Quinta — # 25ª Semana do Tempo Comum

O rei Herodes ouviu falar de tudo o que estava acontecendo, e ficou confuso, porque alguns diziam que João Batista tinha ressuscitado dos mortos. Outros diziam que Elias tinha aparecido; outros ainda, que um dos antigos profetas tinha ressuscitado. Então Herodes disse: "Eu mandei cortar a cabeça de João... Quem será esse homem, sobre quem ouço falar estas coisas?" E procurava ver Jesus (**Lc 9,7-9**).

O ímpio e o justo

O evangelho contrapõe o ímpio Herodes ao justo Jesus. O malvado é incapaz de compreender o que está acontecendo, por lhe faltar parâmetros para julgar a ação do Mestre. Como explicar os ensinamentos cheios de autoridade do mestre galileu? E os gestos poderosos de cura? E as multidões que vinham de todas as partes em busca dele?

As explicações dadas a Herodes não o convenciam. Alguns identificavam Jesus com João Batista ressuscitado. Outros, com alguns dos antigos profetas. Era como as pessoas consideravam Jesus: um profeta de outrora redivivo.

Não contente com as explicações, o tirano Herodes cultivava o desejo de ver Jesus e procurava vê-lo. Entretanto, sua pretensão estava fadada ao fracasso. Só pode ver Jesus, realmente, quem se aproxima dele, movido pela fé. Ver-lhe, apenas, a exterioridade é, demasiadamente, banal. É como ver um ser humano como outro qualquer. A diferença está no que Jesus é no mais íntimo do ser. Esconde-se, aí, a condição de Filho de Deus, que se mostra nos gestos de bondade realizados em favor da humanidade. Sem este pressuposto, a interpretação das ações de Jesus, também, será inconsistente. Correr-se-á o risco de confundi-lo com um milagreiro exibicionista, sem compromisso com Deus.

Quando, por ocasião da paixão, Herodes teve a chance de ver Jesus, ficou decepcionado, pois o Mestre recusa-se a se submeter a seus caprichos que lhe exigem fazer exibição de milagres.

Senhor Jesus, como discípulo do Reino, desejo conhecer, sempre mais, tua intimidade de Filho querido do Pai, em tudo submisso ao querer divino.

25ª Semana do Tempo Comum — Sexta

Jesus estava orando, a sós, e os discípulos estavam com ele. Então, perguntou-lhes: "Quem dizem as multidões que eu sou?" Eles responderam: "Uns dizem que és João Batista; outros, que és Elias; outros ainda acham que algum dos antigos profetas ressuscitou". Mas Jesus perguntou: "E vós, quem dizeis que eu sou?" Pedro respondeu: "O Cristo de Deus". Mas ele advertiu-os para que não contassem isso a ninguém. E explicou: "É necessário o Filho do Homem sofrer muito e ser rejeitado pelos anciãos, sumos sacerdotes e escribas, ser morto e, no terceiro dia, ressuscitar" (**Lc 9,18-22**).

O Messias profeta

Todas as interpretações a respeito da identidade de Jesus apontavam numa mesma direção: a condição de Messias profeta. Ao identificá-lo com João Batista, com Elias ou com algum dos antigos profetas, na verdade, reconheciam, no seu modo de pregar e de atuar, traços dos profetas de Israel e sua luta pela causa da justiça.

Jesus parecia concordar com a interpretação profética a seu respeito. Entretanto, para evitar falsas expectativas, apressou-se em apresentar o modo como se autocompreendia. Ao falar de sofrimento, morte e ressurreição, confrontou os discípulos com uma realidade inesperada. As esperanças a respeito dele iam todas na direção do messianismo glorioso, sem mescla de fracasso.

Os discípulos foram desafiados a pensar um profeta de Deus que, embora sofresse, continuava a gozar da proteção e da amizade divina. O sofrimento, entendido como castigo divino, deveria ser encarado noutra direção: sinal de fidelidade radical ao Pai, sem nenhuma contaminação de egoísmo. Quem fosse capaz de pensar assim, estaria preparado para acolhê-lo como Messias. Caso contrário, os discípulos haveriam de se frustrar ao verem o Messias pendente da cruz.

O Mestre pautava-se pelo querer do Pai, muito distinto dos esquemas humanos.

> Senhor Jesus, dá-me a lucidez necessária para compreender que, embora tenhas sofrido, tu és o Filho querido do Pai, fiel até o fim.

Sábado 25ª Semana do Tempo Comum

Enquanto todos se admiravam com tudo o que Jesus fazia, ele disse aos discípulos: "Prestai bem atenção às palavras que vou dizer: o Filho do Homem vai ser entregue às mãos dos homens". Mas eles não compreendiam esta palavra. O sentido lhes ficava oculto, de modo que não podiam entender. E tinham medo de fazer perguntas sobre o assunto (**Lc 9,43b-45**).

O Filho do Homem entregue

Os discípulos não compreenderam as palavras de Jesus a respeito da entrega do Filho do Homem às mãos dos homens. Por quê?

Na cabeça deles, as palavras do Mestre eram incompreensíveis. Se era fiel ao Pai, por que lhe estava reservado um destino de sofrimento? Como o Pai haveria de permitir-lhe tal coisa? Se fazia, unicamente, o bem, por que estar fadado a um fim tão cruel? Por que haveria alguém disposto a puni-lo, já que havia dado mostras de total solidariedade com os fracos e indefesos da sociedade, e se apresentava como indefeso? A declaração do Mestre fez vir à tona essas e outras questões.

O pensar de Jesus seguia noutra direção. Sua entrega nas mãos dos homens resultaria da total obediência a Deus, malvista pelos adversários. Estes o consideravam usurpador de prerrogativas divinas. Blasfemo! Portanto, os sofrimentos teriam como origem a pretensão de ser Filho de Deus e de estabelecer com o Pai uma proximidade inaudita e incômoda, para quem se recusava a tê-lo na conta de Filho querido do Pai.

Os discípulos foram desafiados a abrir mão de seus esquemas mentais e pensar como Jesus. Este processo foi penoso, pois ninguém se desfaz, com facilidade, de mentalidades arraigadas. Todavia, sem a disposição de pensar como Jesus, o discipulado cristão fica inviabilizado. O passo da fé exige essa postura prévia. Só, então, será possível reconhecer no Messias crucificado o Filho querido do Pai.

Senhor Jesus, abre a minha mente e me faze pensar, como tu, que teus sofrimentos se deveram à obediência radical ao Pai, no mais total despojamento de si.

26ª Semana do Tempo Comum — Domingo

João disse a Jesus: "Mestre, vimos alguém expulsar demônios em teu nome. Mas nós o proibimos, porque ele não andava conosco". Jesus, porém, disse: "Não o proibais, pois ninguém que faz milagres em meu nome poderá logo depois falar mal de mim. Quem não é contra nós, está a nosso favor. Quem vos der um copo de água para beber porque sois de Cristo, não ficará sem receber a sua recompensa. E quem provocar a queda um só destes pequenos que creem em mim, melhor seria que lhe amarrassem uma grande pedra de moinho ao pescoço e o lançassem no mar. Se tua mão te leva à queda, corta-a! É melhor entrares na vida tendo só uma das mãos do que, tendo as duas, ires para o inferno, para o fogo que nunca se apaga. Se teu pé te leva à queda, corta-o! É melhor entrar na vida tendo só um dos pés do que, tendo os dois, ser lançado ao inferno. Se teu olho te leva à queda, arranca-o! É melhor entrar no Reino de Deus tendo um olho só do que, tendo-os dois, ir para o inferno, onde o verme deles não morre e o fogo nunca se apaga" (**Mc 9,38-43.45.47-48**).

Cortes radicais

As palavras de Jesus, em relação ao escândalo, são contundentes. Fala-se em cortar a mão e o pé e em arrancar o olho. Que mensagem se quer transmitir com a exigência de cortes radicais?

Mão, pé e olho estão relacionados ao agir humano. Apontam para o ser humano em ação. Esta pode corresponder ao querer do Pai e, com isso, ajudar as pessoas a se aproximarem do Pai e levá-las a se submeterem ao querer divino. Em contrapartida, poderão levar as pessoas a se afastarem do Pai e a caminharem na contramão de seu querer. Isto se chama escândalo.

Os cortes radicais indicados por Jesus apontam para a exigência de eliminar o mal pela raiz, por impedir as pessoas de experimentarem a comunhão com o Pai.

> Senhor Jesus, torna-me capaz de cortar pela raiz tudo que em mim leva as pessoas a se afastarem do Pai e de sua santa vontade.

Segunda # 26ª Semana do Tempo Comum

Surgiu entre os discípulos uma discussão sobre qual deles seria o maior. Sabendo o que estavam pensando, Jesus pegou uma criança, colocou-a perto de si e disse-lhes: "Quem receber em meu nome esta criança, estará recebendo a mim mesmo. E quem me receber, estará recebendo Aquele que me enviou. Pois aquele que entre todos vós for o menor, esse é o maior". Tomando a palavra, João disse: "Mestre, vimos alguém expulsar demônios em teu nome, mas nós lhe proibimos, porque não anda conosco". Jesus respondeu: "Não o proibais, pois quem não é contra vós, está a vosso favor" (**Lc 9,46-50**).

O maior é o menor

Jesus pôs de cabeça para baixo os esquemas de valores de seu tempo. O tema da conversa dos discípulos deu-lhe a chance de explicitar seu modo de entender as relações interpessoais dos discípulos entre si e das pessoas em geral.

O pensamento dos discípulos estava contaminado com a mentalidade que vê a humanidade dividida entre primeiros e últimos, maiores e menores, senhores e servos. Eles mesmos queriam estabelecer uma relação hierárquica entre si. Daí a preocupação em saber qual deles seria o maior.

O Mestre aproveitou a chance para ensinar o que deve acontecer no contexto do Reino de Deus, onde os esquemas mundanos perdem seu valor. "Quem for o menor, esse é o maior" resume seu pensamento. Portanto, a verdadeira grandeza está no serviço prestado aos irmãos e irmãs carentes, e não na superioridade em relação aos demais. Maior é quem se reconhece pequeno diante do Pai e se coloca à disposição dos necessitados, com a consciência de ser mediação da misericórdia divina. Maior é quem rompe as rígidas hierarquias e descobre o valor da solidariedade.

Portanto, o verdadeiro discípulo do Reino jamais buscará grandezas mundanas. Reconhecendo-se pequeno em relação ao Pai, dispõe-se a ser humilde servidor.

> Senhor Jesus, tira de mim toda mania de grandeza, fazendo-me consciente de minha pequenez e do dever de servir a meus irmãos e irmãs.

26ª Semana do Tempo Comum

Terça

Quando ia se completando o tempo para ser elevado ao céu, Jesus tomou a firme decisão de partir para Jerusalém. Enviou então mensageiros à sua frente, que se puseram a caminho e entraram num povoado de samaritanos, para lhe preparar hospedagem. Mas os samaritanos não o queriam receber, porque mostrava estar indo para Jerusalém. Vendo isso, os discípulos Tiago e João disseram: "Senhor, queres que mandemos descer fogo do céu, para que os destrua?" Ele, porém, voltou-se e os repreendeu. E partiram para outro povoado (**Lc 9,51-56**).

Pedido impertinente

Jesus considerou impertinente o pedido de Tiago e João, para que destruísse os samaritanos, com fogo do céu, por não tê-los acolhido. O Mestre repreendeu-os, não se deixando contaminar com o espírito de vingança.

O pedido dos discípulos escondia várias armadilhas. Se o Mestre o atendesse, daria mostras de ser uma personalidade, facilmente, influenciável. Teria bastado os discípulos darem vazão à sede de vingança para o Mestre submeter-se a seus caprichos. Além disso, ficaria desacreditado para ensinar o perdão e a misericórdia. O gesto dos samaritanos dava-lhe margem para se mostrar compassivo e compreensivo em relação a pessoas, por tradição, inimigas dos judeus. Tendo ensinado o amor aos inimigos, os samaritanos davam-lhe uma ocasião excelente para colocar em prática o que esperava dos discípulos.

Os discípulos estavam longe de compreender a mensagem do Mestre. Foram contaminados por mentalidades mundanas, a ponto de não perceberem a contradição entre ser discípulo do Reino e o recurso à vingança destruidora contra quem não se dispôs a ajudá-los. A proximidade física com o Mestre foi insuficiente para inculcar neles o modo de pensar de Deus, cuja paciência em relação aos pecadores é infinita.

> Senhor Jesus, ponha em mim sentimentos de compreensão e de perdão, de modo que o espírito de vingança seja banido do meu coração.

Quarta | # 26ª Semana do Tempo Comum

Enquanto estavam a caminho, alguém disse a Jesus: "Eu te seguirei aonde quer que tu vás". Jesus respondeu: "As raposas têm tocas e os pássaros do céu têm ninhos; mas o Filho do Homem não tem onde reclinar a cabeça". Então disse a outro: "Segue-me". Este respondeu: "Permite-me primeiro ir enterrar meu pai". Jesus respondeu: "Deixa que os mortos enterrem os seus mortos; mas tu, vai e anuncia o Reino de Deus". Um outro ainda lhe disse: "Eu te seguirei, Senhor, mas deixa-me primeiro despedir-me dos de minha casa". Jesus, porém, respondeu-lhe: "Quem põe a mão no arado e olha para trás, não está apto para o Reino de Deus" (**Lc 9,57-62**).

Nos passos do Mestre

As três pequenas cenas evangélicas explicitam algumas exigências do discipulado cristão.

O Mestre deve ser seguido na pobreza e no despojamento. O testemunho de pobreza do Filho do Homem, que "não tem onde reclinar a cabeça", desaconselha segui-lo quem é apegado ao dinheiro ou quem tem pretensões de enriquecer. Pessoas cujos corações estão atrelados à posse de bens são inaptas para o discipulado.

Para seguir o Mestre, é necessário ser livre, inclusive, em relação aos familiares. O Reino exerce tal atrativo, a ponto de relativizar tudo mais. Não se trata de romper com a família, e sim subordiná-la às exigências do Reino.

O seguimento do Mestre não pode ser protelado. Quando acontece o chamado, o discípulo deve estar pronto para segui-lo, sem delongas. Os vínculos afetivos podem se constituir em empecilho. Todavia, na escuta da palavra do Mestre, o discípulo se dispõe a seguir adiante, sem olhar para trás.

Jesus exige dos discípulos maturidade espiritual, adquirida pela adesão sincera e radical ao Reino. Indivíduos superficiais terão fôlego insuficiente para segui-lo, até o fim, sem desanimar.

> Senhor Jesus, torna-me suficientemente maduro para acolher o convite para seguir-te, sem a tentação de encontrar motivos para adiar minha adesão a ti.

26ª Semana do Tempo Comum · **Quinta**

O Senhor escolheu outros setenta e dois e enviou-os, dois a dois, à sua frente, a toda cidade e lugar para onde ele mesmo devia ir. E dizia-lhes: "A colheita é grande, mas os trabalhadores são poucos. Pedi, pois, ao Senhor da colheita que mande trabalhadores para sua colheita. Eis que vos envio como cordeiros para o meio de lobos. Não leveis bolsa, nem sacola, nem sandálias, e não vos demoreis para saudar ninguém pelo caminho! Em qualquer casa em que entrardes, dizei primeiro: 'A paz esteja nesta casa!' Se ali morar um amigo da paz, a vossa paz repousará sobre ele; senão, ela retornará a vós. Permanecei naquela mesma casa; comei e bebei do que tiverem, porque o trabalhador tem direito a seu salário. Não passeis de casa em casa. Quando entrardes numa cidade e fordes bem recebidos, comei do que vos servirem, curai os doentes que nela houver e dizei: 'O Reino de Deus está próximo de vós'. Mas quando entrardes numa cidade e não fordes bem recebidos, saindo pelas ruas, dizei: 'Até a poeira de vossa cidade que se grudou aos nossos pés, sacudimos contra vós. No entanto, sabei que o Reino de Deus está próximo!' Eu vos digo: naquele dia, Sodoma receberá sentença menos dura do que aquela cidade" (**Lc 10,1-12**).

Enviados em missão

As instruções dadas por Jesus aos setenta e dois, enviados à sua frente, conservam a atualidade. Por elas devem se pautar os missionários atuais, se quiserem ser fiéis ao Mestre.

Toda missão é muito exigente. O enviado encontra-se como "cordeiro em meio de lobos". Deverá deixar de lado a pretensão de fazer discípulos à custa de dinheiro. O testemunho de pobreza tem força de evangelização. Por outro lado, deverá se comportar de forma devida no trato com quem os hospeda. Uma atitude impensada pode colocar a perder toda a missão. Cuidado para não causar ciúmes! Na eventualidade de ser mal recebido, cabe-lhe continuar o caminho, sem ressentimentos.

> Senhor Jesus, faze-me compreender as exigências da missão, de modo a me comportar como se espera do verdadeiro discípulo do Reino.

Sexta — # 26ª Semana do Tempo Comum

"Ai de ti, Corazim! Ai de ti, Betsaida! Se em Tiro e Sidônia se tivessem realizado os milagres feitos no meio de vós, há muito tempo teriam demonstrado arrependimento, vestindo-se de saco e sentando-se sobre a cinza. Pois bem: no dia do julgamento, Tiro e Sidônia terão uma sentença menos dura do que vós. E tu, Cafarnaum, serás elevada até o céu? Até o inferno serás rebaixada! Quem vos escuta, a mim escuta; e quem vos despreza, a mim despreza; ora, quem me despreza, despreza Aquele que me enviou" (**Lc 10,13-16**).

Linguajar profético

As palavras de Jesus sobre Corazim, Betsaida e Cafarnaum soam demasiadamente duras. "Ai de ti..." recorda os profetas de outrora, preocupados em levar o povo à conversão. O linguajar severo escondia a esperança dos profetas de que o povo mude de vida e volte para Deus. Jesus tem interesse semelhante.

Os moradores das três cidades mostravam-se reticentes em relação à pregação dele, quando não hostis. Por mais que fossem advertidos, recusavam-se a se deixar tocar pela Palavra. Atitude preocupante, quando se pensa que era Deus mesmo tentando chamá-los ao bom caminho, na pessoa de Jesus.

Como os profetas, Jesus serve-se de palavras fortes, quando a mansidão já não surte efeito, pois os corações estão endurecidos. De forma alguma, as palavras escondem resquícios de ódio ou de desejo maligno de ver a destruição das cidades impenitentes. O falar duro tem o objetivo de despertá-las da letargia que as impede de reconhecer a proximidade da salvação. Tal atitude é preocupante, quando se pensa na urgência da conversão e no tempo oportuno que o Pai concede a cada filho. O desejo divino é o de ter consigo todos os filhos e filhas, trazidos para a comunhão pelo Filho Jesus.

Senhor Jesus, torna-me sempre pronto a escutar
a Palavra e a colocá-la em prática, de modo
a não ser advertido, com dureza, por ti.

26ª Semana do Tempo Comum — Sábado

Os setenta e dois voltaram alegres, dizendo: "Senhor, até os demônios nos obedecem por causa do teu nome". Jesus respondeu: "Eu vi Satanás cair do céu, como um relâmpago. Eu vos dei o poder de pisar em cobras e escorpiões, e sobre toda a força do inimigo. Nada vos poderá fazer mal. Contudo, não vos alegreis porque os espíritos se submetem a vós. Antes, ficai alegres porque vossos nomes estão escritos nos céus". Naquela mesma hora, ele exultou no Espírito Santo e disse: "Eu te louvo, Pai, Senhor do céu e da terra, porque esconteste essas coisas aos sábios e entendidos e as revelaste aos pequeninos. Sim, Pai, assim foi do teu agrado. Tudo me foi entregue por meu Pai, e ninguém conhece o Filho, a não ser o Pai; e ninguém conhece o Pai, a não ser o Filho e aquele a quem o Filho o quiser revelar". E voltando-se para os discípulos em particular, disse-lhes: "Felizes os olhos que veem o que vós estais vendo! Pois eu vos digo: muitos profetas e reis quiseram ver o que vós estais vendo, e não viram; quiseram ouvir o que estais ouvindo, e não ouviram" (**Lc 10,17-24**).

O louvor ao Pai

Jesus louvou ao Pai pelo amor aos pequeninos, a quem revelou coisas escondidas aos sábios e entendidos.

A precedência dos pequeninos no Reino tem sua razão de ser. Dispõem-se a escutar o Pai, prontos a colocar em prática sua palavra. Nada do que o Pai lhes pede será recusado por ser difícil e exigente. Jamais terão a ousadia de disputar com o Pai, apresentando argumentos para se justificarem. Nem, tampouco, levantarão a suspeita de estarem sendo vítimas da injustiça do Pai ou não estarem sendo tratados com a devida atenção. Tudo o que vem do Pai é acolhido de coração aberto.

Os sábios e entendidos, por sua vez, são petulantes nas relações com o Pai. Pensam saber tudo e, portanto, dispensam ser instruídos. É como se fossem mestres de si mesmos. Quando julgam ser questionados por Deus, têm muitos argumentos para se defender.

O verdadeiro discípulo do Reino é reconhecido pela capacidade de se fazer pequenino.

> Senhor Jesus, faze-me consciente da importância
> de ser pequenino, único caminho para ter acesso
> à revelação das coisas do Pai.

Domingo | 27ª Semana do Tempo Comum

Aproximaram-se alguns fariseus e, para experimentá-lo, perguntaram se era permitido ao homem despedir sua mulher. Jesus perguntou: "Qual é o preceito de Moisés a respeito?" Responderam: "Moisés permitiu escrever um atestado de divórcio e despedi-la". Jesus disse: "Foi por causa da dureza do vosso coração que Moisés escreveu este preceito. No entanto, desde o princípio da criação Deus os fez homem e mulher. Por isso, o homem deixará pai e mãe e se unirá à sua mulher, e os dois formarão uma só carne; [...] Portanto, o que Deus uniu o homem não separe!" Em casa, os discípulos fizeram mais perguntas sobre o assunto. Jesus respondeu: "Quem despede sua mulher e se casa com outra, comete adultério [...]. E se uma mulher despede seu marido e se casa com outro, comete adultério também". Algumas pessoas traziam crianças para que Jesus as tocasse. Os discípulos, porém, as repreenderam. Vendo isso, Jesus se aborreceu e disse: "Deixai as crianças virem a mim. Não as impeçais, porque a pessoas assim é que pertence o Reino de Deus. Em verdade vos digo: quem não receber o Reino de Deus como uma criança, não entrará nele!" E abraçava as crianças e, impondo as mãos sobre elas, as abençoava (**Mc 10,2-16**).

Em defesa dos marginalizados

Os dois episódios evangélicos mostram Jesus defendendo os marginalizados.O diálogo em torno do divórcio permite a Jesus tomar a defesa das mulheres. Numa sociedade machista, onde as esposas ficavam à mercê dos maridos, o Mestre posiciona-se contra o divórcio. Se Deus uniu o homem e a mulher, fazendo deles uma só carne, não há por que separá-los. Defender a indissolubilidade do matrimônio resulta em libertar as mulheres da tirania dos esposos.

Jesus toma partido em favor das crianças ao censurar os discípulos que as impediam de se aproximar dele. Se o Reino de Deus pertence às crianças, por que marginalizá-las? Abraçando as crianças, impondo-lhes as mãos e abençoando-as, o Mestre denuncia o preconceito de que são vítimas.

> Senhor Jesus, contigo quero lutar contra toda forma de preconceito, consciente de que todos os seres humanos são filhos e filhas de Deus.

27ª Semana do Tempo Comum · Segunda

Um doutor da Lei se levantou e, querendo experimentar Jesus, perguntou: "Mestre, que devo fazer para herdar a vida eterna?" Jesus lhe disse: "Que está escrito na Lei? Como lês?" Ele respondeu: "Amarás o Senhor, teu Deus, de todo o teu coração e com toda a tua alma, com toda a tua força e com todo o teu entendimento; e teu próximo como a ti mesmo!" Jesus lhe disse: "Respondeste corretamente. Faze isso e viverás". Ele, porém, querendo justificar-se, disse a Jesus: "E quem é o meu próximo?" Jesus retomou: "Certo homem descia de Jerusalém para Jericó e caiu nas mãos de assaltantes. Estes lhe arrancaram tudo, espancaram-no e foram-se embora, deixando-o quase morto. Por acaso, um sacerdote estava passando por aquele caminho. Quando viu o homem, seguiu adiante, pelo outro lado. O mesmo aconteceu com um levita: chegou ao lugar, viu o homem e seguiu adiante, pelo outro lado. Mas um samaritano, que estava viajando, chegou perto dele, viu, e moveu-se de compaixão. Aproximou-se dele e tratou-lhe as feridas, derramando nelas óleo e vinho. Depois o colocou em seu próprio animal e o levou a uma pensão, onde cuidou dele. No dia seguinte, pegou dois denários e entregou-os ao dono da pensão, recomendando: 'Toma conta dele! Quando eu voltar, pagarei o que tiveres gasto a mais'. Na tua opinião – perguntou Jesus –, qual dos três foi o próximo do homem que caiu nas mãos dos assaltantes?" Ele respondeu: "Aquele que usou de misericórdia para com ele". Então Jesus lhe disse: "Vai e faze tu a mesma coisa" (**Lc 10,25-37**).

Faze tu a mesma coisa!

A parábola do samaritano ilustra a misericórdia a ser testemunhada pelo discípulo do Reino. O samaritano foi interpelado pelo homem semimorto, caído pelo caminho. Sua vida sofreu, então, uma guinada. A viagem assumiu nova direção. A sobrevivência do homem dependia de sua solidariedade. O samaritano partilhou com ele tudo quanto possuía: azeite, vinho, montaria, tempo e, também, dinheiro. Tudo isso sem esperar agradecimentos e recompensa. O gesto de misericórdia era, totalmente, gratuito.

Assim deve agir o discípulo, nos passos do Mestre Jesus.

> Senhor Jesus, torna-me sempre mais solidário em relação a quem está caído no caminho, dependendo de um gesto de misericórdia para sobreviver.

Terça | # 27ª Semana do Tempo Comum

Jesus entrou num povoado, e uma mulher, de nome Marta, o recebeu em sua casa. Ela tinha uma irmã, Maria, a qual se sentou aos pés do Senhor e escutava a sua palavra. Marta, porém, estava ocupada com os muitos afazeres da casa. Ela aproximou-se e disse: "Senhor, não te importas que minha irmã me deixe sozinha com todo o serviço? Manda pois que ela venha me ajudar!" O Senhor, porém, lhe respondeu: "Marta, Marta! Tu te preocupas e andas agitada com muitas coisas. No entanto, uma só é necessária. Maria escolheu a melhor parte e esta não lhe será tirada" (**Lc 10,38-42**).

Palavra ouvida e praticada

Marta e Maria simbolizam duas maneiras de viver o discipulado, uma equivocada e a outra correta. Marta encarna o discípulo equivocado. Lança-se na ação, sem se dar ao trabalho de discernir qual o querer do Mestre. É trabalhadora incansável, porém, fazendo o que lhe dá na cabeça. O Mestre tem pouca incidência em sua vida. Afinal, acaba sendo dispensado.

Maria, pelo contrário, representa o discípulo verdadeiro que escuta a palavra e a põe em prática. A ação é precedida da escuta do Mestre, contemplado na oração, em vista de discernir sua vontade. O discípulo faz, única e exclusivamente, o que corresponde ao querer do Mestre, abdicando dos projetos pessoais. Consciente de estar a serviço do Reino, com seu agir, colabora para construí-lo. Portanto, nada faz que vá à contramão do querer do Pai.

É equivocado identificar Marta com a ação e Maria, com a contemplação. Marta representa a ação sem contemplação; Maria, a contemplação seguida da ação. Maria daria mau exemplo se se limitasse a ficar aos pés do Mestre, ouvindo-o, sem se dar ao trabalho de levantar e fazer o que se esperava de uma anfitriã. Seu modo de proceder seria censurável. O normal seria, depois de tê-lo ouvido, levantar-se e se lançar a fazer o que lhe competia. Com certeza, tudo quanto fizesse seria do agrado do Mestre. Quanto a Marta, corria o risco de desagradar seu hóspede.

> Senhor Jesus, que meu agir, enquanto discípulo
> do Reino, decorra sempre da escuta atenta
> de tua palavra na oração.

27ª Semana do Tempo Comum — Quarta

Um dia, Jesus estava orando num certo lugar. Quando terminou, um de seus discípulos pediu-lhe: "Senhor, ensina-nos a orar, como também João ensinou a seus discípulos". Ele respondeu: "Quando orardes, dizei: Pai, santificado seja teu nome; venha o teu Reino; dá-nos, a cada dia, o pão cotidiano, e perdoa-nos os nossos pecados, pois nós também perdoamos a todo aquele que nos deve; e não nos introduzas em tentação" (**Lc 11,1-4**).

Ensinando a orar

O Pai-Nosso é a oração dos discípulos do Reino. Contém os elementos essenciais a serem almejados por quem deseja centrar-se no querer divino.

Santificar o nome do Pai significa acolhê-lo como absoluto, sem abrir espaço para ninguém mais. O Pai não tem concorrente no coração de quem santifica o seu nome. O discípulo deseja que isto aconteça com todas as pessoas, por serem todos filhos e filhas de Deus.

A vinda do Reino é o maior anseio do discípulo. Com ele, o querer do Pai seria a pauta da ação de todas as pessoas, de modo a serem banidas a maldade e a injustiça. Onde acontece o Reino, com ele, brotam a misericórdia e o perdão.

O pedido do pão cotidiano supõe a superação do egoísmo, em que cada um, pensando em si mesmo, recusa-se a repartir com os necessitados os bens de que dispõe. Trata-se do pão a ser partilhado, não o pão a ser acumulado. O discípulo preocupa-se com o próximo e se inquieta ao ver irmãos famintos.

O perdão recebido e dado é fundamental nas relações interpessoais dos discípulos. Sem perdão, reinam a divisão e a discórdia, contrariando o querer do Pai. Com o perdão, os discípulos formam comunidades fraternas, da maneira como o Pai deseja.

O discípulo será sempre tentado a seguir por atalhos que o afastam do Pai e de seu Reino. Daí a importância de jamais ser induzido a seguir as sugestões do tentador. Se isso acontecer, todos os elementos da oração ficam desprovidos de valor.

> Senhor Jesus, que minha oração de discípulo do Reino frutifique no coração, levando-me a fazer sempre a vontade do Pai.

Quinta — 27ª Semana do Tempo Comum

E Jesus acrescentou: "Imaginai que um de vós tem um amigo e, à meia-noite, o procura, dizendo: 'Amigo, empresta-me três pães, pois um amigo meu chegou de viagem e nada tenho para lhe oferecer'. O outro responde lá de dentro: 'Não me incomodes. A porta já está trancada. Meus filhos e eu já estamos deitados, não posso me levantar para te dar os pães'. Digo-vos: mesmo que não se levante para dá-los por ser seu amigo, vai levantar-se por causa de sua impertinência e lhe dará quanto for necessário. Portanto, eu vos digo: pedi e vos será dado; procurai e encontrareis; batei e a porta vos será aberta. Pois todo aquele que pede recebe; quem procura encontra; e a quem bate, a porta será aberta. Algum de vós que é pai, se o filho pedir um peixe, lhe dará uma cobra? Ou ainda, se pedir um ovo, lhe dará um escorpião? Ora, se vós, que sois maus, sabeis dar coisas boas aos vossos filhos, quanto mais o Pai do céu saberá dar o Espírito Santo aos que lhe pedirem!" (**Lc 11,5-13**).

Rezar sem esmorecer

A oração do discípulo funda-se na relação filial com o Pai, a quem se dirige com confiança. De forma alguma, tem a ousadia de querer impor seu querer ao Pai, obrigando-o a lhe conceder tudo quanto lhe pede. A oração do discípulo está condicionada ao querer do Pai: ele quer o que o Pai quer! Seu desejo é, pois, submetido ao querer divino.

O discípulo está convencido do amor do Pai e de que este jamais haverá de lhe fazer o mal. Do Pai, só podem vir coisas boas! Assim como um pai humano não dá uma cobra ao filho que lhe pede um peixe, ou um escorpião se lhe pede um ovo, com muito maior razão o Pai do céu nunca dará algo maléfico a seus filhos. Antes, dá-lhes o que tem de melhor, o Espírito Santo. Basta que lho peçam sem esmorecer. E fiquem seguros de que terão tudo de quanto necessitam.

> Senhor Jesus, ensina-me a rezar sem esmorecer, seguro de que o Pai me dará tudo quanto for melhor para mim.

27ª Semana do Tempo Comum

Sexta

Alguns, porém, disseram: "É pelo poder de Beelzebu, o chefe dos demônios, que ele expulsa os demônios". Outros, para tentar Jesus, pediam-lhe um sinal do céu. Mas, conhecendo seus pensamentos, ele disse-lhes: "Todo reino dividido internamente será destruído; cairá uma casa sobre a outra. Ora, se até Satanás está dividido internamente, como poderá manter-se o seu reino? Pois dizeis que é pelo poder de Beelzebu que eu expulso os demônios. Se é pelo poder de Beelzebu que eu expulso os demônios, pelo poder de quem então vossos discípulos os expulsam? Por isso, eles mesmos serão vossos juízes. Mas, se é pelo dedo de Deus que eu expulso os demônios, é porque o Reino de Deus já chegou até vós. Quando um homem forte e bem armado guarda o próprio terreno, seus bens estão seguros. Mas, quando chega um mais forte do que ele e o vence, arranca-lhe a armadura em que confiava e distribui os despojos. Quem não está comigo é contra mim; e quem não recolhe comigo, espalha. Quando o espírito impuro sai de alguém, fica vagando por lugares áridos, à procura de repouso. Não o encontrando, diz: 'Vou voltar para minha casa de onde saí'. Chegando aí, encontra a casa varrida e arrumada. Então ele vai e traz outros sete espíritos piores do que ele, que entram e se instalam aí. No fim, o estado dessa pessoa fica pior do que antes" (**Lc 11,15-26**).

O mais forte

Os inimigos de Jesus eram incapazes de compreender os exorcismos realizados por ele. Atribuíam-no ao poder de Beelzebu, como se o Mestre tivesse algum pacto com o espírito do mal.

Jesus mostrou a incongruência do pensamento deles. Se Beelzebu estava sendo subjugado, é porque havia alguém superior a ele, mais forte do que ele. Se isto acontecia, era porque o "dedo de Deus" se fazia presente em sua ação. Se o mal estava sendo derrotado, era porque a força do bem estava se impondo. Os inimigos do Mestre recusavam-se a aceitar o que era evidente.

> Senhor Jesus, que eu saiba reconhecer em tua ação libertadora a presença da misericórdia do Pai atuando em favor da humanidade oprimida.

Sábado   # 27ª Semana do Tempo Comum

Enquanto Jesus assim falava, uma mulher levantou a voz no meio da multidão e lhe disse: "Feliz o ventre que te trouxe e os seios que te amamentaram". Ele respondeu: "Felizes, sobretudo, são os que ouvem a Palavra de Deus e a põem em prática" (**Lc 11,27-28**).

Ouvir e praticar a Palavra

A avaliação da mulher do povo e a de Jesus em relação a sua mãe era contrastante. A mulher considerava, apenas, a descendência sanguínea, ao proclamar Maria feliz, por ter concebido, dado à luz e criado um filho da envergadura de Jesus. Ser mãe de tal filho, no parecer da mulher, era um privilégio.

A consideração de Jesus seguiu noutra direção. O ponto de partida era a pertença ao Reino de Deus. Este é que determinava sua relação com todas as pessoas, não apenas com sua mãe biológica. A convergência entre ele e sua mãe dava-se pela submissão de ambos ao querer do Pai. A própria maternidade resultou da obediência ao querer divino, quando ela proclamou: "Eis, aqui, a serva do Senhor, faça-se em mim segundo a tua palavra!". A condição de serva do Senhor não se limitou àquele momento preciso, antes, dizia respeito ao conjunto de sua existência. Em tudo, buscava ser obediente ao Pai, cuja vontade dispunha-se a fazer. E foi fiel até o fim!

Quanto a Jesus, a consciência de ser Filho de Deus levava-o a se pautar em tudo pelo querer do Pai. Nada na vida do Mestre esteve em desacordo com o querer divino. O querer do Filho estava todo ancorado no querer do Pai. O testemunho de Filho obediente mostrava-se no bem que fazia aos sofredores e oprimidos, na acolhida dos pecadores e marginalizados e na liberdade em relação às tradições religiosas. A obediência tornava-o livre para fazer tudo quanto o Pai esperava dele.

Pelo viés da escuta e da prática da Palavra de Deus, mãe e filho encontravam-se. Como eles, são felizes os que seguem o mesmo caminho.

> Senhor Jesus, que minha vida seja pautada pela escuta
> e pela prática da Palavra de Deus, de modo a ser
> bem-aventurado, como o foi tua bendita mãe.

28ª Semana do Tempo Comum — Domingo

Jesus saiu caminhando, quando veio alguém correndo, caiu de joelhos diante dele e perguntou: "Bom Mestre, que devo fazer para ganhar a vida eterna?" Disse Jesus: "Por que me chamas de bom? Só Deus é bom, e mais ninguém. Conheces os mandamentos: não cometerás homicídio, não cometerás adultério, não roubarás, não levantarás falso testemunho, não prejudicarás ninguém, honra teu pai e tua mãe!" Ele então respondeu: "Mestre, tudo isso eu tenho observado desde a minha juventude". Jesus, fitando-o, com amor, lhe disse: "Só te falta uma coisa: vai, vende tudo o que tens, dá o dinheiro aos pobres e terás um tesouro no céu. Depois, vem e segue-me". Ao ouvir isso, ele ficou pesaroso por causa desta palavra e foi embora cheio de tristeza, pois possuía muitos bens. [...] Jesus disse aos seus discípulos: "Como é difícil, para os que possuem riquezas, entrar no Reino de Deus". Os discípulos ficaram espantados com estas palavras. E Jesus tornou a falar: [...] "É mais fácil um camelo passar pelo buraco de uma agulha do que um rico entrar no Reino de Deus!" Eles ficaram mais admirados e diziam uns aos outros: "Quem então poderá salvar-se?" Olhando bem para eles, Jesus lhes disse: "Para os homens isso é impossível, mas não para Deus. Para Deus tudo é possível!" Pedro começou a dizer-lhe: "Olha, nós deixamos tudo e te seguimos". Jesus respondeu: "Em verdade vos digo: todo aquele que deixa casa, irmãos, irmãs, mãe, pai, filhos e campos, por causa de mim e do evangelho, recebe cem vezes mais agora, durante esta vida – casas, irmãos, irmãs, mães, filhos e campos, com perseguições –, e no mundo futuro, vida eterna" (**Mc 10,17-30**).

Ganhar a vida eterna

A preocupação do jovem rico deveria ser a de todo discípulo do Reino. Que fazer para ganhar a vida eterna? Trata-se do caminho a ser trilhado para chegar à comunhão com o Pai. O jovem já estava em marcha no caminho da prática dos mandamentos. Jesus reconheceu-lhe a sinceridade, tanto que o fitou com amor, quando declarou ser observante dos mandamentos desde a juventude.

Todavia, faltava-lhe uma coisa: o caminho do desapego dos bens deste mundo, da solidariedade com os pobres e do seguimento de Jesus. O excesso de riqueza impediu-o de dar o passo da radicalidade. Impediu-o de se colocar, com decisão, no caminho que leva à vida eterna.

Senhor Jesus, que nada me impeça de trilhar o caminho da vida eterna, que passa pelo desapego dos bens deste mundo e pela solidariedade com os pobres.

Segunda — 28ª Semana do Tempo Comum

Acorrendo as multidões em grande número, Jesus começou a dizer: "Esta geração é uma geração perversa. Busca um sinal, mas nenhum sinal lhe será dado, a não ser o sinal de Jonas. De fato, assim como Jonas foi um sinal para os ninivitas, assim também será o Filho do Homem para esta geração. No dia do juízo, a rainha do Sul se levantará juntamente com esta geração e a condenará, pois ela veio dos confins da terra para ouvir a sabedoria de Salomão, e aqui está quem é mais do que Salomão. No dia do juízo, os ninivitas se levantarão juntamente com esta geração e a condenarão; pois eles mostraram arrependimento com a pregação de Jonas, e aqui está quem é mais do que Jonas" (**Lc 11,29-32**).

Exigência de sinais

Jesus admirou-se que lhe exigissem sinais para comprovar a condição de enviado de Deus. Os muitos milagres não pareciam suficientes para revelar-lhe a identidade. Quiçá quisessem algo mirabolante, uma espécie de espetáculo, onde se mostrasse mais como mágico ou milagreiro do que como Filho de Deus.

O Mestre recusou-se a lhes satisfazer a curiosidade. Embora tendo consigo alguém maior do que o rei Salomão e o profeta Jonas, e vendo o que realizava, tinham o coração endurecido. Por mais que Jesus fizesse, sempre teriam algo para criticar e, assim, encontrar motivos para rejeitá-lo.

O discípulo do Reino não exige sinais. Basta-lhe contemplar o testemunho de Jesus para reconhecer-lhe a condição de Messias. Bastam-lhe os gestos de misericórdia em favor dos pequenos e a acolhida amorosa dos desprezados para identificá-lo com o servidor do Reino. "O sinal de Jonas" constitui-se na demonstração definitiva de sua condição de Messias de Deus. A ressurreição tornou-se, para os discípulos do Reino, o indicativo irrefutável de sua identidade. Qualquer outro sinal é dispensável.

> Senhor Jesus, que a contemplação de teu testemunho de misericórdia baste-me para reconhecer-te como Messias de Deus.

28ª Semana do Tempo Comum — Terça

Enquanto Jesus estava falando, um fariseu o convidou para jantar em sua casa. Jesus foi e pôs-se à mesa. O fariseu ficou admirado ao ver que ele não tinha feito a lavação ritual antes da refeição. O Senhor disse-lhe: "Vós, fariseus, limpais por fora o copo e a travessa, mas o vosso interior está cheio de roubos e maldades. Insensatos! Aquele que fez o exterior não fez também o interior? Antes, dai em esmola o que está dentro, e tudo ficará puro para vós" (**Lc 11,37-41**).

A verdadeira purificação

Um dos muitos pontos de divergência entre Jesus e seus adversários dizia respeito ao modo de considerar as pessoas. Enquanto os fariseus estavam preocupados com a exterioridade, Jesus centrava a atenção na interioridade.

Cuidar do exterior é fácil. Bastavam os muitos banhos rituais e as lavações para se alcançar a pureza. O simbolismo, porém, tinha pouca incidência na conversão da pessoa. Era possível o indivíduo insistir no egoísmo, mesmo tendo realizado todos os banhos exigidos pelas leis religiosas. A água usada para as abluções era incapaz de purificar o coração.

Pelo contrário, cuidar do interior é extremamente exigente. Como se ver livre do egoísmo que corrompe as relações interpessoais e incapacita para a prática do bem? Como superar o desejo de vingança e se abrir para o perdão e a reconciliação? Como deixar de lado a inveja e o ciúme que impossibilitam acolher o outro com benevolência?

O caminho da purificação interior passa pela eliminação de tudo quanto impede o ser humano de estabelecer relações fraternas com o próximo, com pureza de coração. Só é possível trilhá-lo com o pressuposto de eliminar os elementos de desumanização que impedem o ser humano de ser livre. Sem um esforço ingente, o interior pode continuar contaminado pelo pecado, embora o exterior esteja, escrupulosamente, limpo.

> Senhor Jesus, reforça-me o desejo de ser limpo interiormente, de modo que, purificado do egoísmo, me consagre, de coração, à prática do bem.

Quarta # 28ª Semana do Tempo Comum

"Ai de vós, fariseus, porque pagais o dízimo da hortelã, da arruda e de todas as outras ervas, mas deixais de lado a justiça e o amor de Deus. Isto é que deveríeis praticar, sem negligenciar aquilo. Ai de vós, fariseus, porque gostais do primeiro assento nas sinagogas e de serdes cumprimentados nas praças. Ai de vós, porque sois como túmulos que não se veem, sobre os quais as pessoas andam sem saber." Um doutor da Lei tomou a palavra e disse: "Mestre, falando assim, insultas também a nós!" Jesus respondeu: "Ai de vós igualmente, doutores da Lei, porque carregais as pessoas com fardos insuportáveis, e vós mesmos, nem com um só dedo, não tocais nesses fardos!" (**Lc 11,42-46**).

Como sepulcros caiados

A metáfora dos túmulos pintados de branco serviu para Jesus denunciar certas posturas religiosas. Por fora, têm a beleza da piedade e do temor a Deus. Por dentro, escondem atitudes incompatíveis com o querer divino. É a religiosidade hipócrita, sem densidade espiritual nem ética.

Essa religião de fachada é, muitas vezes, legalista. O fiel faz questão de se submeter a todas as leis da religião. E tem a pretensão de ser perfeito, não omitindo uma só. Espera que seu comportamento seja louvado. Não perde a chance de criticar os pecadores e as pessoas de vida duvidosa. Julgando-se amigo de Deus, dá-se o direito de condená-los, sem misericórdia, ao fogo do inferno.

Tais pessoas jamais enganaram Jesus. A atenção do Mestre estava voltada para suas atitudes, não para os atos. Atos bonitos escondiam atitudes condenáveis. Enquanto pagavam o dízimo, com certo exagero, pouco se importavam com a justiça e o amor de Deus. Valorizavam o secundário e davam as costas para o fundamental.

O Mestre espera dos discípulos do Reino total pureza de coração. Que deem testemunho da fé com atitudes próprias de quem é, deveras, fiel ao Pai!

> Senhor Jesus, livra-me da hipocrisia que faz de mim um sepulcro caiado, levando-me a cultivar atitudes compatíveis com quem quer ser fiel a Deus.

28ª Semana do Tempo Comum — Quinta

"Ai de vós, porque construís os túmulos dos profetas! No entanto, foram vossos pais que os mataram. Com isso, sois testemunhas e aprovais as ações de vossos pais, pois eles mataram os profetas e vós construís os túmulos. É por isso que a sabedoria de Deus afirmou: 'Eu lhes enviarei profetas e apóstolos', e a alguns, eles matarão ou perseguirão; por isso se pedirá conta a esta geração do sangue de todos os profetas derramado desde a criação do mundo, desde o sangue de Abel até o sangue de Zacarias, que foi morto entre o altar e o Santuário. Sim, eu vos digo: esta geração terá de prestar conta disso. Ai de vós, doutores da Lei, porque ficastes com a chave da ciência: vós mesmos não entrastes, e ainda impedistes os que queriam entrar". Quando Jesus saiu de lá, os escribas e os fariseus começaram a importuná-lo e a provocá-lo em muitos pontos, armando ciladas para apanhá-lo em suas próprias palavras (**Lc 11,47-54**).

Obstáculos para a fé

Os escribas e fariseus, querendo ser exemplo de religiosidade, acabavam por afastar as pessoas da fé. Com isso, não entravam no Reino, nem deixavam entrar outras pessoas de boa vontade. O motivo era simples: a religião ensinada por eles era falsa. O caminho indicado não levava a Deus.

A Deus se chega pelo caminho do amor e da misericórdia, não pelo da prática minuciosa da Lei. A submissão à Lei não elimina, necessariamente, o egoísmo. A prática dos ditames da Lei pode ser um gesto periférico, sem profundidade. Já o amor só é possível se o fiel superar as barreiras do egoísmo e se deixar afetar pelo próximo necessitado. Deus entra em sua vida pela mesma porta pela qual o próximo entra. Aliás, Deus entra com o próximo. Se o próximo não entra, Deus também fica de fora.

O discípulo do Reino, na contramão dos escribas e dos fariseus, é desafiado a dar testemunho do amor misericordioso, única maneira de chegar à comunhão com o Pai.

> Senhor Jesus, que meu testemunho de amor
> misericordioso possa atrair para ti os que,
> cheios de boa vontade, buscam o caminho da fé.

| Sexta | # 28ª Semana do Tempo Comum

Entretanto, milhares de pessoas se ajuntaram, a ponto de uns pisarem os outros. Jesus começou a falar, primeiro a seus discípulos: "Cuidado com o fermento dos fariseus, que é a hipocrisia. Não há nada de oculto que não venha a ser revelado, e não há nada de escondido que não venha a ser conhecido. Portanto, tudo o que tiverdes dito na escuridão, será ouvido à luz do dia; e o que tiverdes pronunciado ao pé do ouvido, nos quartos, será proclamado sobre os telhados. A vós, porém, meus amigos, eu digo: não tenhais medo dos que matam o corpo e depois não podem fazer mais nada. Vou mostrar-vos a quem deveis temer: temei Aquele que, depois de fazer morrer, tem o poder de lançar-vos no inferno. Sim, eu vos digo, a este deveis temer. Não se vendem cinco pardais por duas moedinhas? No entanto, nenhum deles é esquecido por Deus. Até mesmo os cabelos de vossa cabeça estão todos contados. Não tenhais medo! Vós valeis mais do que muitos pardais" (**Lc 12,1-7**).

A quem se deve temer

Jesus alertou os discípulos em relação aos adversários. Queriam tirar-lhes a vida por não se submeterem aos caprichos deles. O texto evangélico deixa transparecer que os escribas e fariseus eram violentos, quando alguém se recusava a praticar a religião nos moldes ensinados por eles.

Os discípulos não devem temer, pois suas vidas estão nas mãos do Pai. Duas parábolas ilustram o interesse divino: o comércio de pardais e a queda de cabelos. O Pai se preocupa até pelos pardais, mercadoria barata. E conhece o número de fios de cabelos de cada discípulo. Se a preocupação divina chega a tais detalhes, quanto mais quando se trata da vida dos discípulos! Nada lhe escapa, mormente, quando são perseguidos.

Essa compreensão do amor do Pai acompanhou todo o ministério de Jesus. Perseguido e incompreendido, tinha plena consciência de gozar da proteção paterna.

> Senhor Jesus, torna-me sempre mais consciente
> do quanto o Pai me quer bem e protege
> cada um dos meus passos.

28ª Semana do Tempo Comum — **Sábado**

"Eu vos digo: todo aquele que se declarar por mim diante do povo, o Filho do Homem também se declarará a favor dele diante dos anjos de Deus. Aquele, porém, que me renegar diante do povo será renegado diante dos anjos de Deus. Todo aquele que falar uma palavra contra o Filho do Homem será perdoado. Mas quem blasfemar contra o Espírito Santo não será perdoado. Quando vos conduzirem diante das sinagogas, magistrados e autoridades, não vos preocupeis com os argumentos para vos defender, nem com o que dizer. Pois nessa hora o Espírito Santo vos ensinará o que deveis dizer" (**Lc 12,8-12**).

Firmeza nas tribulações

A opção pelo Reino é causa de tribulação para o discípulo. O Mestre jamais escondeu essa consequência do discipulado. No contexto das comunidades primitivas, o risco de ser levado diante de tribunais estava sempre no horizonte dos seguidores de Jesus, como estivera no horizonte do Mestre.

A tática dos acusadores é bem conhecida. Recorrendo a falsas testemunhas, acusam injustamente os discípulos. Atribuem-lhes afirmações que nunca fizeram. Distorcem-lhes as palavras, dando-lhes significados muito diferentes do que tinham.

Os discípulos, sentindo-se impotentes, corriam o risco de ser confundidos. Por isso, o Mestre alertou-os sobre a assistência do Espírito Santo nos momentos difíceis. O Espírito haveria de colocar-lhes na boca as palavras a serem ditas para se defenderem.

Portanto, era desnecessário preocupar-se com as palavras a serem proferidas nos tribunais e como argumentar. O Espírito haveria de falar por meio deles.

Pensando em si mesmo, Jesus dava-se conta da veracidade de seu ensinamento. Perseguido por todos os lados, tinha consciência da assistência do Espírito, de modo a não ser confundido pelos adversários. Estes nunca foram capazes de fazê-lo cair em suas armadilhas.

Senhor Jesus, que o Espírito Santo me assista, em cada momento da vida, colocando em minha boca as palavras apropriadas para dar testemunho da fé.

Domingo | # 29ª Semana do Tempo Comum

Tiago e João, filhos de Zebedeu, aproximaram-se de Jesus e lhe disseram: "Mestre, queremos que faças por nós o que te vamos pedir". Ele perguntou: "Que quereis que eu vos faça?" Responderam: "Permite que nos sentemos, na tua glória, um à tua direita e o outro à tua esquerda!" Jesus lhes disse: "Não sabeis o que estais pedindo. Podeis beber o cálice que eu vou beber? Ou ser batizados com o batismo com que eu vou ser batizado?" Responderam: "Podemos". Jesus então lhes disse: "Sim, do cálice que eu vou beber, bebereis, com o batismo com que eu vou ser batizado, sereis batizados. Mas o sentar-se à minha direita ou à minha esquerda não depende de mim; é para aqueles para quem foi preparado". Quando os outros dez ouviram isso, ficaram zangados com Tiago e João. Jesus então os chamou e disse: "Sabeis que os que são considerados chefes das nações as dominam, e os seus grandes fazem sentir seu poder. Entre vós não deve ser assim. Quem quiser ser o maior entre vós seja aquele que vos serve, e quem quiser ser o primeiro entre vós seja o escravo de todos. Pois o Filho do Homem não veio para ser servido, mas para servir e dar a vida em resgate por muitos" (**Mc 10,35-45**).

Uma nova mentalidade

Os discípulos tiveram dificuldade de assimilar a mentalidade nova que o Mestre lhes ensinava. Insistiam em cultivar esquemas mundanos, contrários à mensagem do Reino. Entre eles, a pretensão de exercer o poder sobre os demais. Este era o motivo do pedido dos filhos de Zebedeu. Queriam ter a supremacia no grupo de discípulos, pedindo para si os dois cargos mais importantes no Reino, de modo a estarem à direita e à esquerda do Messias.

O Mestre cuidou de combater esse desvio de conduta, apontando para o próprio testemunho de vida. Ele "não veio para ser servido, mas para servir e dar a vida em resgate por muitos". Era um Messias servidor, não um messias poderoso. Quem se dispusesse a segui-lo, deveria, como ele, dispor-se a se fazer o menor e o escravo de todos.

> Senhor Jesus, faze de mim um discípulo servidor,
> disposto a ser o menor de todos e o servidor de todos
> quantos necessitam de mim.

29ª Semana do Tempo Comum · Segunda

Alguém do meio da multidão disse a Jesus: "Mestre, dize ao meu irmão que reparta a herança comigo". Ele respondeu: "Homem, quem me encarregou de ser juiz ou árbitro entre vós?" E disse-lhes: "Atenção! Guardai-vos de todo tipo de ganância, pois mesmo que se tenha muitas coisas, a vida não consiste na abundância de bens". E contou-lhes uma parábola: "A terra de um homem rico deu uma grande colheita. Ele pensava consigo mesmo: 'Que vou fazer? Não tenho onde guardar minha colheita'. Então resolveu: 'Já sei o que fazer! Vou derrubar meus celeiros e construir maiores; neles vou guardar todo o meu trigo, junto com os meus bens. Então poderei dizer a mim mesmo: Meu caro, tens uma boa reserva para muitos anos. Descansa, come, bebe, goza a vida!' Mas Deus lhe diz: 'Tolo! Ainda nesta noite, tua vida te será tirada. E para quem ficará o que acumulaste?' Assim acontece com quem ajunta tesouros para si mesmo, mas não se torna rico diante de Deus" (**Lc 12,13-21**).

Rico diante de Deus

A desavença entre dois irmãos, por causa de herança, permitiu a Jesus ensinar a importância de ser rico diante de Deus. De nada vale acumular sem pensar em partilhar com os necessitados. De nada vale possuir muitos bens para deles usufruir egoisticamente, sem nenhum sentimento de misericórdia em relação ao irmão carente. De nada vale ter bens suficientes para garantir uma existência confortável, quando muitos não têm nem o mínimo indispensável para viver.

O discípulo do Reino é alertado para não cair na tentação da ganância, a ponto de se esquecer das coisas fundamentais. Por isso, antes de pensar em acumular, decida-se a repartir. Antes de pensar em si mesmo, mostre-se sensível em relação ao próximo. Antes de pensar na própria comodidade, reflita nas condições de vida dos irmãos mais pobres.

Senhor Jesus, livra-me da ganância e da ambição, fazendo-me compreender a importância de ser rico diante de Deus, pela solidariedade e pela partilha.

| **Terça** | 29ª Semana do Tempo Comum |

"Ficai de prontidão, com o cinto amarrado e as lâmpadas acesas. Sede como pessoas que estão esperando seu senhor voltar de uma festa de casamento, para lhe abrir a porta, logo que ele chegar e bater. Felizes os servos que o Senhor encontrar acordados quando chegar. Em verdade, vos digo: ele mesmo vai arregaçar sua veste, os fará sentar à mesa e passará para servi--los. E caso ele chegue pela meia-noite ou já perto da madrugada, felizes serão, se assim os encontrar!" (**Lc 12,35-38**).

Ficar de prontidão

O tema da prontidão é recorrente na pregação de Jesus. O Mestre receava que os discípulos, com o passar do tempo, perdessem o entusiasmo inicial e acabassem por trilhar caminhos incompatíveis com o Reino. Ou, então, fossem contaminados com mentalidades mundanas, muito distantes do que havia ensinado.

"Ficai de prontidão, com o cinto amarrado e as lâmpadas acessas" é um alerta para estarem em contínuo discernimento para não se extraviarem. Na cultura da época, os rins eram a sede do pensamento e do discernimento. Ter o cinto amarrado na altura dos rins era uma metáfora para alertar sobre a necessidade de estar atento, buscando o que corresponde ao querer do Pai. Ter as lâmpadas acesas era metáfora do caminhar seguro, sem o risco de tropeçar e cair, como acontece quando se caminha na escuridão. O discípulo caminhará com firmeza, se for iluminado pela luz da fé.

Jesus preocupa-se com o momento em que os discípulos serão chamados a prestar contas do que fizeram de suas vidas. O momento é desconhecido e não há como conhecê-lo com antecedência. A única solução consiste em estar sempre no bom caminho, superando a tentação do desânimo e do cansaço, quando o caminhar se torna longo e fatigante. Bem-aventurado será o discípulo que, a qualquer hora em que o Mestre chegar, for encontrado vigilante e pronto para ser acolhido na comunhão com o Pai.

> Senhor Jesus, dá-me a graça da vigilância, de modo a estar sempre preparado para ser recebido por ti, na comunhão com o Pai, quando vieres.

29ª Semana do Tempo Comum — Quarta

"Ficai certos: se o dono da casa soubesse a que horas viria o ladrão, não deixaria que fosse arrombada sua casa. Vós também ficai preparados! Pois na hora em que menos pensais, virá o Filho do Homem." Então Pedro disse: "Senhor, é para nós ou para todos que contas esta parábola?" O Senhor respondeu: "Quem é o administrador fiel e atento, que o senhor encarregará de dar à criadagem a ração de trigo na hora certa? Feliz aquele servo que o senhor, ao chegar, encontrar agindo assim! Em verdade, vos digo: ele lhe confiará a administração de todos os seus bens. Ora, se um outro servo pensar: 'Meu senhor está demorando' e começar a bater nos criados e nas criadas, a comer, beber e embriagar-se, o senhor daquele servo chegará num dia inesperado e numa hora imprevista, ele o excluirá e lhe imporá a sorte dos infiéis. O servo que, conhecendo a vontade do senhor, nada preparou, nem agiu conforme a sua vontade, será chicoteado muitas vezes. O servo, porém, que não conhecendo essa vontade fez coisas que merecem castigo, será chicoteado poucas vezes. Portanto, todo aquele a quem muito foi dado, muito lhe será pedido; a quem muito foi confiado, dele será exigido muito mais!" (**Lc 12,39-48**).

O servo fiel

O discípulo do Reino é desafiado a ser, inteiramente, fiel. A fidelidade consiste em não abrir mão do projeto de Deus, embora deva pagar o preço dessa ousadia. A fidelidade acontece em meio a perseguições e contrariedades, pois se trata de caminhar na contramão das mentalidades mundanas. Exige do discípulo uma vontade decidida, para não fraquejar no primeiro confronto. Só se concretiza, quando a adesão ao Reino é fruto da liberdade, purificada das paixões mundanas.

O servo fiel está sempre preparado para acolher o Senhor que vem. Embora lhe seja exigido muito, estará pronto para ser submetido ao julgamento divino.

> Senhor Jesus, como servo fiel, quero estar sempre pronto para prestar contas de minha vida, na certeza de ser aprovado por ti.

Quinta — # 29ª Semana do Tempo Comum

"Fogo eu vim lançar sobre a terra, e como gostaria que já estivesse aceso! Um batismo eu devo receber, e como estou ansioso até que isto se cumpra! Pensais que eu vim trazer a paz à terra? Pelo contrário, eu vos digo, vim trazer a divisão. Pois daqui em diante, numa família de cinco pessoas, três ficarão divididas contra duas e duas contra três; ficarão divididos: pai contra filho e filho contra pai; mãe contra filha e filha contra mãe; sogra conta nora e nora contra sogra" (**Lc 12,49-53**).

A família dividida

As palavras de Jesus podem causar estranheza. Que significa dizer que veio lançar fogo sobre a terra? Ou, então, que veio trazer a divisão? Por que chamou de bem-aventurados os pacíficos, os que promovem a união, se veio dividir?

A chave de interpretação do ensinamento de Jesus é o Reino de Deus e seus valores. O Reino exige de cada pessoa uma tomada de decisão. É impossível não se posicionar! Haverá quem aceite e quem rejeite a justiça do Reino. Igualmente, a exigência de perdão, de partilha e de amor misericordioso.

Poderá acontecer que, numa família, a opção do pai seja diferente da do filho, a da mãe diferente da da filha, a da sogra diferente da da nora. A divisão acontece nas maneiras diferentes de se situar diante do Reino. O pai faz uma opção e o filho, outra. O que não pode acontecer é o filho aderir à injustiça só para não desagradar o pai. Ou a filha assumir atitudes egoístas para não decepcionar a mãe.

O Reino tem primazia na vida de quem se torna discípulo. Nenhum laço afetivo será tão forte a ponto de fazê-lo contrariar a consciência, só para não aborrecer os familiares. A primazia das exigências do Reino deve-se ao fato de corresponderem ao querer do Pai. Se é desejo do Pai que o discípulo assuma determinada postura, nada será tão forte para demovê-lo de sua decisão.

> Senhor Jesus, que nada em minha vida me afaste das exigências do Reino, pois escolhi fazer sempre a vontade do Pai.

29ª Semana do Tempo Comum

Sexta

Jesus dizia também às multidões: "Quando vedes uma nuvem vinda do ocidente, logo dizeis que vem chuva. E assim acontece. Quando sentis soprar o vento sul, logo dizeis que vai fazer calor. E assim acontece. Hipócritas! Sabeis avaliar o aspecto da terra e do céu. Como é que não sabeis avaliar o tempo presente? Por que não julgais por vós mesmos o que é justo? Quando, pois, estás indo com teu adversário apresentar-te diante do magistrado, procura resolver o caso com ele enquanto ainda a caminho. Senão ele te levará ao juiz, o juiz te entregará ao oficial de justiça, e o oficial de justiça te jogará na prisão. Eu te digo: dali não sairás, enquanto não pagares o último centavo" (**Lc 12,54-59**).

Discernir o tempo presente

Uma postura característica do discípulo é a atenção ao que acontece a seu redor, buscando ver nos acontecimentos o que Deus lhe fala. Cada fato, mesmo os mais simples, pode ser o meio pelo qual o querer divino lhe é comunicado.

Esta postura dá consistência à vida do discípulo. Nada acontecerá por acaso nem, tampouco, passará despercebido. Antes, será discernido para descobrir os desígnios divinos a seu respeito e a respeito do mundo.

A vida do discípulo será um diálogo continuado com o Pai, pois cada apelo exigirá uma resposta. Sua existência, portanto, consistirá em escutar o Pai e responder-lhe em cada momento e em cada circunstância.

Jesus foi um exemplo de discernimento do tempo presente. Nada do que acontecia ao seu redor escapava de sua atenção. Estava sempre atento para perceber os apelos do Pai e se dispunha a ser, inteiramente, fiel. Isto lhe possibilitou detectar o sentido de sua morte e o preparou para vivê-la como manifestação de fidelidade ao Pai, fruto da obediência filial.

> Senhor Jesus, dá-me a sabedoria de discernir
> o tempo presente, para descobrir nos acontecimentos
> os apelos que o Pai me dirige.

Sábado | # 29ª Semana do Tempo Comum

Nesse momento, chegaram algumas pessoas trazendo a Jesus notícias a respeito dos galileus que Pilatos tinha matado, misturando o sangue deles com o dos sacrifícios que ofereciam. Ele lhes respondeu: "Pensais que esses galileus eram mais pecadores do que qualquer outro galileu, por terem sofrido tal coisa? Digo-vos que não. Mas se vós não vos converterdes, perecereis todos do mesmo modo. E aqueles dezoito que morreram quando a torre de Siloé caiu sobre eles? Pensais que eram mais culpados do que qualquer outro morador de Jerusalém? Eu vos digo que não. Mas, se não vos converterdes, perecereis todos do mesmo modo". E Jesus contou esta parábola: "Certo homem tinha uma figueira plantada na sua vinha. Foi lá procurar figos e não encontrou. Então disse ao agricultor: 'Já faz três anos que venho procurando figos nesta figueira e nada encontro. Corta-a! Para que está ocupando inutilmente a terra?' Ele, porém, respondeu: 'Senhor, deixa-a ainda este ano. Vou cavar em volta e pôr adubo. Pode ser que venha a dar fruto. Se não der, então a cortarás'" (**Lc 13,1-9**).

A figueira estéril

É fácil julgar o próximo e reconhecer-lhe os pecados. Difícil é olhar para si e reconhecer o modo de proceder contrário ao Reino. Fácil é identificar o mal praticado pelos outros. Difícil é identificar as próprias más ações.

Esse modo equivocado de proceder pode desviar o foco da atenção do discípulo. E não deixá-lo perceber a esterilidade espiritual de que padece. Por se deter em condenar o outro, não tem tempo de perceber o quanto está em falta com o Reino.

Cada minuto da vida deve ser entendido como tempo da paciência de Deus à espera de que dê frutos de amor e de misericórdia. Todavia, se persevera na esterilidade, corre o risco de ser cortado como a figueira. A prudência exige estar atento para que, quando o Senhor vier, encontre o discípulo produzindo os frutos do Reino.

> Senhor Jesus, que eu tenha sempre em mente a urgência de produzir frutos, sinais de minha adesão sincera ao Reino de Deus.

30ª Semana do Tempo Comum — Domingo

Chegaram a Jericó. Quando Jesus estava saindo da cidade, acompanhavam-no os discípulos e uma grande multidão. O mendigo cego, Bartimeu, filho de Timeu, estava sentado à beira do caminho. Ouvindo que era Jesus Nazareno, começou a gritar: "Jesus, Filho de Davi, tem compaixão de mim". Muitos o repreendiam para que se calasse. Mas ele gritava ainda mais alto: "Filho de Davi, tem compaixão de mim". Jesus parou e disse: "Chamai-o!" Eles o chamaram, dizendo: "Coragem, levanta-te! Ele te chama!" O cego jogou o manto fora, deu um pulo e se aproximou de Jesus. Este lhe perguntou: "Que queres que eu te faça?" O cego respondeu: "Rabûni, que eu veja". Jesus disse: "Vai, tua fé te salvou". No mesmo instante, ele recuperou a vista e foi seguindo Jesus pelo caminho (**Mc 10,46-52**).

De mendigo a seguidor

O texto evangélico descreve a transformação na vida do cego Bartimeu, que passou de mendigo a seguidor. A cegueira e a mendicidade faziam dele um ser inútil. Estava à margem da sociedade e da religião.

A passagem de Jesus transformou-lhe a vida. Seu grito — "Jesus, Filho de Davi" — continha elementos da fé, que haveriam de salvá-lo. A compaixão do Filho de Davi poderia mudar-lhe a vida. Quiseram impedi-lo, mas sem sucesso.

Quando Jesus mandou chamá-lo, agiu como se já estivesse vendo. Não necessitou de ajuda para se aproximar do Mestre. Interrogado, manifestou o desejo de ver. Uma vez curado, pôs-se a seguir Jesus pelo caminho.

Como o cego, os discípulos do Reino tornam-se seguidores somente quando são curados da cegueira espiritual. Só, então, estão preparados para optar pelo Mestre, sem o risco de fazer uma escolha precipitada. Os discípulos cegos tendem a se escandalizar e a mudar de rumo, quando se dão conta das consequências da opção pelo Reino. Quem vê, não corre esse perigo.

> Senhor Jesus, cura-me a cegueira que me impede de ver com clareza as exigências do Reino e de escolher seguir-te, sem o risco de voltar atrás.

| **Segunda** | 30ª Semana do Tempo Comum |

Jesus estava ensinando numa sinagoga, num dia de sábado. Havia aí uma mulher que, dezoito anos já, estava com um espírito que a tornava doente. Era encurvada e totalmente incapaz de olhar para cima. Vendo-a, Jesus a chamou e lhe disse: "Mulher, estás livre da tua doença". Ele impôs as mãos sobre ela, que imediatamente se endireitou e começou a louvar a Deus. O chefe da sinagoga, porém, furioso porque Jesus tinha feito uma cura em dia de sábado, se pôs a dizer à multidão: "Há seis dias para trabalhar. Vinde, pois, nesses dias para serdes curados, mas não em dia de sábado". O Senhor respondeu-lhe: "Hipócritas! Não solta cada um de vós seu boi ou o jumento do curral, para dar-lhe de beber, mesmo que seja em dia de sábado? Esta filha de Abraão, que Satanás amarrou durante dezoito anos, não devia ser libertada dessa prisão, mesmo em dia de sábado?" Essa resposta envergonhou todos os inimigos de Jesus. E a multidão inteira se alegrava com as maravilhas que ele fazia (**Lc 13,10-17**).

Liberta da prisão

Jesus considerou a doença da mulher como uma prisão. E se apressou em libertá-la. Uma cura carregada de simbolismo!

A doença deixava a mulher encurvada, havia muito tempo. Simbolizava a opressão de todas as mulheres da época, curvadas sob o peso da tirania da sociedade e da religião. Socialmente, eram vistas como pessoas de segunda categoria, sem igualdade de direitos com os homens. Eram propriedades dos pais e, posteriormente, dos maridos. Religiosamente, não contavam. Não tinham a obrigação de cumprir os mandamentos da Lei, nem lhes era permitido participar do culto sinagogal. Eram vítimas de preconceitos, como se Deus as tivesse criado para serem escravas dos homens.

O gesto de Jesus, ao curar a mulher, simbolizava o desejo de libertar as mulheres de todas as prisões que as impedem de ser cidadãs em pé de igualdade com os homens. Elas, também, são filhas de Deus e como tal devem ser tratadas.

> Senhor Jesus, faze-me consciente do dever de libertar as mulheres curvadas sob o peso dos preconceitos sociais e religiosos.

30ª Semana do Tempo Comum — Terça

E Jesus dizia: "A que é semelhante o Reino de Deus, e com que poderei compará-lo? É como um grão de mostarda que alguém pegou e semeou no seu jardim: cresceu, tornou-se um arbusto, e os pássaros do céu foram fazer ninhos nos seus ramos". Jesus disse ainda: "Com que mais poderei comparar o Reino de Deus? É como o fermento que uma mulher pegou e escondeu em três porções de farinha, até tudo ficar fermentado" (**Lc 13,18-21**).

O Reino em parábolas

As parábolas do grão de mostarda e do fermento ilustram dois aspectos da dinâmica do Reino de Deus na história.

Como o grão de mostarda, o Reino está destinado a crescer, como uma árvore aonde os pássaros vêm fazer seus ninhos. Porém, não se identifica com certas instituições religiosas, em busca de novos membros, como se o crescimento da Igreja significasse, necessariamente, o crescimento do Reino.

O Reino se faz presente no amor e na misericórdia, contagiando as pessoas, a ponto de dispô-las a deixar de lado a maldade e a se decidir pela bondade. Da mesma forma, a justiça, a solidariedade e a reconciliação. Enquanto sementes do Reino plantadas no coração humano, estão destinadas a se expandir sempre mais, a ponto de tornar o mundo mais fraterno.

Como o fermento colocado na massa, o Reino atua na simplicidade e no escondimento. Não se identifica com os gestos espalhafatosos de certas pessoas que falam de Jesus. Nem com a concentração de multidões em torno da causa de determinadas igrejas. A dinâmica do Reino segue noutra direção. Sua ação é invisível aos olhos de quem não tem fé. Só aos olhos da fé é possível perceber a presença do amor agindo em determinado ambiente e transformando as pessoas.

Os discípulos do Reino são a presença do Reino atuando na história. No amor sincero do discípulo, a semente do Reino cresce e o Reino fermenta a humanidade.

> Senhor Jesus, faze de mim mediador da ação
> do Reino de Deus na história, a fim de criar um
> mundo mais humano e fraterno.

Quarta | # 30ª Semana do Tempo Comum

Jesus atravessava cidades e povoados, ensinando e prosseguindo o caminho para Jerusalém. Alguém lhe perguntou: "Senhor, é verdade que são poucos os que se salvam?" Ele respondeu: "Esforçai-vos por entrar pela porta estreita. Pois eu vos digo que muitos tentarão entrar e não conseguirão. Uma vez que o dono da casa se levantar e fechar a porta, vós, do lado de fora, começareis a bater, dizendo: 'Senhor, abre-nos a porta!' Ele responderá: 'Não sei de onde sois'. Então começareis a dizer: 'Comemos e bebemos na tua presença, e tu ensinaste em nossas praças!' Ele, porém, responderá: 'Não sei de onde sois. Afastai-vos de mim, todos vós que praticais a iniquidade!' E ali haverá choro e ranger de dentes, quando virdes Abraão, Isaac e Jacó, junto com todos os profetas, no Reino de Deus, enquanto vós mesmos sereis lançados fora. Virão muitos do oriente e do ocidente, do norte e do sul, e tomarão lugar à mesa no Reino de Deus. E assim há últimos que serão primeiros, e primeiros que serão últimos" (**Lc 13,22-30**).

A porta estreita

A parábola do dono da casa destina-se a certos discípulos do Reino que pensam estar salvos, sem o devido esforço para transformar as exigências do Reino em projeto de vida.

Jesus exorta-os a entrar pela porta estreita. Alerta-os a não se considerarem salvos, como se o simples fato de se proclamarem discípulos lhes garantisse a salvação. Argumentos como "comemos e bebemos na tua presença e tu ensinaste em nossas praças" serão inúteis. Por quê? Trata-se de praticantes da iniquidade.

Praticar a iniquidade significa não ter misericórdia em relação aos necessitados, ser incapaz de perdoar e de se reconciliar, cultivar sentimentos malévolos no coração, sem nenhum sentimento de culpa. Significa praticar a injustiça, virando as costas para os apelos do Reino. De tudo isso, um discípulo é capaz!

Entrar pela porta estreita, portanto, significa passar por profunda conversão.

> Senhor Jesus, reforça em mim a disposição para
> entrar pela porta estreita, de modo que jamais
> o egoísmo e a maldade tenham lugar no meu coração.

30ª Semana do Tempo Comum · Quinta

Naquela hora, alguns fariseus aproximaram-se e disseram a Jesus: "Sai daqui, porque Herodes quer te matar". Ele disse: "Ide dizer a essa raposa: eu expulso demônios e faço curas hoje e amanhã; e no terceiro dia chegarei ao termo. Entretanto, preciso caminhar hoje, amanhã e depois de amanhã, pois não convém que um profeta morra fora de Jerusalém. Jerusalém, Jerusalém, que matas os profetas e apedrejas os que te foram enviados! Quantas vezes eu quis reunir teus filhos, como a galinha reúne os pintainhos debaixo das asas, mas não quiseste! Vede, vossa casa ficará abandonada. Eu vos digo: não mais me vereis, até que chegue o tempo em que digais: 'Bendito aquele que vem em nome do Senhor'" (**Lc 13,31-35**).

A sorte do profeta

Jesus recusa-se a fugir de Herodes, quando lhe avisam que o tirano quer matá-lo. A decisão do Mestre deve-se à obediência radical ao Pai, de modo que força nenhuma é suficientemente forte para mudar o rumo de sua caminhada. Se o Pai lhe confiou a tarefa de fazer o bem às pessoas, simbolizado nas expulsões de demônios e nas curas, não haveria de ser o malvado quem o moveria a agir de maneira diferente.

A maldade de Herodes era bem conhecida. Sem dó nem piedade, mandava eliminar quem o contrariasse, até mesmo a esposa e os filhos. Era inclemente com os adversários, não lhes poupando a vida, quando surgia uma ocasião. A violência fazia-o conhecido e temido!

Nada disso provocou pânico no coração de Jesus. Embora indefeso e sem nenhuma intenção de medir forças com o homicida, o Mestre teve a ousadia de mandar-lhe um recado. Em resumo, mandou-lhe dizer: eu me submeto às ordens do Pai, não às tuas; não abandonarei meu caminho por medo de ti.

A coragem de Jesus é um apelo para os discípulos. Estes, também, se veem às voltas com ameaças dos poderosos e prepotentes. Como Jesus, obedientes ao Pai, jamais os temerão e mudarão o rumo da caminhada por causa deles.

> Senhor Jesus, que tua coragem diante do tirano sirva-me de exemplo nas tribulações, quando, por medo, for tentado a mudar o rumo da caminhada traçado pelo Pai.

Sexta

30ª Semana do Tempo Comum

Num dia de sábado, Jesus foi comer na casa de um dos chefes dos fariseus. Estes o observavam. Em frente de Jesus estava um homem que sofria de hidropisia. Tomando a palavra, Jesus disse aos doutores da Lei e aos fariseus: "Em dia de sábado, é permitido curar ou não?" Eles ficaram em silêncio. Então Jesus tomou o homem pela mão, curou-o e o despediu. Depois lhes disse: "Se algum de vós tem um filho ou um boi que caiu num poço, não o tira logo daí, mesmo em dia de sábado?" E eles não foram capazes de responder a isso (**Lc 14,1-6**).

Quando se pode fazer o bem

A cena evangélica coloca a questão de quando se pode fazer o bem. Existem tempos e lugares determinados? Quem determina onde e quando o bem pode ser feito?

O discípulo do Reino, seguindo o exemplo de Jesus, conhece bem as respostas. O bem deve ser feito em qualquer tempo e lugar, quando se está diante de um ser humano necessitado. Este é o querer do Pai e nenhuma instituição humana pode ensinar o contrário.

O chefe dos fariseus estava atento a Jesus para ver se curaria o hidrópico em dia de sábado. Sua preocupação era com a observância do descanso sabático, praticado por todo judeu fiel. Se Jesus era fiel, haveria de adiar a cura do doente para o dia seguinte.

Sem receio de escandalizar o anfitrião, Jesus tomou o doente pela mão, curou-o e mandou-o para casa. O preceito religioso ficou em segundo plano, pois se tratava de libertar um ser humano da doença. Era exigência do Pai que fizesse o bem àquele homem, embora fosse sábado.

O discípulo do Reino deve seguir o exemplo do Mestre. Onde quer que encontre um irmão carente de ajuda, deverá estar disposto a fazer-lhe o bem. Nenhuma lei, religiosa ou não, poderá impedi-lo. Não importa quem seja, o discípulo se disporá a ajudá-lo por ser este o querer do Pai.

> Senhor Jesus, que eu me disponha sempre a fazer o bem, em qualquer tempo e lugar e a qualquer pessoa, consciente de que isto corresponde à vontade do Pai.

30ª Semana do Tempo Comum — Sábado

Num dia de sábado, Jesus foi comer na casa de um dos chefes dos fariseus. Estes o observavam. Jesus notou como os convidados escolhiam os primeiros lugares. Então lhes contou uma parábola: "Quando fores convidado para uma festa de casamento, não ocupes o primeiro lugar. Pode ser que tenha sido convidado alguém mais importante, e o dono da casa, que convidou os dois, venha a te dizer: 'Cede o lugar a ele'. Então irás cheio de vergonha ocupar o último lugar. Ao contrário, quando fores convidado, vai sentar-te no último lugar. Quando chegar então aquele que te convidou, ele te dirá: 'Amigo, vem para um lugar melhor!' Será uma honra para ti, à vista de todos os convidados. Pois todo aquele que se exalta será humilhado, e quem se humilha será exaltado" (**Lc 14,1.7-11**).

O último lugar

Jesus aproveitou o acontecido na casa do chefe dos fariseus, por ocasião de uma refeição, para ensinar uma lição aos discípulos do Reino.

Os convidados escolhiam os lugares de honra, dando-se ares de importância diante do anfitrião. Afinal, quanto mais importante uma pessoa, mais honroso é o lugar que ocupa. Porém, é arriscado agir por impulso e se aboletar nos primeiros lugares. Corre-se o risco de passar a vergonha de ter de ceder o lugar a outra pessoa mais importante e de ser convidado a ocupar um lugar menos importante.

A lição do Mestre foi: "Quem se exalta será humilhado e quem se humilha será exaltado". Ele falava de outro tipo de humilhação e de exaltação, a serem feitas pelo Pai, na consumação do Reino. Quem, neste mundo, buscou ser grande aos olhos das pessoas e, com isso, humilhou e desprezou o semelhante, experimentará o inverso no Reino. Quem se esforçou para servir o próximo, sem se preocupar com honrarias e reconhecimento mundanos, este, sim, será convidado a ocupar um lugar de honra. Os papéis serão invertidos: quem no mundo foi grande, na eternidade será pequeno; quem se fez pequeno, será grande.

> Senhor Jesus, ensina-me a lição da humildade e do serviço, de modo a não querer passar por grande diante do mundo, pois só do Pai vem a verdadeira exaltação.

Domingo 31ª Semana do Tempo Comum

Então um dos escribas aproximou-se dele e perguntou: "Qual é o primeiro de todos os mandamentos?" Jesus respondeu: "O primeiro é este: 'Ouve, Israel! O Senhor nosso Deus é um só. Amarás o Senhor, teu Deus, de todo o teu coração, com toda a tua alma, com todo o teu entendimento e com toda a tua força!' E o segundo mandamento é: 'Amarás teu próximo como a ti mesmo!' Não existe outro mandamento maior do que estes". O escriba disse a Jesus: "Muito bem, Mestre! Na verdade, é como disseste: 'Ele é o único, e não existe outro além dele'. Amar a Deus de todo o coração, com toda a mente e com toda a força, e amar o próximo como a si mesmo, isto supera todos os holocaustos e sacrifícios". Percebendo Jesus que o escriba tinha respondido com inteligência, disse-lhe: "Tu não estás longe do Reino de Deus". E ninguém mais tinha coragem de fazer-lhe perguntas (**Mc 12,28b-34**).

O resumo da Lei

Jesus ajudou o escriba a compreender algo importante para quem tem o ofício de ensinar a Lei. Mostrando-lhe a centralidade do amor, com as duas vertentes de amor a Deus e amor ao próximo, alertou-o contra o risco do legalismo, que transforma a religião num amontoado de exigências.

O mandamento do amor funciona como chave de leitura para todo e qualquer mandamento. Será equivocada a interpretação da Lei que vá à contramão do amor. A pergunta a ser feita, quando se deve compreender uma lei, será: de que maneira este preceito incentiva a prática do amor a Deus e ao próximo?

Jesus questionava certa tendência entre os escribas de interpretarem a Lei sem a preocupação com o amor. Um exemplo dizia respeito ao repouso sabático, foco de conflito com eles. Para os escribas, o descanso sabático não deveria ser quebrado; havia uma série de medidas cautelares para coibir eventuais falhas. Jesus, porém, não pensava assim! Se, em dia de sábado, se defrontava com um doente, sem nenhum problema, se dispunha a curá-lo. O amor falava mais forte!

> Senhor Jesus, que a compreensão da centralidade do amor me previna contra o legalismo, pois o amor deve sempre falar mais forte.

31ª Semana do Tempo Comum   Segunda

E disse também a quem o tinha convidado: "Quando ofereceres um almoço ou jantar, não convides teus amigos, nem teus irmãos, nem teus parentes, nem teus vizinhos ricos. Pois estes podem te convidar por sua vez, e isto já será a tua recompensa. Pelo contrário, quando deres um banquete, convida os pobres, os aleijados, os coxos, os cegos! Então serás feliz, pois estes não têm como te retribuir! Receberás a recompensa na ressurreição dos justos" (**Lc 14,12-14**).

Sem segundas intenções

Jesus chamou a atenção dos discípulos em relação à pureza de coração no trato com as pessoas. Por ocasião de uma refeição, ensinou a não fazer as coisas esperando a retribuição. E deu como exemplo um almoço ou jantar. Alguém pode convidar um amigo ou conhecido para uma refeição pensando na que, por sua vez, lhe será oferecida. Convite interesseiro!

Com grande probabilidade, o Mestre deu-se conta de haver, naquele recinto, pessoas com esta mentalidade. E até mesmo discípulos corriam o risco de pensar dessa maneira.

O modo de proceder do Reino vai noutra direção. O discípulo sempre age sem segundas intenções. Por isso, nada espera das pessoas a quem faz o bem. Aliás, esforça-se por fazer o bem a quem não está em condições de retribuir-lhe. No caso de uma refeição, seus convidados preferenciais são os marginalizados, que jamais terão como lhe oferecer uma outra em troca.

Esta foi a pauta de ação de Jesus. Seus gestos de bondade destinavam-se aos empobrecidos e às pessoas sem condições de retribuir-lhe. Aliás, jamais exigiu nada em troca pelo bem que fazia, nem esperava agradecimentos. Sua ação era, inteiramente, gratuita. A recompensa lhe seria dada pelo Pai.

Da mesma forma, deve agir quem se tornou discípulo do Reino. Receberá "a recompensa na ressurreição dos justos".

Senhor Jesus, que eu jamais espere recompensa pelo que bem que faço a meus irmãos, a não ser a que me está reservada pelo Pai.

Terça — # 31ª Semana do Tempo Comum

Tendo ouvido isso, um dos que estavam junto à mesa disse a Jesus: "Feliz quem come o pão no Reino de Deus!" Ele respondeu: "Alguém deu um grande banquete e convidou muitas pessoas. Na hora do banquete, mandou seu servo dizer aos convidados: 'Vinde! Tudo está pronto'. Mas todos, um a um, começaram a dar desculpas. O primeiro disse: 'Comprei um campo e preciso ir vê-lo. Peço que me desculpes'. Um outro explicou: 'Comprei cinco juntas de bois e vou experimentá-las. Peço que me desculpes'. Um terceiro justificou: 'Acabo de me casar e, por isso, não posso ir'. O servo voltou e contou tudo a seu senhor. Então o dono da casa ficou irritado e disse ao servo: 'Sai depressa pelas praças e ruas da cidade. Traze para cá os pobres, os aleijados, os cegos e os coxos'. E quando o servo comunicou: 'Senhor, o que mandaste fazer foi feito, e ainda há lugar', o senhor ordenou ao servo: 'Sai pelas estradas e pelos cercados, e obriga as pessoas a entrar, para que minha casa fique cheia. Pois eu vos digo: nenhum daqueles que foram convidados provará do meu banquete'" (**Lc 14,15-24**).

Os convidados do Pai

A parábola evangélica refere-se a dois tipos de convidados para o banquete do Reino. Os primeiros são os convidados para quem o banquete foi preparado. Estavam na mente do anfitrião que lhes queria oferecer o que possuía de melhor. Para surpresa dele, um depois do outro se desculpou para não comparecer.

Estando pronto o banquete, foram convidados os pobres, os aleijados, os cegos e os coxos. E a casa ficou cheia daqueles que não tinham como lhe retribuir. Pessoas que estavam nas praças e nas ruas, sem ter quem as valorizasse.

Quem são os convidados que recusam o convite e quem são os trazidos para o banquete? Os primeiros seriam os discípulos que se descuidam das exigências de sua vocação e, por isso, são colocados à margem das alegrias do Reino? Os segundos seriam os que parecem excluídos, mas, de fato, estão no coração do Pai?

> Senhor Jesus, que eu jamais recuse o convite que o Pai me faz para participar de suas alegrias, pautando-me sempre pelo projeto de amor que tem para mim.

31ª Semana do Tempo Comum — Quarta

Grandes multidões acompanhavam Jesus. Voltando-se, ele lhes disse: "Se alguém vem a mim, mas não me prefere a seu pai e sua mãe, sua mulher e seus filhos, seus irmãos e suas irmãs, e até a sua própria vida, não pode ser meu discípulo. Quem não carrega sua cruz e não caminha após mim, não pode ser meu discípulo. De fato, se algum de vós quer construir uma torre, não se senta primeiro para calcular os gastos, para ver se tem o suficiente para terminar? Caso contrário, ele vai pôr o alicerce e não será capaz de acabar. E todos os que virem isso começarão a zombar: 'Este homem começou a construir e não foi capaz de acabar!' Ou ainda: um rei que sai à guerra contra um outro não se senta primeiro e examina bem se com dez mil homens poderá enfrentar o outro que marcha contra ele com vinte mil? Se ele vê que não pode, envia uma delegação, enquanto o outro ainda está longe, para negociar as condições de paz. Do mesmo modo, portanto, qualquer um de vós, se não renunciar a tudo o que tem, não pode ser meu discípulo!" (**Lc 14,25-33**).

Uma opção refletida

É grande o risco de o discípulo decidir-se pelo Reino de forma irrefletida. Talvez por desconhecimento das exigências, dá o passo do discipulado, mas logo volta atrás, por não ser capaz de ir até o fim no que lhe é pedido.

As duas parábolas evangélicas ilustram essa situação. O construtor que começa uma obra sem pensar bem corre o risco de deixá-la inacabada. Um general que empreende uma guerra sem avaliar seus efetivos está fadado a negociar a paz, ainda antes de a guerra começar.

Da mesma forma, só quem faz uma opção refletida pelo Reino estará em condições de levá-la a cabo. Nenhuma dificuldade ou obstáculo será suficientemente grande para intimidá-lo. A construção iniciada será levada a bom termo! A batalha só terminará com a vitória!

> Senhor Jesus, tendo optado pelo Reino de maneira refletida, que eu seja capaz de perseverar até o fim, sem me intimidar com os obstáculos do dia a dia.

Quinta | # 31ª Semana do Tempo Comum

Todos os publicanos e pecadores aproximavam-se de Jesus para escutá-lo. Os fariseus e os escribas, porém, murmuravam contra ele: "Este homem acolhe os pecadores e come com eles". Então ele contou-lhes esta parábola: "Quem de vós que tem cem ovelhas e perde uma, não deixa as noventa e nove no deserto e vai atrás daquela que se perdeu, até encontrá-la? E quando a encontra, alegre a põe nos ombros e, chegando em casa, reúne os amigos e vizinhos, e diz: 'Alegrai-vos comigo! Encontrei a minha ovelha que estava perdida!' Eu vos digo: assim haverá no céu alegria por um só pecador que se converte, mais do que por noventa e nove justos que não precisam de conversão. E se uma mulher tem dez moedas de prata e perde uma, não acende a lâmpada, varre a casa e procura cuidadosamente até encontrá-la? Quando a encontra, reúne as amigas e vizinhas, e diz: 'Alegrai-vos comigo! Encontrei a moeda que tinha perdido!' Assim, eu vos digo, haverá alegria entre os anjos de Deus por um só pecador que se converte" (**Lc 15,1-10**).

Amigo dos pecadores

A proximidade de Jesus com os pecadores e as pessoas de má fama era motivo para que os inimigos o criticassem. Não podiam entender como um rabi fosse tão sem discernimento, a ponto de macular sua imagem, convivendo com tais pessoas. O pensamento de Jesus, porém, seguia noutra direção.

Interessava-lhe estar com os mais afastados do Pai para trazê-los de volta para a comunhão paterna. Quem já estava no bom caminho, preocupava-lhe menos. Quem se havia perdido, sim, estava no centro de suas atenções.

Agindo assim, Jesus se espelhava no modo de proceder do Pai. A parábola da ovelha perdida e a da moedinha perdida servem de ilustração. O pastor e a mulher são metáforas da ação divina. Porque o Pai valoriza cada um de seus filhos e os quer junto de si, a começar pelos transviados, Jesus escolheu-os como destinatários privilegiados de seu ministério.

> Senhor Jesus, seguindo teu exemplo, quero
> me fazer próximo dos que estão afastados do Pai,
> para convidá-los a voltar à casa paterna.

31ª Semana do Tempo Comum — Sexta

Depois, Jesus falou ainda aos discípulos: "Um homem rico tinha um administrador que foi acusado de esbanjar os seus bens. Ele o chamou e lhe disse: 'Que ouço dizer a teu respeito? Presta contas da tua administração, pois já não podes mais administrar meus bens'. O administrador, então, começou a refletir: 'Meu senhor vai me tirar a administração. Que vou fazer? Para cavar não tenho força; de mendigar tenho vergonha. Ah! Já sei o que fazer, para que alguém me receba em sua casa quando eu for afastado da administração'. Então chamou cada um dos que estavam devendo ao seu senhor. E perguntou ao primeiro: 'Quanto deves ao meu senhor?' Ele respondeu: 'Cem barris de óleo!' O administrador disse: 'Pega a tua conta, senta-te, depressa, e escreve: cinquenta!' Depois perguntou a outro: 'E tu, quanto deves?' Ele respondeu: 'Cem sacas de trigo'. O administrador disse: 'Pega tua conta e escreve: oitenta'. E o senhor elogiou o administrador desonesto, porque agiu com esperteza. De fato, os filhos deste mundo são mais espertos em seus negócios do que os filhos da luz" (**Lc 16,1-8**).

A esperteza do discípulo

Jesus percebeu que os discípulos eram pouco espertos, em se tratando das coisas do Reino. Quiçá, agissem com ingenuidade, sem se dar conta do que lhes era exigido e das consequências de sua opção.

A parábola do administrador desonesto, partindo de um mau exemplo, chama a atenção para a maneira como o discípulo deve se comportar. Se os filhos deste mundo sabem como fazer para alcançar seus objetivos, por que os filhos da luz não são espertos como eles?

O discípulo ingênuo quer alcançar o Reino por meio de orações desencarnadas; o discípulo esperto acompanha a oração com gestos de amor. O primeiro dá importância às tradições religiosas, como caminho para Deus; o segundo tem consciência de que o caminho para Deus passa pelo próximo. Um está convencido de ter Jesus consigo, porque se diz cristão; o outro reconhece Jesus no rosto do irmão sofredor.

> Senhor Jesus, dá-me a verdadeira esperteza do discípulo, de modo a não me enganar na vivência cotidiana das exigências do Reino.

Sábado 31ª Semana do Tempo Comum

"Eu vos digo: usai o 'Dinheiro', embora iníquo, a fim de fazer amigos, para que, quando acabar, vos recebam nas moradas eternas. Quem é fiel nas pequenas coisas será fiel também nas grandes, e quem é injusto nas pequenas será injusto também nas grandes. Por isso, se não sois fiéis no uso do 'Dinheiro iníquo', quem vos confiará o verdadeiro bem? E se não sois fiéis no que é dos outros, quem vos dará aquilo que é vosso? Ninguém pode servir a dois senhores. Pois vai odiar a um e amar o outro, ou se apegar a um e desprezar o outro. Não podeis servir a Deus e ao 'Dinheiro'". Os fariseus, amigos do dinheiro, ouviam tudo isso e zombavam de Jesus. Então, ele lhes disse: "Vós gostais de parecer justos diante dos outros, mas Deus conhece vossos corações. Com efeito, o que as pessoas exaltam é detestável para Deus" (**Lc 16,9-15**).

A quem servir?

O discipulado do Reino começa com uma decisão radical: a opção por Deus. Tudo mais serão ídolos a serem rejeitados. Deus não pode ter competidores no coração do discípulo.

Uma das maiores tentações consiste em permitir que o deus dinheiro faça competição com o Deus verdadeiro. O deus dinheiro dá a quem o cultua a falsa impressão de ser superior aos demais e, por isso, poder oprimi-los. Infla o ego do indivíduo, a ponto de querer que tudo gire em torno de si e esteja a seu serviço. Leva-o a se considerar todo-poderoso só porque, com o dinheiro, pode comprar tudo.

Em tal coração, não pode haver lugar para o Deus verdadeiro. Quem cultua o Deus de Jesus, é consciente de ser igual aos demais, irmãos e irmãs, filhos do mesmo Pai. Por isso, está sempre disposto a lhes fazer o bem, sem esperar nada em troca. É, suficientemente, humilde para não se sentir maior que ninguém. E consciente de que o dinheiro não compra tudo. Sobretudo, a salvação!

> Senhor Jesus, que a opção pelo Deus verdadeiro
> purifique meu coração de todo orgulho e soberba,
> que me fazem sentir superior a meus irmãos.

32ª Semana do Tempo Comum — Domingo

Ao ensinar, Jesus dizia: "Cuidado com os escribas! Eles fazem questão de andar com amplas túnicas e de serem cumprimentados nas praças, gostam dos primeiros assentos na sinagoga e dos lugares de honra nos banquetes. Mas devoram as casas das viúvas, enquanto ostentam longas orações. Por isso, serão julgados com mais rigor". Jesus estava sentado em frente do cofre das ofertas e observava como a multidão punha dinheiro no cofre. Muitos ricos depositavam muito. Chegou então uma pobre viúva e deu duas moedinhas. Jesus chamou os discípulos e disse: "Em verdade vos digo: esta viúva pobre deu mais do que todos os outros que depositaram no cofre. Pois todos eles deram do que tinham de sobra, ao passo que ela, da sua pobreza, ofereceu tudo o que tinha para viver" (**Mc 12,38-44**).

Atitudes contrastantes

A cena evangélica confronta duas atitudes contrastantes. Uma é censurada por Jesus e a outra, louvada.

O Mestre censura a atitude dos escribas que exibem uma falsa piedade. Gostam de se mostrar e querem ser reconhecidos. Não têm escrúpulos de frequentar as casas das viúvas para explorá-las, fingindo fazer longas orações. E o fazem sem peso na consciência, pois cultuam um deus falso, incapaz de exigir que se comportem de maneira compatível com a fé.

Pelo contrário, o Mestre louva a atitude da pobre viúva que, totalmente confiada em Deus, deposita duas moedinhas no cofre do Templo. "Ofereceu tudo o que tinha para viver." Porque tinha uma fé autêntica, era desapegada de coração. E se dispôs a oferecer a Deus tudo quanto possuía.

O contraste entre ambas as atitudes resulta das imagens de Deus subjacentes a cada uma delas. O deus do escriba era falso por permiti-lhe fazer ações condenáveis, com a consciência tranquila. O Deus da viúva era verdadeiro, pois a tornava livre e desapegada diante dos bens deste mundo.

> Senhor Jesus, que minha fé seja baseada no Deus verdadeiro, que me pede gestos de solidariedade e partilha, frutos do desapego de coração.

Segunda | 32ª Semana do Tempo Comum

Jesus disse a seus discípulos: "É inevitável que ocorram escândalos, mas ai daquele que os provoca! Seria melhor para ele ser atirado ao mar com uma pedra de moinho amarrada ao pescoço, do que fazer cair um só desses pequenos. Cuidado, portanto! Se teu irmão pecar, repreende-o. Se ele se arrepender, perdoa-lhe. Se pecar contra ti sete vezes num só dia, e sete vezes vier a ti, dizendo: 'Estou arrependido', perdoa-lhe". Os apóstolos disseram ao Senhor: "Aumenta a nossa fé!" O Senhor respondeu: "Se tivésseis fé, mesmo pequena como um grão de mostarda, poderíeis dizer a esta amoreira: 'Arranca-te daqui e planta-te no mar', e ela vos obedeceria" (**Lc 17,1-6**).

Escândalos evitáveis

O texto evangélico refere-se à inevitabilidade dos escândalos. Eles, porém, podem ser evitados. Como?

Escandalizar, no pensar de Jesus, significa tratar com dureza os que dão os primeiros passos na fé, a ponto de afastá-los da comunidade. Atitude comum nas lideranças rígidas e intransigentes, incapazes de se compadecer com a fraqueza alheia.

O perdão é a única forma de evitar o escândalo. Por isso, mesmo que o irmão peque sete vezes num só dia, mas se arrepende e pede perdão, dando mostras de querer mudar de vida, deverá ser perdoado e acolhido. Quem age de maneira distinta, contraria o desejo do Mestre.

A capacidade de perdoar está na dependência da fé. Daí os discípulos terem suplicado: "Aumenta a nossa fé!" Perdoar significa agir como Deus, no trato com a humanidade. Quanto maior for a fé, tanto mais disposição para o perdão haverá no coração do discípulo. Pelo contrário, quanto menor a fé, menor a capacidade de perdoar.

Pedindo ao Mestre que lhes aumentasse a fé, os discípulos se precaviam contra o perigo de escandalizar os pequeninos. E, com isso, incorrerem no castigo reservado para os escandalosos.

> Senhor Jesus, aumenta-me a fé e a capacidade de perdoar, de modo a dispor meu coração para a prática do perdão e da acolhida.

32ª Semana do Tempo Comum

Terça

"Se alguém de vós tem um servo que trabalha a terra ou cuida dos animais, quando ele volta da roça, lhe dirá: 'Vem depressa para a mesa'? Não dirá antes: 'Prepara-me o jantar, arruma-te e serve-me, enquanto eu como e bebo. Depois disso, tu poderás comer e beber'? Será que o senhor vai agradecer o servo porque fez o que lhe havia mandado? Assim também vós: quando tiverdes feito tudo o que vos mandaram, dizei: 'Somos simples servos; fizemos o que devíamos fazer'" (**Lc 17,7-10**).

A consciência do servidor

Os discípulos devem ter clara consciência de ser servidores do Reino. A ação do discípulo-servo tem várias características.

Pauta-se, em tudo, pelo querer do Pai, buscando ser-lhe sempre fiel. O discípulo é atento aos apelos que vêm do antirreino e das paixões desordenadas. E não se deixa enganar por eles.

Expressa-se com gestos de amor misericordioso em favor dos irmãos, mormente, os mais necessitados. Palavreado vazio e pietismo exagerado estão fora de cogitação. Só é serviço quando o próximo é, de alguma forma, beneficiado.

É feita com absoluta gratuidade, sem esperar recompensas ou reconhecimentos. Nada se exige em troca. A preocupação do discípulo centra-se no próximo, de modo especial, os empobrecidos e marginalizados. Por isso, seria inútil esperar recompensas materiais. Mesmo os agradecimentos são dispensáveis.

Traz a marca da radicalidade. O discípulo faz tudo quanto está ao seu alcance em benefício do outro carente. Recusa-se a ficar na metade do caminho, quando a carência do próximo ainda não foi totalmente sanada. Enquanto houver alguma necessidade, aí estará o discípulo para servir.

O discípulo tem no Mestre Jesus um modelo para se inspirar. A condição de servo expressou-se em cada um de seus gestos e palavras. Seguindo-o, o discípulo estará no bom caminho.

> Senhor Jesus, faze de mim um servidor fiel,
> sempre pronto a me colocar a serviço dos irmãos
> sofredores, carentes de compaixão e misericórdia.

Quarta — # 32ª Semana do Tempo Comum

Caminhando para Jerusalém, Jesus passava entre a Samaria e a Galileia. Estava para entrar num povoado, quando dez leprosos vieram ao seu encontro. Pararam a certa distância e gritaram: "Jesus, Mestre, tem compaixão de nós!" Ao vê-los, Jesus disse: "Ide apresentar-vos aos sacerdotes". Enquanto estavam a caminho, aconteceu que ficaram curados. Um deles, ao perceber que estava curado, voltou glorificando a Deus em alta voz; prostrou-se aos pés de Jesus e lhe agradeceu. E este era um samaritano. Então Jesus perguntou: "Não foram dez os curados? E os outros nove, onde estão? Não houve quem voltasse para dar glória a Deus, a não ser este estrangeiro?" E disse-lhe: "Levanta-te e vai! Tua fé te salvou" (**Lc 17,11-19**).

Sentimento de gratidão

O sentimento de gratidão do samaritano é exemplar. Os outros nove não se deram ao trabalho de voltar e agradecer a quem lhes havia curado da lepra. Foram incapazes de reconhecer o benefício recebido.

Será que Jesus dependia de agradecimento? Esperava que voltassem para reconhecê-lo como benfeitor? Dependia disso para fazer o bem?

Os evangelhos falam da total independência de Jesus em relação ao reconhecimento alheio. Fazia o bem sem nada esperar em troca. Então, por que se admirou que os nove não tivessem voltado?

O Mestre aproveitou a ocasião para ensinar os discípulos a serem agradecidos. Com facilidade, a ingratidão acaba sendo imitada. Atitude incompatível com quem é beneficiário do amor do Pai! O discípulo sabe reconhecer o quanto o Pai lhe quer bem e como multiplica os benefícios em seu favor. Aliás, tem consciência de ter recebido tudo das mãos do Pai. Nada de bom em sua vida tem outra origem fora do Pai. O Pai o tem, continuamente, sob os olhos e se desdobra em bondade.

Portanto, discípulo ingrato é discípulo injusto!

> Senhor Jesus, põe no meu coração sentimentos
> de gratidão, que me levem a reconhecer
> o imenso amor do Pai por mim.

32ª Semana do Tempo Comum — Quinta

Os fariseus perguntaram a Jesus sobre o momento em que chegaria o Reino de Deus. Ele respondeu: "O Reino de Deus não vem ostensivamente. Nem se poderá dizer: 'Está aqui', ou: 'Está ali', pois o Reino de Deus está no meio de vós". E ele disse aos discípulos: "Dias virão em que desejareis ver um só dia do Filho do Homem e não podereis ver. Dirão: 'Ele está aqui' ou: 'Ele está ali'. Não deveis ir, nem correr atrás. Pois como o relâmpago de repente brilha de um lado do céu até o outro, assim também será o Filho do Homem, no seu dia. Antes, porém, ele deverá sofrer muito e ser rejeitado por esta geração" (**Lc 17,20-25**).

A vinda do Reino

A questão da vinda do Reino de Deus, desde longa data, estava presente na fé de Israel. Era o "dia do Senhor", quando haveria uma intervenção divina na história. Todos os malfeitores e injustos seriam eliminados, permanecendo, apenas, o povo fiel. Não se tratava de fim do mundo, mas de fim da maldade e da injustiça. Isto seria obra divina para purgar a humanidade de todos quantos se recusavam a acolher o projeto de Deus.

O ministério de Jesus esteve todo voltado para a construção do mundo novo, com justiça e fraternidade. Porém, sabia que não resultaria da intervenção divina na história, para ordenar o que o ser humano havia perturbado. E, sim, fruto do empenho dos discípulos do Reino que, conscientes de sua missão, se entregariam de corpo e alma à tarefa da construção do mundo querido por Deus.

Por isso, quando perguntavam a Jesus a respeito do momento da chegada do Reino de Deus, o Mestre dava respostas evasivas, de modo a evitar temores desnecessários. Importava-lhe, apenas, que os discípulos abraçassem a causa do Reino e dessem sua parcela de contribuição, mesmo pequena, para que o mundo se conformasse ao querer do Pai.

> Senhor Jesus, consciente da tarefa que me cabe, coloco-me a serviço da construção do mundo querido pelo Pai, cheio de justiça e misericórdia.

Sexta | # 32ª Semana do Tempo Comum

"Como aconteceu nos dias de Noé, assim também acontecerá nos dias do Filho do Homem. Comiam, bebiam, homens e mulheres casavam-se, até ao dia em que Noé entrou na arca. Então chegou o dilúvio e fez morrer todos. Acontecerá como nos dias de Ló: comiam e bebiam, compravam e vendiam, plantavam e construíam. Mas no dia em que Ló saiu de Sodoma, Deus fez chover fogo e enxofre do céu e fez morrer todos. O mesmo acontecerá no dia em que se manifestar o Filho do Homem. Naquele dia, quem estiver no terraço não entre para apanhar objeto algum em sua casa. E quem estiver no campo não volte atrás. Lembrai-vos da mulher de Ló! Quem procurar salvar a vida, vai perdê-la; e quem a perder, vai salvá-la. Eu vos digo: naquela noite, dois estarão na mesma cama; um será tomado e o outro será deixado. Duas mulheres estarão juntas moendo farinha; uma será tomada e a outra será deixada." Os discípulos perguntaram: "Senhor, onde acontecerá isto?" Ele respondeu: "Onde estiver o cadáver, aí se ajuntarão os abutres" (**Lc 17,26-37**).

Em contínuo alerta!

O texto evangélico, com seu linguajar incômodo, é uma lição de vigilância. O discípulo precavido não será tomado de surpresa, quando o Filho do Homem se manifestar. O alerta contínuo permite-lhe discernir os fatos e os acontecimentos e perceber os anseios do Pai. E, obediente, cuida de se pautar pelo querer paterno.

Os habitantes de Sodoma, no tempo de Noé, são exemplo de falta de vigilância. O castigo caído do céu pegou-os desprevenidos. As comilanças, bebedeiras e festas impediam-nos de perceber o que estava para acontecer.

O discípulo do Reino, agindo com discernimento, está atento aos sinais dos tempos. E sabe interpretá-los como apelos de Deus. Por conseguinte, no dia do juízo não correrá o risco de ser deixado para trás.

> Senhor Jesus, que a capacidade de discernir os sinais dos tempos me leve a estar sempre preparado para o encontro contigo e ser acolhido por ti.

32ª Semana do Tempo Comum — Sábado

Jesus contou aos discípulos uma parábola, para mostrar-lhes a necessidade de orar sempre, sem nunca desistir: "Numa cidade havia um juiz que não temia a Deus, nem respeitava homem algum. Na mesma cidade havia uma viúva, que vinha à procura do juiz, e lhe pedia: 'Faze-me justiça contra o meu adversário!' Durante muito tempo, o juiz se recusou. Por fim, ele pensou: 'Não temo a Deus e não respeito ninguém. Mas esta viúva já está me importunando. Vou fazer-lhe justiça, para que ela não venha, por fim, a me agredir!'" E o Senhor acrescentou: "Escutai bem o que diz esse juiz iníquo! E Deus, não fará justiça aos seus escolhidos, que dia e noite gritam por ele? Será que vai fazê-los esperar? Eu vos digo que Deus lhes fará justiça bem depressa. Mas o Filho do Homem, quando vier, será que vai encontrar fé sobre a terra?" (**Lc 18,1-8**).

A justiça de Deus

A parábola, contada para ensinar "a necessidade de orar sempre, sem nunca desistir", explicita o modo divino de agir. A atitude do juiz ímpio que, afinal, atende a viúva insistente serve de metáfora para mostrar a atenção de Deus em relação "aos seus escolhidos", que lhe suplicam sem cessar.

A oração pode não ser atendida imediatamente. Entretanto, isso não deverá ser interpretado como descaso de Deus em relação ao orante, de modo especial, os pobres. Pelo contrário, o Pai está atento às suas necessidades e "lhes fará justiça bem depressa".

O discípulo é desafiado a jamais esmorecer na oração. Como se dispõe a fazer a vontade do Pai, saberá esperar a hora certa de ser atendido, sem se desesperar. Agirá como a viúva da parábola, cuja insistência valeu-lhe ser atendida pelo juiz que "não temia a Deus, nem respeitava homem algum". A perseverança na oração será um traço na relação do discípulo com o Pai.

> Senhor Jesus, dá-me o dom da perseverança,
> que me leva a rezar sem esmorecer, seguro
> de que o Pai me ama e virá em meu auxílio.

| **Domingo** | 33ª Semana do Tempo Comum |

"Mas, naqueles dias, depois daquela aflição, o sol ficará escuro e a lua perderá sua claridade, as estrelas estarão caindo do céu e as potências celestes serão abaladas. Então verão o Filho do Homem vindo nas nuvens com grande poder e glória. Ele enviará os anjos para reunir os seus eleitos dos quatro cantos da terra, da extremidade da terra à extremidade do céu. Aprendei da figueira a lição: quando seus ramos vicejam e as folhas começam a brotar, sabeis que o verão está perto. Vós, do mesmo modo, quando virdes acontecer estas coisas, ficai sabendo que está próximo, às portas. Em verdade vos digo: esta geração não passará até que tudo isso aconteça. O céu e a terra passarão, mas as minhas palavras não passarão. Ora, quanto àquele dia ou hora, ninguém tem conhecimento, nem os anjos do céu, nem mesmo o Filho. Só o Pai" (**Mc 13,24-32**).

O dia desconhecido

Quando foi interrogado a respeito da consumação dos tempos, Jesus afirmou desconhecer o dia e a hora, pois só o Pai sabe quando acontecerá. Como interpretar o desconhecimento de Jesus? Por que não revelou aos discípulos o dia e a hora do fim?

O tema da apocalíptica tende a causar transtornos nas pessoas e deixá-las aflitas. Se o Mestre desse a informação pedida, haveria duas possibilidades. Se a consumação dos tempos fosse num futuro longínquo, as pessoas cruzariam os braços, adiando a conversão. Existia tempo de sobra! Se fosse num futuro próximo, haveria uma explosão de desespero, com o temor de ser rejeitado pelo Messias.

O Mestre estava interessado em que os discípulos vivessem com coerência, pautando-se pelo projeto do Pai, sem outra preocupação senão a de fazer o bem. Agindo assim, o dia e hora da intervenção divina na história tornam-se irrelevantes. O discípulo estará sempre preparado para ir ao encontro do Senhor que vem.

> Senhor Jesus, que eu esteja sempre preparado para ir ao teu encontro, consciente de que, trilhando o caminho do bem, estou no caminho que me conduz a ti.

33ª Semana do Tempo Comum — Segunda

Quando Jesus se aproximou de Jericó, um cego estava sentado à beira do caminho, pedindo esmola. Ouvindo a multidão passar, perguntou o que estava acontecendo. Disseram-lhe: "Jesus Nazareno está passando". O cego então gritou: "Jesus, Filho de Davi, tem compaixão de mim!" As pessoas que iam à frente mandavam que ele ficasse calado. Mas ele gritava mais ainda: "Filho de Davi, tem compaixão de mim!" Jesus parou e mandou que lhe trouxessem o cego. Quando ele chegou perto, Jesus perguntou: "Que queres que eu te faça?" O cego respondeu: "Senhor, que eu veja". Jesus disse: "Vê! A tua fé te salvou". No mesmo instante, o cego começou a enxergar de novo e foi seguindo Jesus, glorificando a Deus. Vendo isso, todo o povo deu glória a Deus (**Lc 18,35-43**).

Tem compaixão de mim!

A presença de Jesus despertou a esperança no coração do cego. Os gritos – "Jesus, Filho de Davi, tem compaixão de mim!" – expressavam-lhe os anseios mais profundos. Era a chance de superar a marginalização em que vivia na condição de cego e mendigo, à beira do caminho.

Os gritos do cego ecoaram no coração de Jesus. E foram acolhidos com compaixão. Estabeleceu-se um diálogo, no qual o cego expôs seus anseios e o Mestre, imediatamente, atendeu-lhe o pedido, curando-lhe a cegueira e tirando-o da marginalização. Uma vida nova despontava para ele!

A compaixão dos discípulos do Reino permite-lhes, também, serem misericordiosos como o Mestre. A única condição é se deixarem afetar pelos carentes de misericórdia e se disporem a escutar-lhes as súplicas. Quiçá não lhes restituirão a visão física e, sim, a esperança e a alegria de viver. E os farão tomar consciência do quanto são amados pelo Pai e o quanto a luz da fé pode ajudá-los a descobrir um sentido novo para vida.

> Senhor Jesus, faze-me sensível aos apelos dos irmãos carentes e instrumento da misericórdia do Pai, para restituir ao coração deles a esperança e a alegria de viver.

| **Terça** | # 33ª Semana do Tempo Comum |

Tendo entrado em Jericó, Jesus estava passando pela cidade. Havia ali um homem chamado Zaqueu, que era chefe dos publicanos e muito rico. Ele procurava ver quem era Jesus, mas não conseguia, por causa da multidão, pois era baixinho. Então ele correu à frente e subiu numa árvore para ver Jesus, que devia passar por ali. Quando Jesus chegou ao lugar, olhou para cima e disse: "Zaqueu, desce depressa! Hoje eu devo ficar na tua casa". Ele desceu depressa, e o recebeu com alegria. Ao verem isso, todos começaram a murmurar, dizendo: "Foi hospedar-se na casa de um pecador!" Zaqueu pôs-se de pé, e disse ao Senhor: "Senhor, a metade dos meus bens darei aos pobres, e se prejudiquei alguém, vou devolver quatro vezes mais". Jesus lhe disse: "Hoje aconteceu a salvação para esta casa, porque também este é um filho de Abraão. Com efeito, o Filho do Homem veio procurar e salvar o que estava perdido" (**Lc 19,1-10**).

A presença da salvação

O desejo de Zaqueu foi satisfeito de forma inesperada. Procurava ver Jesus, porém, foi visto por ele. Embora não esperasse, o Mestre escolheu hospedar-se em sua casa. Mais admirável foi a mudança por que passou, deixando de lado o passado de egoísmo e de busca de riqueza ao se dispor a abrir mão dos bens acumulados, em favor dos pobres e dos que havia explorado.

A salvação se fez presente na vida do cobrador de impostos ao torná-lo sensível em relação aos pobres e ao dispô-lo a partilhar. E, também, ao movê-lo a corrigir as injustiças cometidas. Zaqueu foi capaz de gestos concretos e exigentes. Poderia ter-se limitado a prometer a Jesus que haveria de se converter. Ou, então, elencar ações que se dispunha a fazer.

De fato, sem que o Mestre lhe dirigisse uma só palavra ou lhe fizesse algum pedido, tomou, por si só, a iniciativa de romper com o estilo de vida que levava, para começar uma vida diferente. Uma página de sua vida foi virada!

> Senhor Jesus, que a presença da salvação em minha vida mova-me a fazer gestos concretos de partilha, de solidariedade e de justiça.

33ª Semana do Tempo Comum — Quarta

Enquanto estavam escutando, Jesus acrescentou uma parábola, porque estava perto de Jerusalém e eles pensavam que o Reino de Deus ia se manifestar logo. Disse: "Um homem nobre partiu para um país distante, a fim de ser coroado rei e depois voltar. Chamou então dez dos seus servos, entregou a cada um uma bolsa de dinheiro e disse: 'Negociai com isto até que eu volte'. [...] O homem foi nomeado rei e voltou. Mandou chamar os servos, aos quais havia dado o dinheiro, a fim de saber que negócios cada um havia feito. O primeiro chegou e disse: 'Senhor, a quantia que me deste rendeu dez vezes mais'. O homem disse: 'Parabéns, servo bom. Como te mostraste fiel nesta mínima coisa, recebe o governo de dez cidades'. O segundo chegou e disse: 'Senhor, a quantia que me deste rendeu cinco vezes mais'. O homem disse também a este: 'Tu, recebe o governo de cinco cidades'. Chegou o outro servo e disse: 'Senhor, aqui está a quantia que me deste: eu a guardei num lenço, pois eu tinha medo de ti [...]. O homem disse: 'Servo mau, [...] por que não depositaste meu dinheiro no banco? Ao chegar, eu o retiraria com juros'. Depois disse aos que estavam aí presentes: 'Tirai dele sua quantia e dai àquele que fez render dez vezes mais'. Os presentes disseram: 'Senhor, esse já tem dez vezes a quantia!' Ele respondeu: 'Eu vos digo: a todo aquele que tem, será dado, mas àquele que não tem, até mesmo o que tem lhe será tirado. [...] (**Lc 19,11-28**).

Esperteza e mediocridade

A parábola evangélica alude a dois tipos de discípulos do Reino. Os primeiros são espertos em aplicar os dons recebidos de Deus, fazendo-os frutificar em gestos de bondade e de misericórdia. Colocam tudo a serviço dos necessitados. Sem pensar em si mesmos, estão sempre dispostos a ajudar os irmãos carentes.

Os outros, insensíveis aos sofrimentos alheios, fecham-se em seu mundo, sem motivação para fazer o bem. Com isso, os dons recebidos de Deus se perdem, pois a única forma de fazê-los multiplicar consiste em colocá-los a serviço do próximo.

Como é de se esperar, cada qual terá a sorte devida.

> Senhor Jesus, dá-me um coração pronto para partilhar com os carentes os dons recebidos do Pai, por ser a única forma de multiplicá-los.

Quinta | # 33ª Semana do Tempo Comum

Quando Jesus se aproximou de Jerusalém e viu a cidade, começou a chorar. E disse: "Se tu também compreendesses hoje o que te pode trazer a paz! Agora, porém, está escondido aos teus olhos! Dias virão em que os inimigos farão trincheiras, te sitiarão e te apertarão de todos os lados. Esmagarão a ti e a teus filhos, e não deixarão em ti pedra sobre pedra, porque não reconheceste o tempo em que foste visitada" (**Lc 19,41-44**).

Reconhecer o tempo

As lágrimas de Jesus, ao contemplar a Cidade Santa, devem-se à incapacidade de a liderança religiosa dar-se conta da graça oferecida por Deus e, por isso, rejeitar quem lhe era enviado como portador de salvação. Podem ser entendidas, também, como resultado de certa frustração do Mestre ao perceber que suas palavras encontravam corações endurecidos, sem nenhuma disposição para acolhê-lo.

O discípulo do Reino é exortado a reconhecer o tempo da visita divina. A fé aponta para a visita no final dos tempos – escatologia –, quando a história será consumada. Todavia, existem muitas maneiras de a humanidade ser visitada pelo Pai. Daí a necessidade de se estar atento ao que fala por meio dos sinais dos tempos, fatos e acontecimentos que, bem interpretados, revelam o querer divino, em momentos precisos da história. Cabe aos discípulos reconhecê-los e discernir o que lhes falam.

A atitude das lideranças religiosas de Jerusalém tem sido imitada pelos discípulos do Reino. Quantos levam uma vida despreocupada, sem se dar ao trabalho de ouvir o que Deus lhes fala por meio dos pobres! Quantos estão preocupados com suas coisas e não têm tempo para fazer algo em favor dos irmãos! Quantos fecham os olhos para a injustiça e a maldade que são praticadas, como se não lhes dissesse respeito!

Que lhes acontecerá por ocasião da visita do Senhor? Terão a ousadia de pretender uma sorte favorável?

> Senhor Jesus, torna-me atento aos sinais realizados pelo Pai em minha vida e na história, sinais de sua visita, convidando-me a praticar o bem.

33ª Semana do Tempo Comum

Sexta

Depois, Jesus entrou no templo e começou a expulsar os que ali estavam vendendo. E disse: "Está escrito: 'Minha casa será casa de oração'. Vós, porém, fizestes dela um antro de ladrões". Todos os dias, ele ficava ensinando no templo. Os sumos sacerdotes, os escribas e os notáveis do povo procuravam um modo de matá-lo. Mas não sabiam o que fazer, pois o povo todo ficava fascinado ao ouvi-lo falar (**Lc 19,45-48**).

Religião corrompida

O Templo de Jerusalém exercia função importante na religião de Israel. Era o centro de convergência dos fiéis, vindos de todas as partes para prestar culto a Deus. Desde muitos séculos, tornara-se o único lugar onde se ofereciam sacrifícios e se cumpriam as obrigações religiosas, como no caso das purificações rituais.

Jesus irritou-se ao constatar a corrupção da religião ali praticada. O comércio de animais para os sacrifícios e o câmbio de dinheiro para as ofertas profanavam a sacralidade do lugar. Feitos com o intuito de lucrar e, com probabilidade, às custas da exploração dos fiéis, as atividades espúrias tornavam a casa de Deus num "antro de ladrões". O desvirtuamento da imagem de Deus acabava por apresentá-lo como um deus explorador da boa-fé dos incautos, muito distinto do Deus libertador da fé de Israel.

Os sumos sacerdotes, os escribas e os notáveis do povo, ao invés de acolherem a denúncia de Jesus, mobilizaram-se contra ele. Os intentos assassinos eram cultivados por quem tinha o dever de testemunhar a misericórdia de Deus. Que sentido tem prestar culto a Deus e, ao mesmo tempo, atropelar o mandamento divino que exige "Não matarás"? Esse era, também, sintoma da corrupção da liderança religiosa da Cidade Santa.

Jesus empenhou-se para recuperar a imagem de Deus. O gesto de expulsar os vendilhões do Tempo estava, pois, carregado de simbolismo teológico.

> Senhor Jesus, ensina-me a praticar a religião verdadeira, que revela o rosto misericordioso do Pai, no seu infinito amor pela humanidade.

Sábado 33ª Semana do Tempo Comum

Aproximaram-se de Jesus alguns saduceus, os quais negam a ressurreição, e lhe perguntaram: "Mestre, Moisés deixou-nos escrito: 'Se alguém tiver um irmão casado e este morrer sem filhos, deve casar-se com a mulher para dar descendência ao irmão'. Ora, havia sete irmãos. O primeiro casou e morreu, sem deixar filhos. Também o segundo e o terceiro se casaram com a mulher. E assim os sete: todos morreram sem deixar filhos. Por fim, morreu também a mulher. Na ressurreição, ela será esposa de qual deles? Pois os sete a tiveram por esposa". Jesus respondeu-lhes: "Neste mundo, homens e mulheres casam-se, mas os que forem julgados dignos de participar do mundo futuro e da ressurreição dos mortos não se casam; e já não poderão morrer, pois serão iguais aos anjos; serão filhos de Deus, porque ressuscitaram. Que os mortos ressuscitam, também foi mostrado por Moisés, na passagem da sarça ardente, quando chama o Senhor de 'Deus de Abraão, Deus de Isaac e Deus de Jacó'. Ele é Deus não de mortos, mas de vivos, pois todos vivem para ele". Alguns escribas responderam a Jesus: "Mestre, falaste muito bem". E não mais tinham coragem de lhe perguntar coisa alguma (**Lc 20,27-40**).

O Deus dos vivos

A questão colocada pelos saduceus tinha a finalidade de forçar Jesus a tomar partido numa disputa entre tendências religiosas. Enquanto os saduceus negavam a ressurreição, os escribas e fariseus afirmavam que os mortos ressuscitariam. Com que grupo o Mestre se identificava?

Jesus posicionou-se com sabedoria diante da história mirabolante inventada pelos saduceus. Estes pensavam a vida eterna a partir dos esquemas terrenos. E projetavam na eternidade os entreveros da história. O Mestre desatou o nó da questão, recordando-lhes que a fé de Israel está fundada no Deus dos vivos e a eternidade se entende como vida de comunhão com Deus, para além das vicissitudes do presente. Superados os limites do tempo, tudo será vivência plena do amor do Pai.

> Senhor Jesus, que a fé no Deus dos vivos me leve
> a compreender a vida eterna como plenificação
> do amor do Pai pela humanidade.

34ª Semana do Tempo Comum — Domingo

"Tu és o Rei dos Judeus?" Jesus respondeu: "Estás dizendo isto por ti mesmo, ou outros te disseram isso de mim?" Pilatos respondeu: "Acaso sou eu judeu? Teu povo e os sumos sacerdotes te entregaram a mim. Que fizeste?" Jesus respondeu: "O meu reino não é deste mundo. Se o meu reino fosse deste mundo, os meus guardas lutariam para que eu não fosse entregue aos judeus. Mas o meu reino não é daqui". Pilatos disse: "Então, tu és rei?" Jesus respondeu: "Tu dizes que eu sou rei. Eu nasci e vim ao mundo para isto: para dar testemunho da verdade. Todo aquele que é da verdade escuta a minha voz" (**Jo 18,33b-37**).

O verdadeiro Rei

O diálogo entre Jesus e Pilatos está permeado de mal-entendidos. A maneira como Jesus entende o tema da realeza distancia-se do pensamento de Pilatos. Este pensa em termos mundanos de poder, de riqueza e de dominação. Tudo isso está fora de cogitação, quando Jesus declara "Eu sou rei!".

Sua preocupação centra-se no reinado de Deus. A autoridade, aí, se entende como serviço e o poder tem o único objetivo de fazer o bem aos necessitados e marginalizados. Os bens destinam-se à partilha e à solidariedade, jamais sendo acumulados, egoisticamente, para servirem aos interesses de um grupinho de privilegiados. Os pobres ocupam um lugar especial no coração do Rei, que se empenha em defendê-los e exige que se lhes faça justiça. Deixando de lado a sociedade estratificada em classes, o intento do Rei consiste em fazer a fraternidade desabrochar, de modo que todos se sintam membros da família onde Deus é o Pai e todos são irmãos e irmãs. Todo esforço do Rei está voltado para a implantação do Reino de Deus na terra, como reino da justiça e da paz.

Este é o Reino do qual Jesus é Rei. Pilatos estava longe de compreender esta verdade, demasiado elevada para seus esquemas mentais, contaminados pela tirania.

Senhor Jesus, dá-me a graça de compreender em que sentido tu és Rei e como estás todo comprometido com a implementação do Reino de Deus, reino de amor.

Segunda | 34ª Semana do Tempo Comum

Ao levantar os olhos, Jesus viu pessoas ricas depositando ofertas no cofre. Viu também uma viúva necessitada que deu duas moedinhas. E ele comentou: "Em verdade, vos digo: esta viúva pobre deu mais do que todos os outros. Pois todos eles depositaram como oferta parte do que tinham de sobra, mas ela, da sua pobreza, ofereceu tudo que tinha para viver" (**Lc 21,1-4**).

A esmola autêntica

A cena evangélica permite refletir sobre a verdadeira esmola. Tanto os ricos quanto a pobre viúva depositaram ofertas no cofre do Templo. Todavia, existe uma grande diferença entre eles.

Os ricos davam "do que tinham de sobra". Logo, a generosidade não lhes seria penosa. Os muitos bens acumulados eram garantia de segurança. Já as duas moedinhas, doadas pela viúva necessitada, eram "tudo que tinha para viver". A pobreza poderia tê-la levado a se apegar ao pouco. O desapego e a confiança na providência, porém, falaram mais alto.

O exemplo dos ricos deve ser evitado pelos discípulos do Reino. O da pobre viúva, pelo contrário, deve ser imitado. Como?

Pelo cultivo da simplicidade de vida, em que não se caia na tentação de acumular, esquecendo-se da carência dos irmãos.

Pela superação do desapego dos bens deste mundo, de modo a estar sempre disposto a partilhá-los com o próximo, especialmente, os mais necessitados.

Pela capacidade de abrir mão, até mesmo, dos bens necessários para a sobrevivência, ao ser interpelado pelo outro. Isso será possível, se o discípulo for suficientemente maduro para não se perturbar na eventualidade de sofrer alguma carência.

Pela compreensão de que tudo quanto se partilha, em última análise, está sendo partilhado com o Pai. O irmão carente, na visão da fé, é sacramento da presença do Pai na vida do discípulo. Ir-lhe ao encontro significa ir ao encontro do Pai e devolver-lhe um pouco do que dele foi recebido.

> Senhor Jesus, dá-me um coração desapegado e capaz de partilhar, pois esta é a forma de oferecer ao Pai um pouco do muito que dele recebo.

34ª Semana do Tempo Comum — Terça

Algumas pessoas comentavam a respeito do templo, que era enfeitado com belas pedras e com ofertas votivas. Jesus disse: "Admirais essas coisas? Dias virão em que não ficará pedra sobre pedra. Tudo será destruído". Mas eles perguntaram: "Mestre, quando será, e qual o sinal de que isso está para acontecer?" Ele respondeu: "Cuidado para não serdes enganados, porque muitos virão em meu nome, dizendo: 'Sou eu!', e ainda: 'O tempo está próximo'. Não andeis atrás dessa gente! Quando ouvirdes falar em guerras e revoluções, não fiqueis apavorados. É preciso que essas coisas aconteçam primeiro, mas não será logo o fim". E Jesus continuou: "Há de se levantar povo contra povo e reino contra reino. Haverá grandes terremotos, fomes e pestes em vários lugares; acontecerão coisas pavorosas, e haverá grandes sinais no céu" (**Lc 21,5-11**).

Não se deixar enganar

Jesus alertou os discípulos para não serem enganados em relação ao fim dos tempos. Muitos falsos messias haveriam de aparecer. Daí a necessidade de discernimento para perceber a falácia de suas pretensões.

O equívoco de certos discursos escatológicos consiste em focar a atenção das pessoas no futuro, levando-as a se esquecerem do presente. E, pior ainda, não as conscientizando de que o futuro é construído no presente.

Tudo quanto o discípulo faz ou deixa de fazer tem repercussões em termos de salvação ou de condenação. Quem escolhe o caminho do bem, coloca-se na direção da plenitude do bem, na comunhão eterna com o Pai. Na direção inversa, quem escolhe o caminho do mal, opta pela solidão eterna, bem distante do Pai.

O discípulo consciente dessa realidade transforma o dia a dia numa constante escolha do amor e da misericórdia. Sem a necessidade de se apavorar diante do futuro, caminha na certeza de ser acolhido na comunhão paterna.

> Senhor Jesus, que meu dia a dia seja uma contínua prática do amor e da misericórdia, pois assim estarei seguro de caminhar para a comunhão com o Pai.

Quarta | # 34ª Semana do Tempo Comum

"Antes disso tudo, porém, sereis presos e perseguidos; sereis entregues às sinagogas e jogados na prisão; sereis levados diante de reis e governadores por causa do meu nome. Será uma ocasião para dardes testemunho. Determinai não preparar vossa defesa, porque eu vos darei palavras tão acertadas que nenhum dos inimigos vos poderá resistir ou rebater. Sereis entregues até mesmo pelos próprios pais, irmãos, parentes e amigos. A alguns de vós matarão. Sereis odiados por todos, por causa de meu nome. Mas nem um só fio de cabelo cairá da vossa cabeça. É pela vossa perseverança que conseguireis salvar a vossa vida!" (**Lc 21,12-19**).

A difícil perseverança

A perseverança no discipulado do Reino acontece em meio a inúmeras dificuldades. Quando o caminho do discípulo é um "mar de rosas", sem atropelo algum, com certeza, algo de errado está acontecendo. Inclusive pode suceder de estar seguindo um caminho equivocado, muito distante do projeto do Reino. Resultado: o testemunho de amor não chega a questionar os egoístas; a falta de preocupação com a justiça deixa os injustos com a consciência tranquila; a preocupação em não desagradar a ninguém torna insípida a vida do discípulo, transformando-a em sal que perdeu o sabor.

Quando o testemunho é autêntico, logo surgem as perseguições, os mal-entendidos, as calúnias e, em algumas circunstâncias, a possibilidade da morte por causa da fé. O foco das dificuldades pode ter origem na própria família. São os familiares os primeiros a dificultarem a vida do discípulo.

Em contexto de perseguição, o discípulo deverá ter consciência de não estar sozinho. O Espírito do Pai lhe dará sabedoria e discernimento para falar as palavras certas para se defender. É pela perseverança que se chega ao término do caminho da salvação.

> Senhor Jesus, que nos momentos de dificuldades por causa da fé, o Espírito venha em meu auxílio e me dê a graça da perseverança no caminho da salvação.

34ª Semana do Tempo Comum — Quinta

"Quando virdes Jerusalém cercada de exércitos, ficai sabendo que a sua destruição está próxima. Então, os que estiverem na Judeia fujam para as montanhas; os que estiverem na cidade afastem-se dela, e os que estiverem fora da cidade, nela nem entrem. Pois esses dias são de vingança, para que se cumpra tudo o que dizem as Escrituras. Ai das mulheres grávidas e daquelas que estiverem amamentando naqueles dias, pois haverá grande angústia na terra e ira contra este povo. Serão abatidos pela espada e levados presos para todas as nações. E Jerusalém será pisada pelos pagãos, até que se complete o tempo marcado para eles. Haverá sinais no sol, na lua e nas estrelas. Na terra, as nações ficarão angustiadas, apavoradas com o bramido do mar e das ondas. As pessoas vão desmaiar de medo, só em pensar no que vai acontecer ao mundo, porque as potências celestes serão abaladas. Então, verão o Filho do Homem, vindo numa nuvem, com grande poder e glória. Quando estas coisas começarem a acontecer, levantai-vos e erguei a cabeça, porque a vossa libertação está próxima" (**Lc 21,20-28**).

A vinda do Filho do Homem

As palavras de Jesus, a respeito da vinda do Filho do Homem — parúsia —, são aterradoras. Aí estão misturados alusões à destruição de Jerusalém, levada a cabo pelo exército romano, com muita violência e morte, e elementos da linguagem apocalíptica da época, que falava em sinais cósmicos e do pavor humano diante do abalo das potências celestes.

Entretanto, a intenção do Mestre não é a de incutir medo nos discípulos, e sim reforçar-lhes a esperança. "Levantai-vos e erguei a cabeça, porque a vossa libertação está próxima." Ao contemplar tudo aquilo, longe de desfalecer, o discípulo recobrará forças, certo de que algo de novo está se passando. As potências do mal e do pecado estão sendo abaladas!

> Senhor Jesus, que a meditação sobre a tua parúsia, longe de me amedrontar, incuta em mim a alegria de saber que o mal e o pecado serão banidos do coração humano.

Sexta | # 34ª Semana do Tempo Comum

E Jesus contou-lhes uma parábola: "Olhai a figueira e todas as árvores. Quando começam a brotar, basta olhá-las para saber que o verão está perto. Vós, do mesmo modo, quando virdes acontecer essas coisas, ficai sabendo que o Reino de Deus está perto. Em verdade vos digo: esta geração não passará antes que tudo aconteça. O céu e a terra passarão, mas as minhas palavras não passarão" (**Lc 21,29-33**).

Palavras que não passam

O discípulo do Reino é exortado a estar sempre atento aos sinais dos tempos, que apontam para a proximidade do Reino de Deus. São a forma de o Pai falar à humanidade e de entrar em diálogo com ela. Portanto, o discípulo fiel estará sempre em estado de discernimento, buscando descobrir o sentido escondido em cada fato ou acontecimento.

A atitude discipular correta nada tem de fanatismo ou terrorismo, no sentido de atemorizar as pessoas, gerando sentimentos de angústia. Antes, terá a tranquilidade de quem se sabe pronto para encontrar-se com o Senhor, a qualquer momento. O fruto do discernimento, de fato, será um estilo de vida pautado no amor e na misericórdia, na atenção aos sofredores e necessitados, na luta pela justiça, na busca do perdão e da reconciliação, em vista de criar o mundo querido pelo Senhor do Reino. A certeza de estar realizando o querer do Pai dá ao discípulo a serenidade de espírito, para seguir adiante, sem se intimidar com as dificuldades e as contrariedades encontradas pelo caminho.

Uma coisa lhe é certa: as palavras do Mestre jamais passarão. Por isso, servem-lhe de pauta de ação e lhe dão o rumo da caminhada. Pautando-se por elas, tem a certeza de estar no caminho certo, em cujo termo está a comunhão eterna com o Pai. Tal certeza possibilita-lhe caminhar com segurança, sem receio de se extraviar.

> Senhor Jesus, que a atenção aos sinais dos tempos permita-me caminhar com segurança no caminho que leva à comunhão eterna com o Pai.

34ª Semana do Tempo Comum — Sábado

"Cuidado para que vossos corações não fiquem pesados por causa dos excessos, da embriaguez e das preocupações da vida, e esse dia não caia de repente sobre vós, pois cairá como uma armadilha sobre todos os habitantes de toda a terra. Portanto, ficai atentos e orai a todo momento, a fim de conseguirdes escapar de tudo o que deve acontecer e para ficardes de pé diante do Filho do Homem" (**Lc 21,34-36**).

Vigilância e oração

Vigilância e oração são atitudes características do discípulo do Reino, desejoso de ser acolhido pelo Senhor, quando ele vier. As duas atitudes são dimensões de uma mesma postura. Toda vigilância é orante. Toda oração é vigilante. Por quê?

O discípulo vigilante vive em contínua oração, na qual está em diálogo com o Pai, no desejo de conhecer-lhe a vontade e se pautar por ela. A oração, por sua vez, leva o discípulo a estar atento aos fatos e acontecimentos, e permite-lhe verificar o que lhe está sendo dito por meio deles. Por ser vigilante, saberá agir da maneira conveniente.

Ser vigilante significa viver sempre em discernimento. Portanto, a vida do discípulo do Reino jamais será leviana ou irresponsável. Tudo quanto faz tem a marca da atenção, para prevenir os passos em falso. E, mais, não se deixa levar pelos amigos, não age só para imitar comportamentos alheios, nem, muito menos, permite que abusem de sua boa-fé. Todas essas experiências são feitas em clima de oração, de relação com o Pai que, pelo Espírito Santo, o orienta sobre as decisões a serem tomadas e os passos a serem dados.

O discípulo é, cada dia, tentado a deixar de lado a vigilância e a oração. O excesso de preocupações, a sucessão de experiências dramáticas, as falsas sugestões que lhe chegam aos ouvidos de todas as partes e a tentação dos modismos podem tirá-lo do bom caminho. Aqui a vigilância e a oração, mais que nunca, se mostram necessárias.

Senhor Jesus, que a vigilância e a oração me levem a ficar atento ao que o Pai me fala e a me precaver contra as tentações que podem me tirar do bom caminho.

PRINCIPAIS FESTAS E SOLENIDADES

Sagrada Família

E quando se completaram os dias da purificação, [...] levaram o menino a Jerusalém para apresentá-lo ao Senhor [...] Ora, em Jerusalém vivia um homem piedoso e justo, chamado Simeão, que esperava a consolação de Israel. O Espírito do Senhor estava com ele. [...] Ele teve uma revelação divina de que não morreria sem ver o Ungido do Senhor. Movido pelo Espírito, foi ao templo. Quando os pais levaram o menino Jesus ao templo para cumprirem as disposições da Lei, Simeão tomou-o nos braços e louvou a Deus, dizendo: "Agora, Senhor, segundo a tua promessa, deixas teu servo ir em paz, porque meus olhos viram a tua salvação, que preparaste diante de todos os povos: luz para iluminar as nações e glória de Israel, teu povo". O pai e a mãe ficavam admirados com aquilo que diziam do menino. Simeão os abençoou e disse a Maria, a mãe: "Este menino será causa de queda e de reerguimento para muitos em Israel. Ele será um sinal de contradição – uma espada traspassará a tua alma! – e assim serão revelados os pensamentos de muitos corações". Havia também uma profetisa, chamada Ana, filha de Fanuel, da tribo de Aser. Ela era de idade avançada. [...] Não saía do templo; dia e noite servia a Deus com jejuns e orações. Naquela hora, Ana chegou e se pôs a louvar Deus e a falar do menino a todos os que esperavam a libertação de Jerusalém. Depois de cumprirem tudo conforme a Lei do Senhor, eles voltaram para Nazaré, sua cidade, na Galileia. O menino foi crescendo, ficando forte e cheio de sabedoria. A graça de Deus estava com ele (**Lc 2,22-40**).

Fidelidade a Deus

Uma característica importante da Sagrada Família de Nazaré foi a fidelidade a Deus. Por ela, Jesus, Maria e José superaram as adversidades, sem se deixar abater. A Sagrada Família é modelo inspirador para as famílias dos discípulos do Reino. Fiéis a Deus, serão capazes de enfrentar os agentes de desagregação, que tanto mal têm provocado. Buscarão o amor, o respeito e a fidelidade como meio de viver o compromisso matrimonial. Não se deixarão levar pelas mentalidades contrárias ao querer do Pai, cujo anseio é a união das famílias.

> **Senhor Jesus, que a Sagrada Família inspire as famílias dos discípulos do Reino, motivando-as a buscar a união querida pelo Pai.**

Apresentação do Senhor

Maria e José levaram o menino a Jerusalém para apresentá-lo ao Senhor, conforme está escrito na Lei do Senhor: "Todo primogênito do sexo masculino será consagrado ao Senhor". [...] Ora, em Jerusalém vivia um homem piedoso e justo, chamado Simeão, que esperava a consolação de Israel. O Espírito do Senhor estava com ele. Pelo próprio Espírito Santo, ele teve uma revelação divina de que não morreria sem ver o Ungido do Senhor. Movido pelo Espírito, foi ao templo. Quando os pais levaram o menino Jesus ao templo para cumprirem as disposições da Lei, Simeão tomou-o nos braços e louvou a Deus, dizendo: "Agora, Senhor, [...] deixas teu servo ir em paz, porque meus olhos viram a tua salvação, que preparaste diante de todos os povos: luz para iluminar as nações e glória de Israel, teu povo". O pai e a mãe ficavam admirados com aquilo que diziam do menino. Simeão os abençoou e disse a Maria, a mãe: "Este menino será causa de queda e de reerguimento para muitos em Israel. Ele será um sinal de contradição – uma espada traspassará a tua alma! – e assim serão revelados os pensamentos de muitos corações". Havia também uma profetisa, chamada Ana. [...] Naquela hora, Ana chegou e se pôs a louvar Deus e a falar do menino a todos os que esperavam a libertação de Jerusalém. Depois de cumprirem tudo conforme a Lei do Senhor, eles voltaram para Nazaré [...]. O menino foi crescendo, ficando forte e cheio de sabedoria. A graça de Deus estava com ele (**Lc 2,22-40**).

Os justos se encontram

A apresentação de Jesus no Templo foi ocasião para o encontro de pessoas tementes a Deus. Um encontro de justos! Maria e José eram modelos de submissão ao querer divino. A presença na Cidade Santa, vindos de tão longe, provava a consistência de sua fé.

Simeão e Ana eram, igualmente, tementes a Deus. Sua presença no Templo indicava o quanto eram piedosos. Dedicaram suas vidas ao serviço divino, na expectativa de, um dia, verem com os próprios olhos o Messias de Deus.

Jesus era o justo por excelência. Por causa dele, outros justos se encontraram na casa do Pai.

> Senhor Jesus, que eu me inspire no testemunho de justiça e piedade de quem, como Maria, José, Simeão e Ana, caminharam sempre na presença do Pai.

Batismo do Senhor

Ele proclamava: "Depois de mim vem aquele que é mais forte do que eu. Eu nem sou digno de, abaixando-me, desatar a correia de suas sandálias. Eu vos batizei com água. Ele vos batizará com o Espírito Santo". Naqueles dias, Jesus veio de Nazaré da Galileia e foi batizado por João, no rio Jordão. Logo que saiu da água, viu o céu rasgar-se e o Espírito, como pomba, descer sobre ele. E do céu veio uma voz: "Tu és o meu Filho amado; em ti está o meu agrado" (**Mc 1,7-11**).

O batismo do Messias

O batismo de Jesus é carregado de simbolismo. É a marca do início do ministério de servidor do Reino, consagrando-o para a missão de levar a misericórdia do Pai à humanidade sofredora e carente de salvação.

Indica a solidariedade do Messias com os pecadores que acorriam para receber o batismo de João. Portanto, não os rejeita. Antes, mostra-se solidário com eles, desejoso de torná-los receptivos para o projeto do Pai.

O batismo nas águas evoca o antigo Israel passando pelas águas do Mar Vermelho, na transição entre a terra da escravidão e a terra da fraternidade. Com ele, tem origem um povo novo, inteiramente, fiel ao Pai. Um povo cujo distintivo é o amor mútuo, seguindo o exemplo do Mestre.

A presença do Espírito, em forma de pomba, alude ao Espírito de Deus que pairava sobre as águas, no contexto da criação. Com Jesus tem início a nova criação, sem mescla de egoísmo e de pecado. Jesus simboliza o novo Adão, no qual a humanidade inteira deve se inspirar.

A voz do Pai, vinda do céu, completa o ciclo de simbolismos. Apresenta Jesus como Filho amado e, dessa forma, confere-lhe autoridade para ensinar e fazer gestos poderosos, pelos quais se mostra o bem querer de Deus pela humanidade.

O batismo de Jesus contém os elementos simbólicos do batismo dos discípulos do Reino. À medida que tomam consciência disso, evitam que o sacramento se torne mero rito.

> Senhor Jesus, faze-me compreender o sentido de meu batismo como discípulo do Reino e, como tu, que eu seja fiel ao compromisso assumido com o projeto de Deus.

Transfiguração do Senhor

Seis dias depois, Jesus levou consigo Pedro, Tiago e João e os fez subir a um lugar retirado, no alto de uma montanha, a sós. Lá, ele foi transfigurado diante deles. Sua roupa ficou muito brilhante, tão branca como nenhuma lavadeira na terra conseguiria torná-la assim. Apareceram-lhes Elias e Moisés, conversando com Jesus. Pedro então tomou a palavra e disse a Jesus: "Rabi, é bom ficarmos aqui. Vamos fazer três tendas: uma para ti, outra para Moisés e outra para Elias". Na realidade, não sabia o que devia falar, pois eles estavam tomados de medo. Desceu, então, uma nuvem, cobrindo-os com sua sombra. E da nuvem saiu uma voz: "Este é o meu Filho amado. Escutai-o!" E, de repente, olhando em volta, não viram mais ninguém: só Jesus estava com eles. Ao descerem da montanha, Jesus ordenou-lhes que não contassem a ninguém o que tinham visto, até que o Filho do Homem ressuscitasse dos mortos. Eles ficaram pensando nesta palavra e discutiam entre si o que significaria esse "ressuscitar dos mortos" (**Mc 9,2-10**).

Ressuscitar dos mortos

O texto evangélico é permeado de simbolismo. "Seis dias" evoca a plenitude esperada no sétimo dia, que está para chegar. A transfiguração é prelúdio da ressurreição, aludida no final da narração. "Pedro, Tiago e João" representam a liderança da Igreja, sempre necessitada de compreender os mistérios da fé. O "alto monte" é lugar privilegiado para penetrar no mistério. O contexto permite entrar na intimidade de Jesus e descobrir elementos insuspeitos. O Mestre apresenta-se numa forma, até então, desconhecida. "Moisés e Elias" simbolizam a Lei e os Profetas, modo simplificado de falar das Escrituras. O diálogo com Jesus aponta para a inserção do Mestre na longa história de amor de Deus para com o seu povo. O sofrimento, a morte e a ressurreição estavam inseridos, perfeitamente, no projeto salvífico do Pai.

Senhor Jesus, dá-me a graça de penetrar na intimidade de teu ser e conhecer a riqueza de amor com que o Pai te cumulou, em vista da salvação da humanidade.

Exaltação da Santa Cruz

"Ninguém subiu ao céu senão aquele que desceu do céu: o Filho do Homem. Como Moisés levantou a serpente no deserto, assim também será levantado o Filho do Homem, a fim de que todo o que nele crer tenha vida eterna. De fato, Deus amou tanto o mundo, que deu o seu Filho único, para que todo o que nele crer não pereça, mas tenha a vida eterna. Pois Deus enviou o seu Filho ao mundo, não para condenar o mundo, mas para que o mundo seja salvo por ele" (**Jo 3,13-17**).

A serviço da salvação

A cruz é um dos elementos mais difíceis de serem aceitos e assimilados pelos cristãos. Porém, assimilada de maneira correta, pois muitos a compreendem de forma equivocada, com sérias consequências. É o caso de quem aceita ser explorado, sem reclamar, só porque "Jesus sofreu muito mais". O sofrimento de Jesus, nesse caso, justificaria todos os sofrimentos humanos, mesmo os que são fruto da injustiça.

A festa da exaltação da Santa Cruz deve ajudar o discípulo do Reino a compreender o mistério cristão e motivá-lo a viver inspirado em Jesus. O verdadeiro sentido da cruz é dado por Jesus. Afinal, como ele viveu essa experiência?

A cruz, na existência de Jesus, não se resumiu a um fato preciso de sua vida, por ocasião da morte violenta. E, sim, perpassou toda a sua existência, em forma de tentações, perseguições, calúnias, contrariedades e, por fim, morte cruel. As muitas cruzes de sua caminhada prepararam a cruz definitiva, onde lhe foi possível demonstrar a profundidade da obediência ao Pai. Portanto, no âmbito cristão, cruz é sinônimo de fidelidade a Deus, de entrega da própria vida nas mãos do Pai, de recusa a se deixar abater pelas perseguições. Em suma, é sinônimo de amor!

A exaltação da Santa Cruz dá aos discípulos do Reino a chance de reforçar o compromisso com Jesus e com o Pai.

> Senhor Jesus, que a exaltação da Santa Cruz
> reforce minha fidelidade ao Reino,
> seguindo o caminho aberto por ti.

Ascensão do Senhor

E disse-lhes: "Ide pelo mundo inteiro e anunciai a Boa-Nova a toda criatura! Quem crer e for batizado será salvo. Quem não crer será condenado. Eis os sinais que acompanharão aqueles que crerem: expulsarão demônios em meu nome; falarão novas línguas; se pegarem em serpentes e beberem veneno mortal, não lhes fará mal algum; e quando impuserem as mãos sobre os doentes, estes ficarão curados". Depois de falar com os discípulos, o Senhor Jesus foi elevado ao céu e sentou-se à direita de Deus. Então, os discípulos foram anunciar a Boa-Nova por toda parte. O Senhor os ajudava e confirmava sua palavra pelos sinais que a acompanhavam (**Mc 16,15-20**).

Um mundo a ser evangelizado

A Ascensão marca o fim da missão terrena de Jesus, confiada, agora, aos discípulos. "Ide pelo mundo inteiro e anunciai a Boa-Nova a toda criatura" é o mandato missionário, do qual não se podem esquivar.

No exercício da missão, o discípulo tem consciência de ser enviado pelo Ressuscitado. Logo, não está em missão por iniciativa pessoal ou de qualquer outra pessoa. No fim, prestará contas a ele.

O âmbito da missão abarca o mundo inteiro, englobando todos os povos. O missionário não tem o direito de discriminar ou excluir ninguém. Os mais necessitados e marginalizados terão lugar especial em seu coração.

A missão do discípulo continua o ministério do Mestre Jesus, que consistiu em anunciar a Boa-Nova, espalhando as sementes do Reino por palavras e ações. O texto evangélico faz alusão aos sinais realizados pelos discípulos em missão: expulsarão demônios, falarão novas línguas, estarão imunes aos animais peçonhentos e aos venenos e terão o dom de curar os doentes. Dois elementos chamam a atenção: o serviço prestado aos sofredores e oprimidos e a proteção divina. Por este viés, o discípulo assemelha-se ao Mestre Jesus, que, sob a proteção do Pai, se entregou, inteiramente, à prática do bem, atento aos sofrimentos da humanidade.

> Senhor Jesus, torna-me discípulo consciente
> da tarefa de levar adiante tua missão de servidor
> da humanidade sofredora.

Pentecostes

Ao anoitecer daquele dia, o primeiro da semana, os discípulos estavam reunidos, com as portas fechadas por medo dos judeus. Jesus entrou e pôs-se no meio deles. Disse: "A paz esteja convosco". Dito isso, mostrou-lhes as mãos e o lado. Os discípulos, então, se alegraram por verem o Senhor. Jesus disse, de novo: "A paz esteja convosco. Como o Pai me enviou também eu vos envio". Então, soprou sobre eles e falou: "Recebei o Espírito Santo. A quem perdoardes os pecados, serão perdoados; a quem os retiverdes, lhes serão retidos" (**Jo 20,19-23**).

Movidos pelo Espírito

A festa de Pentecostes revela como os discípulos do Reino são movidos pelo Espírito. Ao soprar sobre eles e declarar "Recebei o Espírito Santo", Jesus capacitava-os para a missão à qual eram enviados.

Na força do Espírito, disporiam-se a continuar a missão do Mestre, renunciando aos projetos pessoais e se lançando, sem medo, no serviço aos irmãos. O Espírito dar-lhes-ia o dinamismo necessário para descruzarem os braços, para abraçar uma missão desafiadora.

O Espírito estaria com eles nos momentos difíceis de perseguição e dificuldades, dando-lhes sabedoria e discernimento para enfrentar os inimigos. Poria em suas bocas palavras acertadas, de modo a não serem enredados em falsos raciocínios.

Do Espírito lhes viria o discernimento necessário para determinar os rumos da missão: o que fazer, como fazer e o que esperar. Assim, evitariam o risco de ser levados por caminhos equivocados, cujo fim está muito longe daquele querido pelo Pai.

A capacidade de perseverar na missão viria, igualmente, da presença do Espírito no coração deles. O passar do tempo poderia ter o efeito de esmorecer o vigor inicial e levá-los ao desânimo. Com isso, a missão bem iniciada descambaria na falta de garra e na inércia. A ação do Espírito seria perceptível na capacidade de seguir adiante, com animação cada vez maior.

Senhor Jesus, que a presença do Espírito no meu coração faça crescer meu ardor missionário e a disposição para levar adiante a tua missão.

Santíssima Trindade

Os onze discípulos voltaram à Galileia, à montanha que Jesus lhes tinha indicado. Quando o viram, prostraram-se; mas alguns tiveram dúvida. Jesus se aproximou deles e disse: "Foi-me dada toda a autoridade no céu e na terra. Ide, pois, fazer discípulos entre todas as nações, e batizai-os em nome do Pai, do Filho e do Espírito Santo. Ensinai-lhes a observar tudo o que vos tenho ordenado. Eis que estou convosco todos os dias, até o fim dos tempos" (**Mt 28,16-20**).

Em nome da Trindade

Os discípulos do Reino são batizados "em nome do Pai, do Filho e do Espírito Santo". "Em nome de" significa que suas vidas trazem a marca da Trindade santa e, por ela, devem ser plasmadas. Sua existência assume uma dimensão nova, transcendente, conferindo-lhe a dignidade de filhos e filhas de Deus.

O batismo em nome da Trindade comporta exigências precisas para os discípulos. A primeira delas consiste na vida em comunidade, inspirada no modelo trinitário. Com a Trindade, os discípulos aprendem a se respeitar mutuamente, a ajudar uns aos outros, sem espírito de competição. Ninguém se sente superior aos demais. Pelo contrário, cultiva o espírito de colaboração e de integração.

Assim como a comunhão da Trindade resulta do amor, da mesma forma a união da comunidade dos discípulos. O egoísmo é banido do coração dos irmãos de fé, pois o perdão e a reconciliação falam mais forte. A gratuidade é marca característica do amor cristão; os discípulos fazem o bem, sem nada esperar em troca.

O ideal trinitário leva os discípulos a se precaverem contra tudo quanto causa desunião: fofocas, intrigas, competições, ódio, inimizades e tantas outras armadilhas para o ideal cristão de unidade. Viver desunido é uma das muitas negações da fé. Na direção contrária, a fé é professada na busca de união de corações, por causa da Trindade.

> Senhor Jesus, que a profissão da fé na Trindade transforme minha existência, reforçando em mim o desejo de viver em comunidade de fé e de amor.

Corpus Christi

No primeiro dia dos Pães sem Fermento, quando se sacrificava o cordeiro pascal, os discípulos perguntaram a Jesus: "Onde queres que façamos os preparativos para comeres a páscoa?" Jesus enviou então dois dos seus discípulos, dizendo-lhes: "Ide à cidade. Um homem carregando uma bilha de água virá ao vosso encontro. Segui-o e dizei ao dono da casa em que ele entrar: 'O Mestre manda perguntar: Onde está a sala em que posso comer a ceia pascal com os meus discípulos?' Ele, então, vos mostrará, no andar de cima, uma grande sala, arrumada. Lá fareis os preparativos para nós!" Os discípulos saíram e foram à cidade. Encontraram tudo como ele tinha dito e prepararam a ceia pascal. Enquanto estavam comendo, Jesus tomou o pão, pronunciou a bênção, partiu-o e lhes deu, dizendo: "Tomai, isto é o meu corpo". Depois, pegou o cálice, deu graças, passou-o a eles, e todos beberam. E disse-lhes: "Este é o meu sangue da nova Aliança, que é derramado por muitos. Em verdade, não beberei mais do fruto da videira até o dia em que beberei o vinho novo no Reino de Deus". Depois de cantarem o salmo, saíram para o Monte das Oliveiras (**Mc 14,12-16.22-26**).

Isto é o meu corpo!

A ceia de Jesus com os discípulos, estando próxima a paixão e a morte de cruz, teve significado especial. As palavras "Tomai, isto é o meu corpo" devem tê-los surpreendido. Foi preciso tempo para compreendê-las.

O pão e o vinho distribuídos simbolizavam a disposição do Mestre de se doar, sem reservas. Nada reteve, inclusive, a própria vida. A cruz seria a expressão máxima da entrega de si em favor dos irmãos. Sua vida inteira consistiu em se fazer oblação para a humanidade sofredora. Os muitos milagres, os gestos de solidariedade para com os empobrecidos e marginalizados e a acolhida dos pecadores foram atitudes concretas de entrega do próprio corpo.

Esse é o caminho a ser trilhado pelos discípulos do Reino.

> Senhor Jesus, seguindo teu exemplo, que eu me disponha a entregar a vida em favor de tantos irmãos e irmãs necessitados de misericórdia e de consolação.

Sagrado Coração de Jesus

Era o dia de preparação do sábado, e este seria solene. Para que os corpos não ficassem na cruz no sábado, os judeus pediram a Pilatos que mandasse quebrar as pernas dos crucificados e os tirasse da cruz. Os soldados foram e quebraram as pernas, primeiro a um dos crucificados com ele e depois ao outro. Chegando a Jesus, viram que estava morto. Por isso, não lhe quebraram as pernas, mas um soldado golpeou-lhe o lado com uma lança, e imediatamente saiu sangue e água. (Aquele que viu dá testemunho, e o seu testemunho é verdadeiro; ele sabe que fala a verdade, para que vós, também, acrediteis.) Isto aconteceu para que se cumprisse a Escritura que diz: "Não quebrárão nenhum dos seus ossos" (**Jo 19,31-37**).

Sangue e água

A tradição cristã interpretou, de forma simbólica, o sangue e a água jorrados do lado de Jesus, golpeado pela lança. Entende-o como o nascimento da Igreja, surgida do lado aberto de Cristo. A água evoca o batismo e o sangue, a eucaristia. Dois sacramentos basilares do discipulado cristão!

O batismo compromete o discípulo com o projeto de Jesus, de modo a assemelhá-lo ao Mestre no pensar e no agir. A vivência batismal cotidiana identifica o discípulo com o Mestre, cuja missão é levada adiante na obediência filial ao Pai.

A eucaristia confronta o discípulo com o mistério cristão e o leva a renovar o compromisso de fidelidade, mesmo devendo passar pela paixão e morte de cruz. Enquanto memorial, permite ao discípulo estar em contínuo contato com o evento fundante da fé. E exige dele refazer a opção pelo seguimento do Mestre, com todas as suas consequências.

A celebração do Coração de Jesus permite, pois, mergulhar no mistério de Cristo e da Igreja, mistério de amor que se entrega sem reservas e reúne os discípulos do Reino em comunidades de amor.

Senhor Jesus, que a contemplação de teu coração aberto pela lança faça-me compreender a radicalidade de teu amor, que plasma o rosto da Igreja.

Assunção de Nossa Senhora

Naqueles dias, Maria partiu apressadamente dirigindo-se a uma cidade de Judá. Ela entrou na casa de Zacarias e saudou Isabel. Quando Isabel ouviu a saudação de Maria, a criança pulou de alegria em seu ventre, e Isabel ficou repleta do Espírito Santo. Com voz forte, ela exclamou: "Bendita és tu entre as mulheres e bendito é o fruto do teu ventre! Como mereço que a mãe do meu Senhor venha me visitar? Logo que a tua saudação ressoou nos meus ouvidos, o menino pulou de alegria no meu ventre. Feliz aquela que acreditou, pois o que lhe foi dito da parte do Senhor será cumprido!" Maria então disse: "A minha alma engrandece o Senhor, e meu espírito se alegra em Deus, meu Salvador, porque ele olhou para a humildade de sua serva. Todas as gerações, de agora em diante, me chamarão feliz, porque o Poderoso fez para mim coisas grandiosas. O seu nome é santo, e sua misericórdia se estende de geração em geração sobre aqueles que o temem. Ele mostrou a força de seu braço: dispersou os que têm planos orgulhosos no coração. Derrubou os poderosos de seus tronos e exaltou os humildes. Encheu de bens os famintos, e mandou embora os ricos de mãos vazias. Acolheu Israel, seu servo, lembrando-se de sua misericórdia, conforme prometera a nossos pais, em favor de Abraão e de sua descendência, para sempre". Maria ficou três meses com Isabel. Depois, voltou para sua casa (**Lc 1,39-56**).

Humilde serva

A humildade de Maria é exemplo para os discípulos do Reino. Ser humilde significa colocar-se, inteiramente, nas mãos do Pai e se deixar conduzir por ele. Supõe estar em contínuo discernimento, para captar os sinais do querer divino para acolhê-lo e praticá-lo. Exige abrir mão dos projetos pessoais e se dispor a fazer a vontade do Pai.

A humildade é uma virtude ativa, que engaja o discípulo do Reino na prática do amor e da justiça. Os humildes, ao agirem assim, têm consciência de ser guiados pelo Pai. Esta foi a experiência fundamental na vida de Maria.

> **Senhor Jesus, dá-me a graça da humildade, a exemplo de Maria, de modo que todas as minhas ações sejam guiadas pelo querer do Pai.**

Imaculada Conceição de Maria

Quando Isabel estava no sexto mês, o anjo Gabriel foi enviado por Deus a uma cidade da Galileia, chamada Nazaré, a uma virgem prometida em casamento a um homem de nome José, da casa de Davi. A virgem se chamava Maria. O anjo entrou onde ela estava e disse: "Alegra-te, cheia de graça! O Senhor está contigo". Ela perturbou-se com estas palavras e começou a pensar qual seria o significado da saudação. O anjo, então, disse: "Não tenhas medo, Maria! Encontraste graça junto a Deus. Conceberás e darás à luz um filho, e lhe porás o nome de Jesus. Ele será grande; será chamado Filho do Altíssimo, e o Senhor Deus lhe dará o trono de Davi, seu pai. Ele reinará para sempre sobre a descendência de Jacó, e o seu reino não terá fim". Maria, então, perguntou ao anjo: "Como acontecerá isso, se eu não conheço homem?" O anjo respondeu: "O Espírito Santo descerá sobre ti, e o poder do Altíssimo te cobrirá com a sua sombra. Por isso, aquele que vai nascer será chamado santo, Filho de Deus. Também Isabel, tua parenta, concebeu um filho na sua velhice. Este já é o sexto mês daquela que era chamada estéril, pois para Deus nada é impossível". Maria disse: "Eis aqui a serva do Senhor! Faça-se em mim segundo a tua palavra". E o anjo retirou-se de junto dela (**Lc 1,26-38**).

Segundo a tua palavra!

Maria assumiu a atitude característica do discípulo do Reino, ao se colocar, inteiramente, nas mãos de Deus. Ser discípulo consiste em ouvir a Palavra de Deus e colocá-la em prática. A ação decorre da escuta; a escuta leva à ação. Ouvir e obedecer são os verbos principais na vida do discípulo.

As cenas evangélicas que falam de Maria mostram-na obediente a Deus, desde a anunciação até a trágica experiência de contemplar o filho crucificado. Em momento algum, afastou-se do projeto de Deus. Eis um sinal inequívoco de ser "cheia de graça".

> Senhor Jesus, que minha vida seja toda pautada pela Palavra de Deus, a exemplo de Maria, a serva do Senhor, sempre obediente ao querer do Pai.

Nossa Senhora Aparecida

No terceiro dia, houve um casamento em Caná da Galileia, e a mãe de Jesus estava lá. Também Jesus e seus discípulos foram convidados para o casamento. Faltando o vinho, a mãe de Jesus lhe disse: "Eles não têm vinho!" Jesus lhe respondeu: "Mulher, para que me dizes isso? A minha hora ainda não chegou". Sua mãe disse aos que estavam servindo: "Fazei tudo o que ele vos disser!" Estavam ali seis talhas de pedra, de quase cem litros cada, destinadas às purificações rituais dos judeus. Jesus disse aos que estavam servindo: "Enchei as talhas de água!" E eles as encheram até a borda. Então disse: "Agora, tirai e levai ao encarregado da festa". E eles levaram. O encarregado da festa provou da água mudada em vinho, sem saber de onde viesse, embora os serventes que tiraram a água o soubessem. Então chamou o noivo e disse-lhe: "Todo mundo serve primeiro o vinho bom e, quando os convidados já beberam bastante, serve o menos bom. Tu guardaste o vinho bom até agora". Este início dos sinais, Jesus o realizou em Caná da Galileia. Manifestou sua glória, e os seus discípulos creram nele (**Jo 2,1-11**).

Mãe e Filho

O milagre em Caná revela traços importantes da relação entre Maria e Jesus. À primeira vista, a Mãe parece inoportuna, incapaz de compreender a "hora" do Filho. Afinal, coube-lhe alertá-lo a respeito do querer do Pai. Sim, havia chegado a hora de fazer os sinais indicadores da presença da salvação na história da humanidade.

A Mãe, atenta e solidária com os noivos em delicada situação, sabe de onde pode vir a solução. Daí ter orientado os serventes a seguirem as orientações do Filho. O Filho não decepciona a Mãe! E traz alegria para os noivos aflitos.

A presença maternal de Maria deixou marcas no ministério de Jesus. Da mesma forma, será relevante para o discípulo do Reino que tem nela uma referência segura de fidelidade a Deus.

> Senhor Jesus, que a presença maternal de Maria incentive-me a cumprir a vontade do Pai, como te indicou ter chegado a "hora" de realizar os sinais da salvação.

São Pedro e São Paulo

Jesus foi à região de Cesareia de Filipe e ali perguntou aos discípulos: "Quem dizem as pessoas ser o Filho do Homem?" Eles responderam: "Alguns dizem que és João Batista; outros, Elias; outros ainda, Jeremias ou algum dos profetas". "E vós", retomou Jesus, "quem dizeis que eu sou?" Simão Pedro respondeu: "Tu és o Cristo, o Filho do Deus vivo". Jesus então declarou: "Feliz és tu, Simão, filho de Jonas, porque não foi carne e sangue quem te revelou isso, mas o meu Pai que está no céu. Por isso, eu te digo: tu és Pedro, e sobre esta pedra edificarei a minha Igreja, e as forças do Inferno não poderão vencê-la. Eu te darei as chaves do Reino dos Céus: tudo o que ligares na terra será ligado nos céus, e tudo o que desligares na terra será desligado nos céus" (**Mt 16,13-19**).

Pedro – Pedra

A confissão de fé – "Tu és o Cristo, o Filho do Deus vivo" – valeu a Pedro ser constituído pedra, sobre a qual a Igreja seria construída. Qual o significado dessa metáfora?

A comunidade dos discípulos – a Igreja – tem origem no reconhecimento da messianidade de Jesus, o Filho do Deus vivo. O evento Cristo é o eixo em torno do qual a Igreja se articula. Está no centro do testemunho a ser dado ao mundo. É o ponto ao qual a Igreja deve sempre voltar, para não se desviar do caminho. Pedro soube apontá-lo com precisão!

Por outro lado, a Igreja constrói-se na fé professada pelos apóstolos, dentre os quais Pedro recebeu posição de destaque. A volta a essa fé original garante a unidade da Igreja, evitando-se o perigo das heresias e das posições arbitrárias.

A confissão da fé apostólica deve ser, continuamente, atualizada para não correr o risco de se transformar em palavreado estéril. Ela se atualiza toda vez que, ao proclamá-la, o discípulo do Reino sente-me motivado a testemunhá-la com gestos de amor e de misericórdia. Afinal, a comunidade construída sobre Pedro-Pedra é a comunidade do amor.

> Senhor Jesus, que a confissão da fé dos apóstolos faça crescer em mim o amor pela Igreja e me motive a testemunhá-lo com gestos de misericórdia.

Natividade de São João Batista

Quando se completou o tempo da gravidez, Isabel deu à luz um filho. Os vizinhos e os parentes ouviram quanta misericórdia o Senhor lhe tinha demonstrado, e alegravam-se com ela. No oitavo dia, foram circuncidar o menino e queriam dar-lhe o nome de seu pai, Zacarias. A mãe, porém, disse: "Não. Ele vai se chamar João". Disseram-lhe: "Ninguém entre os teus parentes é chamado com este nome!" Por meio de sinais, então, perguntaram ao pai como ele queria que o menino se chamasse. Zacarias pediu uma tabuinha e escreveu: "João é o seu nome!" E todos ficaram admirados. No mesmo instante, sua boca se abriu, a língua se soltou, e ele começou a louvar a Deus. Todos os vizinhos se encheram de temor, e a notícia se espalhou por toda a região montanhosa da Judeia. Todos os que ouviram a notícia ficavam pensando: "Que vai ser este menino?" De fato, a mão do Senhor estava com ele. O menino crescia e seu espírito se fortalecia. Ele vivia nos desertos, até o dia de se apresentar publicamente diante de Israel (**Lc 1,57-66.80**).

Seu nome é João!

Os cristãos reconheceram, desde os primórdios, a importância de João Batista. Sua função consistiu em ser precursor do Messias, que a fé identifica com Jesus.

João encarnou o messianismo escatológico que anunciava o fim dos tempos, com o juízo divino implacável sobre a humanidade pecadora. Daí ter anunciado o batismo de conversão, pelo qual os pecadores, deixando de lado a má vida, preparavam-se para o encontro com Deus.

A pregação de Jesus seguiu noutra direção. Anunciava o amor divino derramado sobre a humanidade e convidava os pecadores a se voltarem confiantes para o Pai, não com ameaça de castigos, mas pela bondade.

Embora a pregação de João não tenha correspondido, exatamente, ao modo de pensar de Jesus, serviu de alerta para muitos que se tornaram discípulos do Reino. Afinal, a conversão fazia parte da pregação do Mestre de Nazaré.

> Senhor Jesus, que a contemplação do testemunho de João Batista motive-me a crescer no discipulado cristão, pelo exemplo de atenção à presença de Deus na história.

Festa de Todos os Santos

Vendo as multidões, Jesus subiu à montanha e sentou-se. Os discípulos aproximaram-se, e ele começou a ensinar: "Felizes os pobres no espírito, porque deles é o Reino dos Céus. Felizes os que choram, porque serão consolados. Felizes os mansos, porque receberão a terra em herança. Felizes os que têm fome e sede da justiça, porque serão saciados. Felizes os misericordiosos, porque alcançarão misericórdia. Felizes os puros no coração, porque verão a Deus. Felizes os que promovem a paz, porque serão chamados filhos de Deus. Felizes os perseguidos por causa da justiça, porque deles é o Reino dos Céus. Felizes sois vós, quando vos injuriarem e perseguirem e, mentindo, disserem todo mal contra vós por causa de mim. Alegrai-vos e exultai, porque é grande a vossa recompensa nos céus" (**Mt 5,1-12a**).

Bem-aventuranças, caminho de santidade

As bem-aventuranças são o caminho da santidade do discípulo do Reino. Afinal, consistem em centrar a vida em Deus, de modo que o agir bem-aventurado seja revelação do agir divino na história. Quem é pobre no espírito recusa as idolatrias, por ser Deus o absoluto de sua vida. Quem chora por causa da injustiça humana, espera a consolação do Pai. Quem é manso, jamais recorre à violência. Quem tem fome e sede de justiça, espera ser saciado pelo Pai. Quem é misericordioso, encarna o modo de agir próprio de Deus, no trato com a humanidade. Quem é puro de coração, busca ser transparente como Deus. Quem promove a paz, luta por criar o mundo querido por Deus. Quem é perseguido por causa da justiça, reconhece ter defendido os pobres, por causa de Deus.

Celebrar Todos os Santos e Santas corresponde a louvar a Deus por todos os discípulos e discípulas do Reino cujas vidas, pautadas pelas bem-aventuranças evangélicas, foram uma caminhada segura para o Pai.

> Senhor Jesus, como discípulo do Reino, dá-me a graça de trilhar o caminho das bem-aventuranças, pois, por ele, posso estar seguro de chegar ao Pai.

Sumário

Advento – Natal – Epifania

1ª Semana do Advento

Domingo: A RESPONSABILIDADE DOS SERVOS 9
Segunda-feira: FÉ EXEMPLAR 10
Terça-feira: COISAS ESCONDIDAS E REVELADAS 11
Quarta-feira: A MULTIDÃO ADMIRADA 12
Quinta-feira: PRATICAR A PALAVRA 13
Sexta-feira: A CEGUEIRA SUPERADA 14
Sábado: O PODER DE FAZER O BEM 15

2ª Semana do Advento

Domingo: O CAMINHO DO SENHOR 16
Segunda-feira: COISAS MARAVILHOSAS! 17
Terça-feira: O DESEJO DO PAI 18
Quarta-feira: CANSAÇO E DESCANSO 19
Quinta-feira: OS VIOLENTOS E O REINO 20
Sexta-feira: A HUMANIDADE DO MESSIAS 21
Sábado: QUEM É ELIAS? 22

3ª Semana do Advento

Domingo: A IDENTIDADE DO BATISTA 23
Segunda-feira: PERGUNTA SEM RESPOSTA 24
Terça-feira: A PRECEDÊNCIA NO REINO 25
Quarta-feira: O QUE HÁ DE VIR 26
Quinta-feira: O MENOR NO REINO DE DEUS 27
Sexta-feira: JOÃO, A LÂMPADA PROVISÓRIA 28

4ª Semana do Advento

Domingo: MARIA, A AGRACIADA 29
17 de dezembro: JESUS, FILHO DE DAVI 30
18 de dezembro: GERADO PELO ESPÍRITO 31
19 de dezembro: ESTERILIDADE FECUNDA 32

20 de dezembro: NÃO TENHAS MEDO!... 33
21 de dezembro: A BEM-AVENTURADA MARIA 34
22 de dezembro: O DEUS DOS POBRES................................... 35
23 de dezembro: QUE MENINO É ESTE? 36
24 de dezembro: ANÚNCIO DA SALVAÇÃO 37
25 de dezembro (missa da noite): NASCEU O SALVADOR........ 38
26 de dezembro: SALVOS NA PERSEVERANÇA 39
27 de dezembro: A CAMINHO DA FÉ....................................... 40
28 de dezembro: OS INOCENTES DE BELÉM........................... 41
29 de dezembro: A OFERENDA DOS POBRES 42
30 de dezembro: A SENSIBILIDADE DOS JUSTOS 43
31 de dezembro: NÓS VIMOS SUA GLÓRIA!............................ 44
1º de janeiro: SEU NOME É JESUS!.. 45
2 de janeiro: QUEM ÉS TU?... 46
3 de janeiro: O FILHO DE DEUS 47
4 de janeiro: QUE PROCURAIS?... 48
5 de janeiro: EXPERIÊNCIA COMPARTILHADA 49
6 de janeiro: O BATISMO DO MESSIAS 50
7 de janeiro: A HORA ANTECIPADA... 51
Domingo da Epifania do Senhor: EM BUSCA DO SALVADOR... 52
Segunda-feira depois da Epifania (ou 7 de janeiro):
VIMOS UMA GRANDE LUZ... 53
Terça-feira depois da Epifania (ou 8 de janeiro):
DAI-LHES DE COMER!.. 54
Quarta-feira depois da Epifania (ou 9 de janeiro):
NÃO TENHAM MEDO!... 55
Quinta-feira depois da Epifania (ou 10 de janeiro):
A ESCRITURA REALIZADA 56
Sexta-feira depois da Epifania (ou 11 de janeiro):
A FAMA DE JESUS... 57
Sábado depois da Epifania (ou 12 de janeiro):
A HUMILDADE DE JOÃO BATISTA 58

Quaresma

Quarta-feira de Cinzas: A JUSTIÇA OCULTA 61
Quinta-feira depois de Cinzas: SEGUIMENTO E CRUZ 62
Sexta-feira depois de Cinzas: NÃO É HORA DE JEJUAR! 63
Sábado depois de Cinzas: ELE COME COM OS PECADORES!.. 64

1ª Semana da Quaresma

Domingo: O TENTADOR VENCIDO 65
Segunda-feira: A MIM O FIZESTES! 66
Terça-feira: REZAR EM COMUNHÃO 67
Quarta-feira: UMA GERAÇÃO MÁ 68
Quinta-feira: A BONDADE DO PAI 69
Sexta-feira: A RECONCILIAÇÃO URGENTE 70
Sábado: UMA PERFEIÇÃO IMPOSSÍVEL? 71

2ª Semana da Quaresma

Domingo: O FILHO TRANSFIGURADO 72
Segunda-feira: BENÉVOLOS COMO O PAI 73
Terça-feira: CUIDADO COM OS MAUS EXEMPLOS 74
Quarta-feira: UM PEDIDO EQUIVOCADO 75
Quinta-feira: DUAS VIDAS, DOIS DESTINOS 76
Sexta-feira: A PEDRA REJEITADA 77
Sábado: ACOLHIDA AOS PECADORES 78

3ª Semana da Quaresma

Domingo: CASA DO PAI, CASA DO AMOR 79
Segunda-feira: E CONTINUOU O SEU CAMINHO! 80
Terça-feira: PERDOAR DE TODO CORAÇÃO 81
Quarta-feira: PRATICAR E ENSINAR A LEI 82
Quinta-feira: UM GRAVE MAL-ENTENDIDO 83
Sexta-feira: O PRIMEIRO MANDAMENTO 84
Sábado: HUMILDE DIANTE DE DEUS 85

4ª Semana da Quaresma

Domingo: ENTRE A LUZ E AS TREVAS 86
Segunda-feira: TEU FILHO VIVE! 87
Terça-feira: COM OS MARGINALIZADOS 88
Quarta-feira: FAZER-SE IGUAL A DEUS 89
Quinta-feira: O TESTEMUNHO DAS OBRAS 90
Sexta-feira: VÓS ME CONHECEIS! 91
Sábado: DA GALILEIA NÃO SURGE PROFETA? 92

5ª Semana da Quaresma

Domingo: QUEREMOS VER JESUS 93
Segunda-feira: NÃO PEQUES MAIS! 94
Terça-feira: EU SOU DO ALTO! 95
Quarta-feira: A VERDADE LIBERTADORA 96
Quinta-feira: O DISCÍPULO NÃO MORRE? 97
Sexta-feira: O MESSIAS PERSEGUIDO 98
Sábado: A DECISÃO DE MATAR JESUS 99

Semana Santa

Domingo de Ramos: O FILHO CRUCIFICADO 103
Segunda-feira Santa: UM GESTO INCOMPREENDIDO 104
Terça-feira Santa: SENHOR, QUEM É? 105
Quarta-feira Santa: O MESTRE VENDIDO 106
Quinta-feira Santa: DEI-VOS O EXEMPLO! 107
Sexta-feira Santa: ENTREGOU O ESPÍRITO! 108
Sábado Santo: TEMOR E ALEGRIA 109

Páscoa

Domingo de Páscoa: VIU E CREU! 113
Oitava da Páscoa - Segunda-feira: ALEGRAI-VOS! 114
Terça-feira: RABÚNI! 115

Quarta-feira: AS ESCRITURAS EXPLICADAS............................ 116
Quinta-feira: RECONHECENDO O MESTRE 117
Sexta-feira: COM O RESSUSCITADO NO TRABALHO 118
Sábado: CRÍTICA À FALTA DE FÉ 119

2ª Semana da Páscoa
Domingo: DA INCREDULIDADE À FÉ 120
Segunda-feira: CARNE E ESPÍRITO.. 121
Terça-feira: O FILHO E O PAI.. 122
Quarta-feira: O FILHO DOADO 123
Quinta-feira: AS PALAVRAS DE DEUS 124
Sexta-feira: QUERIAM FAZÊ-LO REI!... 125
Sábado: SOU EU!... 126

3ª Semana da Páscoa
Domingo: EXPLICAVA-LHES AS ESCRITURAS!........................ 127
Segunda-feira: PRATICAR AS OBRAS DE DEUS 128
Terça-feira: DO PASSADO AO PRESENTE.................................. 129
Quarta-feira: A VONTADE DO PAI 130
Quinta-feira: DISCÍPULOS DE DEUS.. 131
Sexta-feira: UMA INCÓGNITA!.. 132
Sábado: ESCOLHIDOS E ENVIADOS.. 133

4ª Semana da Páscoa
Domingo: A VOZ DO PASTOR.. 134
Segunda-feira: DAR A VIDA PELAS OVELHAS......................... 135
Terça-feira: SE TU ÉS O CRISTO... 136
Quarta-feira: VER JESUS, VER O PAI 137
Quinta-feira: O SERVO E O SENHOR.. 138
Sexta-feira: CAMINHO, VERDADE E VIDA............................... 139
Sábado: MOSTRA-NOS O PAI! 140

5ª Semana da Páscoa
Domingo: VOU PARA O PAI! 141
Segunda-feira: A MORADA DO PAI E DO FILHO 142
Terça-feira: AMOR E OBEDIÊNCIA 143
Quarta-feira: PERMANECEI EM MIM! 144
Quinta-feira: ALEGRIA COMPLETA 145
Sexta-feira: ESCOLHIDOS E ENVIADOS 146
Sábado: DO MEIO DO MUNDO 147

6ª Semana da Páscoa
Domingo: ORFANDADE SUPERADA 148
Segunda-feira: FÉ INABALÁVEL 149
Terça-feira: O MUNDO ACUSADO 150
Quarta-feira: GUIADOS NA VERDADE 151
Quinta-feira: VER-ME-EIS DE NOVO! 152
Sexta-feira: COM O CORAÇÃO ALEGRE 153
Sábado: DO PAI E PARA O PAI 154

7ª Semana da Páscoa
Domingo: MISSÃO CUMPRIDA 155
Segunda-feira: TENHAM CORAGEM! 156
Terça-feira: ROGO PELOS QUE ME DESTES! 157
Quarta-feira: UM, COMO NÓS! 158
Quinta-feira: OS QUE CRERÃO 159
Sexta-feira: TU SABES QUE TE AMO! 160
Sábado: A SERVIÇO DA LIBERTAÇÃO 161

Tempo Comum

1ª Semana do Tempo Comum
Domingo: O FILHO AMADO 165
Segunda-feira: E O SEGUIRAM! 166
Terça-feira: A SERVIÇO DA LIBERTAÇÃO 167

Quarta-feira: O BEM MULTIPLICADO 168
Quinta-feira: O QUERER DE JESUS 169
Sexta-feira: CURA COMPLETA 170
Sábado: A SERVIÇO DOS PECADORES 171

2ª Semana do Tempo Comum
Domingo: FORAM E VIRAM! 172
Segunda-feira: DUAS METÁFORAS SUGESTIVAS 173
Terça-feira: UMA NOVA MENTALIDADE 174
Quarta-feira: O MESSIAS LIVRE 175
Quinta-feira: EM BUSCA DO SENHOR! 176
Sexta-feira: PARA FICAR COM ELE 177
Sábado: AVALIAÇÃO EQUIVOCADA 178

3ª Semana do Tempo Comum
Domingo: O COMEÇO DA MISSÃO 179
Segunda-feira: BLASFÊMIA CONTRA O ESPÍRITO SANTO 180
Terça-feira: A FAMÍLIA DO REINO 181
Quarta-feira: O DESTINO DA PALAVRA 182
Quinta-feira: LÂMPADA QUE BRILHA 183
Sexta-feira: ENSINAMENTO EM PARÁBOLAS 184
Sábado: SENHOR DA NATUREZA 185

4ª Semana do Tempo Comum
Domingo: O SANTO DE DEUS 186
Segunda-feira: MEU NOME É LEGIÃO! 187
Terça-feira: SOLIDÁRIO COM AS MULHERES 188
Quarta-feira: UM MESSIAS DIFERENTE 189
Quinta-feira: O MISSIONÁRIO DESPOJADO 190
Sexta-feira: TESTEMUNHO DA VERDADE 191
Sábado: O MESTRE COMPASSIVO 192

5ª Semana do Tempo Comum
Domingo: UM DIA NA VIDA DO MESTRE.................................. 193
Segunda-feira: TODOS FICAVAM CURADOS........................... 194
Terça-feira: UM MESTRE LIVRE... 195
Quarta-feira: A FONTE DE IMPUREZA...................................... 196
Quinta-feira: A FÉ PROVADA 197
Sexta-feira: A ACOLHIDA DOS PAGÃOS.................................. 198
Sábado: A BÊNÇÃO DA SOLIDARIEDADE............................... 199

6ª Semana do Tempo Comum
Domingo: O MESTRE SOLIDÁRIO 200
Segunda-feira: UMA INSISTÊNCIA INÚTIL 201
Terça-feira: DOIS FERMENTOS PERNICIOSOS 202
Quarta-feira: E VIU PERFEITAMENTE! 203
Quinta-feira: A IDENTIDADE DO MESSIAS.............................. 204
Sexta-feira: RENUNCIAR A SI MESMO 205
Sábado: O DESTINO DO MESSIAS... 206

7ª Semana do Tempo Comum
Domingo: UMA BLASFÊMIA?... 207
Segunda-feira: PODER DO MAL, PODER DO BEM 208
Terça-feira: SER ÚLTIMO E O SERVIDOR................................. 209
Quarta-feira: TOLERÂNCIA E GRANDEZA DE CORAÇÃO 210
Quinta-feira: RESPEITO PELO PRÓXIMO 211
Sexta-feira: UMA QUESTÃO CAPCIOSA................................... 212
Sábado: EM DEFESA DOS MARGINALIZADOS 213

8ª Semana do Tempo Comum
Domingo: UMA NOVA MENTALIDADE 214
Segunda-feira: FALTA-TE UMA COISA!..................................... 215
Terça-feira: RECOMPENSA COM PERSEGUIÇÕES 216
Quarta-feira: PEDIDO SEM DISCERNIMENTO 217
Quinta-feira: DE OLHOS ABERTOS... 218

Sexta-feira: UM MESTRE VIOLENTO?...................................... 219
Sábado: ATRITO COM AS LIDERANÇAS................................. 220

9ª Semana do Tempo Comum
Domingo: PARA ALÉM DO LEGALISMO 221
Segunda-feira: A MALDADE DENUNCIADA 222
Terça-feira: FUGINDO DA ARMADILHA.................................. 223
Quarta-feira: OUTRA ARMADILHA... 224
Quinta-feira: A PRIMAZIA DO AMOR 225
Sexta-feira: UM ESCLARECIMENTO IMPORTANTE............... 226
Sábado: CORAÇÃO DESAPEGADO 227

10ª Semana do Tempo Comum
Domingo: UMA NOVA FAMÍLIA 228
Segunda-feira: A FELICIDADE DO REINO 229
Terça-feira: AS BOAS OBRAS 230
Quarta-feira: OBEDECER AOS MANDAMENTOS.................... 231
Quinta-feira: VIDA RECONCILIADA... 232
Sexta-feira: PUREZA DE CORAÇÃO 233
Sábado: HOMEM DE PALAVRA!... 234

11ª Semana do Tempo Comum
Domingo: A SEMENTE DO REINO.. 235
Segunda-feira: ABAIXO A VIOLÊNCIA!...................................... 236
Terça-feira: AMOR SEM LIMITES.. 237
Quarta-feira: VERDADEIRA PIEDADE.. 238
Quinta-feira: ORAÇÃO DA FRATERNIDADE 239
Sexta-feira: OS BENS DESTE MUNDO...................................... 240
Sábado: DE CORAÇÃO LIVRE 241

12ª Semana do Tempo Comum
Domingo: SERENO NA TEMPESTADE 242
Segunda-feira: A HIPOCRISIA CENSURADA............................ 243

Terça-feira: O SANTO E AS PÉROLAS 244
Quarta-feira: QUEM É FALSO PROFETA? 245
Quinta-feira: O DISCÍPULO AJUIZADO 246
Sexta-feira: UM GESTO DE BONDADE! 247
Sábado: SOLIDÁRIO COM OS SOFREDORES 248

13ª Semana do Tempo Comum
Domingo: SOMENTE CRÊ! 249
Segunda-feira: DISCIPULADO EXIGENTE 250
Terça-feira: ENFRENTANDO AS TEMPESTADES 251
Quarta-feira: EXISTÊNCIAS TORMENTADAS 252
Quinta-feira: PERDÃO E CURA 253
Sexta-feira: OS PECADORES PREFERIDOS 254
Sábado: COMO ACOLHER O REINO 255

14ª Semana do Tempo Comum
Domingo: INCREDULIDADE PRECONCEITUOSA 256
Segunda-feira: O PODER DA FÉ 257
Terça-feira: UMA INTERPRETAÇÃO MALICIOSA 258
Quarta-feira: DE DISCÍPULO A APÓSTOLO 259
Quinta-feira: O PROCEDER DO APÓSTOLO 260
Sexta-feira: AS DIFICULDADES DO APÓSTOLO 261
Sábado: A PROTEÇÃO DO APÓSTOLO 262

15ª Semana do Tempo Comum
Domingo: PROCLAMANDO A CONVERSÃO 263
Segunda-feira: PAZ E ESPADA 264
Terça-feira: PALAVRAS DURAS 265
Quarta-feira: REVELAÇÃO AOS PEQUENINOS 266
Quinta-feira: UM MESTRE DIFERENTE 267
Sexta-feira: A LEI HUMANIZADA 268
Sábado: O SERVO MISERICORDIOSO 269

16ª Semana do Tempo Comum
Domingo: SERVIDOR INCANSÁVEL 270
Segunda-feira: UM PEDIDO INÚTIL 271
Terça-feira: QUEM É DISCÍPULO? 272
Quarta-feira: CATEQUESE MISSIONÁRIA 273
Quinta-feira: O REINO EM METÁFORAS 274
Sexta-feira: APLICAÇÃO DA PARÁBOLA 275
Sábado: SEMEADURAS DISTINTAS 276

17ª Semana do Tempo Comum
Domingo: INICIATIVA IMPENSADA 277
Segunda-feira: O REINO NA HISTÓRIA 278
Terça-feira: DUAS SEMENTES, DOIS DESTINOS 279
Quarta-feira: A PRECIOSIDADE DO REINO 280
Quinta-feira: A REDE DO REINO 281
Sexta-feira: DE CORAÇÃO FECHADO 282
Sábado: MÁRTIR DA VERDADE 283

18ª Semana do Tempo Comum
Domingo: O PÃO DE DEUS 284
Segunda-feira: COMUNIDADE DE IGUAIS 285
Terça-feira: LÍDER COM POUCA FÉ 286
Quarta-feira: FÉ SUPLICANTE 287
Quinta-feira: QUEM É O FILHO DO HOMEM? 288
Sexta-feira: A CRUZ DO DISCIPULADO 289
Sábado: O PODER DA FÉ 290

19ª Semana do Tempo Comum
Domingo: ALIMENTO PARA A ETERNIDADE 291
Segunda-feira: PRUDÊNCIA MISSIONÁRIA 292
Terça-feira: PEQUENO COMO UMA CRIANÇA 293
Quarta-feira: CORREÇÃO DO PECADOR 294
Quinta-feira: A DIMENSÃO DO PERDÃO 295

Sexta-feira: CONDESCENDÊNCIA DIVINA 296
Sábado: O VALOR DOS PEQUENINOS 297

20ª Semana do Tempo Comum
Domingo: UM ALIMENTO DIFERENTE 298
Segunda-feira: UM ENTRAVE PARA O DISCIPULADO 299
Terça-feira: A RECOMPENSA DO DISCÍPULO 300
Quarta-feira: ÚLTIMOS E PRIMEIROS 301
Quinta-feira: O TRAJE NUPCIAL 302
Sexta-feira: A BÍBLIA RESUMIDA 303
Sábado: EXIBICIONISMO VAZIO... 304

21ª Semana do Tempo Comum
Domingo: OPÇÃO CONSCIENTE.. 305
Segunda-feira: O AVESSO DO DISCIPULADO 306
Terça-feira: O INTERIOR E O EXTERIOR................................... 307
Quarta-feira: AS APARÊNCIAS ENGANAM............................... 308
Quinta-feira: O SERVO FIEL E PRUDENTE.............................. 309
Sexta-feira: A CONTÍNUA VIGILÂNCIA 310
Sábado: OS TALENTOS MULTIPLICADOS............................... 311

22ª Semana do Tempo Comum
Domingo: O CULTO INÚTIL... 312
Segunda-feira: A TERRA DO PROFETA.................................... 313
Terça-feira: A AÇÃO DO SANTO DE DEUS.............................. 314
Quarta-feira: A BÊNÇÃO DA CURA 315
Quinta-feira: O COMPANHEIRO JESUS................................... 316
Sexta-feira: A NOVIDADE DO REINO 317
Sábado: UM GESTO DE LIBERDADE.. 318

23ª Semana do Tempo Comum
Domingo: PRONTO PARA O DIÁLOGO 319
Segunda-feira: RAIVA INFUNDADA... 320

Terça-feira: O MESTRE EM ORAÇÃO 321
Quarta-feira: DESTINOS CONTRAPOSTOS 322
Quinta-feira: O PROCEDER DO DISCÍPULO 323
Sexta-feira: CEGO NÃO GUIA CEGO 324
Sábado: O DISCIPULADO AUTÊNTICO 325

24ª Semana do Tempo Comum
Domingo: PENSANDO COMO DEUS 326
Segunda-feira: A FÉ DE UM PAGÃO 327
Terça-feira: A VISITA DE DEUS 328
Quarta-feira: A GERAÇÃO DO CONTRA 329
Quinta-feira: A ANFITRIÃ DO MESTRE 330
Sexta-feira: A COLABORAÇÃO DAS MULHERES 331
Sábado: A SEMENTE E SEUS FRUTOS 332

25ª Semana do Tempo Comum
Domingo: O PRIMEIRO A SERVIR 333
Segunda-feira: ILUMINANDO O MUNDO 334
Terça-feira: A FAMÍLIA DO REINO 335
Quarta-feira: PREGAÇÃO E CURAS 336
Quinta-feira: O ÍMPIO E O JUSTO 337
Sexta-feira: O MESSIAS PROFETA 338
Sábado: O FILHO DO HOMEM ENTREGUE 339

26ª Semana do Tempo Comum
Domingo: CORTES RADICAIS 340
Segunda-feira: O MAIOR É O MENOR 341
Terça-feira: PEDIDO IMPERTINENTE 342
Quarta-feira: NOS PASSOS DO MESTRE 343
Quinta-feira: ENVIADOS EM MISSÃO 344
Sexta-feira: LINGUAJAR PROFÉTICO 345
Sábado: O LOUVOR AO PAI 346

27ª Semana do Tempo Comum

Domingo: EM DEFESA DOS MARGINALIZADOS 347
Segunda-feira: FAZE TU A MESMA COISA! 348
Terça-feira: PALAVRA OUVIDA E PRATICADA 349
Quarta-feira: ENSINANDO A ORAR.. 350
Quinta-feira: REZAR SEM ESMORECER................................ 351
Sexta-feira: O MAIS FORTE... 352
Sábado: OUVIR E PRATICAR A PALAVRA 353

28ª Semana do Tempo Comum

Domingo: GANHAR A VIDA ETERNA....................................... 354
Segunda-feira: EXIGÊNCIA DE SINAIS.................................... 355
Terça-feira: A VERDADEIRA PURIFICAÇÃO............................. 356
Quarta-feira: COMO SEPULCROS CAIADOS 357
Quinta-feira: OBSTÁCULOS PARA A FÉ.................................. 358
Sexta-feira: A QUEM SE DEVE TEMER 359
Sábado: FIRMEZA NAS TRIBULAÇÕES 360

29ª Semana do Tempo Comum

Domingo: UMA NOVA MENTALIDADE 361
Segunda-feira: RICO DIANTE DE DEUS................................... 362
Terça-feira: FICAR DE PRONTIDÃO.. 363
Quarta-feira: O SERVO FIEL 364
Quinta-feira: A FAMÍLIA DIVIDIDA... 365
Sexta-feira: DISCERNIR O TEMPO PRESENTE 366
Sábado: A FIGUEIRA ESTÉRIL 367

30ª Semana do Tempo Comum

Domingo: DE MENDIGO A SEGUIDOR.................................... 368
Segunda-feira: LIBERTA DA PRISÃO 369
Terça-feira: O REINO EM PARÁBOLAS 370
Quarta-feira: A PORTA ESTREITA.. 371
Quinta-feira: A SORTE DO PROFETA 372

Sexta-feira: QUANDO SE PODE FAZER O BEM...................... 373
Sábado: O ÚLTIMO LUGAR.. 374

31ª Semana do Tempo Comum
Domingo: O RESUMO DA LEI...................................... 375
Segunda-feira: SEM SEGUNDAS INTENÇÕES........................ 376
Terça-feira: OS CONVIDADOS DO PAI............................. 377
Quarta-feira: UMA OPÇÃO REFLETIDA............................. 378
Quinta-feira: AMIGO DOS PECADORES............................. 379
Sexta-feira: A ESPERTEZA DO DISCÍPULO.......................... 380
Sábado: A QUEM SERVIR?.. 381

32ª Semana do Tempo Comum
Domingo: ATITUDES CONTRASTANTES 382
Segunda-feira: ESCÂNDALOS EVITÁVEIS............................ 383
Terça-feira: A CONSCIÊNCIA DO SERVIDOR 384
Quarta-feira: SENTIMENTO DE GRATIDÃO 385
Quinta-feira: A VINDA DO REINO................................. 386
Sexta-feira: EM CONTÍNUO ALERTA! 387
Sábado: A JUSTIÇA DE DEUS..................................... 388

33ª Semana do Tempo Comum
Domingo: O DIA DESCONHECIDO................................... 389
Segunda-feira: TEM COMPAIXÃO DE MIM!........................... 390
Terça-feira: A PRESENÇA DA SALVAÇÃO............................ 391
Quarta-feira: ESPERTEZA E MEDIOCRIDADE......................... 392
Quinta-feira: RECONHECER O TEMPO.............................. 393
Sexta-feira: RELIGIÃO CORROMPIDA 394
Sábado: O DEUS DOS VIVOS 395

34ª Semana do Tempo Comum
Domingo: O VERDADEIRO REI..................................... 396
Segunda-feira: A ESMOLA AUTÊNTICA.............................. 397

Terça-feira: NÃO SE DEIXAR ENGANAR 398
Quarta-feira: A DIFÍCIL PERSEVERANÇA 399
Quinta-feira: A VINDA DO FILHO DO HOMEM 400
Sexta-feira: PALAVRAS QUE NÃO PASSAM 401
Sábado: VIGILÂNCIA E ORAÇÃO 402

Principais festas e solenidades

Sagrada Família: FIDELIDADE A DEUS 405
Apresentação do Senhor: OS JUSTOS SE ENCONTRAM 406
Batismo do Senhor: O BATISMO DO MESSIAS 407
Transfiguração do Senhor: RESSUSCITAR DOS MORTOS 408
Exaltação da Santa Cruz: A SERVIÇO DA SALVAÇÃO 409
Ascensão do Senhor: UM MUNDO A SER EVANGELIZADO .. 410
Pentecostes: MOVIDOS PELO ESPÍRITO 411
Santíssima Trindade: EM NOME DA TRINDADE 412
Corpus Christi: ISTO É O MEU CORPO! 413
Sagrado Coração de Jesus: SANGUE E ÁGUA 414
Assunção de Nossa Senhora: HUMILDE SERVA 415
Imaculada Conceição de Maria: SEGUNDO A TUA PALAVRA! .. 416
Nossa Senhora Aparecida: MÃE E FILHO 417
São Pedro e São Paulo: PEDRO — PEDRA 418
Natividade de São João Batista: SEU NOME É JOÃO! 419
Festa de Todos os Santos: BEM-AVENTURANÇAS,
CAMINHO DE SANTIDADE 420

Índice de leituras bíblicas

Jo 1,1-18 44	Jo 8,31-42 96	Jo 17,20-26 159
Jo 1,6-8.19-28 23	Jo 8,51-59 97	Jo 18,1–19,42 108
Jo 1,19-28 46	Jo 10,1-10 134	Jo 18,33b-37 396
Jo 1,29-34 47	Jo 10,11-18 135	Jo 19,31-37 414
Jo 1,35-48 172	Jo 10,22-30 136	Jo 20,1-9 113
Jo 1,43-51 49	Jo 10,31-42 98	Jo 20,2-8 40
Jo 2,1-11 ....51, 417	Jo 11,45-56 99	Jo 20,11-18 115
Jo 2,13-25 79	Jo 12,1-11 104	Jo 20,19-23 411
Jo 3,1-8 121	Jo 12,20-33 93	Jo 20,19-31 120
Jo 3,13-17 409	Jo 12,44-50 137	Jo 21,1-14 118
Jo 3,14-21 86	Jo 13,1-15 107	Jo 21,15-19 160
Jo 3,16-21 123	Jo 13,16-20 138	
Jo 3,22-30 58	Jo 13,21-33.36-38 105	
Jo 3,31-36 124	Jo 14,1-6 139	Lc 1,5-25 32
Jo 4,43-54 87	Jo 14,1-12 141	Lc 1,26-38 ....29, 33, 416
Jo 5,1-16 88	Jo 14,6-14 122	Lc 1,39-45 34
Jo 5,17-30 89	Jo 14,7-14 140	Lc 1,39-56 415
Jo 5,31-47 90	Jo 14,15-21 148	Lc 1,46-56 35
Jo 5,33-36 28	Jo 14,21-26 142	Lc 1,57-66 36
Jo 6,1-15 ....125, 277	Jo 14,27-31a 143	Lc 1,57-66.80 419
Jo 6,16-21 126	Jo 15,1-8 144	Lc 1,67-79 37
Jo 6,22-29 128	Jo 15,12-17 146	Lc 2,1-14 38
Jo 6,24-35 284	Jo 15,18-21 147	Lc 2,16-21 45
Jo 6,30-35 129	Jo 15,26–16,4a 149	Lc 2,22-35 42
Jo 6,35-40 130	Jo 15,9-11 145	Lc 2,22-40 ....405, 406
Jo 6,41-52 291	Jo 15,9-17 133	Lc 2,36-40 43
Jo 6,44-51 131	Jo 16,5-11 150	Lc 4,14-22a 56
Jo 6,51-58 298	Jo 16,12-15 151	Lc 4,16-30 313
Jo 6,52-59 132	Jo 16,16-20 152	Lc 4,24-30 80
Jo 6,60-69 305	Jo 16,20-23a 153	Lc 4,31-37 314
Jo 7,1-2.10.25-30 91	Jo 16,23b-28 154	Lc 4,38-44 315
Jo 7,40-53 92	Jo 16,29-33 156	Lc 5,1-11 316
Jo 8,1-11 94	Jo 17,1-11a 155, 157	Lc 5,12-16 57
Jo 8,21-30 95	Jo 17,11b-19 158	Lc 5,17-26 17
		Lc 5,27-32 64

Lc 5,33-39 317	Lc 11,29-32 ....68, 355	Lc 20,27-40 402
Lc 6,1-5 318	Lc 11,37-41 356	Lc 21,1-4 397
Lc 6,6-11 320	Lc 11,42-46 357	Lc 21,5-11 398
Lc 6,12-19 321	Lc 11,47-54 358	Lc 21,12-19 399
Lc 6,20-26 322	Lc 12,1-7 359	Lc 21,20-28 400
Lc 6,27-38 323	Lc 12,8-12 360	Lc 21,29-33 401
Lc 6,36-38 73	Lc 12,13-21 362	Lc 21,34-36 402
Lc 6,39-42 324	Lc 12,35-38 363	Lc 24,13-35 ....116, 127
Lc 6,43-49 325	Lc 12,39-48 364	Lc 24,35-48 117
Lc 7,1-10 327	Lc 12,49-53 365	
Lc 7,11-17 328	Lc 12,54-59 366	Mc 1,1-8 16
Lc 7,19-23 26	Lc 13,1-9 367	Mc 1,7-11...........46, 165, 407
Lc 7,24-30 27	Lc 13,10-17 369	Mc 1,12-15........................65
Lc 7,31-35 329	Lc 13,18-21 370	Mc 1,14-20...............166, 179
Lc 7,36-50 330	Lc 13,22-30 371	Mc 1,21-28...............167, 186
Lc 8,1-3 331	Lc 13,31-35 372	Mc 1,29-39...............168, 193
Lc 8,4-15 332	Lc 14,1-6 373	Mc 1,40-45...............169, 200
Lc 8,16-18 334	Lc 14,1.7-11 374	Mc 2,1-12.................170, 207
Lc 8,19-21 335	Lc 14,12-14 376	Mc 2,13-17 171
Lc 9,1-6 336	Lc 14,15-24 377	Mc 2,18-22.................173, 214
Lc 9,7-9 337	Lc 14,25-33 378	Mc 2,23-3,6 221
Lc 9,18-22 338	Lc 15,1-3.11-32..................78	Mc 2,23-28 174
Lc 9,22-25 62	Lc 15,1-10 379	Mc 3,1-6 175
Lc 9,43b-45 339	Lc 16,1-8 380	Mc 3,7-12 176
Lc 9,46-50 341	Lc 16,9-15 381	Mc 3,13-19 177
Lc 9,51-56 342	Lc 16,19-31 76	Mc 3,20-21 178
Lc 9,57-62 343	Lc 17,1-6 383	Mc 3,20-35 228
Lc 10,1-12 344	Lc 17,7-10 384	Mc 3,22-30 180
Lc 10,13-16 345	Lc 17,11-19 385	Mc 3,31-35 181
Lc 10,17-24 346	Lc 17,20-25 386	Mc 4,1-20 182
Lc 10,21-24 11	Lc 17,26-37 387	Mc 4,21-25 183
Lc 10,25-37 348	Lc 18,1-8 388	Mc 4,26-34 ....184, 235
Lc 10,38-42 349	Lc 18,9-14 85	Mc 4,35-41 ....185, 242
Lc 11,1-4 350	Lc 18,35-43 390	Mc 5,1-20 187
Lc 11,5-13 351	Lc 19,1-10 391	Mc 5,21-43 ....188, 249
Lc 11,14-23 83	Lc 19,11-28 392	Mc 6,1-6 ....189, 256
Lc 11,15-26 352	Lc 19,41-44 393	Mc 6,7-13 ....190, 263
Lc 11,27-28 353	Lc 19,45-48 394	Mc 6,14-29 191

Mt 15,29-37......................12	Mt 19,3-12......................296	Mt 23,13-22......................306
Mt 16,13-19......................418	Mt 19,13-15......................297	Mt 23,23-26......................307
Mt 16,13-23......................288	Mt 19,16-22......................299	Mt 23,27-32......................308
Mt 16,24-28......................289	Mt 19,23-30......................300	Mt 24,42-51......................309
Mt 17,10-13......................22	Mt 20,1-16......................301	Mt 25,1-13......................310
Mt 17,14-20......................290	Mt 20,17-28......................75	Mt 25,14-30......................311
Mt 17,22-27......................292	Mt 21,23-27......................24	Mt 25,31-46......................66
Mt 18,1-5.10.12-14 293	Mt 21,28-32......................25	Mt 26,14-25......................106
Mt 18,12-14......................18	Mt 21,33-43.45-46 77	Mt 28,1-10......................109
Mt 18,15-20......................294	Mt 22,1-14......................302	Mt 28,8-15......................114
Mt 18,21–19,1...................295	Mt 22,34-40......................303	Mt 28,16-20......................412
Mt 18,21-35......................81	Mt 23,1-12.................74, 304	

**Impresso na gráfica da
Pia Sociedade Filhas de São Paulo
Via Raposo Tavares, km 19,145
05577-300 - São Paulo, SP - Brasil - 2019**

Mc 6,30-34 ... 192, 270	Mc 12,35-37 ... 226	Mt 8,28-34 ... 252
Mc 6,34-44 ... 54	Mc 12,38-44 ... 227, 382	Mt 9,1-8 ... 253
Mc 6,45-52 ... 55	Mc 13,24-32 ... 389	Mt 9,9-13 ... 254
Mc 6,53-56 ... 194	Mc 13,33-37 ... 9	Mt 9,14-15 ... 63
Mc 7,1-8.14-15.21-23 ... 312	Mc 14,1–15,47 ... 103	Mt 9,14-17 ... 255
Mc 7,1-13 ... 195	Mc 14,12-16.22-26 ... 413	Mt 9,18-26 ... 257
Mc 7,14-23 ... 196	Mc 16,9-15 ... 119	Mt 9,27-31 ... 14
Mc 7,24-30 ... 197	Mc 16,15-20 ... 410	Mt 9,32-38 ... 258
Mc 7,31-37 ... 198, 319		Mt 9,35–10,1.6-8 ... 15
Mc 8,1-10 ... 199	Mt 1,1-17 ... 30	Mt 10,1-7 ... 259
Mc 8,11-13 ... 201	Mt 1,18-24 ... 31	Mt 10,7-13 ... 161
Mc 8,14-21 ... 202	Mt 2,1-12 ... 52	Mt 10,7-15 ... 260
Mc 8,22-26 ... 203	Mt 2,13-18 ... 41	Mt 10,16-23 ... 261
Mc 8,27-33 ... 204	Mt 4,12-17.23-25 ... 53	Mt 10,17-22 ... 39
Mc 8,27-35 ... 326	Mt 5,1-12 ... 229	Mt 10,24-33 ... 262
Mc 8,34–9,1 ... 205	Mt 5,1-12a ... 420	Mt 10,34–11,1 ... 264
Mc 9,2-10 ... 72, 408	Mt 5,13-16 ... 230	Mt 11,11-15 ... 20
Mc 9,2-13 ... 206	Mt 5,17-19 ... 82, 231	Mt 11,16-19 ... 21
Mc 9,14-29 ... 208	Mt 5,20-26 ... 70, 232	Mt 11,20-24 ... 265
Mc 9,30-37 ... 209, 333	Mt 5,27-32 ... 233	Mt 11,25-27 ... 266
Mc 9,38-40 ... 210	Mt 5,33-37 ... 234	Mt 11,28-30 ... 19, 267
Mc 9,38-43.45.47-48 ... 340	Mt 5,38-42 ... 236	Mt 12,1-8 ... 268
Mc 9,41-50 ... 211	Mt 5,43-48 ... 71, 237	Mt 12,14-21 ... 269
Mc 10,1-12 ... 212	Mt 6,1-6.16-18 ... 61, 238	Mt 12,38-42 ... 271
Mc 10,2-16 ... 347	Mt 6,7-15 ... 67, 239	Mt 12,46-50 ... 272
Mc 10,13-16 ... 213	Mt 6,19-23 ... 240	Mt 13,1-9 ... 273
Mc 10,17-27 ... 215	Mt 6,24-34 ... 241	Mt 13,10-17 ... 274
Mc 10,17-30 ... 354	Mt 7,1-5 ... 243	Mt 13,18-23 ... 275
Mc 10,28-31 ... 216	Mt 7,6.12-14 ... 244	Mt 13,24-30 ... 276
Mc 10,32-45 ... 217	Mt 7,7-12 ... 69	Mt 13,31-35 ... 278
Mc 10,35-45 ... 361	Mt 7,15-20 ... 245	Mt 13,36-43 ... 279
Mc 10,46-52 ... 218, 368	Mt 7,21.24-27 ... 13	Mt 13,44-46 ... 280
Mc 11,11-26 ... 219	Mt 7,21-29 ... 246	Mt 13,47-53 ... 281
Mc 11,27-33 ... 220	Mt 8,1-4 ... 247	Mt 13,54-58 ... 282
Mc 12,1-12 ... 222	Mt 8,5-11 ... 10	Mt 14,1-12 ... 283
Mc 12,13-17 ... 223	Mt 8,5-17 ... 248	Mt 14,13-21 ... 285
Mc 12,18-27 ... 224	Mt 8,18-22 ... 250	Mt 14,22-36 ... 286
Mc 12,28b-34 ... 84, 225, 375	Mt 8,23-27 ... 251	Mt 15,21-28 ... 287